Werner Rau

MOBIL REISEN

LOIRETAL

Werner Rau

MOBIL REISEN

LOIRETAL
MOBILE TOURING HIGHLIGHTS

Mit Wohnmobil, Caravan oder Van-Camper
unterwegs auf den schönsten Reiserouten

**Ein Tourenbuch
mit Wohnmobilstellplätzen und mit
vor Ort ermittelten GPS-Koordinaten**

WERNER RAU VERLAG

Idee, Layout, Text, Karten, Stadtpläne und Fotos (falls nicht anders gekennzeichnet): Werner Rau
Titelgestaltung: HitzArtworks, 72667 Schlaitdorf
Titelfoto: Schloss Chambord, Loiret.

4. vollständig überarbeitete Auflage 2020/2021

Herstellung: Druckerei & Verlag Steinmeier, 86738 Deiningen
Printed in Germany

ISBN   978-3-926145-85-7
Geo Nr. 663 10186

INHALT

Zum Kennen Lernen

Das Loiretal – Die Touren

Praktische und nützliche Informationen von A bis Z

Kurzessays

Stadtpläne und Karten

EIN KURZPORTRÄT FRANKREICHS

FRANKREICH, offizieller Staatsname Französische Republik; französisch: *LA FRANCE* oder *La République Française.*

Frankreich ist der größte Flächenstaat in Westeuropa und grenzt im Norden an den Ärmelkanal, im Westen an den Atlantik, im Nordosten an Belgien und Luxemburg, im Osten an Deutschland, die Schweiz, Monaco und Italien, im Süden an das Mittelmeer und im Südwesten an Andorra und Spanien.

Größe des Landes: 643.801 qkm. Davon entfallen auf das in diesem Reiseführer beschriebene Gebiet des **Loiretals** und Umgebung, wobei es sich im Wesentlichen um die Region Centre-Val-de-Loire und Teile der Region Pays-de-la-Loire handelt, rund 72.000 qkm.

Die größte Ausdehnung Frankreichs beträgt in Nord-Süd-Richtung ebenso wie in Ost-West-Richtung jeweils rund 1.000 km.

Küstenlänge: 3.120 km, Kanalküste, Biskayaküste und Mittelmeerküste. Zwei Drittel des Küstenanteils liegen am Atlantik, der Rest am Mittelmeer.

Landesnatur: In Frankreich lassen sich vier große Landschaftsformen erkennen: Die **Küstenlandschaften**, die **Beckenlandschaften** (Pariser Becken, das Becken an der Garonne in der Provinz Aquitaine und das Rhônebecken im Süden sowie das ausgedehnte Becken von Rennes in der Bretagne), die **Mittelgebirgslandschaften** (Vogesen und Ardennen im Nordosten, Zentralmassiv im Inneren, Jura im Südosten und Armorique oder Armorika in der Bretagne) und die **Hochgebirgslandschaften** im Osten mit den Westausläufern der Alpen und im Süden und Südwesten mit den Pyrenäen.

Längster Fluss ist die **Loire**, 1.020 km. Die bedeutendsten Nebenflüsse der Loire in der hier beschriebenen Region sind der Loir und die Sarthe nördlich, sowie die Indre, der Cher und die Vienne südlich der Loire.

Höchster Berg: Mont Blanc 4.807 m.

Nationalfeiertag: 14. Juli (Tag des Sturms auf die Bastille von 1789).

Die Farben der **Nationalflagge**, der Trikolore, sind Blau, Weiß und Rot.

Die **Nationalhymne** „La Marseillaise" beginnt mit den Worten:„Allons enfants de la patrie le jour de gloire est arrivé ....".

Staatsform: Präsidiale Republik auf der Basis der von General de Gaulle geprägten Verfassung der „Fünften Republik" von 1958. Die französische Verfassung, deren Präambel sich an die Erklärung der Menschenrechte von 1789 anlehnt, wurde seit 1958 mehrfach geändert, ergänzt und revidiert. So 1962, als die Direktwahl des Staatspräsidenten geregelt wurde.

Eine besondere, politisch starke Stellung kommt in Frankreich dem **Staatspräsidenten** (Président de la Républic), dem Staatsoberhaupt zu. Der Staatspräsident – seit Mai 2017 Emmanuel Macron (Partei La République En Marche) – bestimmt die Richtlinien der Politik.

Das Amt des französischen Staatspräsidenten ist mit allen entscheidenden Machtbefugnissen ausgestattet. Er ernennt den Premierminister und die höchsten Beamten der Regierung, er ist Oberbefehlshaber der Streitkräfte, er hat das Recht die Nationalversammlung aufzulösen und er hat im Falle eines Staatsnotstandes die alleinige Entscheidungsbefugnis.

Gewählt ist der Staatspräsident auf sieben Jahre. Er wird direkt gewählt. Erhält im ersten Wahlgang keiner der Kandidaten die absolute Mehrheit, ist ein zweiter Wahlgang notwendig. Dann genügt die relative Mehrheit zum Sieg.

Chef der Regierung ist der **Premier Ministre**, seit 2017 Édouard Philippe. Der Premierminister benötigt mit seiner Regierung eine Mehrheit in der Nationalversammlung. Premierminister und Regierung können durch ein Misstrauensvotum zum Rücktritt gezwungen werden.

Frankreichs Parlament ist ein **Zweikammerparlament**, das sich zusammensetzt aus **Assemblée Nationale** (Nationalversammlung) und **Sénat** (Senat). Die Nationalversammlung ist das Plenum der 577 Abgeordneten, die auf fünf Jahre gewählt sind. Auch bei der Abgeordnetenwahl sind zwei Wahlgänge möglich, falls im ersten Gang keine Entscheidungen durch absolute Mehrheiten fallen.

In der Nationalversammlung sind folgende politische Parteien vertreten: Mit 288 Sitzen (Änderung je nach Wahlausgang) die Sozialisten (Parti Socialiste (PS), mit 199 Sitzen die Union für eine Volksbewegung (UMP), mit 27 Sitzen die Union der Demokraten und Unabhängigen (UDI), mit 17 Sitzen die Ökologisten (ECO), mit 18 Sitzen die Partei Radikal, Republikanisch, Demokratisch und Progressiv (RRDP), mit 15 Sitzen die Linke Demokraten und Republikaner (GDR) und 26 Sitze gehören fraktionslosen Mitglieder.

Der französische Senat umfasst derzeit 348 Sitze. Er ist im politischen System Frankreichs eine gewisse Garantie für Kontinuität. Seine Mitglieder, die Senatoren, Vertreter der Départements, werden in den Départements durch Wahlmänner auf neun Jahre gewählt. Alle drei Jahre wird ein Drittel der Senatoren neu gewählt.

Beide Kammern, Nationalversammlung und Senat, sind an den Gesetzgebungsverfahren beteiligt, wobei der Nationalversammlung aber die tragende Rolle zukommt.

Verwaltungstechnisch laufen in Frankreich noch heute alle Fäden letztenendes zentral in Paris zusammen, was nicht unbedingt immer zum Vorteil der Regionen gereichte.

Frankreich hat sich trotz seiner Randlage am Atlantik – ganz im Gegensatz zu Großbritannien oder Spanien – nie als Seemacht verstanden, sondern sah sich immer schon als Kontinentalmacht. Und obgleich das großflächige Land durch seine Landesnatur und historische Entwicklung durchaus zu regionaler Aufgliederung und Separation Anlass gegeben haben könnte (Burgund, Bretagne, Normandie u. a.), war eine seit der Römerherrschaft in Frankreich spürbare zentralistische Tendenz der politischen Kräfte nie ernsthaft in Frage gestellt.

Mehr Zufall als politisches Kalkül war es, dass Paris das große Zentrum des Reiches werden sollte. Die Kapetinger waren es, die Paris zum politischen Mittelpunkt machten, als sie aus dem „Garten Frankreichs", dem üppigen, von Klima und Vegetation verwöhnten Loiretal, der Verkörperung von „Douce France" schlechthin, den Sitz ihrer Dynastie an die Seine verlegten.

Zwangsläufig orientierten sich nun alle gesellschaftlich relevanten Kräfte nach Paris, das sich rasch zum unumstrittenen Zentrum von Politik, Wirtschaft, Verwaltung, Kunst, Kultur und Religion entwickelte. Nicht nur während des Absolutismus unter dem Sonnenkönig Ludwig XIV., sondern auch während der Französischen Revolution, blieb Paris – gegenüber der ziemlich bedeutungslosen Provinz – der unangefochtene Mittelpunkt der Macht.

1790 wurden die alten historischen Provinzen Frankreichs aufgelöst und durch damals 90 **Départements** ersetzt. Sie waren in allen Verwaltungsdingen ausschließlich der Zentralregierung in Paris verantwortlich.

Erste Schritte zur Dezentralisierung der Verwaltungsaufgaben wurden 1982 eingeleitet. Das Land wurde in 22 große Verwaltungsregionen mit 96 Departements eingeteilt, denen nun bis zu einem gewissen Grade Selbstverwaltung und Autonomierechte zugebilligt werden. Den einzelnen Départements stehen ein Präfekt und ein gewählter Generalrat vor.

FRANKREICHS REGIONEN und ihre Departementstädte

Die 22 französischen Verwaltungsregionen
mit Hauptstädten und Einwohnerzahlen

Aquitaine, Bordeaux, ca. 2,95 Mio.
Auvergne, Clermont-Ferrand, ca. 1,3 Mio.
Basse-Normandie, Caen, ca. 1,5 Mio.
Bourgogne, Dijon, ca. 1,65 Mio.
Bretagne, Rennes, ca. 2,95 Mio.
Centre, Orléans, ca. 2,5 Mio.
Champagne-Ardenne,
Châlons-en-Champagne, ca. 1,35 Mio.
Elsass, Straßburg, ca. 1,85 Mio.
Franche-Comté, Besançon, ca. 1,2 Mio.
Haute-Normandie, Rouen, ca. 1,8 Mio.
Ile-de-France, Paris, ca. 11,5 Mio.
Korsika, Ajaccio, ca. 2,65 Mio.

Languedoc-Roussillon, Montpellier, ca. 2,75 Mio.
Limousin, Limoges, ca. 0,75 Mio.
Lothringen, Metz, ca. 2,48 Mio.
Midi-Pyrénées, Tourlouse, ca. 2,8 Mio.
Nord-Pas-de-Calais, Lille, ca. 4,1 Mio.
Pays de la Loire, Nantes, ca. 3,6 Mio.
Picardie, Amiens, ca. 1,93 Mio.
Poitou-Charentes, Poitiers, ca. 1,69 Mio.
Provence-Alpes-Côte d'Azur, Marseille, ca. 4,9 Mio.
Rhônes-Alpes, Lyon, ca. 6,2 Mio.

Im Zuge der Verwaltungsreform wurde 1986 erstmals der **Regionalrat** (Conseil Régional) in geheimer Wahl etabliert. Die bis dahin mit allen Vollmachten ausgestatteten Präfekten mussten alle wichtigen Kompetenzen an den Präsidenten des Regionalrates abtreten. Im anfänglichen Eifer der Verwaltungsreform wurden die Präfekten offiziell als *„Kommissar der Republik"* betitelt. Diese Titulierung konnte sich aber nirgends in Frankreich auch nur annähernd durchsetzen. Und schon 1988 kehrte man zum altehrwürdigen „Präfekt" zurück. Die Départements wiederum sind in **Arrondissements** (325 an der Zahl, vergleichbar etwa mit unseren Landkreisen) eingeteilt, die sich in 3.714 **Cantons** unterteilen, zu denen jeweils etwa 12 (Landesdurchschnitt) Gemeinden gehören.

Dieser Reiseführer befasst sich im Wesentlichen mit den Regionen **Centre-Val-de-Loire** und **Pays-de-la-Loire**. Siehe auch weiter unten bei „Loiretal".

Bevölkerung: Frankreich hat – ohne Überseegebiete, aber inkl. Korsika – rund 66 Mio. Einwohner, von denen gut 96 % französische Staatsbürger und rund 4 % Ausländer sind, darunter vor allem Algerier, Tunesier, Marokkaner, Italiener, Spanier und Portugiesen.

Bevölkerungsdichte: Durchschnittlich 103 Menschen pro Quadratkilometer. Zum Vergleich: In Deutschland im Durchschnitt 226 Menschen pro Quadratkilometer.

In der Region Centre-Val-de-Loire leben annähernd 2,5 Millionen, in der Region Pays-de-la-Loire rund 3,6 Millionen Menschen.

Sprachminderheiten sind in Frankreich die Bretonen im Nordwesten, die Basken im Südwesten, die Katalanisch sprechenden in der Region Roussillon, das Korsische auf der Insel Korsika und Deutschsprachige (Alemannisch) im Elsass und in Lothringen.

Hauptstadt: Paris mit ca. 2.2 Mio. Einwohnern. Im Großraum ca. 12 Mio. Im Raum Paris leben also mehr als ein Sechstel aller Bewohner Frankreichs.

Religion: In Frankreich herrscht seit 1905 eine strikte Trennung zwischen Staat und Kirche. Absolute Religionsfreiheit wird durch die Verfassung garantiert. Die überwiegende Mehrheit der Bevölkerung, nämlich fast 61 %, bekennt sich zum Katholizismus, 25% ohne Religion, 7 % sind Muslime, 4 % Protestanten, 1 % Juden und 2 % andere Religionen.

Wirtschaftliche Schwerpunkte: Frankreich ist Europas größter Agrarproduzent. Folglich stellt die Landwirtschaft nach wie vor einen der stärksten Wirtschaftszweige im Lande dar, der von der Agrarpolitik der EU profitiert.

Obwohl zumindest seit der Zeit nach dem Zweiten Weltkrieg eine starke Abwanderung der Arbeitskräfte aus der Landwirtschaft in die Industrie und andere Berufe zu verzeichnen ist, wird noch immer rund die Hälfte der Fläche Frankreichs in irgendeiner Form landwirtschaftlich genutzt, wobei die Erzeugnisse entsprechend den Klima- und Bodenverhältnissen variieren. Das reicht vom intensiven Reis- und Weinanbau im mediterranen Süden bis zum Getreideanbau und zur Viehwirtschaft im Norden.

Die großen Flusstäler und die nördlichen Küstengebiete wiederum werden intensiv zum Gemüseanbau genutzt. Stärkste Säule der Agrarwirtschaft ist aber die Viehzucht. Großen Anteil hat auch der Anbau von Getreide, Zuckerrüben, Kartoffeln, Futterpflanzen u. a.

Im Loiretal bildet der Weinbau einen landwirtschaftlichen Schwerpunkt.

Andere wirtschaftliche Bereiche von Bedeutung sind heute – nach dem Rückgang der Kohleförderung und der Stahlproduktion, die früher tragende Säulen der Schwerindustrie waren – Maschinen-, Fahrzeug- und Flugzeugbau, Chemie, Elektronik, Textil und bis zu einem gewissen Grade auch die Lederindustrie.

Generell kann festgestellt werden, dass der Norden und Nordosten Frankreichs gegenüber dem Süden und Westen stärker industrialisiert ist.

Einige wichtige Industrien sind fest in der Hand von Staatsbetrieben. Aber Frankreich strebt etwa seit den 80er Jahren mehr und mehr eine Liberalisierung und Privatisierung der Wirtschaft an.

Frankreich gehört zu den fünf wichtigsten Handelsnationen der Erde. Wichtige Exportgüter sind Fahrzeuge, Maschinen, Rüstungsgüter, Chemieprodukte, Stahl und Agrarprodukte wie Wein, Gemüse und Obst. Als Exporteur von Agrarprodukten wird Frankreich weltweit nur von den USA übertroffen!

DIE LOIRE-REGION

Die Landschaftsregion des **Val de Loire** in der man sich schon immer gerne den angenehmen Seiten des Daseins zuwandte, schließt sich südlich des Pariser Beckens an. Sie umfasst großräumig die Gebiete beiderseits des Loire-Flusses zwischen Orléans, ca. 110 km südlich von Paris, und Nantes bzw. St. Nazaire weiter im Westen. In dieser grünen und anmutigen Landschaft liegen herrliche Renaissanceschlösser und namhafte Städte wie Orléans, Blois, Tours und Angers, Städte, die lange Zeit mit Paris rivalisierten.

Die in diesem Reiseführer beschriebenen Sehenswürdigkeiten und Schlösser liegen vor allem in den alten, historischen Landschaften **Touraine**, **Anjou** und **Sologne**, in der Gegend um Orléans, der **Orléanaise**, und im **Blésois** bei Blois.

Zur **Region Centre-Val-de-Loire** gehören folgende Départements (Sitz der Präfektur in Klammern): **18 - Cher** (Bourges), **28 - Eure-et-Loire** (Chartres), **36 - Indre** (Châteauroux), **37 - Indre-et-Loire** (Tours), **45 - Loiret** (Orléans) und **41 - Loir-et-Cher** (Blois). Die Nummern vor den Departements finden sich übrigens auch auf den Autokennzeichen wieder.

Verwaltungshauptstadt der Region Centre-Val-de-Loire ist **Orléans**.

Zur **Region Pays-de-la-Loire** zählen die Départements **44 - Loire-Atlantique** (Nantes), **49 - Maine-et-Loire** (Angers), **53 - Mayenne** (Laval), **72 - Sarthe** (Le Mans) und **85 - Vendée** (La Roche-sur-Yon).

Das ehemals zur Bretagne gehörende Département Loire-Atlantique wurde erst mit der Verwaltungsreform 1982 der Region Pays-de-la-Loire zugeschlagen.

Verwaltungshauptstadt der Region Pays-de-la-Loire ist **Nantes**.

Das Gebiet beiderseits des von einem milden Klima begünstigten Val de Loire besteht zum überwiegenden Teil aus weiten, landwirtschaftlich intensiv genutzten Beckenlandschaften mit kaum nennenswerten Höhenzügen. Auf den Hochflächen bilden Wald- und Ackerfluren eine einladende Parklandschaft. In den Flussniederungen können sehr hohe Sommertemperaturen erreicht werden.

Diese Regionen Frankreichs, die vom Frühling bis in den Spätherbst ein überaus einladendes Reiseziel sind, stellen eine wahre kulturhistorische Schatztruhe dar, mit architektonischen Denkmälern, mittelalterlichen Burgen, Kirchen und Kathedralen aus der Zeit der Gotik und prunkvollen Renaissanceschlössern. Manches erinnert an die Periode des Humanismus, vieles an die glanzvolle Zeit, als Frankreichs Könige an der Loire Hof hielten.

Allerdings sollte man den Begriff Loire-„Tal" nicht zu wörtlich nehmen und die Region nicht zu eng fassen, wenn es um ihre Sehenswürdigkeiten und Schlösser geht. Auch von einer richtigen Tallandschaft an der Loire zu sprechen, wäre nicht ganz richtig. Viel zu flach und zu seicht liegt das Flussbett in der nicht sonderlich hügeligen Landschaft.

Und von den Hunderten von Schlössern, herrschaftlichen Landsitzen und Burgen, liegt nur ein kleiner Bruchteil wirklich an der Loire. Viel mit dazu beigetragen, die Loireregion zu einem überaus beliebten Reiseziel zu machen, haben nämlich auch die anziehenden Landschaften und Sehenswürdigkeiten an den **Nebenflüssen Indre, Cher, Vienne, Loir und Sarthe**.

DIE REGION CENTRE-VAL-DE-LOIRE UND IHRE DEPARTEMENTS

Vom Mittelalter bis ins 16. Jh. war das Tal der Loire das Refugium von Herzögen und Königen, es war Schauplatz der großen historischen Glanzzeit von „la douce France". Leben wie Gott in Frankreich konnten die oberen Gesellschaftskreise schon damals zwischen Orléans und Angers. Monarchen wie Ludwig XII. oder Franz I. und Nationalhelden wie Jeanne d'Arc entschieden an der Loire über die Geschicke Frankreichs. Und Schriftsteller und Dichter wie François Rabelais (1494 – 1553), der Romantiker Pierre de Ronsard (1524 – 1585) oder der in Tours geborene Honoré de Balzac (1799 – 1850) lebten oder arbeiteten zumindest zeitweise an der Loire.

Wenn von den lieblichen Landschaften in „la douce France" die Rede ist, dann meint man die sanften, grünen Gegenden vor allem des Anjou und der Touraine, dem lieblichen „Garten Frankreichs".

Aber so lieblich sich die Gestade an der Loire auch präsentieren, der Fluss selbst kann ungeahnte Gewalten entwickeln. Bis heute ist es nicht gelungen, die Loire zu zähmen, ihr ein künstliches Bett aufzuzwingen.

Nach der Schneeschmelze im Zentralmassiv, dem Quellgebiet der Loire, oder nach langen, heftigen Regenfällen an ihrem Oberlauf, werden aus den seichten Rinnsalen zwischen den Sandbänken reißende Fluten, die sich von nichts aufhalten lassen und nichts zurücklassen als eine weitere Hochwassermarke an den Gebäuden der Ufergemeinden.

Schiffbar ist der längste Fluss Frankreichs nicht, bis auf ein kurzes Stück von Nantes bis zur Mündung. Und zum Schwimmen und Baden eignet er sich auch nicht. Zum einen ist des Gewässer durch seine Strömungen und heimtückischen Strudel viel zu gefährlich und zum anderen ist die Wasserqualität durch Industrie- und Abwasserbelastungen leider auch nicht so, dass man darin gerne baden würde. Dafür ist der Fluss ein von Wassersportlern gerne aufgesuchtes Kanu- und Kajakrevier.

DIE REGION PAYS-DE-LA-LOIRE UND IHRE DEPARTEMENTS

© rau

Die Loire ist der letzte ungezähmte Fluss Europas. Sie wurde im November 2000 zum UNESCO Weltkulturgut erklärt.

Die sanften, grünen Landschaften mit ihren der Landwirtschaft verpflichteten Dörfern, ihren köstlichen Weinen, kulinarischen Genüssen und den architektonischen Kostbarkeiten an den Flüssen Loire, Indre, Cher, Vienne, Loir und Sarthe schaffen beste Voraussetzungen für einen abwechslungsreichen und mit Leckerbissen gespickten Urlaub.

LA FRANCE PROFONDE

La France profonde, das tiefe Frankreich, so bezeichnen Franzosen das Land außerhalb ihrer großen Weltmetropole Paris. Gemeint ist damit also das „eigentliche" Frankreich. Der Ausdruck ist keinesfalls abfällig oder geringschätzig gemeint und nicht wie unser Begriff „Provinz" oder „provinziell" zu verstehen.

Das traditionelle Frankreich trifft man immer noch außerhalb der großen Städte. In der Mehrzahl der über 36.000 Gemeinden Frankreichs leben im Durchschnitt jeweils kaum mehr als 500 Menschen! Und genau dort wird man La France profonde am ehesten erleben.

Und dem *savoir vivre*, der Kunst zu wissen, wie man lebt und dem Dasein die angenehmsten Seiten abgewinnt, wird man hier am ehesten auf die Spur kommen.

Und diese liebenswerte Lebensphilosophie, nach der wir bei uns oft ein wenig neidvoll suchen, ist keineswegs nur auf Kulinarisches, auf Küche und Keller zu beschränken.

Vor allem in den sanften, grünen Landschaften der Touraine und des Anjou mit ihren der Landwirtschaft verpflichteten Dörfern, ihren köstlichen Weinen, kulinarischen Genüssen und den architektonischen Kostbarkeiten, glaubt man diesen beneidenswerten Charakterzug zu verspüren.

KUNST UND GESCHICHTE – IN STICHWORTEN

Um 2.000 bis 1.000 v. Chr. – Ende der über 5.000 Jahre alten **Megalithkultur**, deren Zeugen aus der Jungsteinzeit (etwa 5000 bis 2000 v. Chr.) in Form von Dolmen (Megalithgräbern) und Menhiren (Monolithe, Steinsäulen) vor allem in der Bretagne und im Nordwesten des Landes noch zu finden sind.

Diese gewaltigen, so gut wie unbehauenen Steinsäulen stehen einzeln oder in Gruppen, in langen Linien aufgereiht oder im Kreis. Die größten dieser riesigen Hinkelsteine, die Asterix' Freund Obelix so gerne herumträgt, sind bis zu 12 m hoch und hunderte von Tonnen schwer.

Die Errichtung von Monumenten solchen Ausmaßes setzte ganz zweifellos eine schon relativ zivilisierte, sozial und hierarchisch geordnete Kultur voraus. Denn die Logistik, die Organisation und Koordination der Arbeitermassen, die benötigt und zur rechten Zeit am rechten Ort eingesetzt werden mussten, bedurfte eines gut organisierten Gemeinwesens.

Warum die Menschen der Megalithkultur sich die enorme Mühe machten und Menhire in dieser Vielzahl aufstellten, ist bis heute wissenschaftlich noch keineswegs geklärt. Viele Archäologen tendieren jedoch zu der Ansicht, dass die Steinalleen der Alignements als großflächige Observatorien zur Beobachtung der Gestirne, von Sonne und Mond dienten. Vielleicht war man schon damals darauf bedacht, Mond- oder Sonnenfinsternisse zur Festlegung oder Begleitung religiöser Zeremonien und Bräuche bestimmen zu können.

Eine Zunahme der Bevölkerung erfährt die Region während der indogermanischen Wanderung zu Beginn der Bronzezeit.

Um 600 v. Chr. – Kelten besiedeln das Gebiet nördlich der Pyrenäen und östlich der Atlantikküste.

Römerzeit – Nach der Niederwerfung des großen Gallieraufstandes unter Vercingetorix – auch an der Loire standen um 50 v. Chr. keltische Stämme gegen die Römer auf – und der folgenden **Eroberung Galliens** durch *Gajus Julius Caesar* 56 v. Chr., wird das Gebiet nördlich der Alpen und westlich des Rheins im 1. Jh. v. Chr. römische Provinz.

2. Jh. – 4. Jh. n. Chr. – Es entstehen erste befestigte Städte und Bischofsitze. Erste Schritte zur Christianisierung des Landes werden von Gratianus, Bischof von Tours, eingeleitet. 372 wird der hl. Martin Bischof von Tours.

5. – 6. Jh. n. Chr. – Mit dem Zerfall des Weströmischen Reiches endet die Römerherrschaft auch in Frankreich. 451 wird Orléans von den Hunnen belagert. Während der Zeit der Völkerwanderung, die durch das zusammenbrechende Römische Imperium möglich wird, kommen Westgoten, Burgunder und vor allem Franken ins Land.

Unter dem salfränkischen Gaukönig **Chlodwig (Clovis) I.** (481 – 511) bildet sich das **Fränkische Reich** (Regnum Francorum), das bis 987 andauert. Die Franken sind es auch, die dem Land letztendlich seinen Namen geben. Allerdings verstand man unter „France" damals nur das Gebiet zwischen Rhein und Loire, das Territorium des Fränkischen Reiches also.

Nach dem Tode Chlodwigs im Jahre 511 dehnt sich das Reich weiter aus. Burgund wird ein Teil des Fränkischen Reiches.

In dieser Zeit kommen die ersten keltischen Siedler aus Cornwall an die französische Nordwestküste. Diese keltischen *Britonen* nennen ihre neue Heimat *Klein Britonien*, woraus sich im Laufe der Zeit der Name *Bretagne* entwickelt.

7. Jh. – Die karolingischen Hausmeier (major domus), Führer der königlichen Gefolgschaft, gewinnen an Macht und Einfluss im Fränkischen Reich und erringen fast königliche Gewalt.

732 – Karl Martell, der „Hammer", besiegt bei Tours die nach Norden drängenden Araber. Dieser für das Abendland wichtige Sieg bringt die für Westeuropa entscheidende Wende in den arabischen Bestrebungen, Europa auch nördlich der Pyrenäen zu erobern.

751 – Pippin d. J., Spross der karolingischen Hausmeierdynastie, wird König des Fränkischen Reiches.

768 – 814 – Pippins Sohn Karl (747 – 814), der spätere Römische Kaiser **Karl der Große** (Charlemagne), wird 768 fränkischer Teilkönig und 771 Alleinherrscher im Fränkischen Reich. Unter der Herrschaft Karls des Großen erlebt das Fränkische Reich eine Blütezeit. 799 erobert Karl der Große auch die Bretagne.

Das Fränkische Reich unter Karl dem Großen kannte kein Zentrum, keine Hauptstadt des Reiches. Der Kaiser zog mit seinem Hofstaat von Pfalz zu Pfalz. Dieser Umstand hatte vor allem auch Einfluss auf die Baukultur und Architektur. Die Pfalzen waren es, in denen sich u. a. eine neue Kirchenbaukunst entwickelte, die vor allem in den Pfalzkapellen sichtbar wurde. Eines der schönsten Beispiele ist die Pfalzkapelle Karls des Großen in Aachen.

9. Jh. – Im 9. Jh. werden die ersten Normanneneinfälle in Angers und Tours registriert.

843 – Nach dem Tode Karls des Großen am 28. Januar 814 verfällt das Fränkische Reich und wird schließlich im **Vertrag von Verdun** 843 aufgeteilt. Erst seit diesem Teilungsvertrag kann man von „Frankreich" sprechen. Bis dahin waren im Fränkischen Reich der Karolinger (Carolingiens) die Territorien zusammengefasst (zumindest große Teile davon), aus denen Frankreich und Deutschland hervorgehen sollten.

885 – 887 – Unter **König Charles (Karl) III.** wird das Fränkische Reich noch einmal für kurze Zeit vereint.

9. – 10. Jh. – Nach der Teilung des Fränkischen Reiches behalten in Westfranken die Karolinger die Herrschaft über das Land. Sie sind aber schwach und können den Einfall der Normannen nicht verhindern. Die Normannen dringen bis an die Loire vor und zerstören auf ihrem Wege viele Klöster, wie z. B. St.-Benoît, und zahlreiche Städte.

Das Großreich Franken zersplittert in Herzogtümer, die vom rivalisierenden Feudaladel beherrscht werden. 987 wird der berühmt-berüchtigte, machtbesessene **Foulco Nerra** Graf von Anjou.

987 – 996 – Hugues (Hugo) Capet, Begründer der Dynastie der Kapetinger (Capetiens), wird König von Franken und löst die Dynastie der Karolinger auf dem Thron ab. Während seiner Regentschaft, die 996 endet, setzt er gegen den Widerstand des Adels die Erblichkeit der Königswürde durch, was zu Kämpfen zwischen Adel und Anhängern des Königshauses führt.

996 – 1031 – Robert der Fromme.

Romanik, ca. 980 bis 1250 – Über die lange Mittelmeerküste Frankreichs war der Kontakt zu den mediterranen Kulturen des oströmischen Reiches und zu Byzanz schon früh gegeben. Kunsthistorisch führten diese Kontakte und Beziehungen dazu, dass die Romanik, der erste universale Kunststil des europäischen Mittelalters, schon früh im Land der Franken heimisch werden konnte. In Frankreich bringt diese Kunstrichtung vor allem in Burgund, in der Normandie, aber auch in Südfrankreich herrliche Sakralbauten hervor.

Wichtige Elemente der romanischen Architektur sind eine aus der römischen Basilika weiterentwickelte, meist mehrschiffige Kirchenform mit Vorhalle, Apsiden und Tonnengewölbe und später die auf byzantinischen Vorbildern basierende Kreuzkuppel. Markant sind außerdem Rundbögen und Würfelkapitelle. Skulpturen findet man vor allem an den Portalen, an Fenstern und an den Kapitellen.

Die Malerei der Romanik beschränkt sich fast ausschließlich auf die Ausschmückung der Sakralbauten mit biblischen Motiven (z. B. das Jüngste Gericht) und visualisierten Vorstellungen vom Jenseits.

Vor allem in Burgund kommt dem 1098 in Cîteaux gegründeten Zisterzienserorden eine überragende Bedeutung bei der Fortentwicklung des romanischen Architekturstils zu, der sich durch eine schmucklose Reinheit und Einfachheit auszeichnet.

1066 – Eroberung der Bretagne durch Normannen aus England.

1101 – Das Kloster von Fontevraud wird gegründet.

1104 – In Beaugency findet das Erste Konzil statt.

1108 – 1137 – König Ludwig VI. regiert Frankreich. Er festigt die Macht der Kapetinger, tritt selbstbewusst gegen die Kirche und den Adel auf und gewinnt für das Königtum erhebliche Machtbefugnisse.

Gotik, ca. 1140 bis 1550 – Auch während der Zeit der Gotik, dem zweiten universalen Kunststil in Europa nach der Romanik, bleibt die Kirchenbaukunst das zentrale Betätigungsfeld dieser Kunstrichtung. Auffällig unterscheiden sich die gotischen Kathedralen, Dome, Klöster und Kirchen durch ihre Spitzbögen, ihre himmelstrebenden Türme und durch ihre säulen- und strebengestützten, hohen Kirchenschiffe von den schweren, oft massiv und blockhaft wirkenden romanischen Bauten.

Frankreich, vor allem der burgundische Zisterzienserorden, können als Ursprungsland und als Urheber des filigranen gotischen Stils bezeichnet werden. In den Nachbarländern Spanien, Italien und Deutschland, aber auch in England hält die Gotik erst im 13. Jh. Einzug.

Große Aufmerksamkeit wird u. a. den Westfassaden der gotischen Kathedralen gewidmet. Die Portale und deren Bogenfelder (Tympanon) darüber werden prächtig mit Steinmetzarbeiten geschmückt. In Fenstern und Rosetten wird das Maßwerk bis zur Vollkommenheit entwickelt. Und vor allem in der Spätgotik bildet sich das für Frankreich typische Flamboyant heraus, Ornamente in Form von langgezogenen Flammen.

Zu den schönsten gotischen Kathedralen Frankreichs zählen die von Chartres (begonnen 1194), von Reims und Amiens (beide begonnen 1220) und Notre Dame in Paris (begonnen ca. 1160)

Auch in der Gotik befassen sich Bildhauerei und Malerei immer noch fast ausschließlich mit religiösen Motiven. Allerdings verlieren die Heiligenporträts ihre ikonenhafte Starre, die Szenen werden plastischer dargestellt und es zeigen sich erste Ansätze einer perspektivischen Malerei. Die Plastiken und Statuen wirken bewegter, weniger statisch, werden nicht mehr ausschließlich frontal dargestellt. Typisch für Madonnenstatuen und Heiligenskulpturen der Gotik ist der viel zitierte, Lebendigkeit andeutende S-Schwung der Gestalten.

1152 – Zweites Konzil von Beaugency.

1154 – Geschickte Außenpolitik und Diplomatie bringen **Henri Plantagenêt**, Graf von Anjou und Herzog der Normandie, als **Heinrich II.** auf den Thron von England. Durch die Heirat Henri's mit **Eleonora von Poitou** (Eleonore von Aquitanien) fällt fast die Hälfte Frankreichs an England. England und Frankreich werden erbitterte Rivalen. Der Zwist für den Hundertjährigen Krieg ist gesät. Heinrich II. Plantagenêt stirbt 1189 in Chinon.

1180 – 1223 – Philippe II. Auguste herrscht in Frankreich. Er gewinnt viele Gebiete u. a. auch an der Loire von England zurück. Von 1209 bis 1229 führt er einen Kreuzzug gegen die Sekte der *Albigenser*.

1199 – **Richard Löwenherz**, Sohn König Heinrichs II. Plantagenêt, findet seine letzte Ruhestätte in der Klosterkirche von Fontevraud.

1202 – Johann von Anjou, will nach dem Tode von Richard Löwenherz dessen Erbe an sich reißen. König Philippe II. August von Frankreich erfährt von dieser Absicht und verfügt im Vertrag von Chinon im September 1214, u. a. auch das Anjou wieder der französischen Krone einzuverleiben. Johann von Anjou verliert sein Herzogtum und geht als „Johann Ohneland" in die Geschichtsbücher ein. Als letzter Herrscher aus dem Hause Anjou stirbt er im Jahre 1216.

1223 – 1226 – Der mit Blanche von Kastilien verheiratete König **Louis (Ludwig) VIII.** „der Löwe", regiert nur drei Jahre.

1226 – 1270 – Louis IX., der Heilige. Das Frankenreich dehnt sich durch die Eroberung der Regionen von Toulouse, des Languedoc und der Provence nach Süden aus und wird zur Großmacht in Europa.

1285 – 1314 – Philippe IV., der Schöne, nimmt Anstoß am römischen Papsttum und gewinnt den seit 1309 in Avignon residierenden Papst Clemens V. für seine Politik.

1328 – Der seit 1322 regierende König **Charles IV.**, dritter Sohn von Philippe IV. stirbt. Obwohl dreimal verheiratet, mit Blanche de Bourgogne, Marie de Luxembourg und Jeanne d'Evreux, hinterlässt Charles keinen Thronfolger. Die Dynastie der Kapetinger stirbt aus. Die Königskrone geht an das **Haus Valois**, das die Geschicke des Landes – auch unter dem Einfluss der Nebenhäuser Orléans und Anjou – bis 1589 leitet.

Allerdings ficht der König von England, Eduard III., ein Neffe von Philippe IV., die Legitimität der Valois an.

1337 – 1453 – Hundertjähriger Krieg mit England. Er ist u. a. die Folge der Streitigkeiten um die Thronfolge zwischen Eduard III. von England und den Valois.

1409 – In Angers wird König René geboren.

Renaissance, ca. 1420 bis 1590 – Die Kunstrichtung der Renaissance, der „Wiedergeburt", versucht, Stilelemente aus der damals stark bewunderten Antike wiederzubeleben und sie als Vorbild zu nehmen. Obwohl die Renaissance zweifelsfrei ihre große epochemachende Zeit in Italien (Frührenaissance in Florenz, Hochrenaissance in Rom, Spätrenaissance in Florenz, Rom und Venedig) hatte, bringt sie in Frankreich und hier vor allem in den Tälern von Loire, Indre und Cher prächtige, bewundernswerte Schlösser und Herrensitze hervor.

Künstler und Architekten der Renaissance besinnen sich bei ihren Arbeiten auf die Ursprünge der Klassik, auf die alten Säulenordnungen des dorischen, ionischen oder korinthischen Prinzips. Gotische Bündelpfeiler werden durch schlanke Säulen, Spitzbögen durch römische Rundbögen ersetzt. Anstelle der Senkrechten wird die Horizontale betont. Quadrat, Rechteck und Kreis sind die geometrischen Formen, die Grundrisse prägen. Vor allem versucht die Kunst der Renaissance ein Spiegel der aufkeimenden humanistischen Tendenzen des 15. Jh., zu sein, die den Menschen von mittelalterlichen, kirchlichen Zwängen befreien wollen. Als Ideal gilt die ungebundene Persönlichkeit der Antike.

Während in Italien Kirchen, Paläste und hochherrschaftliche Villen im Renaissancestil entstehen, wenden Baumeister in Frankreich den Stil vor allem im Schlossbau an. Es bilden sich dabei aber keine allgemeingültigen, grundsätzlichen Stilelemente heraus. Markant sind allerdings die steilen Dächer mit Kronen und Türmchen unterschiedlicher Höhe und Rundtürme oder Erker an den Ecken der Gebäudeflügel. Paradebeispiel dafür ist Schloss Chambord.

Die Bildhauerei der Renaissance versteht sich nicht mehr als Teil der Architektur, gestaltet von den Bauwerken unabhängige, freistehende Plastiken. Es entstehen Reiterstandbilder, Figuren und Bildnisse von idealisierter Schönheit, vollkommene Körper werden in Marmor gemeißelt.

1422 – 1461 – Karl VII. 1427 macht der König Chinon zur Hauptstadt des Reiches.

1429 – Jeanne d'Arc, die große französische Nationalheroin, erreicht den Abzug der Engländer aus Orléans, leitet damit das Ende des Hundertjährigen Krieges und die Wiederbesinnung Frankreichs auf eine nationale Einheit ein und ermöglicht so die Krönung von König **Charles (Karl) VII.** in Reims.

Johanna von Orléans wird 1431 in Rouen als Ketzerin verurteilt und auf dem Scheiterhaufen verbrannt. 1920 wird sie heiliggesprochen.

1453 – Nach der Schlacht von Castillon verlieren die Engländer bis auf die Gegend um Calais alle von ihnen besetzten Gebiete in Frankreich.

1455 – Während der sich bis 1485 hinziehenden **Rosenkriege**, den englischen Thronfolgekämpfen zwischen den Häusern Lancaster (Wappen mit roter Rose) und York (Wappen mit weißer Rose) unterstützt das Haus Anjou unter Margarete von Anjou die Herzöge von Lancaster.

1461 – 1483 – König **Louis (Ludwig) XI.** regiert. Ihm gelingt es, den Herzog von Burgund, Karl den Kühnen, von der Gründung seines Mittelreiches abzuhalten und damit das Königtum Frankreich zu festigen.

1491 – Rennes wird von französischen Truppen belagert. Um dem Tort ein Ende zu bereiten, willigt Anne de Bretagne in die Eheschließung mit dem französischen König **Charles VIII.** (Regentschaft 1483 – 1498) ein. Die Hochzeitsfeierlichkeiten finden in Langeais statt. Karl VIII. stirbt nach einem Unfall 1498 in Amboise. Anne de Bretagne kehrt in ihr Herzogtum nach Nantes zurück.

1498 – 1515 – Louis XII. König Ludwig XII. lässt sich noch im Jahre seiner Thronbesteigung von Johanna von Frankreich scheiden, um die Ehe mit der verwitweten Anne de Bretagne eingehen zu können. Anne de Bretagne gelingt es aber zu vereinbaren, dass die Bretagne aufgrund der Heirat nicht an Frankreich fällt. Das Herzogtum kann weiterhin seine Autonomie bewahren.

1514 – Nach dem Tode von Anne de Bretagne im Jahre 1514 wird ihre Tochter **Claude de France** Herzogin der Bretagne. Claude ehelicht Franz von Angoulême, den späteren französischen König Franz I. Somit kommt das Herzogtum Bretagne an Frankreich und verliert seine Autonomie endgültig.

Übrigens: Die *Reneklode (auch Reineclaude)*, eine feine, saftige Pflaumensorte, ist nach Königin Claude benannt (französisch *reine* = Königin).

1515 – 1547 – König **François (Franz) I.** aus dem Hause Orléans-Angoulême regiert einen geordneten Staat. Franz I., ein glanzvoller, ja ausschweifend lebender Renaissancekönig, der gegen Karl V. um Oberitalien kämpft und Zeit seines Lebens mit Karl V., dem späteren Kaiser, um die Vorherrschaft in Europa rivalisiert, fördert eine prächtige Hofhaltung. Karl V. wird von Franz I. im Jahre 1539 in Amboise und Chambord prunkvoll empfangen.

1519 – Leonardo da Vinci stirbt in Clos-Lucé bei Amboise.

1534 – Jacques Cartier, ein bretonischer Seefahrer, nimmt das Gebiet der St.-Lorenz-Strom-Mündung in Kanada für Frankreich in Besitz und nennt es „Neufrankreich".

1547 – Henri (Heinrich) II., Sohn von Franz I. und Claude de France, besteigt den französischen Thron. 1533 heiratet er die aus Florenz stammende **Katharina von Medici**, mit der er zehn Kinder hat.

Über ein halbes Jahrhundert lang hatte Katharina von Medici maßgeblichen Einfluss am französischen Hof und auf die Politik des Landes. Drei ihrer Söhne wurden Könige von Frankreich – Franz II., der mit der aus Schottland stammenden Maria Stuart verheiratet war, mit 15 Jahren auf den Thron kam und kaum zwei Jahre regierte, dann Karl IX., der bereits im Alter von 10 Jahren auf den Thron kam, während seine Mutter Katharina, wie schon bei Franz II., die Regierungsgeschäfte führte, und schließlich Heinrich III.

Und – die Medici überlebte ihre große Rivalin Diane de Poitiers, die langjährige Geliebte Heinrichs II. Katharina konnte sich nach dem Tode Heinrichs genüsslich an der Kurtisane rächen und sie von Chenonceaux, dem Lieblingssitz Dianes, verjagen.

1562 – 1598 – Hugenottenkriege zwischen Katholiken und calvinistisch-protestantischen Hugenotten.

1572 – In der **Bartholomäusnacht**, der Nacht zum 24. August 1572, dem Hochzeitstag von Heinrich von Navarra (dem späteren König Heinrich IV.) und Margarete von Valois, die als Anführer des protestantischen, hugenottischen Adels gelten, werden in Paris und in der Provinz Tausende von Hugenotten ermordet. Das Massaker wird von Papst Gregor XIII. öffentlich gefeiert.

1574 – 1589 – König **Henri III.**, der letzte französische König aus dem Hause Valois, regiert das Reich von seinen Schlössern an der Loire aus.

Die Religionskriege zwischen Katholiken und Hugenotten flammen immer wieder auf. Heinrich III. lässt 1588 den Herzog Henri de Guise, der die Katholische Liga anführt, im Schloss von Blois ermorden, was die Feindseligkeiten weiter schürt. Kurz darauf wird auch der Bruder des Herzogs, Kardinal de Guise, in Blois ermordet. Knapp zwei Wochen nach den Bluttaten stirbt Königin Katharina de Medici in ihren Gemächern in Blois. König Heinrich III. wird am 1. August 1589 von einem Mönch namens Clément erdolcht.

1589 – 1610 – Henri (Heinrich) IV., der erste protestantische König, regiert. Aber schon 1593 tritt Heinrich IV. zum Katholizismus über. In seinem **„Edikt**

von Nantes" sichert er 1598 beiden Konfessionen (Katholizismus, Protestantismus) Glaubensfreiheit zu.

Mit Heinrich IV. kommt das **Haus Bourbon** auf den französischen Thron. Die Bourbonen behalten die Macht bis 1792 über zweihundert Jahre lang. Heinrich IV. verlegt den Hof nach Paris. Die Loireregion verliert damit an politischer Bedeutung. 1600 heiratet Heinrich IV. Maria von Medici, die 1619, neun Jahre nach dem Tode ihres Gemahls aus Blois flieht.

Ende 16. Jh. – Im Lande wütet eine verheerende Pestepidemie.

Barock, ca. 1600 bis 1750 – In Frankreich ist die Kunst des Barock der Stil, der die Zeit des Absolutismus seit dem Sonnenkönig Ludwig XIV. in prunkvollen, üppigen Schlossbauten manifestiert. Während in Italien vor allem Kirchen im Barockstil entstehen, spiegelt sich in Frankreich die uneingeschränkte Macht der Monarchie in riesigen Prunkbauten wie Versailles wieder. Das Schloss sollte zum unerreichten Vorbild für alle Barockschlösser an den europäischen Höfen werden.

Das Barock – vom italienischen *barocco* für schiefrundig – betont noch mehr als die Renaissance die Fassade der Bauwerke. Im Inneren sind die Räume überschwänglich mit üppigen Stuckornamenten, Akantusblättern, Gemälden und Plastiken dekoriert.

Wichtiger Teil der Barockschlösser sind ihre überaus kunstvoll angelegten Gärten. Der Gartenarchitekt André Le Nôtre (1613 – 1700) war es, der als erster ein Grundschema für barocke Gärten festlegte.

Maler und Bildhauer verherrlichen den Sonnenkönig in ihren Arbeiten. Künstler wie der Bildhauer Lorenzo Bernini und François Girardon arbeiten am Hofe Ludwigs XIV.

1610 – 1643 – König **Louis XIII.** Unter Ludwig XIII. gewinnen die Kardinäle Richelieu und Mazarin erheblichen politischen Einfluss.

Kardinal Richelieu wird Statthalter der Bretagne und herrscht dort als Stellvertreter des Königs. Richelieus Diplomatie und überlegene Staatskunst macht Frankreich zur Großmacht in Europa.

1626 – Ludwig XIII. schenkt seinem Bruder *Gaston d'Orléans* die Grafschaft Blois, um ihn als Rivalen um den Thron fernzuhalten.

1643 – 1715 – König Louis XIV., der absolutistische „Sonnenkönig" Frankreichs bestimmt über die Geschicke des Landes. Unter der Herrschaft Ludwigs XIV. führt Frankreich Eroberungskriege gegen Spanien und die Niederlande. Allerdings schwächt die Kriegsführung die Vormachtsbestrebungen Frankreichs eher, als sie zu stärken.

Die prunkvolle Hofhaltung in Versailles erreicht unter dem Sonnenkönig einen glanzvollen Höhepunkt. Sie wird zum Vorbild für die europäischen Königs- und Fürstenhöfe.

1648 – Die **„Fronde",** eine vom Adel initiierte Aufstandsbewegung gegen den immer noch mächtigen Mazarin, intrigiert hinter den Machtkulissen jahrelang gegen den Kardinal.

1685 – Das Edikt von Nantes wird von König Ludwig XIV. aufgehoben. Dies ist einer der Gründe für die Auswanderung der Hugenotten.

1675 – Aufstand der „Bonnets rouges" (rote Spitzmützen). Das Symbol der Rotmützen wird später in der Französischen Revolution übernommen.

1688 – 1697 – Pfälzischer Erbfolgekrieg.

1701 – 1714 – Das Haus Bourbon ist in den Spanischen Erbfolgekrieg verwickelt.

1715 – 1774 – König Ludwig XV. regiert. Seine Mätresse, Jeanne Antoinette Poisson, besser bekannt als **Marquise de Pompadour**, hatte großen Einfluss auf die Politik und sie prägte das höfische Leben mindestens ebenso nachhaltig wie der König selbst.

Rokoko, ca. 1730 bis 1780 – Diese in Frankreich entstandene Kunstform wird vor allem von der „Rocaille" (von ihr leitet sich der Name des Kunststils ab), einer filigranen, in Schwüngen verlaufenden Muschelform geprägt. In unzähligen Abwandlungen ist sie für die Ausschmückung der Räume und Salons der nun wesentlich kleineren, intimeren Schlösser und Stadtpalais, den sog. *Hôtels*, bestimmt.

1755 – 1763 – Als Folge des **Krieges mit England** gehen Frankreich große Teile Kanadas verlustig.

1756 – 1763 – Siebenjähriger Krieg gegen Preußen.

Klassizismus, ca. 1760 bis 1830 – In Frankreich fällt die Zeit des Klassizismus zusammen mit einer Zeit dramatischer politischer und großer gesellschaftlicher Veränderungen. Der Kunststil ist die Antwort auf die nun von großen Teilen der Künstlerschaft als verlogen, dekadent, verspielt und unnatürlich angesehene Zeit des Barock. Wieder einmal erinnert man sich auf der Suche nach klaren Formen und Perspektiven der Antike.

In Paris wird der klassizistische Bau der ursprünglich für die Stadtheilige Ste.-Geneviève errichteten Kirche mit ihrer gewaltigen, 117 m hohen Kuppel von den nachrevolutionären Kräften zum Panthéon, zur Ruhmeshalle, umfunktioniert.

Das **Empire**, die während der Kaiserzeit Napoleons entstandene Stilrichtung, ist eine Variante des Klassizismus. So wie sich Napoleon als Imperator nach römischem Vorbild sah, lehnte sich der Stil des Empire stark an die römische Antike an. Und mit dem fast 50 m hohen Triumphbogen Arc de Triomphe auf der Place de L'Étoile setzte sich Napoleon ein kaiserliches und der Kunst ein imperial-klassizistisches Denkmal.

1789 – 1795 – Französische Revolution. Haarsträubende Missstände im sozialen Bereich, Knebelung des Bürgertums durch horrende Steuern und eine geradezu provozierende Verschwendungssucht bei Hofe schürten den Unmut in fast allen Bevölkerungskreisen und Regionen Frankreichs. Die schon lange im Volk gärenden Unruhen machten sich mit dem historischen **Sturm auf die Bastille**, dem Pariser Staatsgefängnis, am 14. Juli 1789 (Nationalfeiertag) Luft. Am 4. August 1789 werden während der Sitzung der Nationalversammlung die Adelsprivilegien abgeschafft. Die großen Ideale von Freiheit, Gleichheit, Brüderlichkeit werden zu den Leitmotiven der Revolutionsbewegung ausgerufen.

Es formiert sich der „Club breton", der erste Club in der französischen Revolutionsbewegung, der später zum berühmt-berüchtigten „Jakobinerclub" wurde.

In den Provinzen mehren sich die Aufstände. Der französische Adel emigriert. 1790 wird mit der Ausarbeitung einer Verfassung begonnen.

1792 – Im Nationalkonvent wird die Abschaffung der Monarchie beschlossen. Frankreich führt bis 1797 Kriege gegen England, Preußen und Österreich.

1793 – Hinrichtung König Ludwigs XVI. und **Marie Antoinettes**. Das Land leidet unter der Terrorherrschaft des Wohlfahrtsausschusses im „Jahre II". Vernichtung der Girondisten, einer politischen Revolutionsgruppe des nationalistischen Bürgertums, die wegen ihrer aufklärerischen Gesinnung und ihrem Bekenntnis zu den Menschen- und Bürgerrechten in Opposition zu den sich radikalisierenden Jakobinern geraten.

In der Vendée führen Revolutionsanhänger Krieg gegen die Royalisten und in Nantes werden im Juni des Jahres vom Nationalkonvent unter dem Abgeordneten Carrier Massenertränkungen organisiert, bei denen viele der nach Nantes geflohenen Royalisten grausam umkommen.

1793 – 1794 – „Chouans", aufständische Bretonen (oft vom Adel unterstützt) stehen gegen die Revolution auf. Die „Chouannerie", eine Art Guerilla, ist eine Untergrundbewegung mit versteckten Lagern und einer Scheinarmee. Von *Victor Hugo* stammt der Roman „1793".

1795 – 1797 – Direktorium der **Ersten Republik**.

1799 – 1804 – Das **„Konsulat"** bestimmt die Richtlinien der Politik. Napoléon Bonaparte wird „Erster Konsul".

1799 – 1802 – Krieg gegen England, Russland und Österreich.

Romantik, ca. 1800 bis 1830 – Die Gedanken und Ideen der relativ kurzen Zeit der Romantik wirken noch in den folgenden Generationen nach. Literaten, Maler und weite Teile des gebildeten Bürgertums lassen sich gerne von romantischen Stimmungen und Phantasien beeinflussen. Man wünschte sich eine uneingeschränkte Freiheit des Individuums, frei von allen Zwängen der Realität.

1801 – Im **Frieden von Lunéville** wird Frankreich das linke Rheinufer zugesprochen.

1803 – Um die Kriegskassen zu füllen, sieht sich Frankreich veranlasst, das riesige Louisiana-Territorium in Nordamerika an die USA zu veräußern, was das Staatsgebiet der damals noch jungen Vereinigten Staaten gewaltig vergrößert.

Talleyrand wird Minister Napoleons und erwirbt das Schloss Valençay.

1804 – 1814 – Kaiserreich unter **Napoleon I.** Napoleon hatte es verstanden, in Frankreich eine bürgerliche Gesellschaftsform zu etablieren. Mit seinem Gesetzeswerk „Code Napoléon" wird erstmals die Gleichheit aller Bürger vor den Schranken des Gerichts gefordert.

1806 – Der **Rheinbund** wird etabliert. Frankreich führt Krieg mit Russland und Preußen, der 1807 mit dem

Frieden zu Tilsit beendet wird. Napoleon verfügt die **Kontinentalsperre**, die den Handel Kontinentaleuropas mit Großbritannien unterbinden sollte, um die britische Wirtschaft zu destabilisieren. Die Sperre wurde aber von vielen Ländern trickreich unterlaufen. Der Schmuggel blühte.

1808 – 1814 – Krieg gegen Spanien. König Ferdinand VII. von Spanien wird in Valençay gefangengehalten.

1809 – Krieg gegen Österreich.

1812 – Napoleons Imperium erreicht seine größte Ausdehnung. Zu ihm gehören Teile Nord- und Westdeutschlands (Westfalen), Holland und Belgien, das linke Rheinufer, Savoyen, Oberitalien, die Toskana, der Kirchenstaat mit Rom und große Teile der Adriaküste von Istrien.

Der Krieg gegen Russland endet für das Kaiserreich und für Napoleon mit einem Desaster und einem überaus verlustreichen Rückzug.

1813 – 1814 – Befreiungskriege. Napoleon wird nach Elba verbannt.

1815 – Napoleon kehrt nach Frankreich zurück. „Herrschaft der Hundert Tage". Napoleon rekrutiert eine neue Armee, erlebte aber bei **Waterloo** eine vernichtende Niederlage und das endgültige Aus seiner politischen Karriere. Napoleon wird nach **St. Helena** deportiert.

1820 – François René Vicomte de Chateaubriand (1768 – 1848), Schriftsteller, Begründer der französischen Romantik und Politiker, wird französischer Außenminister.

Historismus, ca. 1830 bis 1895 – In der Zeit zunehmender Industrialisierung in Europa tun sich Kunst und Architektur schwer, eine eigenständige Stilrichtung zu finden. Man baut neugotische Kirchen, Bahnhöfe im Neobarock und Opernhäuser wie die Pariser Oper im Neoklassizistischen Stil. Selbst an Werkhallen und Fabriken werden gotische oder klassizistische Stilelemente verwendet.

Ganz eigene Wege geht Gustave Eiffel (1832 – 1923) mit seiner für die Weltausstellung in Paris von 1889 errichteten Stahlkonstruktion des Eiffelturms.

1830 – Julirevolution des Pariser Bürgertums. Der sog. „Bürgerkönig" **Louis Philippe**, Herzog von Orléans, kommt an die Macht und regiert bis 1848. Während seiner Regentschaft erlebt das Bürgertum eine Blütezeit. Frankreich erobert Algerien.

1848 – Februarrevolution in Paris und **Zweite Republik**. Ihr Präsident wird Prinz Louis Napoléon Bonaparte, der 1852 Kaiser Napoleon III. wird.

1852 – 1870 – Unter **Napoleon III.** erneut Kaiserreich.

Impressionismus, ca. 1865 bis 1900 – Unbeeinflusst von den wenig konkreten Strömungen des Historismus in der Architektur entwickelt sich in der Malerei, und hier besonders in Frankreich, ein ganz eigenständiger Kunststil, der den Eindruck des Augenblicks, die Farben des Moments, die Stimmung von Licht und Schatten festhält. Claude Monet, Paul Cézanne oder Edgar Degas stehen mit ihren Werken beispielhaft als die großen Meister des Impressionismus.

1870 – 1871 – Der **Deutsch-französische Krieg** wird nach der Niederlage bei Sedan und der Gefangennahme von Napoleon III. mit dem Frieden zu Frankfurt am 10. Mai 1871 beendet. Elsass und Lothringen werden Deutschland zugesprochen.

1870 – 1940 – Das französische Kaisertum stürzt. **Dritte Republik.**

Jugendstil, ca. 1895 bis 1910 – Der Jugendstil, von Belgien nach Frankreich gekommen und stark von der Glasgower Kunstschule von Charles Rennie Macintosh beeinflusst, versteht sich als Gesamtkunst. Jugendstil möchte nicht in der Architektur gefangen sein, an der Fassade enden. Jugendstilkünstler gestalten die Innenräume ebenso wie Tische, Stühle, Mobiliar, Leuchten und Glasfenster, Geschirr und Besteck, ja selbst die Textildesigns für Vorhänge und Tischwäsche.

1904 – Entente cordial, Vertrag mit Großbritannien über koloniale Fragen.

1905 – 1911 – Über Marokko kommt es zum Konflikt mit Deutschland. Schließlich kommt Marokko unter die Schutzherrschaft von Frankreich.

Expressionismus, ca. 1910 bis 1925 – Die Kunst des Ausdrucks ging zumindest im Bereich Architektur aus dem Jugendstil hervor. Malerei und Bildhauerei versuchen, die Ängste und Unsicherheiten der damaligen Zeit in ihren Werken zum Ausdruck zu bringen. Um dies zu erreichen, greift man auch zur Überzeichnung und Überbetonung von Farben und Formen.

1914 – 1918 – Erster Weltkrieg.

1919 – Der Versailler Vertrag, abgeschlossen am 28. Juni 1919, beendet den Ersten Weltkrieg zwischen dem Deutschen Reich und den Siegermächten. Voraus ging eine Friedenskonferenz, die am 18. Januar 1919 im Spiegelsaal des Versailler Schlosses ohne Mitwirkung einer deutschen Delegationen (der eine Teilnahme schlicht verweigert wurde) eröffnet worden war. Frankreich erhält Elsass und Lothringen zurück.

1923 – In Le Mans findet das erste 24-Stunden-Autorennen statt.

1925 – Locarnoverträge, Abkommen zwischen Frankreich, Großbritannien, Italien, Polen, Belgien und Deutschland, um einen politischen Ausgleich zwischen Deutschland und seinen Gegnern im Ersten Weltkrieg zu erreichen.

1936 – 1938 – Volksfront-Regierung unter Ministerpräsident Léon Blum. 1938 Kabinett Daladier.

1940 – Die Deutsche Wehrmacht besetzt während des Zweiten Weltkrieges die Bretagne und Nordfrankreich und am 14. Juni 1940 auch Paris.

1940 – 1944 – Vichy-Regierung unter Marschall Pétain.

1944 – Am 6. Juni landen die Alliierten in der Normandie. Frankreich wird von britischen und amerikanischen Truppen befreit.

Nach der Niederlage Deutschlands bildet Charles de Gaulle eine erste neue Regierung. De Gaulle, der während des Zweiten Weltkrieges vom Ausland aus den Widerstand gegen die Wehrmacht in Frankreich organisiert hatte, integriert in die neue Regierung Kräfte aus der Résistance und wird Regierungschef.

1946 – 1958 – Während der **Vierten Republik** führt Frankreich Krieg gegen Indochina (1946 – 1954).

1949 – Frankreich wird Gründungsmitglied der NATO.

1952 – In Chambord findet erstmals ein Ton- und Lichtspektakel statt, das als Sont-et-Lumière-Vorführung bald fester Bestandteil der Touristenattraktionen auch bei anderen Schlössern an der Loire wird.

1956 – Am 26. Oktober wird der **Saar-Vertrag** geschlossen. Von Oktober bis Dezember sieht sich Frankreich mit der **Suez-Krise** konfrontiert.

1957 – Frankreich gestaltet die Römischen Verträge mit und wird Gründungsmitglied der EWG.

1958 – In Algerien putschen die „Ultras". Im Oktober wird mit Inkrafttreten der neuen Verfassung die **Fünfte Republik** etabliert. Am 8. Januar 1958 wird **Charles de Gaulle** zum Staatspräsidenten vereidigt.

1962 – In Evian wird ein Abkommen geschlossen, das den Algerien-Krieg beendet.

1963 – Abschluss des **Deutsch-Französischen Vertrages**. An der Loire wird bei Chinon das erste Kernkraftwerk Frankreichs in Betrieb genommen.

1964 – Das ehemals bretonische Département Loire-Atlantique wird per Verwaltungsbeschluss der Region Pays-de-la-Loire zugeschlagen.

1966 – In der Bretagne wird das Gezeitenkraftwerk Rance bei St-Malo, das erste seiner Art in Frankreich, in Betrieb genommen.

1968 – In Frankreich herrschen schwerwiegende Streiks und Studentenunruhen (Maiunruhen), die an den Festen der Republik rütteln. **1969** – Charles de Gaulle tritt zurück. Neuer Staatspräsident wird **George Pompidou**.

1974 – Valéry Giscard d'Estaing von der Union pour la Démocratie Française (UDF) wird französischer Staatspräsident.

1975 – Unruhen auf Korsika, die eine Autonomie der Insel fordern. Anschläge und Unruhen flackern auf der Mittelmeerinsel immer wieder auf.

1978 – Die Bretagne erlebt die schwerste Umweltkatastrophe ihrer Geschichte, als der Öltanker „Amoco Cadiz" vor der Küste bei Portsall kentert und eine Ölpest gigantischen Ausmaßes verursacht.

Knapp zwei Jahre später protestieren Umweltschützer energisch gegen den Bau eines Atomkraftwerks an der Pointe du Raz.

1981 – François Mitterrand von der Parti Socialiste (PS) wird im Mai zum Staatspräsidenten gewählt. Bei den Parlamentswahlen im Juni erringt die Linke die Mehrheit, Mauroy (PS) wird neuer Premierminister. Im September wird die Todesstrafe abgeschafft.

1984 – Im Juni wird das korsische Regionalparlament aufgelöst. Im Juli wird Laurent Fabius (PS) neuer Premierminister und die Kommunisten ziehen aus dem Kabinett aus.

1986 – Bei den Parlamentswahlen siegt der Block der bürgerlichen Parteien. Die Sozialisten erleiden herbe Verluste. **Jacques Chirac** vom Rassemblement pur la République (RPR) wird Premierminister. Beginn der „Cohabitation". Man kehrt vom erst ein Jahr zuvor eingeführten Verhältniswahlrecht zurück zum Mehrheitswahlrecht.

1988 – François Mitterrand wird als Staatspräsident wiedergewählt. Michel Rocard (PS) wird neuer Premierminister.

1990 – Nach schier endlosen Protesten und Zänkereien gelingt es ökologisch orientierten Bevölkerungsgruppen endlich, den Bau einer Staustufe an der Loire zu unterbinden. Die Loire bleibt damit der letzte „ungezähmte", nicht regulierte große Fluss in Frankreich.

Während eines Staatsbesuchs von Präsident Michael Gorbatschow in Paris unterzeichnen Frankreich und Russland einen Freundschaftsvertrag.

Im November wird der Autonomiestatus von Korsika erweitert.

1991 – Im Januar beteiligen sich französische Truppen am Golfkrieg. Verteidigungsminister Chevènement tritt zurück, Nachfolger wird Joxe.

1992 – Pierre Bérégovoy von den Sozialisten wird Premierminister. Im September fällt ein Referendum mit 51,05 % Ja-Stimmen zugunsten des EG-Unions-Vertrags von Maastricht aus. Im Oktober wird die Regierung umgebildet.

1995 – Am 23. April 1995 erster Durchgang zu den Präsidentschaftswahlen. Der bisherige Staatspräsident François Mitterand tritt nicht mehr an. Ergebnis: Balladur scheidet aus dem Rennen um das Amt, Jacques Chirac verliert überraschend. Gewinner nach dem ersten Wahldurchgang ist der Sozialist **Lionel Josepin**.

Nach dem zweiten Durchgang der Präsidentschaftswahlen am 7. Mai 1995 gewinnt der Pariser Bürgermeister **Jacques Chirac** (RPR) mit 52,6 % der Stimmen die Wahl. Seit 21 Jahren ist wieder ein Gaullist Staatspräsident in Frankreich. **Alain Juppé** (RPR) löst den zurückgetretenen Edouard Balladur im Amt des Premierministers ab.

Ab Mitte November eskalieren Streiks und Aufstände, die in Paris und weiteren Großstädten Frankreichs das öffentliche Leben nahezu lahm legen. Aus Paris werden zeitweise Staus von insgesamt 500 km Länge gemeldet. Die Proteste richten sich gegen die Regierung Chirac und gegen die geplanten Einschnitte ins soziale Netz des Staates, die u. a. notwendig sind um das Haushaltsdefizit zu verringern, aber auch, um die Anforderungen der Europäischen Währungsunion zu erfüllen.

Am 14. Dezember 1995 wird in Paris das im amerikanischen Dayton ausgehandelte Bosnien-Friedensabkommen von den Präsidenten Bosniens, Kroatiens und Serbiens, Izedbegovic, Tutchman und Milosevic unterzeichnet.

1998 – Im Juli wird die französische Fußballnationalmannschaft erstmals in ihrer Sportgeschichte Fußballweltmeister.

2000 – Staatspräsident Jacques Chirac spricht als erster ausländischer Staatschef im restaurierten Berliner Reichstag.

Am 25. Juli stürzt eine Passagiermaschine vom Typ Concorde der Air France mit 114 Menschen an Bord beim Start auf dem Pariser Flughafen Charles de Gaulle ab. Die Katastrophe läutete das Ende der Aera von Überschallpassagiermaschinen ein. Die insgesamt 13 Maschinen dieses Typs von British Airways und Air France werden 2003 endgültig aus dem Verkehr gezogen.

2002 – Jacques Chirac wird im zweiten Wahlgang am 5. Mai 2002 erneut zum Präsidenten Frankreichs gewählt. Sein größter Rivale und der allgemein als Favorit gehandelte sozialistische Premierminister Lionel Jospin, schied bereits im ersten Wahlgang am 21. April aus und kam – noch hinter dem rechten Jean-Marie Le Pen – nur auf Platz drei. **Jean-Pierre Raffarin** wird im Mai zum Premierminister gewählt.

2003 – Frankreich schafft die allgemeine Wehrpflicht ab.

2005 – im Oktober schwere Unruhen in den Vorstädten von Paris und anderen Großstädten, nachdem zwei Jugendliche in diesem Zusammenhang bei einem Unfall ums Leben kamen.

2007 – **Nicolas Sarkozy**, Chef der gaullistischen UMP, wird am 16. Mai 2007 neuer Staatspräsident. Er gewinnt im 2. Wahlgang gegen **Ségolène Royal** von der Sozialistischen Partei.

2009 – im März kehrt Frankreich nach 43 Jahren in die Kommandostruktur der NATO zurück. Seit 1966 war Frankreich ausschließlich politisch integriert. Präsident Sarkozy's Entscheidung wurde durch Zustimmung des französischen Parlaments bestätigt, das dem Präsidenten ausdrücklich das Vertrauen aussprach.

2012 – Am 6. Mai kann François Hollande von der Parti Socialiste (PS) im 2. Wahlgang die Präsidentschaftswahl gewinnen und löst damit Nicolas Sarkozy ab.

2015 – Zwei Terroranschläge erschüttern Paris. Am 7. Januar dringen islamistische Terroristen in die Redaktionsräume des Satireblatts „Charlie Hebdo" ein und töten 11 Redaktionsmitglieder. Der Slogan „Je suis Charlie" verbreitet sich weltweit als Solidaritätsbeweis für die Opfer. Am 11. Januar versammeln sich in Paris 1,5 Mio. Menschen zum sog. Republikanischen Marsch zum Gedenken an die Opfer. 44 Staats- und Regierungschefs nehmen daran teil.

Am 13. November werden an 6 verschiedenen Stellen in Paris, darunter während eines Fußballspiels (Deutschland-Frankreich) am Stadion Stade de France, während eines Rockkonzerts im Theater Bataclan und in mehreren Restaurants, Cafés und Bars, im Namen des sog. Islamischen Staats Anschläge verübt. Insgesamt kommen 130 Menschen ums Leben.

2016 – Im Juni 2016 findet in 10 französischen Städten die Fußballeuropameisterschaft statt. Portugal gewinnt das Turnier. Frankreich besiegt Deutschland im Halbfinalspiel.

Amokfahrt am 14. Juli, dem Nationalfeiertag Frankreichs, in Nizza. Ein 31jähriger Tunesier rast mit einem LKW in eine große Menschenmenge auf der Promenade des Anglais. Es sterben 84

Menschen und weitere 200 Personen werden schwer verletzt. Der Amokläufer wird erschossen. Die Terrorgruppe IS bekennt sich zur Tat.

Am 26. Juli überfallen 2 Terroristen die Kirche von Saint-Etienne-du-Rouvray in der Normandie während einer Messe, töten den 86jährigen Priester und nehmen 5 Personen als Geiseln. Die Attentäter werden von der Polizei erschossen. Die Verantwortung für die Tat wird vom IS, dem sog. Islamischen Staat, übernommen.

2018 – Anfang Dezember protestieren tausende sog. Gelbwesten „Gilets Jaune" u. a. in Paris gegen Benzinpreiserhöhung und erhöhte Steuern. In Paris werden Geschäfte geplündert und Barrikaden angezündet. Der Arc de Triumph wird beschädigt. Viele Tausende Polizisten sind im Einsatz. Bis Februar finden jeden Samstag Protestaktionen dieser Bewegung statt.

2019 – In der Nacht vom 15. zum 16. April zerstört ein Großfeuer den aus 1.300 Eichenbalken bestehenden Dachstuhl der Kathedrale Notre-Dame de Paris. Das Feuer soll durch Restaurierungsarbeiten am Vierungsturm verursacht worden sein. Durch den massiven Einsatz von Feuerwehrleuten wurde verhindert, dass das Feuer auf die berühmten Türme der Westfassade und das Mauerwerk der Kirche übergriff.

WIE KOMMT MAN HIN?

Anreise mit dem Auto

Autobahnen sind in Frankreich gebührenpflichtig (péage) und die **Mautgebühren** schlagen nicht nur für ein Wohnmobil, sondern auch schon für einen Pkw ganz schön auf die Reisekasse.

Motorräder zahlen 60 % des Pkw-Tarifs, Caravaner ein Aufgeld von 10 bis 50 % und Wohnmobilisten sind je nach Strecke mit einem Zuschlag von 60 % bis 90 % dabei.

Ganz verzichten wird man auf das relativ schnelle Fortkommen auf Autobahnen allerdings kaum wollen, es sei denn, man kann sich für An- und Rückreise jeweils ein oder zwei Tage mehr Zeit gönnen und dann den Weg über die in aller Regel bestens ausgebauten Routes Nationales wählen.

Die Reise dauert dann etwas länger. Vor allem die Orts- und Stadtdurchfahrten halten auf. Aber man wird mit Sicherheit das eine oder andere sehen, Städte und Landschaften erleben, die einem sonst verborgen blieben.

Die **Prozedur an den Mautstellen** der Autobahnen geht gewöhnlich so vor sich: Sie fahren in die Furt an einem der Zahlhäuschen und ziehen nach Knopfdruck (Wohnmobilisten können auch den oberen Knopf für Lkws bedienen) eine Mautkarte aus dem Automaten. In seltenen Fällen wird sie Ihnen von einem Angestellten gereicht.

Am Ende des mautpflichtigen Autobahnabschnitts oder an der Ausfahrt wählen sie eine Furt, an der sie mit Bargeld oder mit Kreditkarte (keine EC/Maestro-Karten) bezahlen können. Auf kürzeren Strecken findet man auch Durchfahrten, an denen man die Maut abgezählt und in Münzen in einen Zahlkorb werfen kann, damit sich die Schranke öffnet. Das geht meist etwas zügiger. Die Furten mit elektronischen Lese- und automatischen Abbuchungsautomaten, gekennzeichnet mit „t" (télépéage), sind oft verlockend leer, allerdings tabu, es sei denn Sie haben einen entsprechenden Chip erworben.

Anreise aus dem süddeutschen Raum

A5 Karlsruhe – Basel, Ausfahrt **Baden-Baden/Iffezheim**, weiter Richtung Paris, Beschilderung **Haguenau** (D1063) folgen und weiter zur französischen Autobahn A4 (Auffahrt bei Brumath) Richtung Metz – Paris.

Nach wenigen Kilometern verlässt man die Autobahn bei **Phalsbourg** wieder und folgt der N4 über **Sarrebourg** und **Lunéville** bis **Nancy**. Man umgeht die Stadt im Süden und folgt ab **Toul** der Autobahn E21/A31 nach Süden bis **Langres**, nimmt dort die E54/A5 ein kurzes Stück nach Westen bis Ausfahrt **Chaumont/Semotiers** (Ausfahrt 24) und folgt schließlich via **Châteauvillain** der D65/D965 nach Südwesten und über **Châtillon-sur-Seine** (Camping Municipal „Louis Rigoly", geöffnet Apr. - Sept.), **Tanlay** (mit schönem Schloss und Hausboothafen), **Tonnerre** und **Chablis** bis **Auxerre** (Camping du Serein Chablis oder Camping Municipal Auxerre, s.u.).

Aus der Region um Chablis kommt ein herrlicher Weißwein, der gerne zu Austern, Schalentieren und Fischgerichten gereicht wird.

Ausfahrt **Auxerre Sud**, westwärts durch Auxerre hindurch und auf der D965 Richtung Orléans. Die Landstraße führt durch ländliches Gebiet mit ziemlich verschlafen wirkenden Dörfern und über **Toucy** und **St. Fargeau** bis **Bonny-sur-Loire**. Dort trifft man auf die N7, der wir nordwärts bis **Briare** folgen, um dort nach **Gien**, dem Startpunkt unserer Tour durch das Loiretal, abzuzweigen.

Über Besançon

A5 Karlsruhe – Basel, Ausfahrt **Autobahndreieck Neuenburg** (Ausfahrt 66) Richtung **Mulhouse** (Mülhausen) und weiter auf der A36/E54/E60 Richtung Lyon. Das erste Stück der A36/E54/E60 ist bis zur Ausfahrt 14 Fontaine gebührenfrei.

Weiter auf der A36/E60 über **Belfort**, **Besançon** und **Dole** nach **Beaune**.

Beaune mit seinem schönen Hôtel du Dieux ist ein hübscher Weinort im Herzen der **Bourgogne**. Schöne Altstadt, viele Weinkellereien, Kongresszentrum Palais de Congrés (Camping Municipal „Les Cent Vignes", s. u.).

Ab Beaune über die Autobahn A6/E60/E15 Richtung Paris bis **Auxerre**.

Die Fahrt geht durch die anmutige Landschaft der Bourgogne und quert waldreiche Hügel und das weite Weinanbaugebiet von Savigny-les-Beaune.

Einen sehr namhaften Weinort, nämlich **Chablis**, findet man unweit östlich von Auxerre. Aus der Region kommt ein herrlicher Weißwein, der gerne zu Austern, Schalentieren und Fischgerichten gereicht wird.

Ausfahrt **Auxerre Sud**, westwärts durch Auxerre hindurch und auf der D965 Richtung Orléans. Die Landstraße führt durch ländliches Gebiet mit ziemlich verschlafen wirkenden Dörfern und über **Toucy** und **St. Fargeau** bis **Bonny-sur-Loire**. Dort trifft man auf die N7, der wir nordwärts bis **Briare** folgen, um dort nach **Gien**, dem Startpunkt unserer Tour durch das Loiretal, abzuzweigen.

In **Briare** quert ein Schifffahrtskanal auf einer hohen Brückenkonstruktion das Tal der Loire. Die Kanalbrücke **Pont de Canal de Briare**, zwischen 1890 und 1894 von den Konstrukteuren Daydé und Pillé erbaut, ist eine Sehenswürdigkeit.

Wenn Sie gerne einmal selbst auf einem Kanal schippern möchten, sollten Sie über einen Urlaub mit einem selbst gesteuerten Hausboot auf den Kanälen Frankreichs, z. B. in der Bourgogne, nachdenken, www.wasserwege.com.

Anreise aus dem mitteldeutschen und ostdeutschen Raum

Eine der möglichen Varianten wäre der Weg über **Kassel** und **Frankfurt/M** nach **Saarbrücken** (E50/A6) und weiter nach **Metz**.

Ab Metz bedient man sich der Autobahn E21/A31 bis **Nancy**. Man umgeht die Stadt im Süden und folgt ab **Toul** der Autobahn E21/A31 nach Süden bis **Langres**, nimmt dort die E54/A5 ein kurzes Stück nach Westen bis Chaumont/Semuotiers (Ausfahrt 24) und folgt ab dort dem oben schon erwähnten Weg über **Châtillon-sur-Seine** nach **Auxerre** und weiter nach **Gien**.

Anreise aus dem norddeutschen Raum

Von Norden kommend über **Belgien**, dann Autobahn A1/E15/E19 „Autoroute du Nord" bis **Paris**. Man umgeht Paris tunlichst weiträumig oder auf der Périférique, der während der morgendlichen oder abendlichen Hauptverkehrszeiten oft hoffnungslos überlasteten Ringautobahn um Paris.

Auf der A3 und A86 umfährt man Paris im Osten. Im Süden von Paris zur A6 (Autoroute du Soleil) und südwärts weiter zur A77 (Autoroute de l'Arbre) bis Ausfahrt 19 und weiter nach Gien.

Die Entfernungen innerhalb Frankreichs sind ansehnlich. So sind es von Mulhouse bis Brest immerhin 1.135 km, von Lille nach Nantes 587 km und von Strasbourg nach Orléans sind rund 620 km zurückzulegen.

Günstig gelegene Campingplätze an den Anreiserouten:

Beaune
Camping Municipal „Les Cent Vignes", [N47° 1' 58.44" E4° 50' 21.54"], 10, rue August Dubois, Tel. +33 (0)3 80 22 03 91; 15. März – 31. Okt.; N74/A6 Ausfahrt 24, am nördlichen Stadtrand Richtung Savigny-les-Beaune. Von hohen Mauern eingefriedeter und durch Heckenreihen unterteilter, ebener, vollständig parzellierter Platz mitten in einem Wohngebiet. Ca. 2 ha – 110 Stpl.; etwas beengte Sanitärs, Restaurant, Laden. V & E für Wohnmobile. Guter Etappenplatz. Bushaltestelle am Platzeingang.

Metz
Camping Municipal Metz Plage [49° 07' 25.4" E6° 10' 09.3"], allée Metz Plage, Tel. +33 (0)3 87 68 26 48; Mitte Apr. – 30. Sept.; stark frequentierter Etappenplatz am nordwestl. Rand der Innenstadt; langgestreckte, leicht geneigte Wiese an der Moselle; ca. 4 ha – 170 Stpl.; Restaurant. Wohnmobil-Stellplatz vor der Campingplatzschranke.

Nancy/Villers-lès-Nancy
Camping „Campéole Le Brabois" [N48° 39' 26.15" E6° 8' 23.52"], ave. Paul Muller; +33 (0)3 83 27 18 28; Anf. Apr. – 30. Sept.; von der A33 Richtung Paris Ausfahrt 2b/Brabois und noch 2 km, beschildert. Ausgedehntes, fast ebenes, parkähnliches Gelände mit hohen Laubbäumen, durch eine hohe Mauer von der benachbarten Pferderennbahn getrennt. Ca. 6 ha – 170 Stpl.; gute Sanitärausstattung. Restaurant. V & E für Wohnmobile. Mietcaravans. Ordentlicher Etappenplatz. Bushaltestelle an der Platzzufahrt. Linien 122 und 126 in die Stadt Nancy.

Chablis
Camping du Serein [N47° 48' 47.23" E3° 48' 22.08"], Quai Paul Louis Courrier, F889800 Chablis, Tel. +33 (0)3 86 42 44 39; www.ville-chablis.fr; Ende Apr. – Ende Sept.; beschilderter Abzweig von der Umgehungsstraße D965 (Auxerre - Tonnerre) am östlichen Ortsrand; ebenes Wiesengelände durch Hecken parzelliert, am Serein-Fluss gelegen. Zum Ortszentrum ca. 15 Min. zu Fuß.

Auxerre en Bourgogne
Camping Municipal Auxerre [N47° 47' 9.14" E3° 35' 15.62"], 8, Route de Vaux, F-89000 Auxerre, Tel. +33 (0)3 86 52 11 15; 15. Apr. – Ende Sept.; Im Stadtbereich gut beschildert, Richtung Arbre Sec. Gepflegtes, ebenes Rasengelände neben dem Festplatz und gegenüber des Stadions, durch Hecken und Platzwege unterteilt, einige hohe Laubbäume, parzellierte, nummerierte Stellplätze; ca. 4 ha – 170 Stpl.; Standardsanitäranlagen, V & E für Wohnmobile. Bistro im Sommer.

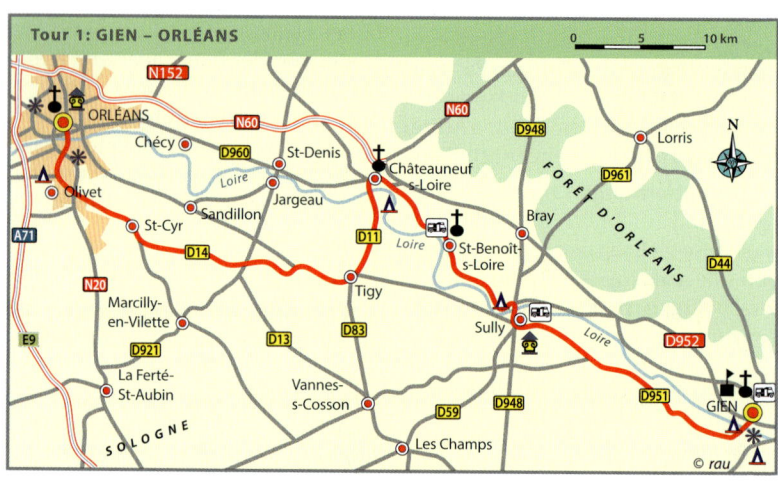

Auf der Anreise nach Gien lohnt ein kurzer Aufenthalt in **Briare-le-Canal**. Das hübsche Städtchen mit stattlichem Kirchplatz liegt am Nordufer des Loire-Flusses knapp 10 km südöstlich von Gien. Sehenswert sind das alte **Herrenschloss** am Kanal, das heute als Rathaus dient, oder das Schloss „Trousse Barrière".

Briare ist ein altes Zentrum der Fayenceherstellung. Und weit über das Loiregebiet hinaus bekannt ist Email aus Briare.

In der Manufaktur Bapterosses ist das **MEMO**, das **Musée des Émaux et de la Mosaïque de Briare [Parkmöglichkeit, WP 001 / N47° 38' 33.5" E2° 44' 01.8"]** eingerichtet, 4, rue des Ver-

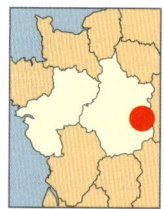

gers *(geöffnet März, Apr. + Okt. tgl. 10 - 12 + 14 - 18 Uhr; Mai - Sept. tgl. 10 - 18 Uhr; Nov. tgl. 14 - 18 Uhr; https://musee-mosaique.com/en/).* Im Museum sind u. a. Kunsthandwerk aus Email aus Briare, eine Erfindung des Mitte des 19. Jh. von Jean-Félix Bapterosses gegründeten traditionsreichen Hauses, sowie Keramikmosaiken, Fayencen u. ä. ausgestellt. Weit über Frankreich hinaus bekannt waren Keramikperlen und Knöpfe aus der Manufaktur in Briare.

Auch in der Pfarrkirche von Briare sind an der Fassade und im Inneren, auf dem Fußboden zum Beispiel, Emailfliesen aus Briare zu bewundern.

Interessant im Zusammenhang mit der Geschichte der berühmten Ka-

Pont Canal in Briare

nalbrücke von Briare ist ein Besuch im **Musée des Deux Marines et du Pont-Canal [N47° 38' 34.89" E2° 44' 5.86"]**, 58 Bd. Buyser (*geöffnet 1. März - 31. Mai + 1. Okt. - 15. Nov. tgl. 14 - 18 Uhr; 1. Juni - 30. Sept. tgl. 10 - 12.30 + 14 - 18.30 Uhr; www.musee-2-marines.com; Parkplatz am nahen Musée des Émaux de la Mosaïque de Briare benutzen*). Das „Zwei Schifffahrten- und Kanalbrücken-Museum" an der Hauptstraße in Briare befasst sich nicht nur ausführlich mit

CAMPING – BRIARE-LE-CANAL

Camping Le Martinet [WP 002 / N47° 37' 55.45" E2° 44' 23.35"], Val du Martinet, Tel. +33 (0)2 38 31 24 50; www.entreprisefrery.com/camping-les-martinets/; 1. Apr. – 31. 0kt.; am Westrand des Ortes und ca. 1 km nordwestlich der berühmten Kanalbrücke, über eine schmale Brücke und die Dammstraße zum Platz; ebenes Wiesengelände, durch Hecken parzellierte, nummerierte Stellplätze, zwischen Laubwald, altem Kanal und Ostufer der Loire; ca. 4 ha –160 Stpl.; gute Standard-Sanitärausstattung; V & E für Wohnmobile.

WOHNMOBIL-STELLPLATZ

Wohnmobil-Stellplatz Aire de Camping-cars Briare Pont Canal [WP 003 / N47° 37' 55.3" E2° 44' 23.0"]. Geöffnet: Ganzjährig. **Zufahrt/Lage:** Etwa 100 m von der Ostseite der Kanalbrücke entfernt. **Ausstattung:** Fast ebener, geschotterter, schattenloser Parkplatz; ca. 25 Plätze, V + E Säule (Gebühr) und befahrbarer Bodenauslass.
Wohnmobil-Stellplatz Aire de Camping-cars Le Martinet [WP 004 / N47° 38' 35.33" E2° 43' 22.21"], Val du Martinet. **Geöffnet:** 1. Apr. – 30 Sept. **Zufahrt/Lage:** Stellplatzareal für ca. 20 Wohnmobile ca.

100 m neben Camping Le Martinet (s. o.). Durch Hecken markierte Doppelstellplätze jeweils mit Stromanschluss und Frischwasserhahn beiderseits eines befestigten Platzweges, teils an Wald grenzend. V + E-Säule und befahrbarer Bodenauslass. **Gebühr:** Gebührenpflichtig, bei der Einfahrt Autokennzeichen eintippen, Sprache wählen, Karte mit Magnetstreifen wird ausgegeben, bezahlen nur mit Kreditkarte bei der Ausfahrt. Max. Aufenthalt 72 Std.

Konstruktion und Bau der Kanalbrücke, sondern vor allem auch mit der positiven Konjunkturentwicklung in der Region, die erst durch die aufsehenerregende Wasserstraße möglich wurde. Der Warenhandel wurde wesentlich erleichtert und Flößer, Schiffer, Treidler, Fuhrmänner, Zimmerleute, Seiler und viele andere Berufe fanden hier ihr Auskommen.

In Briare quert ein Schifffahrtskanal auf einer hohen Brückenkonstruktion das Tal der Loire. Die Kanalbrücke **Pont de Canal de Briare [Parkplatz, N47°37'55.45" E2°44'23.35"]**, zwischen 1890 und 1894 von den Konstrukteuren Daydé und Pillé nach Plänen erbaut, an denen auch der legendäre Turmbauer Gustave Eiffel mitgewirkt hat, ist eine interessante Sehenswürdigkeit. Man kann neben den Ausflugsschiffen her über die 664 m lange Metallbrücke spazieren, die auf 14 Steinpfeilern ruht.

Der Briare-Kanal ist Teil eines Wasserstraßensystems, das zusammen mit dem Loing- und dem Loire-Seitenarmkanal eine Verbindung zwischen Loire und Seine herstellen sollte. Ziel war es in erster Linie, die Versorgung von Paris zu verbessern.

Initiator des gewaltigen Vorhabens war 1604 König Heinrich IV., der seinen Minister Sully mit den ersten Planungsarbeiten beauftragte. 1642 waren erste Teile des Briare-Kanals fertig. Es folgte der Loing-Kanal, der unter der Regentschaft von Philipp von Orléans eingeweiht werden konnte.

ROUTE: *Auf der D952/D957 westwärts nach* **Gien**, *ca. 12 km.*

Gien – **Giens Altstadt**, die hübsch am Nordufer der breiten Loire liegt, wird überragt von der mächtigen **Kirche Eglise de Ste-Jeanne-d'Arc** und dem gewaltigen **Schloss** von Gien daneben. Beide Bauwerke, die auf einem Felsrücken hoch über dem Fluss thronen, dominieren das Stadtbild. Und sie sind die bedeutendsten Sehenswürdigkeiten in Gien.

Gien kann auf eine lange Geschichte zurückblicken. Schon im 9. Jh. befand sich hier eine Burg, die unter Karl dem Großen errichtet worden war und späteren Herrschern als Jagdsitz diente.

Nach dem Tode König Ludwigs XI. ließ seine Tochter **Anne de Beaujeu** (1460 – 1522), Gräfin von Gien, das Schloss 1484 erneuern und vergrößern.

Die damals kaum 23-jährige Anne de Beaujeu übte die Regentschaft über Frankreich stellvertretend für ihren noch minderjährigen Bruder Karl VIII. aus. Sie verlieh Gien Ansehen und Einfluss. Später hielten sich in Gien Heinrich II. und Katharina von Medici auf.

Während der Religionskriege weilte Karl IX. in Gien. Und der junge Ludwig XIV., Kardinal Mazarin und Anne von Österreich, Gattin von Ludwig XIII., fanden hier auf der Flucht vor der „Fronde" Zuflucht. Die „Fronde" war eine vom Adel initiierte Aufstandsbewegung gegen den immer einflussreicher werdenden Mazarin. Während der Französischen Revolution wurde die Grafschaft Gien

Blick über die Loire auf Gien mit Schloss und Kirche Ste-Jeanne-d'Arc

aufgelöst. Das Schloss ging 1823 in das Eigentum des Départementes Loiret über, wurde 1869 restauriert, 1940 schwer beschädigt und danach nach alten Plänen wiederhergestellt.

1952 wurde im Schloss von Gien eine über 2.000 Exponate und Gemälde umfassende Ausstellung über die Geschichte der Weidmannskunst und -technik eingerichtet, das sehenswerte Château-Musée de Gien.

Am einfachsten folgt man der Beschilderung zum Château-Musée und gelangt so hinauf zum Place du Château auf den **Burgberg [Parkplatz, WP 005 / N47° 41' 09.1" E2° 37' 50.2"]**. Parkplätze gibt es oben an der Kirche. Fahrzeuge über Kastenwagengröße werden aber sehr beengte Platzverhältnisse vorfinden. Großen Wohnmobilen kann die Fahrt durch die engen Straßen hinauf zum Burgberg nicht empfohlen werden!

Das große Museum, das sich hauptsächlich mit der Natur im Val de Loire und mit der Jagd befasst, ist in den Räumen des Schlosses neben der Kirche eingerichtet ist, ist sehr sehenswert *(geöffnet 1. Mai - 30. Sept. tgl. 10 - 18 Uhr, Führungen um 10.30, 14.30 und 16 Uhr; 1. Okt. - 30. Sept. Mo - Fr 13.30 - 17.30 Uhr, Sa, So + feiertags 10 - 12 + 13.30 - 17.30 Uhr, Führungen Mo - Fr um 15 Uhr, Sa + So um 10.30 und 15 Uhr; letzter Einlass 30 Min. vor Schließung; www.chateaumuseegien.fr).*

Besonders der **Große Saal** mit seiner imposanten Balkendecke und den prächtigen Kaminen lohnt eine Besichtigung. Dieser Saal mit seinen Jagdtrophäen, Waffen, Fayencen und Jagdutensilien ist vor allem dem großen, von König Ludwig XIV. protegierten Maler von Jagdszenen *François Desportes* (1661 – 1743) und dessen Nachfolger *J. B. Oudry* gewidmet.

An den Stirnseiten des Saales sieht man zwei große Gemälde von Oudry, beide mit den Themen „Chasse au Loup" (Wolfsjagd). Andere Motive stellen die Jagdgöttin Diana im Bade dar oder den hl. Hubertus, den Schutzpatron der Weidmänner. Weitere Abteilungen befassen sich mit speziellen Jagdarten wie der Hetzjagd oder der Falkenjagd.

Von der Schlossterrasse hat man einen schönen Blick über die Dächer der Stadt hinunter bis zur Loire.

In unmittelbarer Nachbarschaft zum Schloss liegt die **Kirche Ste-Jeanned'Arc.** Der Kirchturm ist der letzte Rest der einst von Anne de Beaujeu gegründeten Stiftskirche. Das heutige Kirchenschiff stammt aus dem Jahre 1954.

Gien, das im Zweiten Weltkrieg von deutschen Truppen fast vollkommen zerstört wurde, ist mit traditionellen, regionalen Baumaterialien rasch wieder aufgebaut worden, so dass das Stadtbild seinen ursprünglichen, einladenden Charakter behielt.

Heute ist Gien mit annähernd 14.000 Einwohnern wieder ein Zentrum der **Fayenceproduktion**, den aus Ton gebrannten, glasierten und bemalten Keramiken.

Am westlichen Stadtrand findet man am 78, Place de la Victoire die **Faïencerie de Gien [Parkplatz, WP 007 / N47° 41' 18.0" E2° 37' 13.5"]**, eine der größten und bekanntesten Fayencemanufakturen, in der seit 1821 in der damals von dem Engländer Thomas Hall gegründeten Fabrik feinste Keramikwaren hergestellt werden. Berühmt ist die Manufaktur für ihr nicht nur in Kennerkreisen beliebtes „Bleu de Gien" oder „Gien-Blau", ein Dekor, das auf dunkelblauen Grund goldgelbe Muster abbildet.

Den Fabrikationsstätten ist eine Boutique und das **Musée de la Faïencerie** angeschlossen, das viele interessante Stücke und Muster zeigt (geöffnet Mo - Sa 10 - 18 Uhr; www.gien.com/fr/faiencerie/le-musee-de-la-faeencerie-de-gien/).

PRAKTISCHE HINWEISE – GIEN (LOIRET)

 Office de Tourisme [Parkplatz, WP 006 / N47° 41' 4.92" E2° 37' 47.12"], Place Jean-Jaurès, 45500 Gien, Tel. +33 (0)2 38 67 25 28; www.gien-tourisme.fr. Geöffnet Apr. - Juni + Sept. Mo 13.30 - 17 Uhr, Di - Fr 9.30 - 12.30 + 13.30 - 18 Uhr; Juli + Aug. Mo - Sa 9.30 - 12.30 + 13.30 - 18 Uhr, So + feiertags 9 - 13 Uhr; Jan. - März + Okt. - Dez. Mo 13 - 17 Uhr, Di - Sa 10 - 12.30 + 13.30 - 17 Uhr.

 ### RESTAURANTS
Le P'tit Bouchon, 66, rue Bernard-Palissy, Tel. +33 (0)2 38 67 84 40; www.ptitbouchon.fr; im westlichen Teil der Altstadt, gutes Restaurant, gehobene Preislage. Sonntags und montags geschlossen.

 ### CAMPING
Poilly-lez-Gien

Camping Touristique de Gien [WP 008 / N47° 40' 55.7" E2° 37' 24.1"], rue des Iris, zur Gemeinde Poilly-lez-Gien gegenüber von Gien gehörend, Tel. +33 (0)2 38 67 12 50; www.camping-gien.com/de/; 1. März – 15. Nov.; am Südufer der Loire ganz in der Nähe der alten Römerbrücke von Gien. Gestufte, sonst weitgehend ebene Wiese mit Baumbestand, unmittelbar an der Loire in ansprechender Lage. Von den ufernahen Stellplätzen prächtiger Blick auf die Stadt! Ca. 5 ha – 200 Stpl., Standard-Sanitärausstattung. Restaurant, Laden, Waschmaschine, Trockner, Schwimmbad. WLAN. V & E für Wohnmobile. 7 Miet-Roulottes, eine Art „Zigeunerwagen", und 17 Mietbungalows. Zu Fuß ins Zentrum über die Brücke etwa 10 Minuten.

Camping Domaine Les Bois du Bardelet [WP 009/ N47° 38' 28.8" E2° 36' 54.5"], Route de Bourges, Poilly-lez-Gien, Tel. +33 (0)2 38 67 47 39; www.bardelet.com; 13. April – 15. Sept.; rund 10 km südlich von Gien, beschilderter Abzweig von der D940 (Gien – Bourges)und noch 2 km, relativ schmale Zufahrtsstraße; komfortable Campinganlage, ruhig in ländlicher Umgebung, ausgedehntes, ebenes, parkähnliches Gelände; relativ teuer. Ca. 18 ha – 100 Stpl. + 45 Dau.; Laden,

Restaurant, Waschmaschine, Trockner, Ponyreiten, Tennis, Wellnesseinrichtungen, Schwimmbad, Fahrradverleih. V & E für Wohnmobile.

WOHNMOBIL-STELLPLATZ

Stellplatz Gien [WP 010 / N47° 40' 48.2" E2° 38' 36.5"], Route de Briare, D952 - Près de la piscine. **Zufahrt/Lage:** Ca. 900 m östlich der „alten" Loire-Brücke (max. 3,5 t) rechts der Uferstraße beim städtischen Schwimmbad. **Ausstattung:** Geteerter Parkplatz mit 8 Stellplätzen vor einer Reihe von Nadelbäumen oberhalb der Loire, beengte Platzverhältnisse für große Fahrzeuge! Zwei V & E Säulen kostenpflichtig, Jetons dazu im Schwimmbad. Abwasserentsorgung nur mit Schlauch möglich! Aufenthalt max. 48 Stunden. **Geöffnet:** Ganzjährig zugänglich.

Ausflug ab Gien

Bei etwas längerem Aufenthalt lohnt ein Ausflug zum rund 8 km südöstlich von Gien gelegenen **Schloss** in **Saint-Brisson-sur-Loire [Parkplatz, WP 011 / N47° 38' 57.29" E2° 40' 59.34"]** *(geöffnet 1. Juli - 31. Aug. tgl. 10 - 19 Uhr; 1. Sept. - 11. Nov. Sa + So 14 - 18 Uhr; 1. - 12. Mai tgl. 14 - 18 Uhr; www.chateau-saint-brisson.com)*. Im Ort der Beschilderung „Château" folgen.

Das Schloss, dessen Ursprung ins 12. Jh. zurückreicht, liegt am Ortsrand hoch auf einem Felssporn über den Flussauen der Loire. Das Anwesen, das im Laufe der Jahrhunderte diversen baulichen Änderungen unterzogen worden ist, war ab der Mitte des 16. Jh. Sitz renommierter Familien der Region, wie den

Courtenays oder den Séguiers, bis es 1987 in den Besitz der Stadt überging.

Auf einer 30-minütigen Führung sieht man die alte **Schlossküche**, die bis 1940 noch in Betrieb war. Mit einem Speiseaufzug wurden die Gerichte hinauf ins Anrichtezimmer gebracht.

Im 1. Stock werden das besonders aufwendig möblierte **Speisezimmer** und der **Salon** mit chinesischen Motiven in den Möbeln und Wandbehängen gezeigt.

Im ehemaligen Burggraben sieht man Rekonstruktionen mittelalterlicher **Belagerungsmaschinen**.

Wer sich mit der Gegend südlich von Gien näher befassen will, sollte sich der **„Route Historique Jaques Cœur"** anvertrauen, einer Schlösserrundfahrt in den Départements Loiret und Cher zwischen Gien, Bourges und Vallon-en-Sully mit folgenden Stationen: Gien, Argent-sur-Sauldre, Aubigny-sur-Nère, Oizon, La Chapelle d'Angillon, Sancerre, Jalognes, Jalognes, Menetou-Salon, Bourges (Palais de Jaques Cœur), Dun-sur-Auron, Sagonne, Meillant, Bruere-Allichamps, St.-Amand-Montrond, Ainay-le-Vieil, Vallon-en-Sully.

Der in Bourges geborene *Jaques Cœur* war im 15. Jh. einer der einflussreichsten und wohlhabendsten Kaufherren der Region und ein betuchter Geldgeber Karls VII. Bei der Rückeroberung des Reiches von den Engländern bediente sich König Karl VII. des Einflusses und der Geldmittel des vermögenden Kaufmanns, um die Wirtschaft im Königreich wieder anzukurbeln.

HAUPTROUTE

ROUTE: *Auf der Weiterreise von Gien überquert man die alte Römerbrücke südwärts und biegt gleich danach auf die D951 Richtung Sully-sur-Loire ab. Die Straße führt ein kurzes Stück am Südufer der Loire entlang. Von hier hat man nochmals einen sehr schönen Blick auf Gien. Nach 23 km wird* **Sully-sur-Loire** *erreicht.*

Sully-sur-Loire, das hübsche Landstädtchen mit annähernd 6.000 Einwohnern liegt am südlichen Loire-Ufer.

Die große Sehenswürdigkeit der Stadt ist – neben der **Kirche Saint-Ythier** mit Bleiglasfenstern aus dem 16. Jh. und einem Renaissancegebäude an der Place de la Halle – vor allem das **Schloss von Sully [Parkplatz, WP 012 / N47° 46' 06.7" E2° 22' 31.5"]** (geöffnet Juli - Aug. tgl. 10 -18 Uhr, Führungen um 11, 14.30 und 16 Uhr; Mai, Juni + Sept. Di - So 10 - 18 Uhr, Führungen um 14.30 und 16 Uhr; Feb. - Apr. + Okt. - Dez. Di - Fr 13.30 - 17.30 Uhr, Sa + So 10 - 12 + 13.30 - 17.30 Uhr, Führung um 15 Uhr; letzter Einlass 30 Minuten vor Schließung; www.chateausully.fr).

Parkplätze findet man auf dem Uferdamm an der Zufahrt vor dem Schloss.

Das stattliche Wasserschloss, vornehmlich aus dem 14. und 15 Jh. stammend, mit seinen markanten Rundtürmen, liegt majestätisch in unmittelbarer Nähe des Loire-Ufers. Die Generationen von nur drei Familien waren Eigentümer des nun fast 1.000-jährigen Anwesens.

Die ersten Herren und Begründer des Schlosses waren vom 10. bis ins 14. Jh. die Freiherren von Sully. Sie errichteten eine stark befestigte Anlage zum Schutz des wichtigen Loireübergangs. Danach war das Schloss bis zu Beginn des 17. Jh. im Besitz derer von la Trémoïlle, Barone von Sully.

1602 schließlich erwarb **Maximilien de Béthune** (1559 – 1641), Marquis von Rosny und Herzog von Sully, das Schloss von Claude de la Trémoïlle.

Maximilien, ein einflussreicher Karrierepolitiker, war Minister König Heinrichs IV. und Wegebaumeister Frankreichs, ein Titel, der eigens für ihn geschaffen worden war und in dessen Eigenschaft er u. a. für den Bau des Briare-Kanals verantwortlich war. Darüber hinaus hatte er das Amt des Superintendenten der Staatsfinanzen inne. Beste Voraussetzungen also, die den Herzog in die Lage versetzten, aus Sully eine fürstliche Residenz zu machen. Eine Statue von Maximilien de Béthune-Sully, im 17. Jh. von Pierre Biard aus Carraramarmor gefertigt, steht im Vorhof des Schlosses.

Erst im Jahre 1962 wurde das Schloss von Sully nach Kriegszerstörungen und der Veräußerung des Schlossmobiliars von Mahut de Béthune, Marquise de Bausset-Roquefort, an das Département Loiret verkauft.

In den vergangenen Jahren ist das Schloss mit enormem Aufwand restauriert und teilweise wieder möbliert worden und zählt heute wieder zu den sehenswerten Schlössern an der Loire.

Auf einem **Schlossrundgang** kommt man zuerst in den **Flügel Ludwigs XV.** Der einstmals prächtig möblierte Trakt brannte 1918 vollständig aus. Die gesamte wertvolle Innenausstattung wurde dabei vernichtet. Zwar konnte der Flügel 1923 wieder aufgebaut, aber nicht wieder möbliert werden. Von hier gelangt man in den dreigeschossigen, von vier gewaltigen Rundtürmen flankierten **Donjon** (Bergfried) aus dem 14. Jh. Der mittelalterliche Bau, Haupttrakt der Schlossanlage, wurde im 17. Jh. von Maximilien de Béthune dem Geschmack der damaligen Zeit angepasst. Besonders sehenswert ist hier der schön restaurierte **Grand Salle** im ersten Obergeschoss. Er diente als Fest- und Repräsentationssaal und war entsprechend ausgestattet.

Zu Beginn des 18. Jh. soll hier im Großen Saal François-Marie Arouet, besser bekannt als Voltaire, ein Theater eingerichtet haben. Voltaire war damals von Philipp d'Orléans aus Paris verjagt worden und lebte von 1716 bis 1719 im Schloss von Sully.

An der Wand des Großen Saals zum Innenhof schließt sich ein kleines Kabinett an, das mit einer schweren Eisentür verschlossen war und den Herzögen von Sully als **Schatzkammer** diente. Seit 1884 befinden sich hier die sterblichen Überreste des Herzogs Maximilien de Béthune und seiner zweiten Gattin Rachel de Cochfilet.

Östlich des Großen Saals tritt man in das sog. **Prunkzimmer**, das einstige Schlafgemach der Herzöge, mit einem herrlichen Flandern-Wandteppich.

Und an der langen Nordseite des Flügels trifft man auf einen überdachten Wehrgang.

Besondere Beachtung verdient aber auch das über 600 Jahre alte **Dachgestühl** im Obergeschoss des Donjon, das als großes Meisterwerk der Zimmermannskunst gerühmt wird.

Man geht zurück bis zum großen, viereckigen Portalturm. Südlich davon schließt sich im Obergeschoss eine Flucht von Privatgemächern des ersten Herzogs von Sully an.

Das Schloss von Sully

ROUTE: *Ab Sully beim Schloss über die Loirebrücke und unmittelbar nach der Brücke links (westwärts) auf die Landstraße D60 nach St-Benoît-sur-Loire.*

In **St-Benoît-sur-Loire**, früher unter dem Namen **Fleury** bekannt, findet sich ein Kleinod romanischer Baukunst,

Office de Tourisme [N47° 45' 53.2" E2° 22' 30.7"], Place de-Gaulle, 45600 Sully-s-Loire, Tel. +33 (0)2 38 36 23 70; www.sully-sur-loire. fr. *Geöffnet Apr. - Juni + Sept. tgl. 9.30 - 12.30 + 13.30 - 18 Uhr, Di ab 10.30 und So 10 - 12.30 Uhr; Juli + Aug. tgl. 9.30 - 18.30 Uhr, Di ab 10.30 und So 10 - 12.30 Uhr, Feb. + März 9.30 - 12.30 + 13.30 - 17.30 Uhr.*

Feste, Folklore: Festival de musique Sully & du Loiret. Jedes Jahr 3 Wochen im Juni ist Sully-sur-Loire Schauplatz eines viel beachteten internationalen Festivals der klassischen Musik. Einige der Veranstaltungen finden im Schloss von Sully statt.

CAMPING

St-Pére-s-Loire bei Sully-s-Loire Camping Le Jardin de Sully [WP 013/ N47° 46' 16.3" E2° 21' 43.9"], 1, rue d'Orléans, Tel. +33 (0)2 38 67 10 84; www. camping-bord-de-loire.com/en/; 1. Jan. – 31. Dez.; an der Straße D 60 (St-Pére-s-Loire – St-Benoît-sur-Loire), durch Hecken und Bäume in Stellplatzfelder aufgeteiltes ebenes Gelände am nördlichen Loire-Ufer; ca. 4 ha – 80 Stpl.; Standard-Sanitärausstattung. Laden, Imbiss, Waschmaschine, Schwimmbad, Mietbungalows. V & E für Wohnmobile.

WOHNMOBIL-STELLPLATZ

Sully-sur-Loire

Wohnmobil-Stellplatz Sully-sur-Loire [WP 014 / N47° 46' 16.3" E2° 23' 02.1"], Chemin de la Salle Verte. **Geöffnet:** Ganzjährig zugänglich. **Gebühr:** Gebührenfrei. **Zufahrt/Lage:** Ca. 400 m östlich von Schloss Sully, an der Loire gelegen. Wiese mit 25 Schotterplätzen. **Ausstattung:** Frischwasser, WC, Grauwasser- und Chemikaltoilettenentsorgung. Zur Ortsmitte mit Restaurants und Geschäften ca. 1 km.

die **Klosterkirche Fleury** oder auch **Basilique Ste-Marie de Fleury [Parkplatz, WP 015 / N47° 48' 34.9" E2° 18' 17.9"],** die zwischen 1067 und 1218 als Klosterkirche der benachbarten Benediktinerabtei entstand *(geöffnet 6.30 - 22 Uhr, Führungen März - Okt. So um 15.15 Uhr, Sa um 14.45 Uhr; www.abbey-fleury.com)*.

Die Abtei wurde schon 651 von Mönchen aus Orléans gegründet, die in Fleury nach den Regeln des Hl. Benedikt leben wollten. Es war eines der allerersten Klöster in Gallien. Eines

der Schmuckstücke der mächtigen, schon von weitem sichtbaren romanischen Basilika ist ihre **Säulen-Vorhalle** (Narthex) unter dem gewaltigen Portalturm samt Eingangsportal mit besonders schönen **Kapitellen** an den Säulen. Dieser Narthex, dessen herrliche Säulenkapitele mit biblischen Szenen geschmückt sind, entstand zu Beginn des 11. Jh. unter Abt Gauzlin.

Schlichter, aber keineswegs weniger beeindruckend ist das Innere des hoch aufragenden Kirchenschiffs in hellem Naturstein. Herrlicher **Chor** mit vielfar-

Kapitell an der Kirche Ste-Marie de Fleury in St-Benoît-sur-Loire

bigen **Bodenmosaiken**. Sie sind italienischer Herkunft, entstanden im 6 Jh. wahrscheinlich in Rom und wurden im 11. Jh. nach Fleury gebracht.

Ebenfalls im Chorraum sieht man am Boden eine aus Stein fein gearbeitete Liegefigur. Dargestellt ist **König Philipp I.**, einer der Stammväter der Kapetingerdynastie, der 1108 starb und hier beigesetzt ist.

Ein Treppengang führt links vom Chor hinunter in die mystisch-düstere Krypta mit dem Klosterschatz, dem **Reliquienschrein des Hl. Benedikt**.

Der Hl. Benedikt gilt als Begründer des abendländischen Mönchtums. Um 520 hatte er in Süditalien bei Neapel das Kloster Monte-Cassino gegründet, in dem die Schüler Benedikts nach den von ihm aufgestellten Ordensregeln lebten. 547 stirbt der Heilige, das Kloster wird 580 von Langobarden zerstört. Das Kloster und die Gebeine des Heiligen fallen in Vergessenheit.

672 reiste eine Gruppe von Mönchen von Fleury nach Italien, um nach den Gebeinen des Heiligen Benedikt zu suchen, die sie, geführt von einer Erscheinung, dann auch auf dem Monte-Cassino fanden und in einem triumphalen Zug nach Fleury brachten. Fleury wurde daraufhin rasch zu einem vielbesuchten Wallfahrtsort. Leider ist der mittelalterliche Reliquienschrein, der im Zentralpfeiler der Krypta untergebracht war, verschwunden. Der jetzige Schrein ist neueren Datums.

Berühmt ist die Klosterkirche auch für ihren Mönchschor, der gewöhnlich zu den Messen und um 6, 14.30 und 21 Uhr mit gregorianischen Chorälen zu hören ist.

PRAKTISCHE HINWEISE – SAINT-BENOÎT-SUR-LOIRE (LOIRET)

 Office de Tourisme [N47° 48' 38.19"   E2° 18' 19.76"], 44 rue Orléanaise, 45730 St-Benoît-s-Loire, Tel. +33 (0)2 38 35 79 00; www.tourismeloiret.com/fr/diffussio/organismes/office-de-tourisme-duval-de-sully-bureau-de-saint-benoit-sur-loire-saint-benoit-sud-loire/ *Geöffnet Apr. - Juni + Sept. Mo -Do 9.30 - 12.30 + 13.30 - 18 Uhr; Juli + Aug. Mo - Do 10 - 12.30 + 13.30 - 18 Uhr.*

CAMPING

Saint-Benoît-sur-Loire
**Camping Municipal OnlyCamp Le Port [WP 016 / N47° 48' 23.6"
E2° 17' 41.2"]**, Le Port, Tel. +33 (0)2 38 35 12 34; 24. Mai – 22. Sept.;
von Saint-Benoit-sur-Loire auf der D60 ca. 600 m nordwestwärts bis
zum beschilderten Abzweig in die Rue du Port und noch ca. 1 km zum
Platz; Zufahrt nur für Fahrzeuge bis 3 t! Kleine, einfache Campingmög-
lichkeit mit 50 Stpl. an der Loire.

Châteauneuf-sur-Loire
Camping La Maltournée [WP 017 / N47° 51' 23.9" E2° 13' 47.8"],
Route de la Plage, Tel. +33 (0)06 38 58 42 46; www.camping-chateau-
neufsurloire.com; 14. Apr. – 31. Okt.; im Ort auf der D11 (Chateauneuf-
sur-Loire –Sigloy) südwärts Richtung Sigloy über die Loire, gleich nach
der Brücke links (ostwärts) zum Platz; Wiesengelände mit Baumbestand
an der Loire, ca. 4,5 ha – 175 + Dau.; Stpl.; Standard-Sanitärausstattung.
Laden, Waschmaschine, Trockner, Bäckerservice, WLAN.

Wer sich besonders für Kirchenkunst interessiert, muss auch im nahen **Germigny-des-Prés** haltmachen und sich dort die kleine romanische Kirche, das sog. **Oratoire Carolingien de Germigny [Parkplatz, WP 018 / N47° 50' 44.78" E2° 15' 59.33"]** aus dem sehr frühen 9. Jh. ansehen *(geöffnet Apr. - Sept. tgl. 9.30 - 18.30 Uhr; Okt. - März tgl. 10 - 17 Uhr)*. Eine Kostbarkeit der Kirche sind die schön restaurierten **Mosaiken** aus karolingischer Zeit im Gewölbe der Ostapsis.

ROUTE: Weiter Richtung ***Châteauneuf-sur-Loire*** *(Museum der Loire-Schifffahrt Musée de la Marine de Loire im Schloss, schöne alte Markthalle, Camping s.o.). Um nach Orléans zu gelangen, das nur knapp 20 km weiter westlich liegt und Ziel dieser Etappe ist, kann man sich der Schnellstraße N60/E-60 oder der D960 bedienen oder man überquert*

in Châteauneuf die Loire auf der D11, fährt bis ***Tigy*** *und nimmt dort die D14 nach* ***Orléans***.

Folgt man dem Weg über die D14, kommt man an **Olivet** mit dem am nächsten zu Orléans gelegenen **Campingplatz** vorbei. Orléans-Touristeninformation, Restaurants und Campingplätze siehe nächste Etappe am Ende der Orléans-Beschreibung.

Und zum guten Tagesabschluss eine kulinarische Spezialität:

Versuchen Sie eine Spezialität aus der Gegend, z. B. eine feine **Pâté**, eine Wildpastete, die um Orléans besonders gut gemacht wird, oder **Noisettes de porc aux pruneaux**, Schweinefleisch mit Backpflaumen in einer mit Sahne verfeinerten Weißweinsauce. Köstlich! Dazu vielleicht ein Gläschen Weißen, Sancerre, Vouvray oder Montlouis. Oder einen Rosé aus dem Anjou zu einer feinen Wildpastete?

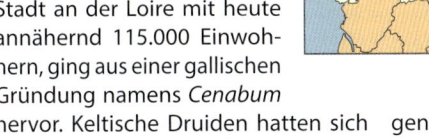

TOUR 2: ORLÉANS (Loiret)

Reisedauer: Mindestens ein halber Tag.

Höhepunkte: Die **Heilig-Kreuz Kathedrale ***** – das **Kunstmuseum *****
– das **Hôtel Groslot **** – das **Haus der Jeanne d'Arc ***.

Orléans [Parkplatz Boulevard Alexandre Martin, WP 019 / N47° 54' 17.8" E1° 54' 42.5"], „das Herz des ältesten Frankreichs", die historische Stadt an der Loire mit heute annähernd 115.000 Einwohnern, ging aus einer gallischen Gründung namens *Cenabum*

hervor. Keltische Druiden hatten sich den Platz schon in vorchristlicher Zeit als Versammlungsort ausgesucht.

Während der Römerherrschaft war Orléans, damals *Aurelianum*, vor allem unter dem Gallier Vercingetorix ein ständiger Herd von Unruhen und Aufständen gegen die Römer. Später, nachdem die Siedlung von den Römern fast vollständig niedergebrannt worden war, entstand eine neue Stadt, die im 3. Jh. zu einem der ersten Bischofsitze im Lande wurde. Der Stadtname wandelte sich im Laufe der Zeit in *Aurelianis*, dann in *Orliens* und schließlich in *Orléans*.

Das 5. Jh. brachte turbulente Zeiten für die Stadt. Attila rannte im Jahre 451 wie besessen gegen sie an. Der Hunnenkönig hatte aber trotz der mächtigen Belagerungsmaschinen, die er einsetzen ließ, keinen Erfolg.

Ein halbes Jahrhundert später unterwarf Chlodwig im Jahre 498 Orléans, das 511 Ort des ersten Konzils auf dem Boden des entstehenden Fränkischen Reiches war.

In den folgenden Jahrhunderten wurden die Geschicke der Stadt vornehmlich von einflussreichen Bischöfen wie z. B. Thedulf gelenkt.

Dann, in der großen Zeit der Kapetinger im 10. und 11. Jh., zählte Orléans zu den bedeutendsten Städten des Reiches, was durch die Krönung von König Robert dem Frommen in der Kathedrale von Orléans noch unterstrichen wurde. Orléans erlebte eine Blütezeit und rief sich 1137 zur freien Stadtrepublik aus. Dieser Status war allerdings nur von kurzer Dauer. König Ludwig VII. hatte etwas gegen solch kecke Eigenmächtigkeiten.

1305 gründete Papst Clemens V. in Orléans eine der ersten Universitäten an der Loire, die bald einen guten Ruf errang und während der Renaissance von namhaften Humanisten wie Erasmus von Rotterdam oder von Reformatoren wie Calvin aufgesucht wurde. Damals war Orléans bereits eine lebhafte Handelsstadt mit wahrscheinlich 20.000 Einwohnern und einem betriebsamen Binnenhafen.

1344 erhob der Valois-König Philipp VI. Orléans zum Herzogtum. Die Wirren und Auswirkungen des Hundertjährigen Krieges (1337 – 1453) bedeuteten auch für Orléans das Ende seiner Blütezeit.

Ein Meilenstein in der Stadtgeschichte, der den Namen Orléans in den französischen Geschichtsbüchern unauslöschlich macht, waren die Ereignisse um die Belagerung der Stadt durch englische Truppen in den Jahren 1428 und 1429 und die Befreiung der Stadt durch das unerschrockene Auftreten der legendären **Jeanne d'Arc** und ihr Sieg gegen die Engländer.

Am 29. April 1429 war Jeanne d'Arc nach Orléans gekommen. Am 7. Mai 1429 nahm sie – trotz vieler Widerstände und Intrigen aus den Reihen der französischen Kommandanten – das Brückenfort des Tourelles am süd-

Jeanne d'Arc – Die „Jungfrau von Orléans"

Jeanne d'Arc, Bauerntochter aus Domrémy-la-Pucelle in Lothringen (Lorraine), rettete – gerade mal 17 Jahre alt – im 15. Jh. das französische Königreich vor dem drohenden Zugriff Englands.

Während König Karl VII. seelenruhig in Chinon und in Loches weilte, sich die Zeit mit Jagden und Damen vertrieb und die Engländer immer weiter in Frankreich vorrückten, machte sich die offenbar von einem religiös motivierten Sendungsbewusstsein beseelte Jeanne auf an den Hof von Chinon. Dort traf sie am 23. Februar 1429 den Dauphin und späteren König Karl VII. Glaubt man der Überlieferung, soll Johanna den König unter hunderten von Adeligen und Gefolgsleuten sofort erkannt haben, ohne ihn jemals zuvor gesehen zu haben. Sie erklärte, sie sei von Gott gesandt und gekommen, um Frankreich von den Engländern zu befreien. Tatsächlich vertraute der entscheidungsschwache König der jungen Frau schließlich einen Teil der königlichen Truppen an.

Zweifelsohne musste Jeanne d'Arc eine Ader für Taktik und Strategie gehabt haben. Denn was niemand mehr für möglich gehalten hatte geschah. Jeanne d'Arc griff die Engländer bei Orléans – einer der letzten französischen Bastionen, die den Engländern noch widerstand – am 7. Mai 1429 an und zwang sie, dort die Belagerung abzubrechen. Johanna verfolgte die Gegner, eroberte am 16. Juni Beaugency und Meung, gewann Troyes und Châlons für die französische Krone zurück und blieb auch in der Schlacht von Patay am 18. Juni 1429 siegreich. Schließlich überzeugt Jeanne d'Arc Karl VII. in Sully-sur-Loire von der Notwendigkeit der Königskrönung und führt Karl im Juli 1429 nach Reims, wo er zum König gesalbt wurde.

Trotz all der Erfolge blieb Jeanne d'Arc unbegreiflicherweise in ihren weiteren Aktionen und Angriffen gegen die Engländer ohne jede Unterstützung von Seiten des gleichgültigen Königs. Schließlich scheiterte sie vor Paris, wurde am 23. Mai 1430 vor Compiègne gefangengenommen und an die Engländer ausgeliefert, verkauft, wie man auch liest und im Turmgefängnis „Château du Bouvreuil" in Rouen inhaftiert.

Am 9. Januar wird gegen die „Jungfrau von Orléans" ein vom Bischof von Rouen, Pierre Cauchon, angestrengter Ketzerprozess eröffnet. Das groteske Verfahren endet damit, dass Jeanne d'Arc, die „Befreierin Frankreichs", Tochter von Jacques d'Arc und Isabelle Romée, am 30. Mai 1431 im Alter von 19 Jahren nach einem schändlichen Gerichtsverfahren auf dem alten Marktplatz von Rouen bei lebendigen Leibe als Ketzerin verbrannt wird.

Erstaunlicherweise wurde die „Jungfrau von Orléans", Frankreichs größte Nationalheldin, nie zu einem Idol, zu einer Kult- oder Leitfigur für eine Frauenbewegung in Frankreich. Das mutige Engagement der jungen Frau in einer politischen Männerbastion führte nämlich keineswegs dazu, dass sich in Frankreich früher als anderswo eine Bewegung für die Gleichberechtigung der Frauen etabliert hätte. Erst nach dem Zweiten Weltkrieg wurde in Frankreich z. B. das Frauenwahlrecht eingeführt.

lichen Loireufer im Sturm, obwohl sie im Gefecht von einem Pfeil an der Schulter verwundet worden war. Das überraschende Ereignis machte offenbar so großen Eindruck auf die Engländer, dass sie am folgenden 8. Mai 1429 die Belagerung von Orléans aufgaben. Der anschließende triumphale Einzug der siegreichen, später heilig gesprochenen „Jungfrau von Orléans" in die Stadt muss von unvorstellbaren Begeisterungsstürmen begleitet worden sein. Und seit 1435 ist das große, prächtige Fest der Jeanne d'Arc mit bunten Umzügen am 29. April und feierlichen Prozessionen am 7. und 8. Mai jedes Jahr ein großes Ereignis im Festkalender von Orléans.

Noch einmal erlebte Orléans Mitte des 16. Jh. während des Bürgerkrieges und während der Hugenottenaufstände blutige Unruhen, wobei auch die Kathedrale stark in Mitleidenschaft gezogen wurde. Erst im 17. Jh. begannen sich die Zeiten zu beruhigen. Orléans konnte wieder an seine Tradition als Flusshafen und Umschlagplatz für Loireweine und landwirtschaftliche Produkte anknüpfen.

Die Parkplatzverhältnisse, zumal für Fahrzeuge, die auf Grund ihrer Größe Tiefgaragen nicht nutzen können, sind prekär! Straßenparkplätze im Zentrum sind tagsüber während der Geschäftszeit so gut wie nicht zu bekommen. Einen großen, zentralen, allerdings auch stark frequentierten **Parkplatz [WP 019 / N47° 54' 17.8" E1° 54' 42.5"]** findet man am Boulevard Alexandre Martin, ca. 600 m nördlich der Kathedrale gelegen.

Sehenswertes in Orléans

Unser Rundgang durch Orléans startet an der sehenswerten Kathedrale, neben dem Kunstmuseum zweifellos die

Westfassade der Kathedrale von Orléans

bedeutendste Sehenswürdigkeit der Stadt.

Die **Kathedrale Sainte-Croix (2) [N47° 54' 6.3" E1° 54' 33.1"]** *(geöffnet 1. Apr. - 30. Sept. tgl. 9.15 - 18 Uhr; 1. Okt. - 31. März tgl. 9.30 - 12 + 14 - 18 Uhr)*, Vorläufer der Kathedrale Sainte-Croix, dem „Herz des ältesten Orléans", war ein gallisch-römisches Bethaus, das in der Zeit des 6. Jh. errichtet worden war und kurz vor der Wende zum Jahr 1000 abgebrannt sein soll. Anschließend wurde die Stelle mit einer romanischen Basilika überbaut, die ausgangs des 13. Jh. in einen desolaten baulichen Zustand geraten war. In den folgenden Jahrhunderten wird der Wiederaufbau im gotischen Stil betrieben. Während der Religionskriege wurde die damals immer noch unvollendete Kathedrale stark in Mitleidenschaft gezogen.

Herrliche Glasfenster in der Kathedrale von Orléans

Nach den Hugenottenaufständen legte König Heinrich IV. im Jahre 1601 den Grundstein zum Wiederaufbau der Kathedrale. Es dauerte dann aber nochmals fast 200 Jahre, bis dieses herrliche gotische Monument fertiggestellt werden konnte, so wie es der Besucher heute sehen kann.

Sehr beeindruckend ist die fast 41 m hohe **Westfassade** mit ihren Portalen, den drei Fensterrosetten und der Bogengalerie darüber und den beiden mit Säulchen und Bögen reich verzierten, fast 82 m hohen Türmen.

Im Gegensatz dazu wirkt das 32 m hohe, fünfschiffige Innere eher schlicht und nüchtern. Beachtung verdienen aber der **Chorumgang**, das herrliche **Chorgestühl** mit wunderbaren Holzschnitzarbeiten, die Szenen aus dem Leben Christi darstellen, und die **Glasfenster** im Nord- und im Südschiff mit Szenen aus dem Leben der Jeanne d'Arc. Es sind dies 10 Fenster, fünf in jedem Schiff, die erst im 19. Jh. von den Glaskünstlern Galland und Gibelin gefertigt wurden. Die Bildmotive in den Fenstern stellen folgende Szenen dar, beginnend im Nordschiff links, links vom Haupteingang, von links nach rechts:

1. Die 13-jährige Johanna hat 1425 in ihrem Heimatort Domrémy in Lothringen Visionen ihrer künftigen Taten.

2. Johanna macht sich auf die Suche nach dem künftigen König, und findet ihn nach zehntägigem Ritt im Februar 1429 in Chinon.

3. Johanna trifft den Dauphin und späteren König Karl VII. am 23. Februar 1429 und erkennt ihn sofort unter der großen Schar der Anwesenden mit den Worten „Mein liebenswürdiger König, Gott sendet mich, um Ihnen hilfreich zu sein".

4. Johanna trifft in Orléans ein – „Gott hat mich gesandt um dieser schönen Stadt zu Hilfe zu kommen".

5. Kampf und Sieg Johannas am Fort de Tourelles von Orléans.

Weiter im Südschiff, rechts vom Haupteingang, von rechts nach links:

6. Nach dem Sieg wohnt Johanna in der Kathedrale Sainte-Croix der Messe bei.

7. Johanna führt Karl VII. am Sonntag den 17. Juli 1429 in die Kathedrale von Reims zur Krönung.

8. Johanna wird am 23. Mai 1430 bei Compiègne festgenommen, gegen 10.000 Livres an die Engländer verkauft und nach Rouen gebracht.

9. Johanna steht vor dem Bischof von Rouen, Pierre Cauchon, der ihr den Ketzerprozess macht und sie zum Tode verurteilt.

10. Johanna wird am Mittwoch den 30. Mai 1431 auf dem Vieux Marché, dem alten Marktplatz in Rouen, auf dem Scheiterhaufen verbrannt.

Und natürlich findet man in der Kathedrale eine Gedenkstätte an die große französische Heroin Johanna von Orléans. Im nördlichen Querschiff befindet sich die **„Chapelle de Jeanne d'Arc".** Man sieht dort ein Standbild der Jeanne d'Arc und vor ihr kniend Kardi-

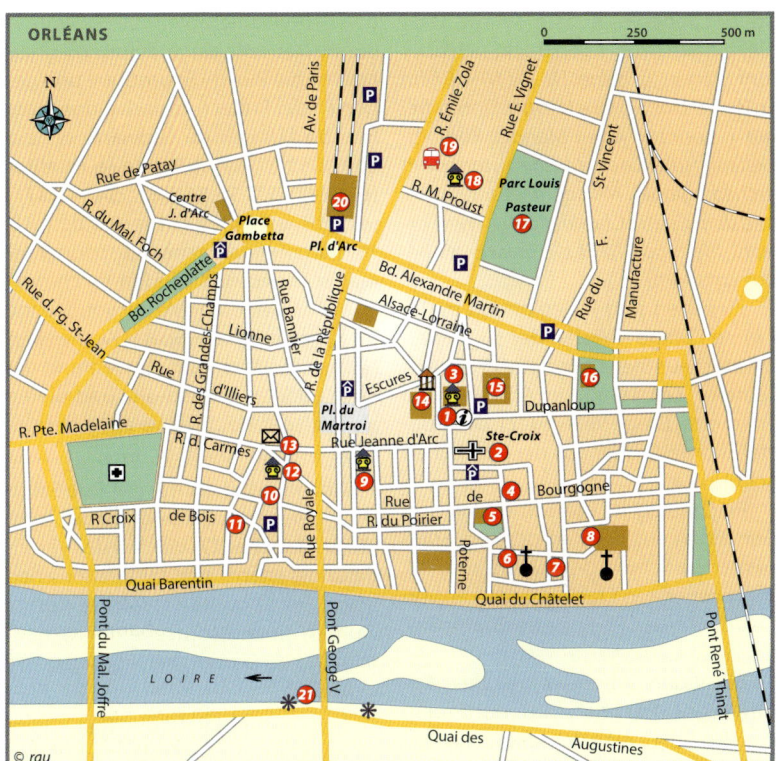

ORLÉANS – 1 Information – 2 Kathedrale – 3 Kunstmuseum – 4 Salle des Thèses – 5 Präfektur – 6 St-Pierre-le-Puellier – 7 Tour Blanche – 8 Saint-Aignan – 9 Historisches Museum, Hôtel Cabu – 10 Tour Saint-Paul – 11 Hôtel Toutin – 12 Maison de Jeanne d'Arc – 13 Place du Général de Gaulle – 14 Hôtel Groslot – 15 Campo Santo – 16 Theater – 17 Park Louis Pasteur – 18 Naturkundemuseum – 19 Busbahnhof – 20 Bahnhof – 21 Blick zur Stadt

nal Touchet, der Johannas Heiligsprechung im Jahre 1909 erwirkte.

Besichtigen kann man außerdem die **Krypta** aus dem 11 Jh., in der Reste und Fragmente der früheren Kirchenbauten sowie Sarkophage früherer Bischöfe zu sehen sind, aus denen kostbare Gegenstände (Goldkelche, Krummstäbe, Hostienteller u. ä.) geborgen werden konnten, die heute den Kirchenschatz darstellen.

In der Sakristei sind einige bemerkenswerte Gemälde zu sehen unter denen auf das Bild „Christus trägt sein Kreuz" aus dem Jahre 1653 von dem spanischen Maler Francisco de Zurbarán (1598 – 1664) besonders hinzuweisen ist.

Nicht versäumen sollte man, außen an der Nordseite um die Kathedrale herum zu der kleinen Parkanlage an der Ostseite zu gehen und von dort das imposante Maß- und Strebewerk außen an der Chorapsis zu betrachten. Das spitze Türmchen über der Vierung ist übrigens stolze 114 m hoch. Die Parkanlage hier war früher der Garten des ehemaligen Bischofspalais an der Nordseite, das heute Büros und die Stadtbibliothek beherbergt.

Gleich links (nördlich) neben der Kathedrale, 1 rue Fernand Rabier, findet man in einem modernen Gebäude das **Musée des Beaux-Arts (3) [N47° 54' 8.89" E1° 54' 34.46"]**. Dieses „Museum der Schönen Künste" wurde 1984 hier eingerichtet. Es erstreckt sich über fünf Etagen *(geöffnet Di - Sa 10 - 18 Uhr, Fr 10 - 20 Uhr, So 13 - 18 Uhr; Eintritt frei am 1. Sonntag jeden Monats. Kombiticket mit Hôtel Cabu (Musée historique et archéologique), Maison deJeanne d'Arc und dem Centre Charles Péguy; www.orleans-metropole.fr/330/le-musee-des-beaux-arts.htm).*

Zu sehen sind – beginnend in der zweiten Etage – Werke der sog. „alten Meister" aus Siena aus dem 15. Jh. Aus späterer Zeit stammen Arbeiten von Tintoretto, Diego Velasquez („Der Apostel Thomas") oder aus der flämischen Schule u. ä.

Reichhaltig ist die Sammlung von Gemälden aus der Zeit der sog. Französischen Schule des 17. Jh. und 18. Jh. in der ersten Etage mit Werken von Claude Deruet, Philippe de Champaigne, Vigée-Lebrun u. a.

Besonders sehenswert ist das **„Cabinet des Pastels"**, das nach dem Pariser Louvre eine der schönsten Portraitsammlungen Frankreichs aus dem 18. Jh. beherbergt, wie „Marquise de Pompadour" von Drouais oder „Félicité Pinchinet als Diana" von Perronneau.

Aus dem 19. Jh. sind Werke von Gaugin, Boudin, Courbet, Girodet u. a. ausgestellt.

Vom Platz an der Südseite der Kathedrale gehen wir durch die Rue Pothier südwärts auf das Gebäude der Präfektur zu, das an der Rue de Bourgogne liegt. In der Rue Pothier kommt man vorbei am gotischen **Salle des Thèses [N47° 54' 1.10" E1° 54' 38.38"]** (Magistersaal – 4 –) aus den Anfängen des 15. Jh. Es ist der letzte verbliebene Rest der berühmten alten Universität von Orléans, die 1793 aufgelöst wurde und in der Persönlichkeiten wie Calvin, Charles Perrault, Rabelais und andere berühmte Franzosen studierten.

Die **Préfecture [N47° 54' 0.73" E1° 54' 38.05"]** (Präfektur – 5 –) wurde 1800 in der seit der Revolution leerstehen-

den Benediktinerabtei Notre-Dame de Bonne Nouvelle eingerichtet. Wir überqueren die Rue de Bourgogne und gehen an der Préfecture vorbei durch die Rue de l'Université südwärts bis zur Stiftskirche **Saint-Pierre-le-Puellier (6) [N47° 53' 55.81" E1° 54' 41.37"]** in der Rue de la Tour. Die aus dem 12. Jh. stammende Kirche mit schöner romanischer Apsis soll die Pfarrkirche von Isabelle Romée, der Mutter von Jeanne d'Arc, gewesen sein. Später Kirche eines Nonnenklosters, kam sie während der Revolution in Staatsbesitz und diente als Salzlager. Heute ist sie eines der Kulturzentren der Stadt.

Der unweit östlich in der Rue Saint-Flou gelegene gallo-römische Turm **„Tour Blanche" (7)** war Teil des Verteidigungssystems der mittelalterlichen Stadt. Reste weiterer solcher Türme wurden an der Nordseite der Kathedrale und im Garten des Bischofspalais gefunden.

Man kann durch die Rue Coligny noch ein kurzes Stück nach Osten gehen und stößt dann auf die **Kirche Saint-Aignan (8) [N47° 53' 56.21" E1° 54' 54.62"]** aus dem 15 Jh. Sehenswert sind dort vor allem die kolorierten Säulenaufsätze in der **Krypta,** dem wohl interessantesten romanischen Bauwerk in Orléans. Die Krypta ist der Rest der ursprünglichen, im frühen 11. Jh. errichteten Kirche, die aber im 14. und 15. Jh. mehrfach zerstört wurde. Die Krypta ist allerdings nur im Juli und August zwischen 12 und 18 Uhr und nur nach vorheriger Anmeldung im Touristenbüro möglich!

Wir gehen nordwärts zurück bis zur Rue de Bourgogne. In der Nähe, etwa dort wo die Rue du Bourbon Blanc auf die Rue de Bourgogne trifft, befand sich im mittelalterlichen Orléans das **Burgundische Tor**, durch das Jeanne d'Arc 1429 in die Stadt eingezogen sein soll.

Weiter durch die Rue de Bourgogne, in der noch einige alte Fassaden oder

Reste davon zu entdecken sind, nach Westen. Linkerhand sieht man an der Ecke zur Rue de la Poterne an einem Stadtpalais aus dem 16. Jh. einen beachtenswerten **Erkervorbau**. Schräg gegenüber steht die **Protestantische Kirche** aus dem 19. Jh.

Da, wo die Rue de Bourgogne einen leichten Knick nach rechts macht, kann man durch die Rue Ste-Catherine ein kurzes Stück nach rechts (nordwärts) gehen und gelangt so zum **Hôtel Cabu** am Place Abbé-Desnoyers.

Das stattliche **Hôtel Cabu (9)**, 1, square Abbé Desnoyers, ließ sich um 1548 ein Advokat aus Orléans namens Philippe Cabu errichten. Es war damals eines der ersten eleganten Stadthäuser im Renaissancestil. Das Haus trägt auch den Beinamen „Maison de Diane de Poitiers". Diane de Poitiers, berühmt-berüchtigte Mätresse König Heinrichs II., soll sich hier 1549 aufgehalten haben.

Heute ist im **Hôtel Cabu** das **Musée d'Histoire et d'Archéologie (9) [N47° 53' 56.21" E1° 54' 54.62"]**, das Museum für Archäologie und Geschichte, eingerichtet *(geöffnet 1. Apr. - 30. Sept. Di - So 10 - 13 + 14 - 18 Uhr, sonst Di - So 13 - 18 Uhr, Eintritt frei am 1. Sonntag jeden Monats; Kombiticket mit Musée des Beaux Arts, Maison de Jeanne d'Arc und dem Centre Charles Péguy; www.orleans-metropole.fr/332/hotel-cabu-musee-dhistoire-et-darcheologie.htm).*

Besonders hervorzuheben unter den Exponaten des Museums ist der sog. **„gallo-römische Schatz"**, ein schönes Ensemble von seltenen Bronzefiguren aus einem keltischen Tempel bei Neuvy-en-Sullias östlich von Orléans. Außerdem werden Gegenstände alter Handwerke gezeigt, darunter Goldschmiede- und Uhrmacherarbeiten.

In der Nachbarschaft zum Hôtel Cabus liegt zwischen Place de la République und Rue Sainte-Catherine das **Hôtel des Créneaux [N47° 54' 3.85" E1° 54' 20.23"]** aus dem 16. Jh. mit schöner Renaissancefassade, das bis 1790 als Rathaus diente. Der viereckige Glockenturm „Beffroi" stammt aus dem 15. Jh.

In der Nähe findet man das **Maison de la Pomme** aus dem ausgehenden 16. Jh. mit Renaissancefassade und das **Maison Sancier** mit Renaissanceerker.

Zurück zur Rue de Bourgogne. Man überquert die Rue Royale, die südwärts auf die Brücke **Pont George V [N47° 53' 50.08" E1° 54' 15.26"]** zuführt, von der aus man einen sehr schönen Blick auf die Stadt hat.

Kurz darauf kommt man am **Charles-Péguy-Museum [N47° 54' 1.81" E1° 54' 12.54"]** vorbei, 11 rue du Tabour *(geöffnet Di - Sa 14 - 18 Uhr, Eintritt frei; www.orleans-metropole.fr/334/le-musee-charles-peguy.htm).* Es ist eingerichtet im **Hôtel Euverte Hatte**, einem Stadtpalais aus dem frühen 16. Jh. Das Museum widmet sich dem Leben und Werk des Schriftstellers Charles Péguy, der 1873 in Orléans das Licht der Welt erblickt hatte.

Kurz bevor man den Place Général de Gaulle (13) erreicht, kann man einen Umweg südwärts machen. Man kommt dann vorbei am **Tour Saint-Paul (10) [N47° 54' 0.88" E1° 54' 7.06"]** und an der **Kapelle Notre-Dame des Miracles** (17. Jh.) und geht weiter durch die Rue de l'Eau d'Or bis zur **Kirche Notre-Dame-de-Recouvrance [N47° 53' 55.50" E1° 54' 2.34"],** die aus dem 16. Jh. stammt und in einer gotischen Stilvariante, dem sog. „Troubadour-Stil" errichtet ist.

Über die Rue Notre-Dame-de-Recouvrance an der Westseite der Kirche wieder nordwärts.

Kaum hundert Meter weiter liegt rechterhand das **Hôtel Toutin (11) [N47° 53' 58.92" E1° 54' 2.69"],** ein sehr schönes Renaissancegebäude aus der Zeit um 1540. Jüngst war lediglich der Innenhof an Werktagen zu besichtigen (Änderung möglich).

Vorbei am **Garten Jacques Boucher** mit dem Pavillon Colas des Francs erreicht man schließlich den **Place Général de Gaulle (13)** am Westende der Rue Jeanne d'Arc. An der Südseite des Platzes sieht man die rekonstruierte Fachwerkfassade des **Hauses der Jeanne d'Arc** *(geöffnet Apr. - Sept. Di - So 10 - 13 + 14 - 18 Uhr; Okt. - März Di - So 14 - 18 Uhr; www.jeannedarc.com.fr/maison/maison.htm; Kombiticket mit Musée*

Das Maison de Jeanne d'Arc in Orléans

historique et archéologique, Hôtel Cabu und dem Centre Charles Péguy).

Das **Maison de Jeanne d'Arc (12) [N47° 54' 3.09" E1° 54' 9.91"]** wurde 1964 nach alten Stadtansichten rekonstruiert. Das Originalhaus, das im 15 Jh. einem Jacques Boucher, Schatzmeister des Herzogs von Orléans, gehörte, ist nicht mehr erhalten. Johanna von Orléans soll vom 29. April bis zum 8. Mai 1429 bei den Bouchers zu Gast gewesen sein.

Das mehrstöckige Haus ist heute **Museum**, das sich ausschließlich und ausführlich mit dem Leben und Werk der Jungfrau von Orléans befasst.

Im Maison de Jeanne d'Arc ist darüberhinaus das **Centre Jeanne-d'Arc** eingerichtet, das umfangreiche Dokumentationen, Filmmaterial, Fotos und Bilder über die Taten der „Jungfrau von Orléans" bereithält.

Der weitere Verlauf unseres Stadtrundgangs führt nun in den Innenstadtbereich nördlich der Einkaufsstraße Rue Jeanne d'Arc.

Zunächst gehen wir durch die Rue de la Hallebarde zum **Place du Martroi [N47° 54' 8.51" E1° 54' 12.35"]**, dem Hauptplatz der Stadt. Auf dem Platz sieht man ein Reiterstandbild von Jeanne d'Arc. Das Werk stammt vom Bildhauer Denis Fayatier und wurde 1855 aufgestellt. Die Bronzereliefs auf dem Denkmalsockel zeigen Szenen aus dem Leben der Johanna von Orléans.

An der Einmündung der Rue Royale in den Platz sieht man die bemerkenswerte Fassade des sog. **Kanzleipavillons**, der bis 1940 das Archiv des Herzogs von Orléans beherbergte.

Westlich des Platzes liegt das ehemalige **Kloster Les Minimes** mit einem Kreuzgang aus dem 17. Jh.

Unser Weg führt vom Place du Martroi ostwärts, vorbei an der Backsteinkirche **Saint-Pierre du Martroi [N47° 54' 8.70" E1° 54' 19.57"]** (16. Jh.) rechterhand, und den **Pavillons d'Escures** (Bürgerhäuser) weiter links voraus durch die Rue d'Escures. In der Straße liegen einige hübsch restaurierte, historische Stadtpalais, wie das Hôtel Pommeret aus dem 17. Jh.

Kurz darauf sieht man rechterhand den kleinen, romantischen **Park des Hôtel Groslot [N47° 54' 10.77" E1°**

Hôtel Groslot, das alte Rathaus von Orléans

54' 26.60"] und Reste des Portals einer Kirche, die vor Zeiten von Santiagopilgern gegründet worden war.

Wir gehen rechts um die Ecke auf den Place Sainte-Croix zu und stehen vor dem rechterhand gelegenen Hôtel Groslot gegenüber dem Rathaus.

Das **Hôtel Groslot (14) [N47° 54' 9.85" E1° 54' 30.36"]**, ein ebenso prächtiges wie historisches Renaissancepalais aus dem 16. und 17. Jh., ließ sich der vermögende Jacques Groslot um 1550 errichten. Im 19. Jh. wurde der schön in Backsteinbauweise aufgeführte Zentralbau um zwei Flügel im gleichen Stil erweitert. Zwischen 1790 und 1981 diente das Hôtel Groslot als Rathaus von Orléans. Sehr schöne Freitreppe. Davor eine Statue der Jeanne d'Arc.

Zu den dramatischsten Ereignissen, die das Anwesen im Laufe der Jahrhunderte wohl sah, zählt der Tod des blutjungen Königs François II., der mit Maria Stuart aus Schottland verheiratet worden war. Der junge König hielt sich 1560, ein Jahr nach seiner Thronbesteigung und gerade 16 Jahre alt, hier auf und verschied während eines Staatsaktes der Generalstände. Im prächtigen Festsaal des Standesamtes ist diese Szene auf einem Gemälde von Dupuis festgehalten.

Sehenswert und prunkvoll ausgestattet sind der **Ratssaal**, der u. a. mit kostbarem Cordobaleder bezogenen Stühlen möbliert ist, sowie der **Große Saal,** oder Ehrensaal, der ebenso wie der Ratssaal von Delton im Renaissancestil umgebaut und prächtig möbliert und dekoriert wurde. Im Ehrensaal sieht man ein Standbild von Jeanne d'Arc von Marie d'Orléans.

Diese luxuriösen Prunkräume werden von der Stadt noch heute bei besonders festlichen Empfängen genutzt. Man kann die Räumlichkeiten besichtigen, wenn sie nicht gerade durch offizielle Anlässe belegt sind.

Wenige Schritte weiter ist man wieder an der Kathedrale, dem Ausgangspunkt unseres Stadtrundgangs.

Erwähnung verdient noch der sog. **Campo Santo (15)** hinter dem neuen Rathaus und nördlich der Kathedrale. Es ist der ehemalige Friedhof der Stadt, der zwischen dem 13. und 18. Jh. genutzt wurde. Später wurde das Areal von der Stadt umgestaltet und von Ar-

Orléans, Stadtblick von der Pont George V aus

kadengängen umgeben und dient heute als Kultur- und Ausstellungszentrum.

Im nördlichen Stadtbereich, zwischen Bahnhof und dem **Louis Pasteur Park (17)**, liegt in der Rue Marcel Proust das **Musée des Sciences Naturelles (18) [N47° 54′ 29.12″ E1° 54′ 28.43″]**, das Naturkundemuseum, mit Präparaten prähistorischer Tiere, einer ornithologischen Abteilung, mit Aquarien und einer Ausstellung über den Loire-Fluss *(geöffnet tgl. 14 - 18 Uhr)*.

Einen sehr schönen **Blick auf die Stadt (21) [N47° 53′ 41.3″ E1° 54′ 14.7″]** mit der die Silhouette dominierenden Kathedrale hat man vom südlichen Loire-Ufer an der alten Steinbrücke Pont Georg V.

Abwechslung nach den vielen historischen Sehenswürdigkeiten findet man im botanisch-zoologischen Garten **Parc Floral [N47° 50′ 50.68″ E1° 56′ 15.23″]** in **Orléans-La Source**, südlich der Loire. In dem weitläufigen gepflegten Parkgelände kann sich der Besucher

an etwa 400 verschiedenen Rosenarten, an Azaleen, Rhododendren, Tulpen, Dahlien und hunderten weiterer Arten von Blumen, Sträuchern und Bäumen ebenso erfreuen, wie an Flamingos, Schwänen, Känguruhs, Damhirschen, Emus, Ziegen und Ponys.

Aber bevor Sie weiterfahren, sollten Sie einige der **regionalen kulinarischen Köstlichkeiten** versuchen. Lachs aus der Loire oder Würstchen aus Jargeau gelten als regionale Spezialitäten, ebenso wie der Käse von Olivet oder der Birnenschnaps von dort. Oder nehmen Sie sich ein Glas Quittenkonfitüre mit, eine weitere Spezialität aus der Gegend.

Und zum guten Tagesabschluss eine kulinarische Spezialität:

Das Gatinais ist die Landschaft östlich von Orléans und nördlich von Gien. Dort macht man ausgezeichnete Würste, die zusammen mit Kartoffeln und gebackenem Kohlpüree gereicht werden. Oder versuchen Sie „Rilettes de porc", feingehacktes Schweinefleisch. Und dazu vielleicht ein Gläschen Sancerre?

Und zum Nachtisch eine „Tarte des demoiselles Tatin", eine Art überbackener Apfeltorte.

PRAKTISCHE HINWEISE – ORLÉANS (LOIRET)

Office de Tourisme [N47° 54' 8.46" E1° 54' 32.32"], 2, place de l'Etape, F-45056 Orléans, Tel. +33 (0)2 38 24 01 69; www.tourisme-orleansmetropole.com. *Geöffnet Apr. - Juni Mo - Sa 9.30 - 13 + 14 - 18.30 Uhr; Juli - Aug. Mo - Sa 9 - 19 Uhr, So 10 - 13 + 14 - 17 Uhr; Sept. Mo - Sa 9.30 - 13 + 14 - 18 Uhr; März Mo - Fr 10 - 13 + 14 - 17.30 Uhr, Sa 10 - 13 + 14 - 18 Uhr; Okt. - Feb. Mo - Sa 10 - 13 + 14 - 17 Uhr.*

Feste
Fêtes de Jeanne d'Arc – 11 Tage Gedenkfeiern von Ende April bis Anfang Mai. Am 7. und 8. Mai wird mit Prozessionen und glanzvollen Paraden der Jahrestag der Stadtbefreiung gefeiert; www.orleans-metropole.fr/988/les-fetes-de-jeanne-darc/accueil.htm.
Jazz à l'Evêché - Jazzfestival – 4 Tage in der 3. Juniwoche.

RESTAURANTS

Les Terrasses du Bord de Loire, 1, chemin du Halage, Tel. +33 (0)2 38 53 45 98; www.lesterrassesduborddeloire.com; kleines, aber feines Lokal. Gute Karte. Dienstag- und Mittwochabends und und Sonntagabends geschlossen.

L'Ardoise, 27, rue de la Bretonnerie, Tel. +33 (0)2 38 53 51 66; www.ardoise-orleans.com; beliebtes Lokal, mittlere Preislage.

Le Girouet, 14, quay du Châtelet, Tel. +33 (0)2 38 81 07 14; www.legirouet.com; gepflegtes Restaurant an der Loire, schöne Terrasse am Fluss. Mittlere Preislage. Sonntags und montags geschlossen.

Le Lift, Place de la Loire, 5, rue de la Poteme, Tel. +33 (0)2 30 98 01 47; www.restaurant-le-lift.com; Gourmet-Restaurant im südlichen Stadtzentrum, geführt von Küchenchef Philippe Bardau. Schöne Dachterrasse mit Blick über Orleans. Tischreservierung empfohlen. Sonntagabends geschlossen.

CAMPING

Olivet bei Orleans
Camping Municipal d'Olivet [WP 020 / N47° 51' 21.5" E1° 55' 31.7"], rue du Pont Bouchet, Tel. +33 (0)2 38 63 53 94; www.camping-olivet.org; 1. April – 30. Sept.; 4 km südlich Orléans im Vorort Olivet, Zufahrt von der D14 (Olivet – St-Cyr-en-Val) beschildert. Fast ebenes Wiesengelände mit hohem Baumbestand in einem bewaldeten Flusstal, durch einen Bach zweigeteilt. Nummerierte, durch Hecken unterteilte Stellplätze.

Unisex-Sanitäranlagen; ca. 1 ha – 46 Stpl.; V & E für Wohnmobile jenseits des Bachlaufs neben dem Notausfahrttor. Platzerweiterung vorgesehen!

TOUR 3: ORLÉANS (Loiret) – BRACIEUX (Loir-et-Cher)

Länge der Tour:	Rund 80 km, inklusive Umweg über Talcy.
Die Route:	Über D951 bis **Cléry-St-André** – D18 bis **Meung-sur-Loire** – N152 bis **Beaugency** – D917 und Landstraßen über **Josnes** bis **Talcy** – D15 bis **Mer** – D112 über **Chambord** bis **Bracieux.**
Reisedauer:	Mindestens ein Tag.
Höhepunkte:	Das **Schloss in Meung-sur-Loire** * – die historische **Kirche Notre Dame** * in Beaugency – das **Schloss in Talcy** ** – das **Schloss Chambord** *** – das Restaurant **„Au Relais d'Artemis"** * in Bracieux.

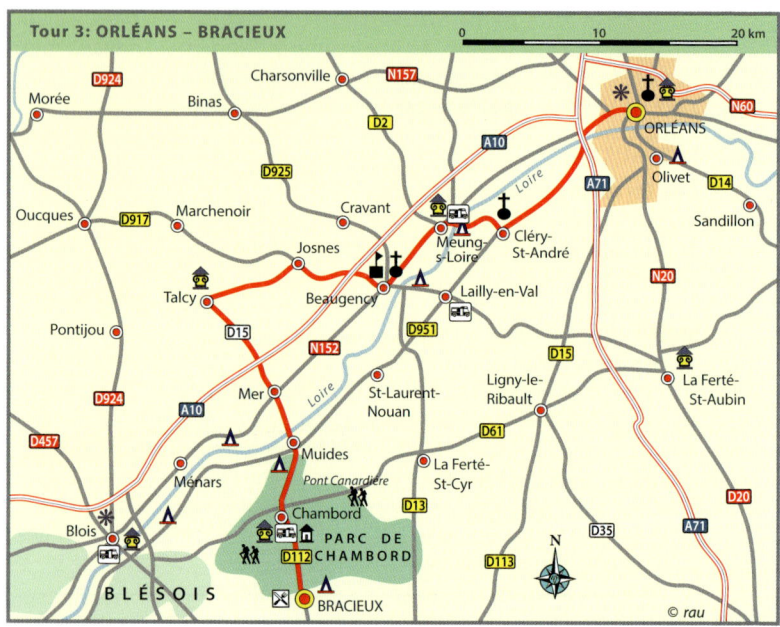

Tour 3: ORLÉANS – BRACIEUX

© rau

ROUTE: Man sollte ab Orléans nicht über die schnelle Autobahn A-10 „L'Aquitaine" Richtung Blois weiterreisen. Zumindest Geschichtsbeflissene werden lieber einen kleinen Umweg machen und Orléans in südlicher Richtung über die Römerbrücke verlassen, um der D951 nach Südwesten Richtung Blois zu folgen. Nach 15 km erreicht man Cléry-St-André.

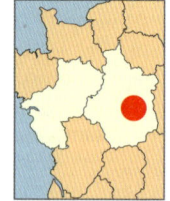

Cléry-St-André, ein kleines Städtchen am Rande der Sologne, ist seit dem Ende des 13. Jh. ein bedeutender und vielbesuchter Marien-Wallfahrtsort in Frankreich. Seit altersher findet jedes Jahr am ersten Sonntag im September eine große Pilgerfahrt zu „Unserer Lieben Frau von Cléry" statt.

Dieser langen Tradition verdankt der Ort seine **Basilika Notre-Dame-de-Cléry [N47° 49' 12.93" E1° 45' 18.24"]**, die zusammen mit dem **Grab**

Ludwigs XI., das sich in der Kirche befindet, die Sehenswürdigkeit darstellt.

König Ludwig XI. (1423 – 1483) hatte während eines Kriegsgeschehens der hl. Maria von Cléry ein Gelübde abgelegt, in dem er versprach, im Falle eines Sieges sein Gewicht in Silber aufzuwiegen und den Wert der Basilika in Cléry-St-André zu stiften. Ludwig XI. siegte und erfüllte später gewissenhaft sein Gelübde, wurde ein glühender Verehrer der Muttergottes von Cléry und ließ sich nach seinem Tode 1483 in der Basilika beisetzen.

Seine prächtige Grabgedenkstätte (Kenotaph) findet sich in der linken Seite des Kirchenschiffs. Die sterblichen Reste des Königs und die seiner zweiten Gemahlin Charlotte de Savoie (1442 – 1483), die er nach dem Tode seiner ersten Frau Marguerite von Schottland geheiratet hatte, ruhen in der Gruft Ludwigs XI. Ebenfalls hier beigesetzt ist das Herz König Karls VIII., sowie der Baron Tanguy du Châtel, der sein Leben für Ludwig XI. hingab.

Sehenswert in der Kirche ist außerdem die gotische **Kapelle St-Jacques** auf der rechten Seite des Schiffes. Die Kapelle ist dem hl. Jakobus geweiht und war Station der Pilger auf dem Wege zum Grab des Heiligen in Santiago de Compostela im spanischen Galizien.

Weiter links liegt eine Kapelle, in der **Dunois-Longueville**, der „Bastard von Orléans", unehelicher Sohn des Herzogs von Orléans und Wegbegleiter der Jeanne d'Arc, beigesetzt ist.

Grabmal Ludwigs XI. in der Basilika Notre-Dame-de-Cléry

Beachtung verdienen schließlich noch das **Chorgestühl**, der Chor und der **Hochaltar** mit einer Statue der Muttergottes von Cléry.

ROUTE: Ab Cléry-St-André auf der D18 nordwestwärts und über die Loire nach Meung-sur-Loire, das nur 5 km entfernt ist.

Meung-sur-Loire ist ein hübsches Städtchen am nordwestlich Ufer der Loire. Der Ort war wegen der wichtigen Brücke über die Loire während des Hundertjährigen Krieges zeitweise von den Engländern besetzt. Ihr Heerführer Salysbury hielt sich damals in der schwer einnehmbaren hiesigen Burg auf. Jeanne d'Arc eroberte Meung am 15. Juni 1429 zurück.

Gegründet wurde Meung-sur-Loire einst von Mönchen, die sich zusammen mit dem Hl. Liphard an der Stelle der alten gallo-romanischen Siedlung *„Magdonum"* am Flüsschen Les Mauves niederließen.

Lange war Meung nicht nur ein wichtiger Flusshafen und Warenumschlagplatz, in dem sich die Flusskähne, die „chalands", drängten. Hier arbeiteten einst auch 40 Mühlen, die neben Mehl auch Pulver und Papier produzierten.

1240 wurde in Meung Jehan Clopinel geboren, der später als Jehan de Meung mit seinem „Rosenroman" in die französische Literaturgeschichte eingehen sollte. Von François Villon, der allerdings unfreiwillig in Meung weilte, wird später noch die Rede sein.

Auch Alexandre Dumas muss das Städtchen gekannt haben, denn das erste Abenteuer von d'Artagnan, einem der „Drei Musketiere", spielt in Meung.

Ja, und sogar Kommissar Maigret, der leutselige Romanheld Georges Simenons klärte Fälle in Meung-sur-Loire.

Einen größeren **Parkplatz [WP 021 / N47° 49' 27.95" E1° 41' 51.18"]** findet man an der Straße Quai du Mail im Süden der Stadt und unweit östlich der Touristenbüros und der Kathedrale.

Bemerkenswert ist die schöne **Markthalle** an der Nordostseite des zentralen **Place du Martroi (Parkplatz, N47° 49' 27.98" E1° 41' 41.28"]).**

Bei ausreichend zur Verfügung stehender Zeit sollte man auch einen kleinen Spaziergang durch die Gassen der Stadt machen, z. B. von der zentralen Rue Jehan de Meung die **Promenade des Mauves** entlang, die dem gleichnamigen Wasserlauf nordwärts folgt, der vielarmig das Städtchen durchfließt.

Schließlich kann man noch das kleine **Stadtmuseum**, 22 rue des Remparts, im Centre Culturel La Monnaye besuchen *(geöffnet Apr. - Okt. Mi - Fr 14.30 - 18.30 Uhr, Sa 9.30 - 12.30 Uhr, So 15 - 18 Uhr; Nov. - März Mi - Fr 14.30 - 18 Uhr, Sa 9.30 - 12.30 Uhr).* Zu sehen sind dort archäologische Exponate sowie eine Ausstellung mit Werken von Gaston Couté, der das kleinstädtische, spießbürgerliche Leben im Meung des 19. Jh. kritisch und ironisch beschrieb.

Mitten im Ort erhebt sich die **Kirche St-Liphard [N47° 49' 26.26" E1° 41' 40.26"]** *(geöffnet tgl. 9 - 18 Uhr)* mit ihrem auffallenden Turm mit spitzer Steinhaube. Nach dem Tode des Heiligen Liphard ließ Bischof Marc von

Kirche St-Liphard und das Schloss in Meung-sur-Loire

Orléans über dem Grab des Heiligen eine erste Kapelle errichten.

Erst im 11. Jh. wurde mit dem Kirchenbau begonnen. Es entstanden der eindrucksvolle Glockenturm und das bemerkenswerte romanische Portal. Die Glasfenster, die der Besucher heute sieht, stammen aus dem 19. Jh. und zeigen Motive aus der lokalen Geschichte. Eine der Szenen stellt z. B. Jeanne d'Arc nach der Befreiung der Stadt dar.

In unmittelbarer Nähe zur Kirche liegt das auf den ersten Blick etwas düster wirkende **Château de Meung-sur-Loire [N47° 49′ 24.77″ E1° 41′ 39.88″]** *(geöffnet Juni + Sept. tgl. 10 - 18 Uhr; Juli + Aug. tgl. 10 - 19 Uhr; Apr., Mai + Okt. tgl. 13 - 18 Uhr; Feb., März + Dez. Sa + So 13 - 18 Uhr; www.chateau-de-meung. com/en/).*

Das im frühen 13. Jh. angelegte mittelalterliche Gemäuer mit seinen wuchtigen Ecktürmen mit bis zu 2 m dicken Mauern wurde im 16. Jh. verändert. Vor allem im 18. Jh. aber erfuhr das Anwesen umfassende Umbauten und Erweiterungen, die aus der wenig anziehenden Burg ein einladendes Renaissanceschloss machten.

Die Innenräume sind im Stil des 19. Jahrhunderts möbliert und können besichtigt werden, ebenso die **Schlosskapelle** Notre Dame de la Vierge aus dem

12./13, Jh. in der viele bedeutende Trauungen stattfanden.

Besonders eindrucksvoll ist der **Grand Salon** im Stil Ludwigs XIII. mit reich verziertem Kamin im Renaissancestil, weiter das **Renaissance-Schlafgemach,** die **Halle de L'Eveque**, das sog. Bischofszimmer mit gotischer Garderobe und zwei Anrichten im Stil Heinrich II., dann das **Gräfliche Schlafzimmer** in der ersten Etage, der **Große Speisesaal,** die **Bibliothek** mit Billardtisch, das **Musikzimmer** oder das bischöfliche **Badezimmer**, das sich Bischof Bossnet, der den Beinamen „der Adler von Meaux" trug, hatte einrichten lassen. Bis ins ausgehende 18. Jh. war Meung im Besitz des Klerus und traditionell Sitz der Bischöfe von Orléans. Ihnen unterstand auch die Gerichtsbarkeit.

Berüchtigt war das Stadtschloss von Meung für seine grausamen Folterkammern und düsteren Verliese. In den Verliesen, die ähnlich engen Brunnenschächten tief in die Erde reichten, vegetierten die von den Bischöfen von Orléans Verurteilten bei Wasser und Brot dahin, bis sie schließlich aus Entkräftung oder an Krankheiten starben.

Wie man liest, gelang es nur einem, die unterirdischen Kerker von Meung lebend wieder zu verlassen. Es soll dies der Dichter François Villon gewesen

---

PRAKTISCHE HINWEISE – MEUNG-SUR-LOIRE (LOIRET)

Office de Tourisme des Terres du Val de Loire [N47° 49′ 27.01″ E1° 41′ 46.85″], Moulin de la poterne, 1 rue Emmanuel Troulet, 45130 Meung-sur-Loire, Tel. +33 (0)2 38 44 32 28; www.entre-orleans-et-chambord.com. *Geöffnet Apr. - Sept. Di - Sa 9.30 - 12.30 + 14 - 17.30 Uhr, So 10 - 13 Uhr.*

WOHNMOBIL-STELLPLATZ

Wohnmobil-Stellplatz Aire de Camping-car Meung-sur-Loire [WP 022 / N47° 49′ 24.0″ E1° 41′ 53.0″], Chemin des Grèves. **Geöffnet:** Ganzjährig zugänglich. **Zufahrt/Lage:** Vom Ortszentrum Richtung Freibad am Loireufer. **Ausstattung:** 8 markierte Stellplätze auf Schotter unter Platanen, beim Freibad und Sportplatz. Strom und Frischwasser sowie Grauwasser- und Chemikaltoilettenausguss gegen Gebühr mit Bankkarte. Mülltonnen.

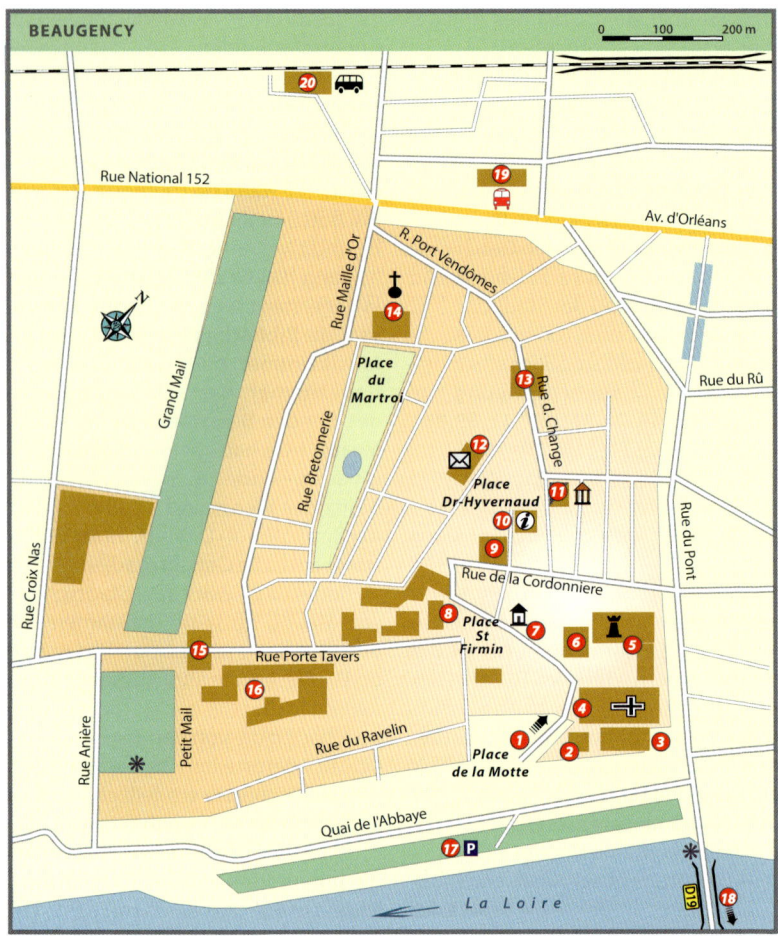

BEAUGENCY – *1 Beginn des Stadtrundgangs* – *2 Tour de Diable* – *3 Abtei* – *4 Abteikirche Notre-Dame* – *5 Château Dunois* – *6 Donjon „Cäsar Turm"* – *7 Hotel* – *8 Kirchturm von St-Firmin* – *9 Haus der Templer* – *10 Touristeninformation* – *11 Rathaus* – *12 Postamt* – *13 Tour de l'Horloge, Uhrturm* – *14 Kirche St-Etienne und mittelalterliches Haus* – *15 Tor von Tavers* – *16 Ursulinenkloster* – *17 Parkplatz am Loire-Ufer* – *18 zum Campingplatz* – *19 Busterminal* – *20 Bahnhof*

sein, der einflussreiche Freunde hatte, die ihn freikauften. Villon verfasste während seiner Gefangenschaft hier um 1461 Teile seines „Großen Testaments".

ROUTE: *Nur 6 km weiter südwestlich liegt* **Beaugency***, das man über die N152 rasch erreicht.*

Beaugency, heute ein Städtchen mit fast 8.000 Einwohnern und einem sehenswerten Stadtkern, war vor allem im mittelalterlichen Frankreich wegen seines Loire-Übergangs von Bedeutung. Im 12. Jh. diente Beaugency zweimal als Tagungsort eines Konzils. Beide Male ging es um Affären der französischen Könige.

Im ersten Konzil 1104 wurde die von Papst Urban II. gegen König Philipp I. verhängte Exkommunikation wieder aufgehoben. Philipp I. hatte Ehebruch

Die Loire bei Beaugency

begangen und sich von seiner rechtmäßig angetrauten Gemahlin Berthe de Hollande getrennt. Ein Vorgang, den Rom nicht tolerierte. 1152 tagte das Konzil zum zweiten Mal in Beaugency. Seine Beschlüsse und deren Folgen sollten von größter politischer Bedeutung für das damalige Frankreich werden.

Diesmal ging es um die erste Ehe König Ludwigs VII. mit der wohlhabenden und ebenso klugen wie einflussreichen Alienor d'Aquitaine (Eleonore von Aquitanien). Das Königspaar war gemeinsam auf den zweiten Kreuzzug (1147 – 1149) nach Jerusalem gezogen. Dort kam es angeblich wegen einer Liebesaffäre Eleonores zum Zerwürfnis. Wieder in Frankreich ließ sich Ludwig von Eleonore scheiden. Das zweite Konzil zu Beaugency gab dieser Trennung den päpstlichen Segen. Als Begründung für diesen außergewöhnlichen Schritt wurde Blutsverwandtschaft zwischen König Ludwig und Eleonore genannt.

Eleonore von Aquitanien wird als stattliche, ansehnliche, vermögende und auch machtbewusste Dame geschildert. Nach der Trennung von König Ludwig VII. muss sie eine der besten Partien im Königreich gewesen sein. Und es fehlte mit Sicherheit nicht an Bewerbern.

Eleonore erhörte schließlich Henri de Plantagenêt, den Herzog von Anjou und späteren König Heinrich II. von England. Mit der Heirat waren auch die Herzogtümer Aquitanien und Anjou, die einen bedeutenden Teil des französischen Königreiches darstellten, verbunden. Und dieses gewaltige Territorium kam nun durch die Krönung Heinrichs zum englischen König an England. Dies war einer der Auslöser des Hundertjährigen Krieges.

Am Ende des Hundertjährigen Krieges war auch Beaugency von englischen Truppen besetzt, bis Jeanne d'Arc die Stadt 1429 befreite.

Wir fahren von Südosten her über die Loirebrücke auf Beaugency zu. Von der Brücke hat man einen schönen Blick auf die Stadt. Die Parkgelegenheiten, vor allem im historischen Zentrum um die Kirche, sind recht beschränkt. Es empfiehlt sich daher, auf den **Parkplätzen am Loire-Ufer [WP 023 / N47° 46' 34.62" E1° 38' 3.87"]** zu parken und von dort zu Fuß zur Besichtigung der nahen Altstadt aufzubrechen (1).

Von der Brücke geht man ein kurzes Stück die Straße Quai de l'Abbaye flussabwärts, vorbei an den ehemaligen Abteigebäuden, bis zum rechterhand gelegenen Wachturm **Tour du Diable [N47° 46' 36.29" E1° 38' 3.12"]** (– 2 –, Teufelsturm). Dort gehen wir rechts hinauf zum **Place Dunois** mitten in der hübschen, mittelalterlichen Altstadt.

Rechts sieht man die Westfassade der **Kirche Notre Dame (4) [N47° 46' 37.88" E1° 38' 0.75"]**. Die „Kirche Unserer Lieben Frau" stammt aus dem 12. Jh. und ist in nahezu unverfälschtem romanischen Stil errichtet. Ursprünglich diente sie als Abteikirche und wurde nach der Revolution als Gemeindekirche benutzt. Historisch interessant ist die Kirche Notre Dame von Beaugency wegen des Ereignisses von 1152. Am

11. März 1152 tagte in der Kirche das Nationalkonzil mit dem Ziel, die Ehe zwischen dem König von Frankreich Ludwig VII. und Eleonore d'Aquitaine für Null und Nichtig zu erklären. Eleonore von Aquitanien vermählte sich daraufhin mit Henri d'Anjou, dem späteren König von England.

Linkerhand erhebt sich unübersehbar der imposante **Donjon (6)**. Der 36 m hohe Festungsturm oder sog. „Cäsar's Turm" mit seinen bis zu 3,7 m dicken Mauern und einer umbauten Grundfläche von 24 x 20 m, gehörte zu einer Gruppe von Befestigungsanlagen, die im 11. Jh. zur Verteidigung des Loireübergangs errichtet worden waren. In Victor Hugo's Stück „Marion Delorme" spielt der letzte Akt vor diesem Turm.

Rechts des mächtigen, viereckigen Donjons schließt sich das ehemalige, aus dem 15. Jh. stammende **Château Dunois (5)** an. Jean d'Orléans Graf Dunois (1403 – 1468), ein illegitimer Sohn des Hauses Orléans und deshalb auch mit dem Beinamen „Bastard von Orléans" belegt, wurde nach seiner Heirat mit Marie d'Harcourt auch Herr von Beaugency.

Graf Dunois, ein guter Freund und Kampfgefährte der Jeanne d'Arc, ließ sich dieses Stadtschloss an der Stelle einer Festung aus dem 10. Jh. errichten. Dunois lebte hier zwischen 1440 und 1457, bevor er sich in Châteaudun (siehe dort) niederließ. Die Nachkommen des Grafen ließen das Anwesen später im Renaissancestil umbauen. Das Schloss ist leider nicht

Das Rathaus in Beaugency

mehr zu besichtigen. Es steht zum Verkauf.

Am Donjon und am einladenden, rustikalen Hotel de la Sologne (7) vorbei gehen wir aufwärts zum anschließenden **Place St-Firmin**. An der Ostseite des Platzes sieht man den **Turm und die Vorhalle von Saint-Firmin (8)**, die Reste einer Kirche aus dem 16. Jh.

Vom Platz zweigt rechterhand die schmale Rue de la Sirène ab. In sie biegen wir ein und gehen, vorbei am linkerhand gelegenen **Haus der Templer (9)**, Ecke Rue de la Cordonnerie, und weiter durch die Rue du Traîeau bis zum hübschen Place Dr-Hyvernaud. Unmittelbar rechts liegt das **Touristenbüro (10) [N47° 46' 40.26" E1° 37' 52.52"]**, weiter links das Postamt.

Der Place Dr-Hyvernaud wird an der schmalen Nordostseite abgeschlossen vom **Hôtel de Ville** (Rathaus, – 10 –) mit einer bemerkenswerten Renaissancefassade aus dem 16. Jh.

Die Wände des Ratssaales sind mit acht wunderschönen, gestickten Wandteppichen aus der Zeit Ludwigs XIII. behangen. Das Innere des Rathauses kann nur auf Führungen Dienstag bis Donnerstag um 15, 16 und 16.30 Uhr besichtigt werden, Dauer 15 Minuten.

Vom Rathaus links durch die Rue du Change bis zum **Tour de l'Horloge (13)**, einem alten Stadtturm aus dem 12. Jh. mit Uhr, an dem sich im Mittelalter die Geldwechsler trafen.

Weiter bis zur Rue du Martroi, der wir abwärts bis zum von Blumen, Steinpflaster und Hausfassaden gesäumten Wasserlauf **Le Rû** folgen. Von dort durch die Rue du Pont, vorbei am Restaurant „Le Petit Bateau", zurück zur Loirebrücke.

PRAKTISCHE HINWEISE – BEAUGENCY (LOIRET)

Office de Tourisme [N47° 46' 40.3 E1° 37' 52.5], 3, place du Dr-Hyvernaud, 45190 Beaugency, Tel. +33 (0)2 38 44 54 42; www.beaugency.fr. *Geöffnet Apr. - Sept. Di - Fr 9.30 - 12.30 + 13.30 - 17 Uhr, Sa 9 - 12 Uhr.*

RESTAURANT

Le Pétit Bateau, 54 rue du Pont, Tel. +33 (0)2 38 44 56 38; www.restaurant-lepetitbateau.fr; Montag und Dienstag geschlossen. Gehobene Preisklasse, gute regionale Küche, hübsches Ambiente.

CAMPING

Camping Municipal Val de Flux [WP 024 / N47° 46' 36.6" E1° 38' 34.8"], Tel. +33 (0)2 38 14 72 66; 1. Apr. – 30. Sept.; Zufahrt von der D19 (Beaugency – Lailly-en-Val), hübsch am Ostufer der Loire nahe der alten Brücke gelegener, angenehmer Platz, Blick hinüber zur in Gehnähe gelegenen Stadt. Weitläufiges, gepflegtes, meist ebenes Wiesengelände, teils mit hohen Pappeln bestanden, markierte Stellplätze, ca. 6 ha – 161 Stpl.; Standard-Sanitärausstattung. Laden, Imbiss, Waschmaschine, WLAN. V & E für Wohnmobile.

WOHNMOBIL-STELLPLATZ

Lailly-en-Val bei Beaugency
Wohnmobil-Stellplatz Aire de Camping-car Park de Lailly-en-Val [WP 025 / N47° 46' 13.51" E1° 41' 8.40"], Place de l'Église, rue de la Mairie. **Zufahrt/Lage:** Ca. 5 km ostwärts auf der D19 (Beaugency – Lailly-en-Val) bis zum Ortsbeginn von Lailly-en-Val. Hier südwärts abzweigen zum Platz, zwischen Kirche und See gelegen. **Ausstattung:**

Ebener Schotterplatz durch Hecken in Stellplatzfelder eingeteilt mit Platz für 10 Wohnmobile. V & E-Säule mit Ausguss für Grauwasser- und Chemikaltoiletten, WC. **Geöffnet:** Ganzjährig. **Gebühr:** Bezahlautomat Aire Camping-car Park-System. Pauschale inkl. Strom, Frischwasser, Entsorgung und WLAN. In Gehnähe zum Dorf mit Bäcker und Café.

Umweg über Talcy

*ROUTE: Bei ausreichend zur Verfügung stehender Reisezeit bietet sich ab Beaugency ein **Umweg über Talcy** an. Man fährt auf der D917 westwärts bis **Josnes** und nimmt dort die Landstraße südwärts über **Concriers** nach **Talcy**, das nur rund 16 km westlich von Beaugency liegt.*

Der kleine Ort **Talcy**, mitten in der landwirtschaftlich intensiv genutzten Beauce-Ebene gelegen, weist ein rustikales **Landschlösschen [WP 026 / N47° 46' 9.56" E1° 26' 41.01"]** aus

Der „Rosenbrunnen", Schloss Talcy,

dem 16. Jh. auf *(2. Mai – 4. Sept. tgl. 9.30 - 12.30 + 14 - 18 Uhr; 1. Apr. + 5. - 30. Sept. tgl. 10 - 12.30 + 14 - 17 Uhr; Okt. - März Mi - Mo 10 - 12.30 + 14 - 17 Uhr; Führungen; letzter Einlass 60 Min. vor Schließung; www.chateau-talcy.fr).* Sehenswerte **Möblierung** und **Wandbehänge**. Schöner **Renaissancebrunnen**. Großes **Taubenhaus**.

Talcy war der Landsitz von *Cassandre Salviati*, legendäre Freundin und Muse des Dichters *Pierre de Ronsard*.

Ronsard war 1524 in Couture auf dem Herrensitz La Possonnière in der lieblichen Landschaft der Vendômois geboren worden. Er gilt als Begründer des Klassizismus in der französischen Literatur. Mme. Salviati, Tochter des italienischen Schlossherrn von Talcy, inspirierte Ronsard u. a. zu der romantischen Dichtung „Les Amours de Cassandra".

*ROUTE: Ab Talcy über die Landstraße D15 zurück bis **Mer** an der N152, 13 km südwestlich von Beaugency gelegen. Ab Mer über die Loirebrücke nach **Muides-s-Loire** und weiter über die „Route François I." (D112) durch den waldreichen Parc de Chambord zum **Schloss Chambord**.*

Hinweis: Wer mehrere der wichtigsten Schlösser besuchen

CAMPING – MUIDES-SUR-LOIRE

Camping Municipal Bellevue [WP 027 / N47° 40' 21.3" E1° 31' 43.1"], Ave. de la Loire, Tel. +33 (0)2 54 87 01 56; 1. März – 15. Sept.; im Norden von Muides westlich der Loirebrücke, ebenes Wiesengelände schön an der Loire gelegen; einfache Standard-Sanitärausstattung.

Camping Château des Marais [WP 028 / N47° 39' 58.0" E1° 31' 45.4"], 27, rue de Chambord, Tel. +33 (0)2 54 87 05 42; www.sanda-ya.fr/nos-campings/chateau-des-marais; 5. Apr. – 13. Okt.; rund 1 km südöstlich von Muides-sur-Loire, D112 Richtung Chambord; gepflegte, weitläufige Ferienanlage in einem Laubwald; ca. 8 ha – 130 Stpl.; Komfort-Sanitärausstattung. Laden, Restaurant, Imbiss, Waschmaschine, Trockner, WLAN, Fahrradverleih, Tennis, Sauna. Mietbungalows. V & E für Wohnmobile.

möchte, dem sei der **Le Pass Châteaux de la Loire** empfohlen. Es gibt ihn in mehren unterschiedlichen Kombinationen. So kostet z. B. der günstigste Pass Châteaux (A) € 34,- und gilt für die Schlösser in Blois, Chambord und Cheverny. Der Pass Châteaux (I) schlägt mit € 55,50 zu Buche und gilt für die Schlösser, Blois (Château & Son et Lumière), Chambord, Cheverny und Chenonceau. Und der Pass Châteaux (500 ans) kostet € 62,50 (Preise pro Person) und gilt für die 5 größten Schlösser Blois, Chambord, Amboise, Chenonceau und Clos Lucé in Amboise. La Pass Châteaux de la Loire beinhaltet die Eintrittsgebühr, Führung und Audio Guides. Außerdem kann man mit dem Pass Warteschlangen umgehen, muss sich also an den Kassen nicht anstellen.

Der Pass ist in den Tourisenbüros in Blois, Cheverny, Chaumont-sur-Loire und Chambord erhältlich. Er kann weder zurückerstattet noch umgetauscht werden; www.boutique-blois-chambord.com/collections/pass-chateaux-2019/.

Château de Chambord / Schloss Chambord [Parkplatz, WP 029 / N47° 36' 58.0" E1° 30' 41.0"].

Auf dem Wege von der Loire nach Chambord fährt man auf der Route Francois I. durch fast endlose Wälder. Verschiedentlich passiert man deutlich markierte Abzweigungen zu Parkplätzen, teils mit Picknickgelegenheit, teils mit Hochständen zur Wildbeobachtung. Je nach Tages- bzw. Jahreszeit können Hirsche, Mufflons, Wildschweine und anderes Wild beobachtet werden.

Bei den Parkplätzen findet man außerdem Tafeln mit Informationen (französisch und englisch) zur Geschichte des ausgedehnten Schlossparks.

Darüber hinaus sind einige der Parkplätze Startpunkte von Wanderwegen, so z.B. der **Parkplatz „Canardière" [WP 030 / N47° 37' 3.86" E1° 32' 9.68"]** östlich des Schlosses an der Straße Richtung Thoury. Der kleine Fluss Le Cosson, der Schloss Chambord umfließt, wurde bis zu diesem Punkt gestaut und bietet dadurch vielen Wasservögeln Heimat. In der Nähe findet man einen Turm für Tierbeobachtungen und von der nahen Brücke über das Flüsschen Le Cosson bietet sich ein herrlicher Blick zum Schloss Chambord.

Durch die ausgedehnten Wälder um Chambord werden von Jagd- und Forstfachleuten Führungen zu Tierbeobachtungen angeboten, was besonders zwischen Mitte September und Mitte Oktober während der Brunftzeit der Hirsche, wenn deren kehliges Röhren durch die Wälder hallt, ein besonderes Erlebnis sein dürfte. Details darüber kann man im Informationsbüro am Schloss Chambord erfragen.

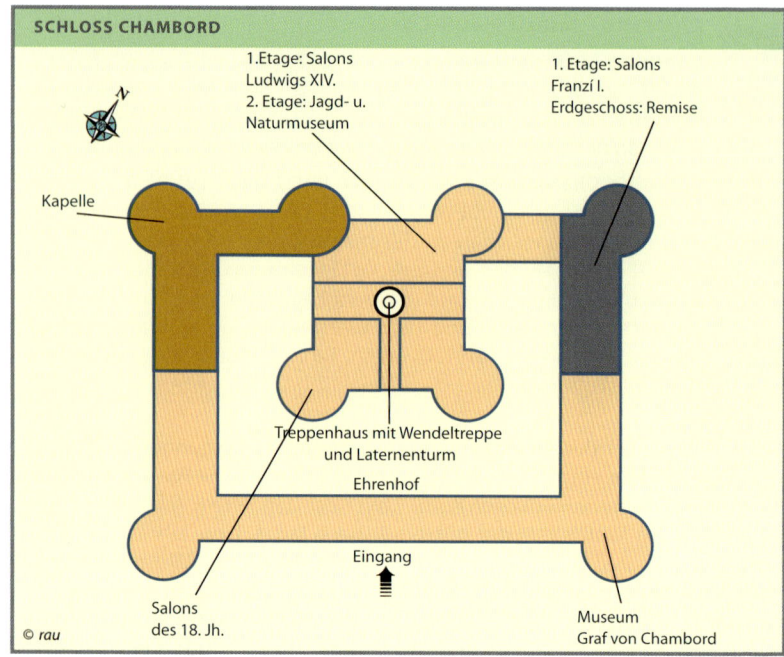

SCHLOSS CHAMBORD

1.Etage: Salons Ludwigs XIV.
2. Etage: Jagd- u. Naturmuseum

1. Etage: Salons Franzí I.
Erdgeschoss: Remise

Kapelle

Treppenhaus mit Wendeltreppe und Laternenturm

Ehrenhof

Eingang

Salons des 18. Jh.

© rau

Museum Graf von Chambord

Mitten in diesem riesigen Waldpark, der übrigens durch eine 31 km lange Mauer eingefriedet ist, erhebt sich ein Traum aus hellem Tuffstein, das **Schloss von Chambord**. Es ist eines der prächtigsten und interessantesten der Loireschlösser und besticht zu aller erst durch sein Äußeres und seine Ausmaße.

Schloss Chambord war 1952 übrigens das erste der Loire-Schlösser, an dem Son et Lumière, eine abendliche Licht- und Tonaufführung, präsentiert wurde. Kein geringerer als Jean-Eugène Rober-Houdin, seines Zeichens Magier und Erfinder aus Blois, kam auf die Idee, die Geschichte von Schlössern oder historischen Gebäuden in einem von Ton- und Lichteffekten, beleuchteten Wasserspielen und Feuerwerk begleiteten Schauspiel von zeitgenössisch gewandeten Akteuren darstellen zu lassen.

Eine Attraktion, die den Besuchern von Chambord geboten wird, sind „**Les Ecuries du Maréchal de Saxe**". Diese Reit- und Pferdedressurvorführungen und die Raubvogelshow werden im Sommer von dienstags bis sonntags in den Stallungen des Marschalls von Sachsen von zeitgenössisch kostümierten Reitern präsentiert; separater Eintritt.

Schloss Chambord ist geöffnet vom 30. März bis 27. Okt. tgl. 9 - 18 Uhr; vom 28. Okt. - 29. März 9 - 17 Uhr; letzter Einlass 30 Min. vor Schließung; www.chambord.org. Ticketvorausbuchungen können online über https://chateaude-chambord.tickeasy.com/en-GB/home/ gemacht werden.

Jeder Besucher erhält mit der Eintrittskarte ein **kostenloses Faltblatt** (auch in Deutsch erhältlich), das die wesentlichen Räume und Sehenswürdigkeiten kurz beschreibt. Eine gute Hilfe auf der Schlossbesichtigung auf eigene Faust.

Wer nicht lesen will, kann sich ein **HistoPad**, ein interaktives Digital-Tablet, mieten, das die virutelle Besichtigung der Räume während der Renaissancezeit ermöglicht. In 12 Sprachen (auch in deutscher Sprache) sind die Audio-Erklärungen während ei-

Schloss Chambord, Nordwestfassade

nes einstündigen Rundgangs durch das Schloss zu hören. Dazu erhält man einen Besichtigungsführer für die 24 Schlossräume

Von 30. Juni bis 30. Sept. können Sie sich auch einer englischsprachigen **Führung** täglich um 11.15 Uhr anschließen.

Im März 2017 wurden nach fast einjährigen Gartenarbeiten die sog. **Französischen Gärten** eröffnet. Sie wurden im Stil eines Schlossgartens zur Zeit Ludwig XIV. gestaltet und mit 600 Bäumen, 800 Sträuchern, 200 Rosenstöcken und 15.000 anderen Pflanzen um eine Gesamtrasenfläche von 18.874 qm gepflanzt.

Am Schloss können Sie **Bootsfahrten** unternehmen, **Fahrräder** mieten oder mit einer **Pferdekutsche** oder mit einem **Elektrowägelchen** die Gegend um das Schloss erkunden.

Vor der Schlossbesichtigung können Sie sich zur Einstimmung in die Geschichte Chambords und in die Zeit Franz I. im Erdgeschoss des Schlosses kostenlos ein **20-minütiges Video** in französischer Sprache mit Untertiteln in Englisch, Deutsch, Italienisch und Spanisch ansehen.

Es gibt kostenlose **Schließfächer** zur Aufbewahrung großer Taschen oder Rucksäcken.

Haustiere sind im Schloss nicht erlaubt.

1519 veranlasste König Franz I. den Bau von Chambord. Die Bauausführung unterstand den Baumeistern Pierre Thrinqueau und Denis und Jacques Sourdeau, die sich an Plänen von Domenico de Cortona, die Leonardo da Vinci beeinflusst hatte, orientierten. Leonardo da Vinci lebte damals als Gast König Franz I. in Clos-Lucé bei Amboise.

Im Prinzip richtete sich der Plan nach traditionellen Schlossanlagen mit rechteckigem, umbauten Schlosshof (hier der Ehrenhof) und einem Donjon an der Längsseite. Was in Chambord allerdings entstand, war ein pompöser, quadratischer Schlossbau mit vier runden Ecktürmen.

Vom Nordostturm (Turm Franz I.) und vom Südwestturm (Turm Dieudonne) führen Gebäudeflügel zu Ecktürmen, denen sich im Osten der Flügel Franz I. und im Westen der Dauphin-Flügel anschließen. An der Südostseite schließlich werden die Schlossanlage und der Ehrenhof abgeschlossen von einer eingeschossigen Flucht von Räumen mit runden Bastionen.

Nach 14-jähriger Bauzeit war das Werk im großen und ganzen fertig.

„Fertig" war allerdings auch das Staatssäckel. Franz I. hätte mit dem Bau um ein Haar die Staatsfinanzen ruiniert. Um das Schlimmste zu vermeiden schreckte er nicht davor zurück, Kirchenschätze entwenden zu lassen und die Pretiosen reicher Adeliger zu konfiszieren.

18.000 Handwerker hatten an dem Palast mit nicht weniger als 440 Räumen und fast ebenso vielen Fenstern gearbeitet, weit über 100 Kamine gemauert und über 80 Treppen gebaut.

Und sie hatten die auffallende Dachpartie des Schlosses geschaffen und sie mit Hunderten von Dach- und Schornsteinhauben, Kaminen, Lukarnen (hervortretende Fenster am Dach), Türmchen, Giebeln und Erkern versehen.

Diese imposante **Dachlandschaft** des Schlosses von Chambord steht ganz im Gegensatz zur eher nüchternen Architektur der schmucklosen Mauern. Sie wirkt beinahe wie ein Wald in Stein, in dem sich der Besucher verirrt. In diesem Dach- und Turmlabyrinth lustwandelten zu Zeiten Franz I. die Damen des Hofes, um den Herren zuzusehen, die unten auf den weiten Wiesen vor dem Schloss der Jagdleidenschaft frönten.

Franz I. lebte nur wenige Jahre und nur zeitweise bis zu seinem Tode 1547 in Chambord. Sein Sohn Heinrich II. führte die Arbeiten an Chambord fort,

die aber letztendlich unvollendet blieben.

1539 empfing Franz I. seinen Erzrivalen im Streben nach der Kaiserkrone, Karl V., in Chambord. Und Karl V., der letztendlich die größeren Finanzmittel hatte, um die Kaiserkrone des Heiligen Römischen Reiches zu erringen, soll sich von dem prächtigen, feudalen Chambord mitten in einem weitläufigen und wildreichen Jagdrevier sehr beeindruckt gezeigt haben.

Nach Franz I. und Heinrich II. hielten sich Ludwig XII. und Karl IX. gerne in Chambord auf, um hier zu jagen.

Später kam Chambord an Gaston d'Orléans, dem Bruder Ludwigs XIII.

Unter Ludwig XIV. wurde Chambord wieder Eigentum der Krone. Der „Sonnenkönig" hielt sich des öfteren in Chambord auf, u. a. um Erstaufführungen des Komödiendichters Molière beizuwohnen. Molière hatte hier „Monsieur de Pourceaugnac" und 1670 „Bourgeois Gentilhomme" (Der Bürger als Edelmann) geschrieben.

Von 1724 bis 1733 lebte der polnische Exkönig Stanislaus Lesczinski in Chambord. Sein Schwiegersohn, König Ludwig XV. von Frankreich, hatte ihm das Anwesen als Exil zur Verfügung gestellt.

Später erhält der Marschall Moritz von Sachsen Chambord zum Geschenk, der mit zwei Ulanenregimentern und seinen Mätressen einzog. Nach dem Tode des selbstherrlichen Marschalls beginnt das Schloss, dessen laufende Kosten ganze Vermögen verschlungen haben müssen, zunehmend zu verfallen. Möbel, Bilder, Dekorationen, Inneneinrichtungen verschwanden, wurden zu Geld gemacht.

Schließlich kam Chambord an die Polignacs, die ein Gestüt einrichteten.

Napoleon I. gab das Schloss an den Prinzen von Wagram, der sich aber um das Anwesen nicht kümmerte.

1932 schließlich erwirbt der Staat Chambord von seinem letzten Privat-

Schloss Chambord Südostfassade und Zugang zum Ehrenhof

besitzer, dem Herzog von Parma, einem Nachkomme des letzten Grafen von Chambord.

Bei der **Besichtigung** sieht man im Schloss überall das Wappentier Franz I., den Feuersalamander, ein Symbol der Ewigkeit. Der Legende nach geht der Salamander selbst im Feuer nicht unter.

Eine der großen Sehenswürdigkeiten ist die auffallende, gewaltige **Wendeltreppe** im Zentrum des Gebäudes. Die Treppe endet oben in einem schönen, lichten, über 30 m hohen Türmchen, der sog. Laterne. Sie überragt die ganze Dachsilhouette und wird oben von einer Lilie gekrönt. Interessant auch, dass die beiden gegenläufigen Treppenwendeln so konstruiert sind, dass man sich auf den Spiralen der Treppe zwar sehen, aber nicht treffen kann.

In den Räumlichkeiten im Erdgeschoss kann der Besucher wunderschöne **Wandbehänge und Gobelins** aus französischen und flämischen Werkstätten bewundern.

Vor allem die **königlichen Gemächer** mit den Appartements Franz I. im ersten Stock des Ostflügels und den Salons Ludwigs XIV. im Nordturm lohnen eine Besichtigung. Später wurden die Räumlichkeiten Franz' I. von Gaston von Orléans, dann von Katharina Opalinska, ihres Zeichens Königin von Polen und Schwiegermutter Ludwigs XV. bewohnt.

Im Trakt mit den Salons Ludwigs XIV. residierten später König Ludwig XV., dann Stanislas Leszczynski, danach Marschall Moritz von Sachsen.

Neueren Datums ist die Einrichtung des sog. **Museum des Grafen von Chambord**, das ebenfalls in der Ersten Etage zu sehen ist. Es wurde in den ehemaligen Gemächern des Grand Dauphin, dem Sohn Ludwigs XIV. eingerichtet und erinnert an den letzten

Schloss Chambord, vom Wanderparkplatz Pont Canardière aus gesehen

Besitzer von Chambord. Der Graf von Chambord war ein Enkel König Karls X. Er selbst sollte als Heinrich V. auf den französischen Thron kommen, was dem Grafen aber nicht gelang. Er starb 1883 im Exil.

Ein Flügeltrakt, eine Galerie, führt von den Gemächern zur **Schlosskapelle**, die im westlichen Rundturm eingerichtet ist und sich über zwei Etagen erstreckt. Im zweiten Stock ist das **Mu-** **sée de la Chasse et de l'Art animalier** zu besichtigen. Die Ausstellungen befassen sich mit den unterschiedlichsten Aspekten der Jagd, der König Franz I. ja mit großer Leidenschaft frönte, und dem Handwerk des Weidmanns.

Schließlich sollte man nicht versäumen, zwischen den Türmen und Erkern auf der **Dachterrasse** zu spazieren und von oben den Blick auf den Schlosspark zu genießen.

BUREAU D'INFORMATION TOURISTIQUE DE CHAMBORD
Château de Chambord [N47° 36′ 57.91″ E1° 30′45.17″], Halle d'accueil, Tel. +33 (0)2 54 33 39; *geöffnet 30. März - 27. Okt. tgl. 9 - 13 + 13.30 - 17 Uhr; 1. Jan. - 29. März + 28. Okt. - 29. März Mo - Sa 9.30 - 13 + 14 - 16.30 Uhr.*

WOHNMOBIL-STELLPLATZ
Wohnmobil-Stellplatz Domaine National de Chambord - Château Chambord Parking P1 [WP 031 / N47° 36′ 57.9″ E1° 30′ 45.5″], Place Saint-Louis, Route de la Commission. **Geöffnet:** Ganzjährig zugänglich. **Gebühr:** Automat, Kreditkarte. **Zufahrt/Lage:** Neben dem offiziellen Parkplatz am Schloss Chambord, für Wohnmobile und Busse markierte Stellfläche für ca. 100 Wohnmobile. **Ausstattung:** Frischwasser, Grauwasserbodenauslass. Entsorgung für Chemikaltoiletten. Strom, Mülltonne. „Campingverhalten" verboten, max. Aufenthalt 48 Std..

ROUTE: *Von Chambord über die D112 ins 9 km entfernte **Bracieux**.*

Das hübsche Landstädtchen **Bracieux** am Flüsschen Beuvron in der Sologne gelegen, bietet sich als angenehmer und günstig gelegener Etappenplatz auf einer Reise durch das Loiregebiet an.

Ein Rundgang um den Marktplatz von Bracieux lohnt allemal, nicht zuletzt wegen der sehenswerten **„Vieil-** **le Halle"**, der alten Markthalle aus dem 16. Jh., die auch als Getreidespeicher genutzt wurde.

Und zum guten Tagesabschluss eine kulinarische Spezialität:

Die Sologne ist ein Jägerparadies und in den Restaurants bereitet man Hasen, Kaninchen, Wildschwein oder Reh auf die verschiedensten Arten zu. Dazu Weine der Region wie ein Cour-Cheverny oder ein Bourgueil.

PRAKTISCHE HINWEISE – BRACIEUX (LOIR-ET-CHER)

Office de Tourisme [N47° 32' 55.6" E1° 32' 35.2"], 10, les Jardins du Moulin, 41250 Bracieux, Tel. +33 (0)2 54 46 09 15.

RESTAURANTS

Restaurant „Au Relais d'Artemis", 1, ave. de chambord, Tel. +33 (0)2 54 46 41 22; www.restaurant-relais-artemis-41.fr; am nördl. Ortsrand am Abzweig der D923 auf die D112 Richtung Schloss Chambord, Gourmetrestaurant, Terrasse. Ziemlich teuer, dafür aber ein kulinarisches Erlebnis. Tischreservierung ratsam.

CAMPING

Camping Huttopia Les Châteaux [WP 032 / N47° 33' 03.1" E1° 32' 16.2"], 11, rue Roger-Brun, Tel.+33 (0)2 54 46 41 84; https://europe.huttopia.com/de/site/camping-les-chateaux/; 5. Apr. – 3. Nov.; am nördlichen Ortsrand, Einfahrt am Kreisverkehr neben der Kirche,am Flüsschen Le Beuvron gelegen. Fast ebene, ausgedehnte Wiesen im lichten Waldgelände mit Grasuntergrund, nummerierte Stellplätze. Ca. 8 ha – 320 Stpl.; Standard-Sanitärausstattung. Laden, Imbiss, Fahrradverleih. Hinter dem öffentlichen Schwimmbad und öffentlichen Tennisplätzen. Mietzelte und Mietbungalows. V & E-Station im Eingangsbereich. In Gehnähe zum Ort und zum sehr guten Restaurant „Au Relais d'Artemis".

Eine größere Auswahl an Restaurants und Unterkünften findet man im 19 km entfernten Blois, das alternativ als Etappenziel gewählt werden kann. Details über Blois siehe nächste Etappe.

TOUR 4: BRACIEUX (Loir-et-Cher) – BLOIS (Loir-et-Cher)

Länge der Tour: Rund 25 km.

Die Route: Über die D102 bis **Villesavin** – D102 bis **Cour-Cheverny** – D765 bis **Blois**.

Reisedauer: Mindestens ein Tag.

Höhepunkte: Das S**chloss Villesavin** * – das **Schloss Cheverny** *** – das **Schloss in Blois** *** – das **Maison de la Magie Robert-Houdin** *.

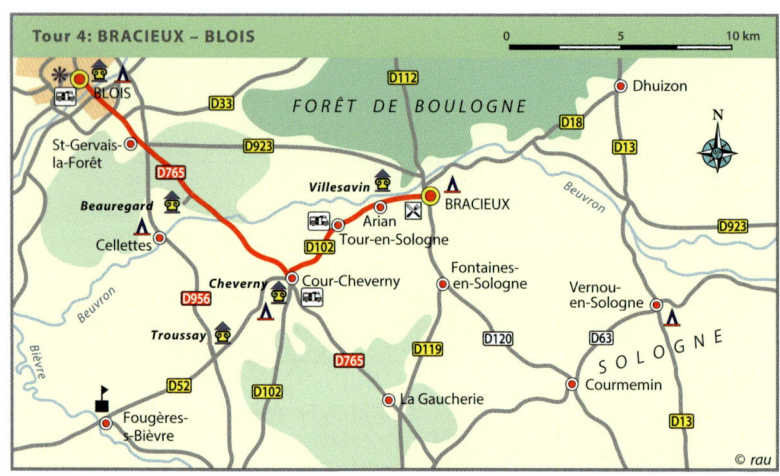

ROUTE: *Zunächst auf der D102 3 km westwärts bis* **Arian** *und dort zum nördlich des Ortes gelegenen* **Schloss von Villesavin**.

Château de Villesavin [Parkplatz, WP 033 / N47° 32' 48.2" E1° 30' 49.1"] *(geöffnet 1. März - 31. Mai tgl. 10 - 12 + 14 - 19 Uhr, im März Do geschlossen; 1. Juni - 30. Sept. 10 - 19 Uhr; 1. Okt. - 15. Nov. tgl. 10 - 12 + 14 - 18 Uhr, im Nov. Do geschlossen; www.chateau-de-villesavin.fr)*. Die schlechte ca. 2 km lange Zufahrtsstraße zum Schloss von der D923 (Bracieux – Mont-près-Chambord) führt bis zu einem schmalen Einfahrtstor zum Parkplatz auf dem Schlossgelände.

Das fast gemütlich wirkende und recht romantisch in einem herrlichen Waldpark gelegene Landschlösschen macht heute den Eindruck einer alternden Diva, deren beste Tage längst vorbei sind. Vier Jahrhunderte hat das Anwesen fast unverändert überstanden.

Der Schlossname Villesavin soll sich übrigens von *Villa Savini* ableiten und ein Hinweis auf ein frühes römisches Anwesen sein, das sich zu Beginn unserer Zeitrechnung hier befand. Ähnlich verhält es sich mit dem Ortsnamen Arian. Das Städtchen lag einstmals an der *Via Hadriana*, einer römischen Handels- und Heerstraße nach Gallien.

Ein Herr namens Jean le Breton hatte sich das Renaissanceschloss Villesavin um 1537 auf dem ehemaligen Lehen von Guy de Chatillon, Graf von Blois, erbauen lassen. Le Breton war als Finanzsekretär von König Franz I. und Oberaufseher der Bauarbeiten in Chambord zu Wohlstand gelangt. Das Amt brachte nicht nur ein fürstliches Einkommen, sondern auch allerbeste Kontakte zu Künstlern, Handwerkern und Baumeistern, die dem Oberaufseher von Chambord bei seinem privaten Bauvorhaben natürlich gerne gefällig waren.

Die Räume, die besichtigt werden können, lohnen einen Rundgang durchaus. Ein Kleinod ist die urige alte, original erhaltene **Küche** mit ihrem automatischen Grill am Kamin, den schönen Möbelstücken, dem Zinngeschirr und den Krügen.

Eine Besonderheit sind die Ausstellungen des im Schloss eingerichteten **Musée du Mariage**. Es zeigt eine umfangreiche Sammlung an historischen Hochzeitsroben und Brautkronen aus der Zeit von 1850 bis 1950. In einem der Räume ist z. B. eine Trauungszeremonie aus der Zeit Napoléon III. nachgestellt.

Gut erhalten ist das große **Taubenhaus**, recht typisch für die Region und einstmals ein Symbol und äußeres Zeichen des Adelsprivilegs des Schlossherrn.

Außerdem ist in den ehemaligen Remisen eine kleine **Kutschensammlung** zu besichtigen.

Und mitten im Innenhof sieht man eine hübsche, reich dekorierte marmorne **Brunnenschale** im Renaissancestil des 16. Jh.

ROUTE: Cour-Cheverny liegt rund 8 km weiter südöstlich an der D765. Noch 1 km weiter südlich des Ortes trifft man auf Schloss Cheverny, das einen Besuch lohnt!

Château de Cheverny (geöffnet 31. Mär - 30. Sept. tgl. 9.15 - 18.30 Uhr; 1. Jan - 30. März + 1. Okt. - 31. Dez. tgl. 10 - 17 Uhr, Führungen möglich, keine Hunde erlaubt; www.chateau-cheverny.com).

 Gebührenfreie **Großparkplätze** (P3 + P4) am Südende des Ortes ermöglichen problemloses Parken, ca. 500 m vom Schlosseingang entfernt [WP 034 / N47° 29'

52.0" E1° 27' 36.5"]. Der **Parkplatz P3 [WP 035 / N47° 29' 53.08" E1° 27' 41.84"]** wird auch als **Wohnmobil-Stellplatz** genutzt, hinter dem Busparkplatz P2 gelegen (siehe weiter hinten).

Das prächtige, langgestreckte, auf den ersten Blick durch seine klassizistische Fassade etwas nüchtern wirkende Schloss Cheverny liegt inmitten herrlicher Parkanlagen. Das überaus gepflegte, aus blendend weißem Bourré-Stein aus dem Cher-Tal errichtete Anwesen ist das wohl am besten erhaltene Ensemble aus dem frühen 17. Jahrhundert. Philippe Hurault, Kanzler der Könige Heinrich III. und Heinrich IV. hatte sich den Palast errichten lassen, den sein Sohn Henri Hurault, Graf von Cheverny, 1634 vollendete. Cheverny ist seit nahezu sieben Jahrhunderten bis heute im Privatbesitz derselben Familie, den Hurault, Marquis de Vibraye.

Besonders sehenswert in Cheverny sind die üppig und prunkvoll dekorierten Gemächer und Salons. Die Innenausstattung und das reichhaltige Mobiliar ist teils aus der Zeit des 17. Jh. unverfälscht erhalten und instand geblieben. Phantastische Kassettendecken, polychrome Holzvertäfelungen, Gemälde von Meistern wie Tizian, Clouet, Raffael sowie flämische Tapisserien aus dem 17. Jh. gibt es ebenso zu sehen, wie Marmor aus Carrara.

Über eine Freitreppe gelangt man in das Vestibül im Erdgeschoss. Von dort aus besichtigt man zuerst den rechten Flügel mit der Galerie und dem **Speisesaal**, der im vergangenen Jahrhundert neu gestaltet wurde. Beachten Sie neben der herrlichen Balkendecke vor allem den Kamin mit einer Büste Heinrichs VI. und das wunderschön geschnitzte Eichenbuffet aus dem 19. Jh.

Im linken Flügel gelangt man vom Vestibül durch das **Vorzimmer** mit einem flämischen Wandteppich „Heimkehr der Fischer" zunächst in den **Großen Salon**. Wände und Decke sind üppig dekoriert. Das Gemälde über dem Kamin stellt Marie Johanne de la

Schloss Cheverny

Carre Saumery, Gräfin von Cheverny dar, das von Mignard stammt. Rechts daneben ein Portrait der Johanna von Aragon. Das Bildnis des jungen Cosimo de Medici wird Tizian zugeschrieben.

Es schließt der **Saal der Tapisserien** an. Die Motive der fünf flämischen Wandteppiche, die im 18. Jh. nach Kartons von Téniers hergestellt wurden, sind: „Kugelspieler", „Flandrische Kirmes", „Neugeborener", „Reiter am Brunnen" und „Hühnerhof". Die Stühle sind aus der Zeit Ludwigs XIV. und die in China lackierte, wunderschöne Kommode und der Schreibtisch sind im Ludwig-XV-Stil.

Anschließend sieht man die **Bibliothek** und den **Kleinen Salon**.

Über die Ehrentreppe gelangt man in das Obergeschoss. Hier kommt man zuerst in den **Waffensaal** im rechten Flügel. Auch hier wieder eine beeindruckende Decke und schöne Täfelung. Auf dem Kaminaufsatz, der flankiert wird von vergoldeten Holzskulpturen (Mars links, Venus rechts) sieht man das Gemälde „Der Tod des Adonis" von Mosnier. Ein Gobelin aus dem 17. Jh. stellt „Die Entführung der schönen Helena" dar. Achten Sie auf die mit ornamentiertem Leder und Kupferbeschlägen

verzierte Reisetruhe aus dem 17. Jh. Sie begleitete einst König Heinrich IV. auf seinen Reisen.

Vom Waffensaal kommt man in das prunkvolle **Gemach des Königs** mit einem prächtigen Paradebett mit Baldachin, einem Kamin im Renaissancestil und herrlichen Wandteppichen aus Paris. Die üppige Kassettendecke ist ein Werk Mosniers.

Bekannt ist das Schloss außerdem für seine große **Jagdhundmeute**. Seit jeher wird die Jägerei auf Cheverny in Ehren gehalten wie ein großer **Trophäensaal** zeigt. *Die Fütterung der Hunde findet statt: 1. Apr. - 14. Sept. tgl. um 11.30 Uhr; 15. Sept. - 31. März Mo, Mi, Do, Fr um 11.30 Uhr.*

Ein wunderschöner **Park** umgibt das Schloss und ist mit Elektrobooten und Elektroautos zu erkunden. Von 1820 bis 1860 wurde er unter des Führung des Hausherrn Victor Hurault, Marquis de Vibraye im englischen Stil geschaffen und mit Zedern, Linden und anderen Mammutbäumen bepflanzt.

Die neue **Ausstellung „Die Geheimnisse von Mühlenhof" (Les Secrets de Moulinsart)** ist eine interaktive Ausstellung im Schloss, die von der Stiftung Hergé, dem Erfinder der Comicfiguren Tim und Struppi, gestaltet wurde und auf 700 qm die Welt der Abenteuer von Tim und Struppi zeigt. Der Zeichner Hergé nahm Schloss Cheverny als Modell für sein Schloss Mühlenhof, das in der Comicserie „Les aventures de Tintin" eine Rolle spielt. Der Belgier Hergé schrieb und zeichnete von 1929 bis 1983 die Abenteuergeschichten der Comicfigur des Reporters Tim. Sogar Steven Spielberg und Andy Warhol beschäftigten sich gelegentlich mit ihr.

Besuchsdauer für das Schloss, die Gärten, den Trophäensaal und Hundezwinger ca. 1,5 Std., für das Schloss, die Gärten und die Ausstellung „Geheimnisse von Mühlendorf" ca. 2,5 Std., für das Schloss Gärten und Spazierfahrt mit Elektrobooten und -autos ca. 2,5 Std., für alles ca. 3-4 Std..

PRAKTISCHE HINWEISE – COUR-CHEVERNY (LOIR-ET-CHER)

 Office de Tourisme, 12 rue du Chêne des Dames, Tel. +33 (0)2 54 79 95; https://www.lescommunes.com/commune-cour-cheverny-41067. de.html. *Geöffnet Apr. - Sept. Do - Mo 9 - 13 + 14.30 - 19 Uhr; Okt. - März Di - Sa 10 - 13 + 14 - 16.30 Uhr.*

 ### RESTAURANTS

Les Trois Marchands, 1, place Victor Hugo, Tel. +33 (0)2 54 79 96 44; www.lestroismarchands.fr; Gourmetrestaurant 800 m vom Schloss entfernt, Parkplatz.

 ### CAMPING

Camping Les Saules [WP 036 / N47° 28' 41.2" E1° 27' 3.3"], Les Saules, Tel. +33 (0)2 54 79 90 01; www.camping-cheverny.com; 1. April – 14. Sept.; an der D102 rund 2 km südl. Cheverny. Weitläufiges, ebenes Gelände im hochstämmigen Laubwald, nummerierte Stellplätze mit erdigem Untergrund, freie Wiese für Zelte; ca. 8ha – 164 Stpl.; gute Standard-Sanitärausstattung; Laden, Imbiss, Restaurant in der Saison, Waschmaschine, Trockner, Schwimmbad. Fahrradverleih. V & E für Wohnmobile im hinteren Platzbereich. Mietbungalows.

 ### WOHNMOBIL-STELLPLÄTZE

Wohnmobil-Stellplatz Parking du Château P3 [WP 035 / N47° 29' 53.08" E1° 27' 41.84"], Route du Bucher. **Zufahrt/Lage:** Erdige, bei Regen matschige, mit Schlaglöcher übersäte ebene Fläche für ca. 20 Wohnmobile. Hinter dem Busparkplatz P2 gegenüber des Schlosses gelegen. Bei unserem letzten Besuch fanden wir fast unzumutbare Stellplatzverhältnisse vor. **Ausstattung:** Mülltonne. V & E-Station in der rue du Chêne des Dames. **Geöffnet:** Ganzjährig. **Gebühr:** Kostenlos.

Tour-en-Sologne
Wohnmobil-Stellplatz Aire de Camping-Car Municipal Tour-en-Sologne [WP 037 / N47° 32' 15.58" E1° 30' 0.50"], rue de la Mairie. **Zufahrt/Lage:** Platz liegt an der D102 (Bracieux – Cour Cheverny) im Ort gegenüber der Kirche. **Ausstattung:** Sandiger, geschotterter Platz um ein Toilettenhäuschen, durch Bäume schattig. V & E-Säule mit Frischwasser und Ausguss für Grauwasser und Chemikaltoiletten, Strom, WC, Waschbecken. **Geöffnet:** Ganzjährig zugänglich. **Gebühr:** Für Frischwasser und Strom.

ROUTE: *Von* **Cheverny** *auf der D765/923 über St-Gervais-la Forêt nach* **Blois**.

Blois, Hauptort der charmanten Provinz Blésois, liegt hübsch an den Uferhängen der Loire. Die von schiefergedeckten Häusern flankierten Straßen und Gassen ziehen sich vom Fluss hinauf bis zum Schloss und zur Kirche Saint Nicolas, deren Türme die Stadt überragen.

Einen **Parkplatz** für Busse und Reisemobile in der Innenstadt findet man in der Rue Jean Moulin **[WP 038 / N47° 35' 11.4" E1° 19' 35.3"]**. Weitere Parkplätze liegen u. a. nordwestlich vom Schloss hinter der St-Vincent-de-Paul Kirche vor dem Postamt, sowie am **Place Saint-Honoré [N47° 35' 16.27" E1° 19' 57.83"]** unterhalb der Treppen Escaliers-Denis Papin (6).

Eine günstige Parkplatzvariante sind die Straßenparkplätze am südlichen Loireufer flussabwärts der Pont Jacques Gabriel entlang der Uferstraße Quai Villebois-Mareuil.

Parkplätze an den Straßen sind in der ganzen Innenstadt sehr rar, natürlich gebührenpflichtig und das Parken ist zeitlich limitiert.

Ein Spaziergang durch Blois' Innenstadt

Hübsch ist es am **Place Louis-XII. (2) [N47° 35' 8.88" E1° 20' 2.28"]** mit seinem gotischen Brunnen, östlich unterhalb des Schlosses. Auf dem **Place Valin de la Vaissière** davor, Richtung Loire, findet man die Einfahrt in eine Tiefgarage.

Bummeln Sie durch die Gassen der Altstadt nordöstlich vom Schloss. Viele Gassen sind noch gesäumt von stattlichen **Bürgerhäusern** aus dem 16. Jh. und erinnern an die große Zeit, als in Blois der Königliche Hof residierte.

In der Rue du Puits-Châtel unterhalb der Kathedrale z. B. liegt das Hôtel Sardini (Haus Nr. 7) und in der Nachbarschaft sieht man hübsche Balkone am Haus Nr. 5. Oder gehen Sie über die Treppengassen hinauf zur **Kathedrale St-Louis (3) [N47° 35' 18.17" E1° 20' 9.82"]**. Die Kirche mit ihrem markanten Renaissanceturm stammt im wesentlichen aus dem 16. Jh. Sie wurde auf den Resten einer karolingischen Kirche errichtet.

Das einstige Bischöfliche Palais aus dem 18. Jh. östlich der Kathedrale dient heute als **Rathaus (17)**. Von den ehemals bischöflichen Gärten, die sich anschließen, hat man bei der Jeanne d'Arc Statue einen schönen Blick auf die Stadt und die Loire.

Von der Kathedrale gehen wir westwärts durch die Rue du Palais. Kurz darauf sieht man an der Einmündung der Rue Pierre-de-Blois linkerhand das historische **Maison Denis Papin (4)**.

Und noch ein Stück weiter fällt links die interessante Fachwerkfassade des **„Maison des Acrobates" (5)** auf. Einige der Fachwerkbalken sind mit Gauklern und Akrobaten verziert. Das Haus ist eines der wenigen Fachwerkgebäude in Blois, die im Zweiten Weltkrieg nicht zerstört worden sind.

Weiter westlich stößt man an den Treppen **Escaliers Denis-Papin [N47° 35' 16.93" E1° 19' 59.22"] (6)**, schöner Blick zum Schloss, auf das Denkmal von Denis Papin, einem der berühmtesten Söhne der Stadt, der auch als „Vater der Dampfmaschine" in die Geschichtsbücher eingegangen ist.

Ein Stück weiter westlich sieht man den **Tour Beauvoir (7)**, einen trutzigen, viereckigen Wehrturm aus dem 12. Jh., der einstmals Teil der Stadtbefestigung war.

Wir gehen von den Treppen Escaliers Denis-Papin links in die kleine Rue St-Honoré. Das rechterhand gelegene Haus Nr. 8 ist das **Hôtel d'Alluye (8)**. Dieses ansehnliche Renaissancepalais mit seiner beeindruckenden Fassade ließ sich Florimond Robertet, Berater und Botschafter von König Charles VII., dann von Louis XII. und Franz I. 1508

BLOIS – **1** Information – **2** Place Louis-XII – **3** Kathedrale St-Louis – **4** Maison Denis Papin – **5** Maison des Acrobates – **6** Escaliers Denis-Papin – **7** Tour Beauvoir – **8** Hôtel d'Alluye – **9** Kirche St-Vincent-de-Paul – **10** Jardin du Roi – **11** Schloss von Blois – **12** Kirche St-Nicolas – **13** Jakobinerkloster – **14** Bahnhof – **15** Präfektur – **16** Maison de la Magie Robert-Houdin – **17** Hôtel de Ville (Rathaus) – **18** Musée de l'Objet

erbauen. Sehenswert ist vor allem der Hof mit seinen doppelten Galerien und den Terrakotta-Medaillons, die die 12 römischen Kaiser darstellen.

Kurz darauf stoßen wir auf die Rue Porte Chartraine, folgen ihr ein kurzes Stück links, um gleich darauf rechts in die Rue Porte-Côté einzubiegen. Kurz zuvor kann man einen Blick in die rechts abgehende Rue du Lion-Ferré werfen. Sehenswert ist dort das **Hôtel de la Chancellerie**, das zu den größten aus

Die Loggienfassade am Schloss von Blois

BLOIS – DAS SCHLOSS

Schlosshof

N

© rau

DAS SCHLOSS VON BLOIS – **A**: *Flügel Ludwigs XII., 15. Jh. –* **B**: *Flügel Franz I., 16. Jh. –* **C**: *Loggienfassade –* **D**: *Flügel Gaston d'Orléans, 17. Jh.*
1 *Eingang –* **2** *Reiterstandbild Ludwigs XII. –* **3** *Kapelle St-Calais –* **4** *Tour du Foix, Blick zur Kirche St-Nicolas –* **5** *der Treppenturm –* **6** *1. Etage: Großer Saal. –* **2. Etage: Ratssaal u. Gardesaal –* **7** *Saal der Wachoffiziere –* **8** *Galerie –* **9** *1. Etage: Vorzimmer. – 2. Etage: Neues Arbeitskabinett –* **10** *1. Etage: Gemach der Königin Katharina von Medici – 2. Etage: Gemächer König Heinrichs III. –* **11** *Hauskapelle –* **12** *Arbeitskabinett der Königin –* **13** *Altes Kabinett –* **14** *Vestibül –* **15** *Ständesaal*

der Zeit der Renaissance erhaltenen Stadtpalais aus dem 16. Jh. zählt.

Die Rue Porte-Côté mündet weiter westlich in den begrünten Place Victor Hugo. An der Nordwestseite des Platzes erhebt sich die **Jesuitenkirche St-Vincent-de-Paul (9)**, eine der wenigen Barockkirchen im Lande.

Linkerhand sieht man die imposante **Loggienfassade (C)**, eine der schönsten Aussenansichten des **Schlosses von Blois (11)**. Diese Seite des Flügels Franz I. war ursprünglich Teil der Stadtmauer, schmuck- und fensterlos und vermutlich alles andere als eine Zierde. König Franz I. sorgte dafür, dass man die gewaltige Mauer durchbrach, mit

Loggien, Fenster und Balkonen versah und die Fassade so zu einer Schmuckseite des Schlosses machte.

Gehen Sie bis zum Südende des Place Victor Hugo. Von dort am Fuße der Gartenterrasse **Jardin du Roi (10)** hat man einen schönen Blick auf den Platz, die Kirche und die Loggienfassade.

Wenn sie einen Blick auf die Südwestseite des Schlosses, die Aussenfassade des Flügels Gaston d'Orléans (D), erhaschen wollen, müssen Sie ein Stück die Rue de Lices hinaufgehen. Etwas weiter westlich des Place Victor Hugo liegt an der Avenue du Docteur Jean Laigret ein hübscher Backsteinbau, der sog. **Pavillon Anne de Breta-**

gne. Das unter Ludwig XII. für dessen zweite Gemahlin Anne de Bretagne errichtete Lusthaus lag damals mitten in den ausgedehnten Park- und Gartenanlagen des Schlosses.

Von der Ostseite des Place Victor Hugo gehen wir durch die Rue de la Vôute-du-Château hinauf bis zum Place du Château und zum **Schlosseingang (1) [N47° 35' 9.21" E1° 19' 53.21"]** mit einem **Reiterstandbild König Ludwigs XII. (2).** Darunter sieht man ein gekröntes Stachelschwein, das Wappentier des Hauses Orléans, das flankiert wird von einem von Königslilien umgebenen „L" für Ludwig und einem „A", das von stilisierten Hermelinschwänzchen, dem Symbol der Anne de Bretagne, umrahmt ist.

Das **Château Royal de Blois**, das **Schloss von Blois (11)** ist eine der geschichtsträchtigsten ehemaligen Königsresidenzen in ganz Frankreich. Vom 9. bis ins 16. Jh. residierten in Blois die mächtigsten Dynastien Frankreichs (*geöffnet 1. Juli - 31. Aug. tgl. 9 - 19 Uhr; 1. Apr. - 30. Juni + 1. Sept. - 3. Nov. tgl. 9 - 18.30 Uhr; 2. Jan. - 31. März + 4. Nov. 31. Dez. tgl. 10 - 17 Uhr; letzter Einlass 30 Minuten vor Schließung; www. chateaudeblois.fr*).

1397 kam Louis d'Orléans, ein Bruder König Karls VI., in den Besitz der Grafschaft von Blois. Nach dem Tode König Karls VIII. wurde der Enkel von Louis d'Orléans und Sohn des Dichterfürsten Charles d'Orléans, zum König Ludwig XII. gekrönt. Er verlegte den Hof nach Blois und machte es zur königli-

chen Residenz. Später residierte Franz I. in Blois. Er war der Initiator, der aus Blois ein prächtiges Renaissanceschloss machen ließ. Seine erste Gemahlin, Claude de France, liebte Blois sehr.

Reiterstandbild Ludwig XII. am Schloss von Blois

Nach ihrem Tode 1524 allerdings verlor Franz I. sein Interesse an Blois und widmete sich mehr seinem Prunkbau in Chambord.

Blois sah Herzöge und Könige und es war Schauplatz historischer Ereignisse von Rang. In Blois war es, wo Anne de Bretagne, die zweite Frau Ludwigs XII., eine prächtige Hofhaltung entfaltete und von wo aus Katharina von Medici die Fäden ihrer Intrigen spann. Beide Königinnen starben in Blois. Und nach Blois hatte König Ludwig XIII. seine Mutter Maria von Medici 1617 ins Exil verbannt. Zwei Jahre später gelang ihr eine spektakuläre Flucht mit einer Strickleiter aus den Gemächern im zweiten Obergeschoss.

Selbst die Architektur des Schlosskomplexes ist so variantenreich, dass an ihm die Entwicklung der Baustile vom 15. bis zum 17. Jahrhundert verfolgt werden kann.

Aus dem Mittelalter ist nur noch der Turm **Tour du Foix (4)** am Rand der südöstlichen Schlossterrasse erhalten. Von dort hat man übrigens einen schönen Blick auf die Stadt und die Kirche St-Nicolas.

Durch den **Flügel Ludwigs XII. (A)** mit dem **Reiterstandbild (2)** außen, tritt man in den Schlosshof. Am rechten Ende des Arkadengangs sieht man den **Salle des Etats-Généraux (15)**, den Saal der Generalstände. Er ist der älteste Gebäudeteil des Schlosses und der letzte Rest, der vom ehemaligen Schloss der Grafen von Blois übrig ist. An ihn schließt nach Osten der aus Ziegeln und Sandstein aufgeführte Eingangstrakt an, den Ludwig XII. zwischen 1498 und 1501 hatte errichten lassen. Hier befanden sich die königlichen Gemächer, als Ludwig XII. Karl VIII. auf dem Thron folgte und den Hof nach Blois verlegte. Ludwig residierte hier mit seiner Gemahlin Anne de Bretagne, die 1514 im Schloss von Blois starb.

An der linken Seite (Südostseite) des Schlosshofs erkennt man die **Kapelle von Saint-Calais (3)**. Auch sie entstand während der Zeit Ludwigs XII., der sie als königliche Privatkapelle hatte errichten lassen. Aus jener Zeit erhalten ist allerdings nur noch der Chor. Der Rest der Kapelle wurde im 18. Jh. und noch einmal 1940 durch Bomben zerstört. Seit einiger Zeit ist die Kapelle nun wieder schön restauriert.

Die Südwestseite des Schlosshofes, gegenüber vom Eingang, wird vom **Flügel Gaston d'Orléans (D)** eingenommen. Der Herzog von Orléans, ein unruhiger und Zeit seines Lebens intriganter Geist, hatte Anfang des 17. Jh. Blois von seinem Bruder Ludwig XIII. zum Geschenk erhalten. Ludwig wollte damit den ständig in Verschwörungen und Ränke verwickelten Gaston vom Hofe fernhalten.

1634 holte Gaston d'Orléans den Baumeister Mansart nach Blois. Er entwarf den Gebäudeflügel im klassizistischen Stil als Teil einer gigantischen Schlossanlage, die sich bis zum Loire-Ufer hinab ziehen sollte. Mit dem Bau wurde umgehend begonnen.

Aber schon nach drei Jahren wurden die Geldmittel knapp. Richelieu, der einflussreiche Berater und Finanzier Ludwigs XIII., hatte die Hände im Spiel. Plötzlich unterstützte er den umtriebigen Herzog nicht mehr. Nach der Geburt eines Thronerben Ludwigs XIII. stand Gaston d'Orléans nämlich nicht mehr in der Reihe evtl. Thronfolger und war damit für Richelieu über Nacht völlig uninteressant geworden. Die Bauarbeiten in Blois wurden eingestellt.

Besichtigen kann man hier lediglich das eindrucksvolle **Vestibül (14),** die Treppenhalle, mit schönen Bildhauerarbeiten.

Die imposante Schmuckseite des Schlosshofes ist aber zweifellos die prächtige, im schönsten italienischen Renaissancestil erbaute Fassade des **Flügels Franz I. (B)** mit der berühmten **Wendeltreppe (5),** an der Westseite des Schlosshofs zwischen dem Flügel Gaston d'Orléans links und dem Ständesaal rechts.

Der den Freuden des Lebens sehr zugeneigte Franz I., der viel Kraft und noch mehr Geld darin investiert hatte, Kaiser des Römischen Reiches zu werden, und eigentlich Zeit seines Lebens mit Karl V. von Spanien, dem Habsburger, um diese einmalige Machtposition in Europa rivalisierte, hatte Blois von einem eher nüchternen Château in ein herrliches Renaissanceschloss verwandelt.

Eine Besichtigung der Säle und Gemächer in diesem Schlossflügel sollte man sich nicht entgehen lassen!

Über die Wendeltreppe gelangt man in den **Großen Saal (6)** in der ersten Etage. Der Saal war ursprünglich zweigeteilt, deshalb auch die beiden Prunkkamine. Einer der Kamine ist mit Medaillons geschmückt, die die Wappentiere von Franz I. (Feuersalamander) und seiner Gemahlin Claude de France (Hermelin) zeigen. Die herrlichen Wandteppiche stammen aus flämischen Werkstätten des 16. Jh. und zeigen Szenen wie Schäferspiele, Herkules und die Zentauren und Saul und David. Auf einem Holzgemälde eines unbekannten Künstlers des 16. Jh. sieht man „Die drei Brüder Guise".

Der anschließende große Saal ist der sog. **Saal der Wachoffiziere (7)** mit einer Büste Franz I. und weiter im Hintergrund einer Büste des Dichters Ronsard.

Durch eine mächtig dicke Wand, die bis zum Anbau der Loggienfassade eine der Außenmauern des Schlosses war, gelangt man in die sog. **Galerie** (– 8 –, Büsten von Heinrich III., Karl IX., Heinrich IV.) und in das anschließende **Gemach von Katharina de Medici (10)**, das man durch das **Vorzimmer (9)** betritt. Katharina starb hier am 5. Januar 1589.

Über fünfzig Jahre lang hatte Katharina, die Bankierstochter aus Florenz und Gattin Heinrichs II. mit viel Geschick und mit Hilfe von Intrigen und Ränken die Fäden der Macht in Händen gehal-

ten. An den Wänden und Decken des Raumes sieht man die Initialen „HC" für Heinrich und Katharina. Porträtgemälde zeigen Maria Stuart und Margarete von Valois. Außerdem sieht man ein Kunstkabinett aus rotem Schildpatt aus Italien (16. Jh.), eine Truhe aus der glei-

Treppe François I., Schloss von Blois

chen Zeit mit der „Enthauptung des Johannes des Täufers" auf der Vorderseite und schließlich ein Bett aus dem 16. Jh.

Es schließt die **Hauskapelle (11)** an, durch die man endlich in das **Arbeitskabinett (12)** gelangt. Der Raum ist mit einer herrlichen, in Frankreich einmaligen Wandtäfelung ausgestattet, die sich aus 237 geschnitzten Tafeln zusammensetzt.

Dass in den Tagen der Renaissance die Macht des Schicksals in königlichen

Der tragische 23. Dezember von Blois

Am Vormittag des 23. Dezember 1588 wurde der Herzog Heinrich von Guise, der Anführer der Katholischen Liga und als solcher ein gefährlicher, an Einfluss gewinnender Opponent des Königs Heinrich III., zu einer Aussprache mit Heinrich III. in dessen Arbeitskabinett gebeten. Der Herzog, der sich bereits im Ratssaal des Schlosses von Blois aufhielt, sah in dieser ungewöhnlichen Aufforderung eine letzte Chance, die Konflikte zwischen Hugenotten und Katholiken zu schlichten.

Auf dem Wege vom Ratssaal ins Arbeitszimmer stellte de Guise aber fest, dass die bisherige direkte Tür ins Arbeitskabinett frisch vermauert worden war. Der Herzog war dadurch gezwungen, einen Umweg durch die Gemächer des Königs zu machen. Dort wurde er plötzlich der acht mit Dolchen bewaffneten Edelleute gewahr, die tief in der Schuld des Königs standen. Der Herzog erkannte, dass die Herren nichts Gutes im Schilde führten und wollte sich in das Arbeitskabinett des Königs flüchten. Dort wurde er aber von 12 weiteren bewaffneten Adeligen erwartet, die nun ebenfalls auf ihn eindrangen und ihn erdolchten. Der Sterbende schleppte sich noch vor das Bett des Königs, wo er verschied. Als König Heinrich III. aus seinem Versteck hinter einem Vorhang den Raum betrat und den Toten mit einer Fußspitze anstieß, soll er gesagt haben: „Mein Gott, wie er so daliegt scheint er tot noch viel größer zu sein als lebend".

Halbe Sachen wurden in Blois und von Heinrich III. offenbar nicht gemacht. Denn am nächsten Tage wurde auch noch der Kardinal von Lothringen, der Bruder des Duc de Guise, gemeuchelt, um die Katholische Liga weiter zu schwächen, was die Feindseligkeiten zwischen den protestantischen Hugenotten und den Katholiken natürlich noch weiter schürte.

Nach der Greueltat ging König Heinrich III. zu seiner Mutter Katharina von Medici, um ihr zu berichten. Seine überschäumende Freude darüber, dass er nun keinen Rivalen mehr hätte, soll Katharina mit einem ernüchternden „Wollte Gott" quittiert haben. Katharina von Medici starb nur 12 Tage nach der Mordtat im Januar 1589. König Heinrich III. wurde im August 1589 von einem Mönch erdolcht.

Kreisen mitunter durch manuelle Eingriffe etwas korrigiert wurde, daran wird der Besucher durch zwei kleine, geheime Wandschränke im Arbeitskabinett erinnert. Katharina von Medici soll dort gerne ihre Giftflakons deponiert haben. Verbürgt ist das allerdings keineswegs. Aber seit Alexandre Dumas diese Legende in die Welt gesetzt hat, ist sie nicht mehr totzukriegen. Wie dem auch sei, denkbar wäre es. Denn Katharina war in der Wahl der Mittel, mit denen sie ihre Ziele zu erreichen trachtete, nicht sonderlich wählerisch. Große Stücke hielt sie vor allem auch auf ihren Hausastrologen Ruggieri, mit dem sie sich – später zog sie auch Nostradamus hinzu – hier im Arbeitskabinett und in dem kleinen Turmzimmer (Vorzimmer) oft nächtelang unterhalten haben soll.

Von den Fenstern des Arbeitskabinetts blickt man über die Reste der Schlossgärten bis hinüber zum Pavillon der Anne de Bretagne.

Man geht nun hinauf in die zweite Etage und gelangt in einen weiteren **Großen Saal** (ehemals geteilt in Ratssaal und Gardesaal), von dem aus man in die **Gemächer König Heinrichs III. (10)** gelangt. Sie waren zu Zeiten der

Religionskriege Schauplatz tragischer Ereignisse.

Der zur Thronbesteigung aus Polen nach Blois zurückgekehrte König Heinrich III. ließ hier den Duc de Guise ermorden. Auf einem Gemälde im Großen Saal sind der Herzog Heinrich von Guise, König Heinrich III. und der Kardinal von Lothringen zu sehen. Noch heute zeigen die Führer den Vorhang, hinter dem sich die gekauften Mordgesellen angeblich verborgen haben sollen.

Im Gemach Heinrichs III. sieht man Gemälde, die den Mord an Herzog Heinrich von Guise illustrieren, wie die Motive „Heinrich III. und seine Freunde" von Ulysse Besnard, dann „Die Ermordung des Herzogs von Guise" von Paul Delaroche und schließlich von Durupt „Heinrich III. gibt dem Leichnam des Herzogs einen Fußtritt". Alle Bilder stammen aus dem 19. Jh.

Vielleicht wäre Blois nur als Schloss von Fehden, Verschwörungen und Verrat in die Geschichte eingegangen, hätte ihm nicht Franz I., der königliche Schürzenjäger, auch eine Aura amouröser Abenteuer hinterlassen. Zwei der großen Kurtisanen seiner Zeit werden mit ihm in Verbindung gebracht.

Eine seiner frühen Geliebten war die noch sehr junge Diane de Poitiers, der er sich aber nicht aus Zuneigung näherte, wie es heißt, sondern eher seiner pädophilen Neigungen wegen. Und die hübsche Diane, die später noch mit anderen Königen das Bett teilte, konnte nur wenig gegen die königlichen Avancen einwenden, wollte sie ihren Vater vor dem Beil des Henkers bewahren.

Später war die kaum sechzehnjährige Anne de Pisseleu, eine kleine verdorbene Schönheit, die Favoritin Franz. I., der sich ihrer nach seiner langen, entbehrungsreichen Gefangenschaft (nach seiner Niederlage gegen Karl V. in Italien) in Blois vehement annahm.

Der Rundgang durch das Schloss endet im **Saal der Generalstände (15)**, von wo aus man wieder in den Schlosshof gelangt. Der Saal ist durch eine Reihe zierlicher Säulen zweigeteilt und weist ein wunderschön mit Lilien dekoriertes Deckengewölbe auf. An den Wänden hängen kostbare Wandteppiche aus dem 16. Jh.

Hier im ehemaligen Audienz- und Festsaal, dem ältesten Teil des Schlosses von Blois, tagten die Generalstände 1576 und 1588. Die Tagungsergebnisse waren von weittragender politischer Bedeutung für Frankreich. Und beide Male wollte man die königliche Autorität beschränken. 1576 wurden die königlichen Domänen als unveräußerlich erklärt und 1588 beschloss die Katholische Liga um den Herzog de Guise gegen den König vorzugehen. Heinrich III. kam dieser Absicht zuvor und ließ – wie oben geschildert – den Herzog ermorden.

Schließlich lohnt das Kunstmuseum **Musée des Beaux-Arts** im Flügel Ludwig XII. eine Besichtigung. U. a. werden dort Portraits von Persönlichkeiten gezeigt, die einst in Blois residierten.

Interessierte werden sicher auch dem **Archäologischen Museum** im Erdgeschoss des Flügels Franz I. einen Besuch abstatten.

Eine 45-minütige **Klang- und Licht-Show** findet jeden Abend im April, Mai und September um 22 Uhr und im Juni, Juli und Augsut um 22.30 Uhr statt. Audioguides mit Simultanübersetzung in 9 Sprachen sind erhältlich. Ticketverkauf mindestens 30 Minuten vor Showbeginn; https://de.chateaudeblois.fr/2268-show-klang-und-lichtspiele.htm.

Nächste Station unseres Stadtrundgangs ist an der Ostseite des langgestreckten Platzes vor dem Schloss das **Maison de la Magie Robert-Houdin (16) [N47° 35′ 11.0" E1° 19′ 59.0"]**, ein mysteriöses Haus voller Spuk, Phantasie, Illusionen und magischem Zauber. Das Haus ist einem Sohn der Stadt gewidmet, der als großer Zauberkünstler, aber auch als geschickter Erfinder in die Geschichte der Stadt einging *(geöffnet 6. Apr. - 31. Aug. + 19. Okt. - 3. Nov. tgl. 10 - 12.30 + 14 - 18.30 Uhr; 1. - 22. Sept. Mo - Fr 14 - 18.30 Uhr, Sa + So 10 - 12.30 + 14 - 18.30 Uhr; www.maisondelamagie.fr).*

Jean-Eugène Robert, 1805 in Blois geboren, wurde später als Eugène Robert-Houdin, der „Große Houdini", einer der berühmtesten Magier und Zauberkünstler seiner Zeit. Die Auftritte Houdins und seine spektakulären Tricks füllten nicht nur in Paris jahrelang die Säle und Theater.

Zu den Erfindungen Houdins soll lange vor Edison die Glühbirne gehört haben. Und dass der große Meister der Illusionen der Erfinder und Vater der Licht- und Tonspektakel Son et Lumière war, wurde ja schon beim Schloss Chambord erwähnt.

Zu den Präsentationen, die dem Besucher des Maison de la Magie auf mehreren Etagen geboten werden, zählen u. a. Säle voller optischer Illusionen. In einer Abteilung kann man auf den Spuren von Robert-Houdin als Magier, Uhrmacher und Erfinder wandeln. Schließlich erlebt man in der dritten Etage die Experimentalshow „L'Hallucinoscope" von Gérard Majax, in der Sie virtuell durch die Romanwelten von Jules Verne z. B. „20.000 Meilen unter dem Meer" reisen.

Außerhalb des Schlosshofes führt an der Südseite des Flügels Ludwigs XII. eine Treppengasse hinab in die Stadt zur Rue St-Lubin. Weiter links kommt man zur **Kirche St-Nicolas (12) [N47° 35' 2.3" E1° 19' 50.9"]** aus dem 13. Jh., ehemals Kirche einer Benediktinerabtei. Sehenswert sind der Chor und der Chorumgang mit Kapellen.

Schließlich kann man das **Jakobinerkloster (13)** in der Rue Anne-de-Bretagne, zwischen Kirche St-Nicolas und Markthalle gelegen, besichtigen. Es beherbergt heute eine Ausstellung über sakrale Kunst und ein Museum für Naturgeschichte.

Wer sich für Kunst und die künstlerische Bearbeitung und Umgestaltung von Objekten interessiert, sollte einen Besuch im **Musée de l'Objet (18) [N47° 35' 21.5" E1° 19' 45.5"]** nicht versäumen *(geöffnet März - Juni und Sept. - Nov. Fr + Sa 13.30 - 18.30 Uhr; Juli + Aug. Mi - So 13.30 - 18.30 Uhr).* Das Objektmuseum, gegründet von einem Kunstenthusiasten namens Eric Fabre, liegt in der Rue Franciade Nr. 6, etwas nördlich des Innenstadtbereiches. Etwa hundert Werke sind ausgestellt, darunter Objekte von Ben, Christo oder César. Wie Kenner sagen, soll die Kunst, Objekte umzuwandeln, eine neue Betrachtungsweise der Kunst und des Lebens ermöglichen.

Rund 8 km nordöstlich von Blois liegt am Nordufer der Loire der Ort **Ménars** mit dem ehemaligen **Schloss der Marquise de Pompadour**. Die legendäre Mätresse des Sonnenkönigs Ludwig XIV. war eine ebenso schillernde wie einflussreiche Persönlichkeit am Hofe. Madame Pompadour hatte nicht nur großen Einfluss auf die Politik, sondern auch auf das höfische Leben, das sie mindestens ebenso nachhaltig prägte wie der König selbst. Das Anwesen ist heute von einer Institution belegt und kann nicht besichtigt werden.

Feste
„Les Montgolfiades de Blois", ein buntes Fest mit einer großen Zahl von Montgolfieren bzw. Heißluftballons, jedes Jahr am ersten Wochenende im Juli.

RESTAURANTS

Au Bouchon Lyonnais, 25, rue des Violettes , Tel. +33 (0)2 54 74 12 87; www.aubouchonlyonnais.com; angenehmes Restaurant mit Gartenterrasse unterhalb des Schlosses, man serviert auch Spezialitäten aus der Gegend von Lyon, moderate Preise. Sonntag und Montag Ruhetage.
L'Orangerie du Château, 1 avenue Jean-Laigret, Tel. +33 (0)2 54 78 05 36; www.orangerie-du-chateau.fr/de/; „feine Adresse", gute Karte, teuer, Schlossblick von der schönen Restaurantterrasse aus. Tischreservierung ratsam. Sonntag- und Montag Ruhetage.
Rendez-vous des Pêcheurs, 27, rue du Foix, Tel. +33 (0)2 54 74 67 48; www.rendezvousdespecheurs.com; südlich vom Schloss nahe der Loire, ausgezeichnetes Haus, teuer. Sonntag und Montag Ruhetage.

CAMPING

Blois/Vineuil

Camping Val de Blois [WP 039 / N47° 36' 22.9" E1° 22' 35.0"], Lac de Loire, Vineuil, Tel. +33 (0)2 54 79 93 57; www.camping-loisir-blois.com/en/; 30. März – 12. Okt.; von Blois auf der Straße D956 südostwärts, über die Loire, Abzweig nordostwärts auf die D951 (Blois – St. Dyé-sur-Loire), hier weiter ca. 2 km bis zur Platzeinfahrt, Beschilderung „Lac de Loire" folgen. Weitläufiges, welliges Wiesengelände mit Laubbaum- und Buschgruppen, zwischen Uferstraße D951 und Loireufer, nummerierte Stellplätze; ca. 6 ha – 120 Stpl.; Standard-Sanitärausstattung (nicht nach Geschlechtern getrennt). Laden in der Saison, Imbiss, Waschmaschine, WLAN im Bereich der Rezeption. Mietbungalows und Mietzelte. V & E Station. Restaurant und öffentl. Schwimmbad nebenan.

Suèvres
Camping Château de la Grenouillère [WP 040 / N47° 41' 11.52" E1° 29' 9.36"], Château de la Grenouillere, Tel. +33 (0)2 54 87 80 37; www.camping-loire.com; 1. Apr. – 7. Sept.; an der N2152, ca. 14 km nordöstlich von Blois. Ebene Apfelwiesen an der geräuschvollen N2152 und im Eichenwald, bei einem hübschen Schlösschen (Verwaltung) nahe der Loire; 10 ha – 100 Stpl. + 160 Mietcaravans; Komfort- Sanitärausstattung. Restaurant, Laden, Waschmaschine, Trockner, Sauna, Tennis, Schwimmbad, Sport- und Freizeiteinrichtungen, Boots- und Fahrradverleih, WLAN. V & E für Wohnmobile. Vor allem von Mitte Juli bis Mitte August sehr stark frequentierter Platz!

WOHNMOBIL-STELLPLATZ

Wohnmobil-Stellplatz Stationnement de Camping-cars de Blois [WP 041 / N47° 34' 47.34" E1° 20' 43.23"], Ave. du Président Wilson. **Zufahrt/Lage**: Vom Ortszentrum auf der D956b südwärts über die Loirebrücke Pont Jacques Gabriel Richtung Cour-Cheverny ca. 2 km bis zum Platz auf dem Gelände des Parc des Expositions. **Ausstattung:** Ebener, schattenloser Parkplatz mit Platz für 20 Wohnmobile. V & E-Säule mit Grauwasser- und Chemikalentsorgung, WLAN, videoüberwacht, kein Strom. Noch in Gehnähe zum Schloss Blois. **Geöffnet:** Ganzjährig **Gebühr:** Pauschale pro Übernachtung. Extragebühr für größere Mengen Frischwasser (€2,- für 10 Minuten). Gegenüber Bushaltestelle für kostenlosen Stadtbus (Navette) am Parc des Expositions.

Wohnmobil-Stellplatz Aire de Camping-car Parking Promenade Edmond Mounin [WP 042 / N47° 34' 48.63" E1° 19' 33.76"], Promenade Edmond Mounin. **Zufahrt/Lage:** Auf der Uferstraße Quai du Foix D952 (Orleans – Tours) zwischen den Loire-Flußbrücken zum Platz an der Promenade Edmond Mounin. **Ausstattung:** Langgestreckter Parkplatz mit Platz für 10 Wohnmobile an der Loire, falls nicht von Pkw belegt. Außer Mülltonnen keinerlei Einrichtungen. **Geöffnet:** Jederzeit zugänglich. **Gebühr:** Kostenlos.

Blois an der Loire

TOUR 5: BLOIS (Loir-et-Cher) – ROMORANTIN-LANTHENAY (Loir-et-Cher)

Länge der Tour: Rund 70 km.

Die Route: Über die 765 bis **Cour-Cheverny** – unterwegs Abzweig nach Beauregard – D52 bis **Fougères-s-Bièvre** – D7 bis **Contres** – D122 bis **Mur-de-Sologne** – D20 bis **Lassay-s-Croisne** – D59 bis **Romorantin-Lanthenay**.

Reisedauer: Mindestens ein Tag.

Höhepunkte: Das **Schloss Beauregard **** – das **Schloss Troussay** – das **Schloss in Fougères-sur-Bièvre** – das **Schloss du Moulin** – das kleine Luxushotel **Grand Hôtel du Lion d'Or** und sein Gourmetrestaurant in Romorantin**.**

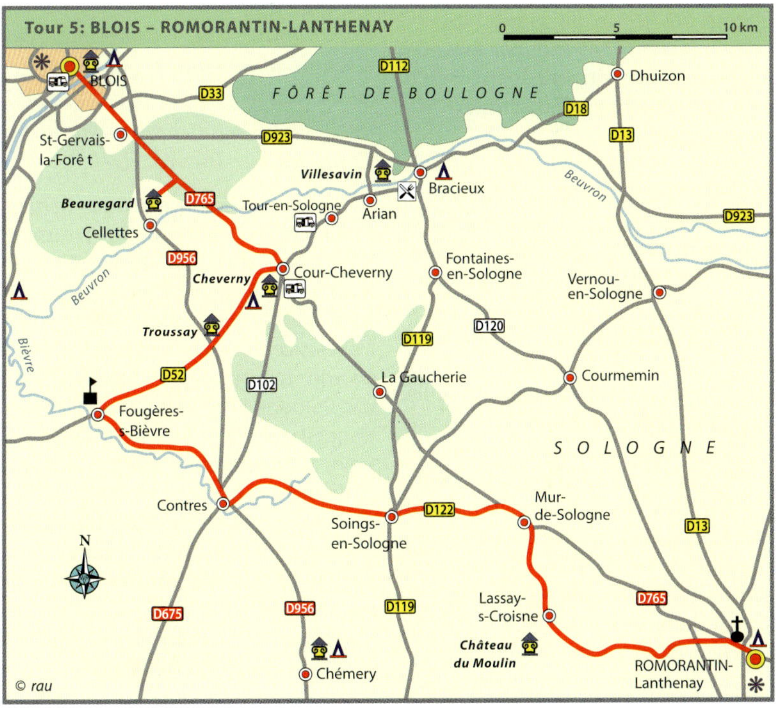

Tour 5: BLOIS – ROMORANTIN-LANTHENAY

0   5   10 km

BLOIS

FORÊT DE BOULOGNE

D112

D33

Dhuizon

D18

D13

St-Gervais-la-Forêt

D923

Villesavin

Bracieux

Beauregard

D765

Tour-en-Sologne

Arian

D923

Cellettes

D956

Fontaines-en-Sologne

Cheverny

Cour-Cheverny

Vernou-en-Sologne

Troussay

D119

D120

D52

D102

La Gaucherie

Courmemin

Beuvron

Bièvre

Fougères-s-Bièvre

S O L O G N E

Contres

Soings-en-Sologne

D122

Mur-de-Sologne

D13

N

Lassay-s-Croisne

D765

D675

D956

D119

Château du Moulin

ROMORANTIN-Lanthenay

Chémery

© rau

ROUTE: *Weiterreise ab Blois über die D956 und über* **St-Gervais-la-Forêt** *nach Südosten auf der D38 Richtung Cellettes. Nach knapp 7 km Abzweig am Wasserturm ostwärts (links) zum unweit der Straße*

gelegenen Parkplatz von **Schloss Beauregard**.

Eine unbefestigte, mit Schlaglöcher übersäte Zufahrtsstraße endet am unbefestigten Parkplatz. Laut Schlossaushang wird dieser Zustand im Interesse der Natur so beibehalten. Es wird empfohlen, „dem Gesang der Vögel zu lauschen".

Schloss Beauregard [Parkplatz, WP 043 / N47° 32' 9.68" E1° 22' 40.09"] *(geöffnet Apr. - Juni + Sept. - Okt.tgl. 10.30 - 18.30 Uhr; Juli + Aug. tgl. 10 - 19 Uhr; März Mo - Fr 13.30 - 18.30 Uhr, Sa + So 10.30 - 18.30 Uhr; Führungen Park + Schloss um 10.30 und 14 Uhr, nur Schloss um 11, 15.30, 16.30 und 17.30 Uhr, Schlossführung in englischer Sprache um 12 und 14 Uhr; letzter Einlass 30 Min. vor Schließung; www.beauregardloire.com),* heute im Besitz des Grafen du Pavillon, hatte sich König Franz I. zu Beginn des 16. Jh. als Jagdschloss errichten lassen. 1545 kam das Anwesen an Jean du Thier, ein Schöngeist, Freund des Dichters Ronsard und Minister König Heinrichs II.

Jean du Thier erweiterte das ursprüngliche Gebäude und stattete es fürstlich aus u. a. mit dem hübschen Schellenkabinett, das sein Wappen trägt, drei goldene Schellen auf blauem Grund.

1617 wird Beauregard Eigentum von Paul Ardier, dem ehemaligen Schatzmeister von König Heinrich IV. Ardier legte die großartige Porträtgalerie an, für die Beauregard berühmt ist. Und obwohl der Besitz seit jener Zeit in verschiedenen Händen war – Richelieu z. B. hielt sich hier einmal auf, um einer Verschwörung zu entgehen und selbst der Sonnenkönig Ludwig XIV. gab Beauregard die Ehre – hat sich die Innenausstattung des Schlosses seit dem 17. Jh. kaum verändert.

Die große Sehenswürdigkeit ist die bemerkenswerte **Galerie des Illustres**, die **Porträtgalerie**. Diese wahrlich einmalige Sammlung zeigt nicht weniger als 327 Konterfeis berühmter Franzosen aus über drei Jahrhunderten, von der Zeit Philip VI. Valois (1293 – 1350) bis Ludwig XIII. (1601 – 1643). Beachtung verdienen in der Porträtgalerie aber auch die bemalten **Balkendecken**, die kostbaren **Bodenkacheln** aus Delft und

die prächtige, bemalte **Wandtäfelung**, eine Arbeit von Jean Mosnier.

Außerdem zählen die sog. **Südgalerie** mit einem Brüsseler Wandteppich aus dem 16. Jh. und erlesenen Möbeln, dann das **Cabinet des Grelots**, das **Schellenkabinett,** mit prächtig geschnitzter Täfelung und nicht zuletzt die **Küche** und der **Park** mit uralten Zedern zu den Sehenswürdigkeiten des Anwesens.

ROUTE: Wer sich sehr für Historie und Architektur der Loireschlösser interessiert, wird anstelle des direkten Weges über die D765 nach Romorantin in Cour-Cheverny (Details über Schloss Cheverny siehe vorherige Etappe) lieber die D52 nach Südwesten nehmen und ihr bis **Fougères-sur-Bièvre** *folgen.*

Unterwegs kann man das Renaissanceschloss **Château de Troussay [WP 044 / N47° 29' 25.4" E1° 25' 31.2"]** besichtigen *(geöffnet 1. Apr. - 30. Sept. tgl. 11 - 18 Uhr; www.chateaudetroussay.com).* Das hübsche, noch heute bewohnte Landschlösschen am Rande der Sologne liegt unweit westlich der Hauptstraße. Parken für Wohnmobile ist beim Schloss wegen sehr enger Parkplatzeinfahrt nur schwer möglich.

Zu den Sehenswürdigkeiten zählen einige schön möblierte **Salons** sowie das kleine Museum **Musée de Sologne**, das die landwirtschaftliche Entwicklung und das Leben im Schloss aus früheren Tagen zeigt

Das **Schloss Fougères-sur-Bièvre [Parkplatz, WP 045 / N47° 26' 53.7" E1° 20' 36.7"]** *(geöffnet 2. Jan. - 7. Mai + 11. Sept. - 31. Dez. Mi - Mo 10 - 12.30 + 14 - 17 Uhr; 8. Mai - 10. Sept. tgl. 9.30 - 12.30 + 14 - 18.30 Uhr, letzter Einlass 30 Min. vor Schließung; www.fougeres-sur-bievre.fr/ en/)* wirkt durch seine Rundtürme, die den Zugang zum Schlosshof überragen und den Nordflügel flankieren, eher wie eine mittelalterliche Burg. Tatsächlich stammt der älteste Teil, der viereckige Donjon des Schlosses, aus dem 11. Jh. Erst im 16. Jh. wurde er mit einem Dach und mit Lukarnen im Renaissancestil versehen.

Der größte Teil von Fougères entstand Mitte des 15. Jh. Die Erbauer, eine Adelsfamilie aus Blois, ließen sich allerdings noch nicht vom leichten Renaissancestil beeinflussen, sondern konzipierten Fougères als befestigten Landsitz. Beeindruckend sind die großen, von hohem Deckengebälk überspannten Räume.

*ROUTE: Von Fougères-sur-Bièvre über die D7 bis **Contres** und dort über die D122 ostwärts bis **Mur-de-Sologne**. Am Ostrand des Ortes südwärts auf der D20 bis **Lassay-sur-Croisne**.*

Château Fougères-sur-Biévre

Abstecher nach Chémery

Falls Sie Gefallen an alten Landschlösschen gefunden haben und Zeit mitbringen, können Sie einen Abstecher oder Umweg über das 10 km südöstlich von Contres gelegene **Chémery** unternehmen. Dort liegt das einst mächtige **Wasserschloss von Chémery [N47° 20' 41.4" E1° 28' 49.3"]**.

Das in die Jahre gekommene Wasserschloss wurde renoviert und dient heute u. a. als Hotel. Für Besucher ist es zur Besichtigung wieder zugänglich *(geöffnet Mai - Sept. tgl. 11 - 18 Uhr; www.chateau-dechemery.fr)*. Sehenswert ist die Ausstellung mit 180 historischen Kostümen.

Bemerkenswert ist das große **Taubenhaus** auf dem Anwesen, das darauf hinweist, dass Chémery einst wohlhabende Besitzer gehabt haben dürfte. Denn nur dem Adel war es laut königlichem De-

kret erlaubt, Tauben zu halten. Gebratene Täubchen waren seinerzeit auf den fürstlichen Tafeln ein geschätzter Gaumenkitzel. Die Tiere hatten aber auch einen ganz gewöhnlichen Nutzen. Taubenmist wurde als wertvoller Dünger genutzt.

Das Taubenprivileg war reglementiert. Es war genau festgelegt, wie viele Tauben im Taubenhaus des adeligen Guts- oder Schlossherrn nisten durften. Pro einer bestimmen Landfläche (ca. 30 Ar oder 3.000 qm) durfte ein Taubenpaar gehalten werden. Und das Taubenhaus von Chémery hat immerhin 1.200 Nisthöhlen.

HAUPTROUTE

Knapp 2 km westlich von **Lassay-sur-Croisne**, einem hübschen kleinen Dorf mit interessanter **Kirche St-Denis** (Grabmal von Philippe du Moulin) aus

---

CAMPING – CHÉMERY

Camping Municipal le Gué [WP 046 / N47° 20' 43.8" E1° 28' 26.2"], 6, rue de Couddes, Tel. +33 (0)2 54 32 97 40; www.camping-le-gue.com; Ostern – 2. Okt.; westlich des Ortes, Zufahrt von der Straße Richtung Couddes; ebene Wiesen mit Baumbestand an einem kleinen Wasserlauf; ca. 1 ha – 50 Stpl.; Standard-Sanitärausstattung. Schwimmbad. Mietbungalows. V & E für Wohnmobile.

dem 15. Jh., liegt mitten in der grünen, sanften Landschaft der Sologne das **Château du Moulin [WP 047 / N47° 22' 17.3" E1° 36' 25.29"]** *(geöffnet 30. März - 30. Sept. tgl. 10 - 12.30 + 14 - 18.30 Uhr; Führungen obligatorisch, um 10.30, 11.30, 14.30, 15.30, 16.30, 17.30 Uhr Dauer 50 Minuten; www.chateau-moulin-fraise.com).*

Der an einen befestigten Landsitz erinnernde Backsteinbau des Schlosses Du Moulin stammt aus dem ausgehenden 15. Jh. Philippe du Moulin, der König Karl VIII. in einer Schlacht das Leben gerettet hatte, wurde nach der Heldentat reich bedacht und konnte sich das Anwesen leisten. Als Baumeister zeichnete der Hofarchitekt J. de Persigny verantwortlich.

Der gesamte Schlosskomplex erhebt sich auf einer von breiten Wassergräben umgebenen Terrasse, die einstmals an allen vier Ecken von wehrhaften Rundtürmen begrenzt war, von denen heute aber nur noch einer erhalten ist. Recht imposant und trutzig wirkt auch das von zwei hohen, schlanken Rundtürmen flankierte Torhaus, der einzige Zugang zum Schloss.

„Chancellerie", Romorantin-Lanthenay

Mehrere der **Schlossräume** im Donjon, dem eigentlichen Wohntrakt des Schlosses, sind noch möbliert und mit **Deckengemälden** und **Wandteppichen** versehen. Interessant auch der **Speisesaal** und die rustikale **Schlossküche**.

Das hübsche **Romorantin-Lanthenay**, ein Städtchen mit kaum mehr als 18.000 Einwohnern, ist das alte Zentrum der Sologne.

In Romorantin wurde 1499 Claude de France geboren, die spätere Gemahlin von Franz I., der hier im Kreise einer Schar von Gespielinnen einige seiner Jugendjahre verbrachte.

Bis heute ist Romorantin-Lanthenay ein Mittelpunkt des Handels und der Agrarwirtschaft geblieben, der in den letzten Jahrzehnten durch den Zuzug von Autoindustrien und entsprechenden Zulieferbetrieben an Bedeutung gewonnen hat.

Parkplatz [WP 048 / N47° 21' 32.81" E1° 44' 34.01"] Place de la Paix.

Es empfiehlt sich ein **Spaziergang** durch das Städtchen, den man am besten an der **Grand Pont**, der Sauldre-Brücke in der Innenstadt, beginnt. Von dort hat man einen schönen Blick auf die Stadt, nach Osten hin zum romantischen **Stadtpark Square Ferdinand Buisson** und nach Westen hin zur **Moulin du Chapitre**, der Mühle des Domkapitels auf einer Insel mitten in der Sauldre, und dem ehemaligen Königsschloss (heute Büros der Präfektur) etwas weiter rechts dahinter am nördlichen Flussufer.

Südlich der Sauldre-Brücke liegt auf der Insel Ile Marin am Place Jeanne d'Arc die **St-Étienne Kirche (3) [N47° 21' 23.9" E1° 44' 37.9]** mit schönem Vierungsturm. Die Kirche entstand ursprünglich auf den Mauern einer frühen Marienkirche, die schon im 11. Jh. hier stand und als Schlosskapelle der damaligen Herren von Romorantin diente. Später, als im 12. Jh. hier eine Gemeinde entstand, wurde die Kirche erweitert und dem Schutzpatron St-Étienne

ROMORANTIN-LANTHENAY – **1** *Touristeninformation* – **2** *Musée de Sologne* – **3** *Kirche St. Etienne und Place Jeanne d'Arc* – **4** *Postamt* – **5** *alte Stadthäuser, Rue du Milieu, Musée d'Archéologie* – **6** *Espace Automobiles Matra* – **7** *Markthalle* – **8** *Grand Hôtel du Lion d'Or* – **9** *Rathaus* – **10** *Bahnhof* – **11** *zum Campingplatz* – **12** *Präfektur*

geweiht. Aus dieser Zeit, als die Kirche noch keine Seitenschiffe hatte, sind allerdings nur noch die Turmbasis und das Querschiff erhalten.

Die Kirche wie man sie heute sieht, entstand vornehmlich in der Zeit von der Mitte des 15. Jh. bis ins 17. Jh. Im 19. Jh. wurde der Turm erneuert.

Gehen Sie zurück zur Brücke über die Sauldre und – am **Postamt (4)** vorbei – die Rue Georges Clemenceau ein kurzes Stück nach Norden. Biegen Sie aber schon wenig später rechts in die Rue de la Résistance ein. Sie führt Sie zur Rue du Milieu und zu einer Reihe schöner alter **Stadthäuser (5)** wie die

Chancellerie (Kanzlei), ein sehenswerter Fachwerkbau aus der Zeit der Renaissance mit geschnitzten Pfeilern, dann das **Hôtel St-Pol** mit glasierten Ziegeln oder das **Maison du Carroir Doré** mit beachtenswertem Schnitzwerk am Gebäude.

Wenn Sie sich für die französische Automobil- und Rennsportgeschichte interessieren, werden Sie sich bestimmt das **Musée Espace Automobiles Matra (6) [N47° 21' 30.7" E1° 44' 24.6"]** in der Rue des Capucins Nr. 17 am westlichen Stadtrand ansehen wollen (*geöffnet 1. Juli - 31. Aug. tgl. 9 - 12.30 + 13.30 - 18 Uhr; Sept. - Juni Mo - Fr 9 - 12.30 +*

Die Sologne

Die weite, ebene, ruhige Landschaft der **Sologne** galt lange als unwirtlich, nahezu unzugänglich, hinterwäldlerisch und für jegliche landwirtschaftliche Nutzung ungeeignet.

Die schier endlos erscheinenden Heideflächen und Wälder sind durchsetzt von Wasserläufen und unzähligen größeren und kleineren Seen und stehenden Gewässern. Immer wieder brachen früher hier gefürchtete Fieberepidemien aus, die die ohnehin kaum besiedelte Region weiter entvölkerte. Erst im vergangenen Jahrhundert wurden unter Napoleon III. gewaltige Anstrengungen unternommen, um Seen und Sümpfe zu entwässern, Kanäle zu ziehen, große Gebiete trockenzulegen und Straßen zu bauen. Vor allem aber wurden Bäume gepflanzt, die dazu beitrugen, den Wasserhaushalt zu regulieren.

Die Fieberepidemien konnten eingedämmt werden, Bauern siedelten sich an, wenn auch nur zögerlich. Damals entstand zwischen Loire und Cher einerseits und zwischen Gien und Blois andererseits die Landschaft, wie wir sie heute antreffen, ein dünnbesiedeltes Paradies für Angler und Jäger. Und vor allem im Herbst ist die Sologne ein einladendes Wandergebiet.

13.30 - 18 Uhr, Sa + So 10 - 12.30 + 13.30 - 18; www.museematra.com). Der Besucher kann, begleitet von modernen Medien und Präsentationstechniken wie Video, Lichteffekten und Geräuschkulissen, die Modellentwicklung der Automobilhersteller Matra und Talbot-Matra genauso verfolgen wie die Rennsportgeschichte von Matra-Simca. Viele der siegreichen Formel 1 Rennwagen sind hier ausgestellt.

Eine eigene Abteilung befasst sich mit der Entwicklung der Großraumlimousine „Espace", die eine der ersten ihrer Art auf dem Automobilmarkt war, hier entwickelt wurde und von Renault in Romorantin produziert wird.

Und zum guten Tagesabschluss eine kulinarische Spezialität:

In dieser Ecke der Region Centre-Val de la Loire empfiehlt es sich, die Resultate von Jagd und Fischfang zu versuchen. Kaninchen, Enten, Wildenten oder Reh werden herrlich zubereitet angeboten. Andererseits empfehlen sich Süßwasserfische wie Zander, Karpfen oder Hecht. Die Auswahl an Weinen ist mannigfach, vom Sancerre, über einen Bourgeuil, Pouilly Fumé oder Cheverny. Und zum Abschluss eines Menus sollten Sie diesmal einen würzigen Ziegenkäse probieren, etwa einen Valençay, oder einen kräftigen „Crottin de Chavignol", eine Spezialität.

Abstecher nach Bourges

Wer Interesse an Kirchenbaukunst hat, sollte auf einen Abstecher nach **Bourges** nicht verzichten!

Bourges liegt rund 65 km südöstlich von Romorantin-Lanthenay und ist auf Autobahnen und Fernstraßen relativ rasch zu erreichen.

Die Stadt wartet mit einer der größten und prächtigsten gotischen **Kathedralen [N47° 4' 56.5" E2° 23' 53.9"]** in Frankreich auf. Fünf Portale führen in das beeindruckende Kircheninnere mit seinen doppelten Seitenschiffen.

Wenn Sie sich zu dem Abstecher nach Bourges entschließen, sollten Sie auf dem Weg bis Vierzon, das ca. 30 km südöstlich von Romorantin liegt, die N76 entlang des Cher der weiter nördlich verlaufenden Autobahn A85 vorziehen. Die Uferstraße führt durch mehrere kleine Städtchen, wie z. B.

Mennetou-sur-Cher (Camping), das durch seine wehrhafte **Ringmauer** und durch seine **alten Stadthäuser** vor allem in der Grand Rue im Ortskern noch etwas vom Gepräge einer mittelalterlichen Stadt erhalten hat.

PRAKTISCHE HINWEISE – ROMORANTIN-LANTHENAY (LOIR-ET-CHER)

Office de Tourisme [N47° 21' 32.97" E1° 44' 33.90"], 32 place de la Paix, 41200 Romorantin-Lanthenay, Tel. +33 (0)2 54 76 43 89; www.sologne-tourisme.fr. *Geöffnet Apr. - Sept. Di - Sa 9.30 - 12.30 + 14 - 18.30 Uhr; Juli - Mitte Aug. Mo - Sa 9 - 13 + 14 - 18.30 Uhr; Okt. - März Di - Sa 9.30 - 12.30 + 14 - 18 Uhr.* **Parkplatz** gegenüber.

RESTAURANTS

Les Trois Rois, 22, rue du Président Wilson, Tel. +33 (0) 2 54 76 99 27; Fischspezialitätenrestaurant. Montags und dienstags geschlossen.

CAMPING

Camping Le Tournefeuille [WP 049 / N47° 21' 17.5" E1° 45' 20.3"], 32, rue des Lices, Tel. +33 (0)2 54 76 16 60; www.campingromorantin.com; 1. Apr. – 30. Sept.; ca. 1, 5 km östlich der Stadt, Zufahrt von der D724 Richtung Salbris, beschildert. Gepflegtes, ebenes Wiesengelände mit Baumbestand am Ufer der Sauldre, im vorderen Platzteil durch Hecken unterteilt, ansonsten nummerierte Stellplätze; ca. 1,5 ha – 85 Stpl.; gute Standard-Sanitärausstattung. Waschmaschine, Tennis, WLAN. Mietbungalows. V & E für Wohnmobile. Sportanlage und Freibad nebenan. Fußweg entlang der Sauldre in die Stadt, ca. 1,7 km.

Salbris bei Romorantin-Lanthenay
Camping de Sologne [WP 050 / N47° 25' 47.81" E2° 3' 15.98"], 8 alleé de la Sauldre, Tel. +33 (0)2 54 97 06 38; www.campingdesologne.fr; 1. Apr. – 30. Sept.; Zufahrt von Romorantin-Lanthenay auf der D724 ca. 25 km ostwärts nach Salbris, im Ort kurz weiter Richtung Pierrefitte D55, beschildert; Wiesengelände an einem Weiher und ca. 50 m vom Fluss Sauldre entfernt; ca. 2 ha – 80 Stpl.; einfache Sanitärausstattung. Schwimmbad, V & E für Wohnmobile. Mietbungalows.

WOHNMOBIL-STELLPLATZ – MENNETOU-SUR-CHER BEI ROMORANTIN-LANTHENAY

Wohnmobil-Stellplatz Aire de Camping-car Municipal Place du 19 Mars, Mennetou-sur-Cher [WP 051 / N47° 16' 6.77" E1° 51' 54.18"], rue du Val Rose. **Zufahrt/Lage:** Von Romorantin-Lanthenay auf der D922 Richtung Villefranche-sur-Cher, weiter ostwärts auf der D976 Richtung Vierzon bis nach Mennetou-sur-Cher, ca. 11 km von Romorantin-Lanthenay entfernt. Hier auf die Cher-Flußbrücke südwärts abzweigen zum Platz. **Ausstattung:** Ebener, sandiger Platz Place du 19 Mars mit 10 Wohnmobil-Stellplätzen. V & E-Säule mit Frischwasser und Ausguss für Chemikaltoiletten, befahrbarer Ausguss für Grauwasser, Mülltonnen. **Geöffnet:** Ganzjährig. **Gebühr:** Kostenlos. Geschäfte und Restaurants in Gehnähe.

TOUR 6: ROMORANTIN-LANTHENAY (Loir-et-Cher) – VALENÇAY (Indre)

Länge der Tour: Rund 35 km. Abstecher nach Nohant 70 km einfach.

Die Route: Über D724/D176 bis **Selles-sur-Cher** – D956 bis **Valençay** – **Abstecher** über die D956 bis **Chateauroux** und auf der D943 weiter nach **Nohant**.

Reisedauer: Mindestens ein halber Tag. Abstecher nach Nohant ein weiterer Tag.

Höhepunkte: Das **Schloss von Valençay** ** – das **Schlösschen der George Sand** in Nohant.

ROUTE: Ab Romorantin-Lan-thenay über die D724 in südwestli-cher Richtung und vorbei am Flughafen bis Selles-sur-Cher, das man nach 17 km erreicht.

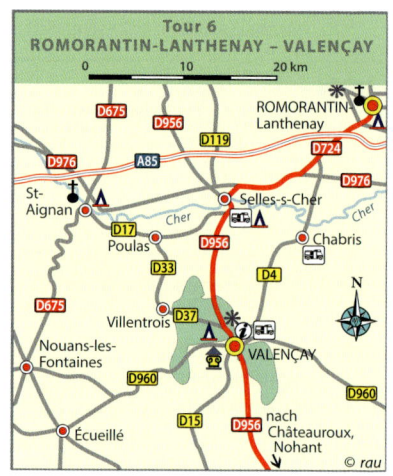

Selles-sur-Cher liegt recht hübsch am Cher, wobei sich der ältere Stadtteil am Südufer in einer weiten Schleife des Flusses erstreckt.

Zu einer Stadtbesichtigung sollte auch eine Visite in der Abteikirche **Notre Dame la Blanche**, auch **St-Eusice Kirche [Parkplatz, WP 052 / N47° 16' 27.32" E1° 33' 13.93"]**, zählen. Die Ursprünge der Kirche gehen zurück bis ins 12. Jh. Lange davor hatte sich der später heilig gesprochene Einsiedler Eusicius an den Ufern des Cher niedergelassen. Er gründete eine Abtei, die spätere Königliche Abtei von Celles-en-Berri, aus dessen Bethaus später die Kirche hervorging. Und aus „Celles-en-Berri" wurde später der Stadtname Selles-sur-Cher. Beachtung verdienen das Kirchenportal, das Chorhaupt und

die Krypta, in der in der Sarkophag des Heiligen aufbewahrt wird.

Das **Schloss von Selles-sur-Cher [N47° 16' 28.3" E1° 32' 58.5"]** ist für Besucher zugänglich *(geöffnet Ostern pr. - 30. Juni + 1. Sept. - 11. Nov. tgl. 10 - 12 + 14 - 18 Uhr; Juli + Aug. tgl. 10 - 19 Uhr; 14. Nov. -Ostern Mi - So 13.30 - 17.30 Uhr; www.chateau-selles-sur-cher.com)*. Ein **Office du Tourisme [N47° 16' 33.8" E1° 33' 5.7"]** findet man in der Rue de Sion Nr. 26 (Tel. +33 (0)2 54 95 25 44).

 WOHNMOBIL-STELLPLATZ – SELLES-SUR-CHER

Wohnmobil-Stellplatz Aire de Camping-car les Chataigniers Selles-sur-Cher [WP 053 / N47° 16' 36.0" E1° 33' 33.5"], bd. Kléber Lousteau. **Geöffnet:** 15. Apr. - 30. Sept. **Zufahrt/Lage:** Am östlichen Ortsrand von Selles-s-Cher an der Straße D956 Richtung Valencay, an der Einfahrt zu Camping Municipal „Les Chataigniers". **Ausstat-**

tung: Asphaltierte Fläche mit Platz für 15 Wohnmobile. V & E-Säule mit Frischwasser, Grauwasser- und Chemikaltoilettenentsorgung. **Gebühr:** Für V + E-Säule.

Chabris bei Selles-sur-Cher
Wohnmobil-Stellplatz Aire de Camping-car Municipal Chabris
[WP 054 / N47° 15' 11.30" E1° 39' 3.93"], Place du Champ de Foire.
Zufahrt/Lage: Zufahrt von Selles-sur-Cher auf der D35 ca. 8 km ostwärts Richtung Chabris. Im Ort Richtung Valencay südwärts auf die D 4 abzweigen bis zum Kreisverkehr und zum Platz am Place du Champ de Foire abzweigen. **Ausstattung:** Ebene, geschotterte Fläche mit 20 Wohnmobilstellplätzen unter Bäumen beim zentralen Dorfparkplatz. Versorgungssäule mit Frischwasser und Chemikaltoilettenentsorgung. Befahrbare Fläche mit Grauwasserausguss. **Geöffnet:** Ganzjährig. **Gebühr:** Für V & E-Säule, zu bezahlen mit Jetons, im Touristenbüro oder im Kiosk erhältlich.

ROUTE: Weiterreise von Selles-sur-Cher über die D956 südwärts ins 15 km entfernte *Valençay.*

Valençay ein Landstädtchen mit annähernd 3.000 Einwohnern am Nahon-Flüsschen im Département Indre und in der Landschaft des Berry gelegen, wäre kaum den Umweg wert, hätte es nicht eines der schönsten Renaissance-schlösser der Region aufzuweisen. Und der Weg lohnt sich, auch wenn Valençay

Schloss Valençay

Talleyrand und Valençay
Oder: Wie man günstig zu einem Schloss kommt

Unter Napoleon Bonaparte hatte Talleyrand das Amt des Außenministers inne. In dieser Position hatte Talleyrand natürlich gesellschaftliche und repräsentative Pflichten. Napoleon selbst soll seinen Außenminister 1802 angewiesen haben: „Monsieur de Talleyrand, ich wünsche, dass Sie sich eine schöne Domäne kaufen". Talleyrand sollte in einem standesgemäßen Anwesen residieren, mit dem Besucher und Staatsgäste, königliche Hoheiten und ausländische Botschafter entsprechend zu beeindrucken waren.

Des Außenministers Wahl fiel auf Valençay, das seinem bisherigen Besitzer, dem glücklich der Guillotine entronnenen Grafen von Luçay, zur finanziellen Last geworden war. Eine gute Wahl ganz offenbar, denn Talleyrand hielt sich in dem prächtig ausgestatteten Schloss mit seinen weiten Ländereien fast ein viertel Jahrhundert auf, zumindest in den Sommermonaten.

In Valençay spann er seine politischen Fäden weiter und genoss seine gesellschaftliche Position. Die Wintermonate verbrachte man aber doch lieber in Paris, wo man den gesellschaftlichen Ereignissen und politischen Ränken näher war.

Aber Talleyrand wäre kein brillanter Diplomat gewesen, hätte er aus dem Schlosskauf nicht seinen Nutzen gezogen. Er entsprach einerseits untertänig dem „Wunsch" des Kaisers und kam andererseits zu einem Anwesen, das er mit eigenen Mitteln hätte nie im Leben erwerben können. Auf den Einwand gegenüber Napoleon, dass die Aufwendungen für den Kauf von Valençay seine Möglichkeiten bei weitem übersteigen würden, gestand Napoleon Talleyrand großzügig zu, die „kleine Differenz" zu übernehmen.

Darüber, dass Talleyrand letztendlich nur einen Bruchteil der Kaufsumme selbst beglich, der weit überwiegende Teil aber durch die „kleine Differenz"

genau genommen nicht mehr der Riege der Loireschlösser zuzurechnen ist.

Im Eintrittspreis ist die Leihgebühr für einen Audioguide enthalten, der Sie mit seinen erklärenden Kommentaren (auch in deutscher Sprache erhältlich) auf Ihrem Gang durch das Schloss begleitet. Rechnen Sie für einen Rundgang mit etwa eineinhalb Stunden (*geöffnet März - Apr. tgl. 10.30 - 18 Uhr; Mai + Sept. tgl. 10 - 18 Uhr, Juni tgl. 9.30 - 18.30 Uhr; Juli + Aug. tgl. 9.30 - 19 Uhr; Okt. - 11. Nov. tgl. 10.30 - 17 Uhr; 21. Dez. - 5. Jan. tgl. 11 - 17 Uhr, letzter Einlass 45 Min. vor Schließung; www.chateau-valencay.fr/en/*).

Schloss Valençay [Schlosszugang, N47° 9' 35.0" E1° 33' 43.4"] entstand im 16. Jh. in der Blütezeit der französischen Renaissance. Der damalige Bauherr, Jacques d'Etampes, hatte sich das Anwesen 1540 auf einem ehemaligen Feudalsitz der Herren von Châlons errichten lassen. Aus der Zeit der d'Etampes stammt der Nordflügel mit dem dominierenden Zentralpavillon und den beiden kuppelgedeckten Rundtürmen.

Valençay war damals eines der drei größten Güter in Frankreich. Zu ihm gehörten neben einem 150 ha großen Park, annähernd 20.000 ha an Ländereien, die sich über die Gemarkungen von 23 Gemeinden erstreckten, zu denen Wälder, Weinberge und knapp einhundert Gehöfte zählten.

Valençay war zu Beginn des 19. Jh. die Residenz Talleyrands, einer etwas schillernden, opportunistischen, aber höchst faszinierenden politischen Peraus des Kaisers Schatulle ausgeglichen wurde, hielt sich später niemand auf. Über sechs Jahre lang hatte Talleyrand seine Gastfreundschaft in Valençay allerdings ungebetenen „Gästen" zukommen lassen müssen – eine Retourkutsche Napoleons für die gewährte „kleine Differenz". Der spanische König Ferdinand VII. und die Prinzen von Spanien hatten nämlich in Valençay ein Zwangsdomizil gefunden. Der König war 1808 in Spanien durch Joseph Bonaparte von seinem Thron vertrieben und auf Befehl Kaiser Napoleons in Valençay interniert worden. Erst 1813 konnte Ferdinand VII., Prinz von Asturien, nach der Unterzeichnung des Vertrages von Valençay wieder auf seinen Thron in Spanien zurückkehren.

Nach seiner bewundernswerten diplomatischen Glanzleistung auf dem Wiener Kongress (1814 – 1815) zog sich Talleyrand fast ganz aus dem politischen Tagesgeschäft zurück und hielt sich vorwiegend in Valençay auf. In Wien war es Talleyrand gelungen, das geschlagene Frankreich und das gestürzte Kaiserreich Napoleons politisch unbeschadet und ohne irgendwelche territorialen Verluste oder Zugeständnisse an die Siegermächte aus den Verhandlungen herauszuführen und die Bourbonen wieder auf den französischen Thron zu bringen.

In Valençay führte Talleyrand zusammen mit seiner treuen Nichte und Gefährtin Madame Dorothe de Dino ein großes Haus. Seinen letzten diplomatischen Posten bekleidete Talleyrand während der Regentschaft von König Louis-Phillipe als französischer Botschafter in London.

Charles-Maurice, Herzog von Talleyrand, Fürst von Bénévent, Herzog von Dino, Pair et Grand Chambellan de France, Chevalier de la Torson d'Or, starb am 17. Mai 1838 in Paris. Er ist in Valençay in der Chapelle Notre-Dame beigesetzt.

sönlichkeit seiner Zeit, die sich vom Bischof von Autun zu einem gerissenen Diplomaten par excellence wandelte. Charles-Maurice, Prince de Talleyrand (1754 – 1838) vollbrachte das fast unglaubliche Kunststück, alle Regime Frankreichs in der wirren Zeit vom Königtum über die Revolution bis ins Kaiserreich unbeschadet zu überstehen und jedesmal wie ein Phönix aus der Asche mit noch mehr Einfluss wieder auf der politischen Bühne zu erscheinen.

Das Schloss von Valençay weist in dem im 17. Jh. angefügten klassizistischen Westflügel mit den Gemächern Talleyrands eine architektonische Besonderheit auf, eine Neuheit für die damalige Zeit. Erstmals wurde hier ein Korridor (heute **Gemäldegalerie** im Erdgeschoss) angelegt, vom dem aus die einzelnen Zimmer und Salons zugänglich sind. In früheren Schlossbauten war es üblich, dass man durch die Zimmer gehen musste, um in Nachbargemächer zu gelangen.

Die Gemächer und Salons sind fast alle noch original und meist im Empirestil möbliert.

Zu den schönsten Räumen zählen im **Erdgeschoss:**

Die **Große Vorhalle** (Vestibül) mit Dekorationen im Stil Ludwigs XVI.

Die **Galerie** (Korridor) mit Porträts der Familie der Grafen von Périgord.

Der **Große Salon**, der prächtigste Raum im Schloss, im Empirestil möbliert. Die Armstühle sind ein Präsent der hier im Exil lebenden spanischen Hofdamen an Talleyrand. Der große runde Tisch im Salon ist der berühmte „Wiener

Die Küche des Schlosses von Valençay, einst Quell kulinarischer Genüsse

Kongreß Tisch". Er stand einst im Kaunitz-Palais in Wien, der damaligen Residenz des französischen Botschafters. An ihm soll Talleyrand mit Fürst Metternich die entscheidenden Gespräche geführt haben.

Der **Kleine** oder **Blaue Salon** ist der Ort, an dem Spaniens König Ferdinand VII. in der Nacht vom 10. zum 11. Dezember 1813 den Vertrag von Valençay unterzeichnete und damit das Ende des Krieges mit Frankreich einleitete und seine Rückkehr auf den spanischen Thron ebnete. Später nutzte Talleyrand den Blauen Salon gerne als Arbeitszimmer.

Übrigens soll die Uhr auf dem Kamin genau nach Unterzeichnung des Vertrages auf kurz nach halb ein Uhr morgens stehen geblieben sein. Ein Gemälde von Gérard zeigt den Prinzen Talleyrand an einem Tisch sitzend, eines der bekanntesten Porträts von Talley-

rand. Links davon ein Großporträt des Königs von Sachsen, das flankiert wird von zwei kleinen Kinderporträts, Zar Alexander und sein Bruder Großherzog Konstantin. Ein Bild der Urgroßmutter Talleyrands, die er sehr verehrt haben soll, hängt an der Wand zum Garten hin.

Die **südliche Turmsuite** oder **Zimmer der Herzogin** ist im Stil Ludwigs XVI. eingerichtet und gehörte einst zu den Gemächern der Herzogin de Dino, Talleyrands langjähriger Gefährtin, Hausdame und Vertrauten.

In der **ersten Etage** sieht man das **Ankleidezimmer** mit Galauniformen und Kleidungsstücken für offizielle Anlässe bei Hofe u. ä. Außerdem sieht man einen orthopädischen Schuh. Talleyrand war mit einem deformierten rechten Fuß geboren worden.

Das **Valençay Zimmer**, Talleyrands Schlafzimmer, ist mit Möbeln aus der Rue Saint-Florentin in Paris ausgestattet. Dort in Paris war Talleyrand am 17. Mai 1838 gestorben.

Das **Königliche Gemach.** Ein sog. königliches Gemach gab es in jedem Schloss von Rang, um gerüstet zu sein, falls der König dem Schloss die Ehre geben sollte. In Valençay richtete sich hier König Ferdinand von Spanien während seines Exils in Valençay ein.

Außerdem sieht man das **Dino Zimmer** mit einem Bildnis der hübschen Herzogin von Dino in höfischer Robe, das **Bénévent Zimmer** mit einem Porträt der offiziellen Gemahlin Talleyrands, Prinzessin von Bénévent, weiter das sog. **Périgord Studio** u. a. mit einem wunderschönen Schreibsekretär aus Mahagoniholz, flankiert von zwei vergoldeten Sphingen, ein Geschenk von Murat, König von Neapel, an Talleyrand, dann den großen **Treppenaufgang** und den **Großen Speisesaal** mit Platz für 36 Personen.

Napoléon hatte nämlich von Talleyrand verlangt, dass der viermal in der Woche ein großes Diner geben solle, um Kontakte zu einflussreichen Persönlichkeiten zu pflegen, um deren politischen Stimmungen und Ansichten zu erfahren. Schließlich sind die stattliche **Küche**, die **Keller** und das kleine **Schlosstheater** zu besichtigen.

Im ausgedehnten, herrlichen Schlosspark sind heute viele Abwechslungen vor allem für Kinder eingerichtet worden. So findet man ein „Grand Labyrinth de Napoléon", einen großen Abenteuerspielplatz, einen kleinen Zoo und ähnliches.

George Sand übrigens, die emanzipierte französische Schriftstellerin des 19. Jh. (siehe auch unter Nohant weiter hinten), sagte über den Schlosspark von Valençay, dass nicht einmal Königsschlösser einen so malerischen Park hätten.

Eine Besichtigung lohnt auch das **Musée de l'Automobile** von Valençay **[Parkplatz, WP 055 / N47° 9' 44.1" E1° 33' 38.7"]** an der Straße nach Selle-sur-Cher, ca. 400 m vom Stadtzentrum entfernt *(geöffnet 6. Apr. - 3. November tgl. 10 - 12.30 + 14 - 18 Uhr; Juli + Aug. tgl. 9.30 - 12.30 + 13.30 - 18.30 Uhr; www.musee-auto-valencay.fr)*. Das Museum wartet mit über 60 Oldtimern aus der Collection Schlumpf/Guignard, sowie mit Präsidentenwagen auf. Ein Teil der Ausstellungen befasst sich mit Dokumenten zum Verkehrswesen. Videoraum.

WOHNMOBIL-STELLPLATZ – VALENÇAY

Wohnmobil-Stellplatz Aire Municipal de camping-car [WP 057 / N47° 9' 36.9" E1° 33' 45.4"]. Lage/Zufahrt: Einfahrt Rue Croix Maurice, hinter dem Office de Tourisme. **Ausstattung:** Unbefestigte ebene Fläche für ca. 10 Wohnmobile, von Bäumen umgeben. V & E -Säule. **Geöffnet:** Ganzjährig zugänglich. **Gebühr:** Parken gratis, Gebühr (Kreditkarte) für V & E Säule und Strom. In Gehnähe zum Schloss gelegen.

Abstecher ins Land der George Sand

ROUTE: *Der Abstecher südwärts über die D956 und über* **Chateauroux** *nach* **Nohant** *im „Land der George Sand" nimmt mindestens einen ganzen Tag in Anspruch.*

Rund 5 km nördlich von Nohant liegt an der Kurve der D943 oberhalb des Vallée Noire ein **Aussichtspunkt** und ein **Denkmal** mit der Inschrift: *„Ici commence la Vallée Noire celébre par les Romans de George Sand",* hier beginnt das Vallée Noire, besungen in den Romanen von George Sand. Eine ihrer Erzählungen trägt den Titel „La Vallée Noire", der der Gegend ihren Beinamen verlieh.

Bei klarem Wetter kann man von dem erhöhten Aussichtspunkt fast die gesamte, weite, grüne Niederung übersehen, in der sich die vielgereiste Schriftstellerin und Verehrerin der Künste so gerne aufgehalten hatte.

Durch die stille Landschaft Le Berry mit ihren Gehöften, Seen, Burgen, Höhen und bemerkenswerten Gestalten wanderte George Sand viel und oft zusammen mit ihren Gästen und Liebhabern. Frédéric Chopin z. B., der sieben Jahre lang bei ihr lebte, begleitete Sie meist auf einem Esel reitend.

Der **„Circuit George Sand"**, eine nicht sonderlich gut ausgeschilderte Rundfahrt, führt meist auf recht engen Ländsträßchen durch das landschaftlich reizvolle Vallée Noir.

Man passiert das **Schloss in Lys-St-Georges [N46° 38' 29.2" E1° 49' 20.8"]**, ein überaus romantisch anmu-

Sehr romantisch, das Schloss in Lys St-Georges

Aurore Dupin alias George Sand

George Sand, eine der großen Schriftstellerinnen der Romantik im Frankreich des 19. Jh., führte Zeit ihres Lebens auf ihrem ländlichen Schloss von Nohant ein großes Haus, das Sie vor allem in den Sommermonaten zu einem Mittelpunkt der künstlerischen Elite Europas machte. Balzac, Flaubert, Chopin, Liszt, Delacroix, Dumas-Sohn, Turgenjew, Gautier – alles renommierte Künstler und namhafte Persönlichkeiten in der Zeit der Romantik – waren häufig Gast in Nohant.

Aurore Dupin, die später ihr schriftstellerisches Pseudonym *George Sand* als Namen wählte, erblickte am 1. Juli 1804 das Licht der Welt. Im Juli 1808 kam George Sand erstmals nach Nohant zu ihrer Großmutter, einer Tochter des Marschalls Moritz von Sachsen und Enkelin des Kurfürsten von Sachsen, August des Starken.

Bei ihren späteren Aufenthalten in Nohant machte Aurore oft Ausritte mit ihrer Stute Colette ins Vallée Noire, vor allem ins benachbarte La Châtre (George Sand Museum) oder zum Château des Chauvigny. Oder sie wanderte durch die Landschaft, die sie bald in ihr Herz schloss, so wie sie viele Freunde der Familie in ihr Herz geschlossen hatte.

Nach dem Tode ihrer Großmutter heiratete Aurore Dupin im Alter von 18 Jahren den jungen Baron Casimir Dudevant, einen Freund der Familie. Aus dieser Ehe gingen ihre beiden Kinder Maurice und Solange hervor.

Bald stellte sich jedoch heraus, dass der junge Baron dem Esprit, dem Intellekt und der extravaganten Lebensweise seiner 1,56 m großen Frau nicht gewachsen war. Casimir wurde zu einem von Minderwertigkeitskomplexen geplagten Trinker. Die Ehe ging in die Brüche.

George Sand verliebte sich in den jungen Literaten Jules Sandeau und ließ sich schließlich von Baron Dudevant scheiden. Bei der Scheidung handelte Sie eine Rente aus, die es ihr ermöglichte, sechs Monate im Jahr in Paris leben zu können. Den Rest des Jahre verbrachte sie bei ihren Kindern in Nohant.

In dieser Zeit in Nohant verfasste sie ihren ersten Roman „Indiana" (deutsch 1836), den sie unter dem Pseudonym *George Sand* herausgab und der zu einem großen Erfolg wurde. Den Namen führte sie von nun an auch im bürgerlichen Leben weiter.

George Sand beschäftigt sich in ihren Werken mit der Emanzipation der Frau, aber auch, beeinflusst vom Zeitgeist der Romantik und ermuntert von Rousseau, mit der einfühlsamen Schilderung des bäuerlichen, dörflichen

Milieus im Vallée Noire. Und sie setzt sich kritisch mit der bürgerlichen Moral auseinander, wie in dem dörflichen Roman „Der Teufelssumpf" von 1846.

Nach der Affäre mit Jules Sandeau und einer stürmischen Liaison mit dem Dichter Alfred de Musset zog sich George Sand zurück nach Nohant und begann Schloss Nohant für ihre intellektuellen Freund aus Paris zu öffnen. Es begann die Zeit, in der sich Nohant zu einem Treffpunkt der künstlerischen Elite des 19. Jh. entwickelte.

Einer der ersten, der nach Nohant kam war Franz Liszt, der zusammen mit der Schriftstellerin Marie d'Agoult eintraf. Der Maler Eugène Delacroix ließ es sich nicht nehmen, die Sommer in Nohant zu verbringen.

Bald ging auch Frédéric Chopin in Nohant aus und ein. Chopin, der sensible und zartbesaitete Komponist und Pianist, sollte neun Jahre hindurch der Lebensgefährte von George Sand werden. Tragischerweise waren es gerade die Kinder der Sand, die durch eifersüchtige Intrigen es schließlich soweit brachten, dass sich ihre Mutter von Chopin trennte. Die Trennung belastete den gesundheitlich angeschlagenen Chopin offenbar dermaßen, dass er schon bald darauf im Oktober 1849 starb.

George Sands letzter Lebensgefährte wurde ihr junger Sekretär Alexandre Manceau. Sie starb am 8. Juni 1876 im Alter von 72 Jahren.

---

tendes „Dornröschenschloss", das allerdings nicht besichtigt werden kann. Lys-St-Georges ist Ausgangspunkt von markierten, 6,5 und 13 km langen Wanderwegen. Vor der Dorfkirche findet man dazu eine Infotafel am Parkplatz.

Bemerkenswert ist das Städtchen **Neuvy St-Sepulchre** mit der **Basilika Saint-Étienne [N46° 35' 42.6" E1° 48' 31.8"]** aus dem 11. und 12. Jh., einst wichtige Pilgerstation auf dem Jakobsweg nach Santiago de Compostela.

Das **Maison de George Sand [Parkplatz, WP 058 / N46° 37' 28.2" E1° 58" 28.4"]** (geöffnet 2. Jan. - 31. März + 1. Okt. - 31. Dez. tgl. 10.30 - 11.30 + 14.30 - 15.45; 1. Apr. - 30. Juni tgl. 10.15 - 11.15 + 14.30 - 16 Uhr; Juli + Aug. tgl. 10.15 - 11 + 14.30 - 16.30 Uhr; Sept. tgl. 10.15 - 11.15 + 14.30 - 16 Uhr; letzter Einlass 60 Min. vor Schließung, Führungen durch das Haus obligatorisch; www.maison-george-sand.fr) liegt etwas abseits der D913 in dem kleinen Ort **Nohant**. Parkplatz auf der anderen Straßenseite.

Auf Führungen durch George Sands Schlösschen werden einige, wie es heißt, noch original möblierte Räume, darunter das Speisezimmer, gezeigt. Außerdem sieht man ein Marionettentheater und eine Bühne für private Theatervorstellungen, mit denen George Sand die Gäste des Hauses gelegentlich unterhielt.

Auf dem kleinen Friedhof neben dem schönen Rosengarten findet man das Grab von George Sand und deren Familie.

Die beiden Zedern im Park des Anwesens wurden anlässlich der Geburt der beiden Kinder von George Sand – Maurice 1823 und Solange 1828 – gepflanzt.

Mitten auf dem kleinen Platz in Nohant unmittelbar vor dem Maison de George Sand sieht man die markante, innen aber unscheinbare **Église Sainte Anne** aus dem 12. und 13. Jh.

Nebenan liegt der hübsche, kleine Gasthof **Auberge de la Petite Fadette** mit 8 Zimmer im Nostalgiestil, mittlere Preislage, gepflegtes Restaurant, Parkplatz, Tel. +33 (0)2 54 31 01 48; www.aubergepetitefadette.fr.

TOUR 7: VALENÇAY (Indre) – LOCHES (Indre-et-Loire)

Länge der Tour:	Rund 70 km.
Die Route:	Über D37/D33/D17 nach **St-Aignan** – D675 nach **Nouans-les-Fontaines** – D760 nach **Montrésor** – D760 nach **Loches.**
Reisedauer:	Mindestens ein Tag.
Höhepunkte:	Die **Kirche St-Aignan** * – das **Schloss in Montrésor** * – ein **Spaziergang** entlang des Flüsschens l'Indrois in Montrésor – das **Schloss in Loches** **.

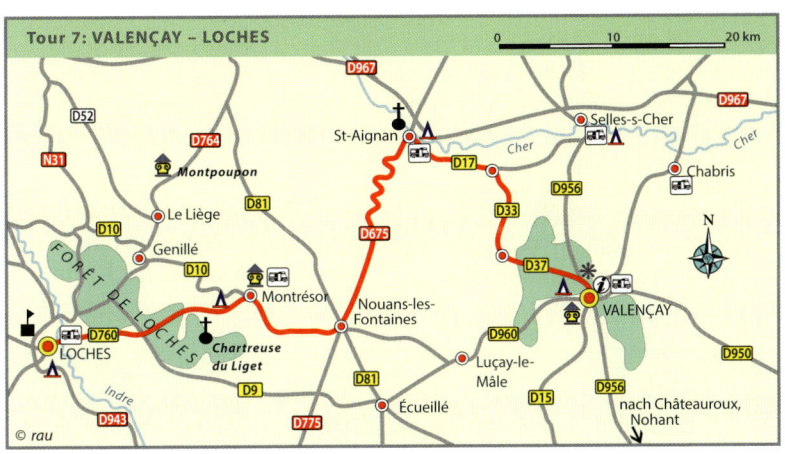

ROUTE: *Weiterreise von Valençay nordwestwärts über die Straßen D37, D33 und D17 und über Villentrois und Couffy nach St-Aignan.*

Eine **Abkürzung der Route** stellt der direktere Weg von Valençay auf der Straße D960 südwestwärts über den Kurort **Luçay-le-Mâle** und durch recht liebliche Landschaft bei **Nouans-les-Fontaines** (D760) nach **Montrésor** dar.

Saint-Aignan, ein beschauliches, schön am Fluss Cher gelegenes Städtchen, erreicht man rund 22 km nordwestlich von Valençay.

Einen großen **Parkplatz [WP 059 / N47° 16' 8.1" E1° 22' 24.3"]** findet man am Westrand der Innenstadt beim Office de Tourisme, 60, rue Constant Ragot.

Sehenswert ist die imposante romanische **Stiftskirche Saint-Aignan [N47° 16' 9.1" E1° 22' 32.2"]** (Collégiale et Krypte) aus dem 11. Jh. Ihr gewölbtes, fast 17 m hohes Kirchenschiff wird von acht Säulen mit schön gearbeiteten Kapitellen getragen.

Im 15. Jh. wurde die **Kapelle unserer wundertätigen Lieben Frau** angefügt. Sie ist ausgeschmückt mit Fresken, die Szenen aus dem Leben der vier Evangelisten zeigen.

Sehenswert und ein baugeschichtliches Kleinod sind die **Krypta** der Stiftskirche und die bemerkenswerten Fresken im byzantinischen Stil dort, die aus dem 12. und 13. Jh. erhalten blieben. Der Zugang zur Krypta liegt im linken Querschiff. Dort findet man auch eine Bedientafel für automatische

Tonbanderklärungen in verschiedenen Sprachen, auf Knopfdruck abrufbar.

In den wirren Zeiten der Französischen Revolution war die Stiftskirche von Saint-Aignan – der Ort war damals in Carismont umbenannt worden – übrigens ohne viel Federlesens verkauft worden, und konnte erst Jahrzehnte später wieder als Gotteshaus geweiht werden.

Nur von außen zu besichtigen ist der mächtige, die Stadt überragende **Schlossbau**. Direkt neben der Kirche führt ein breiter, beeindruckender Treppenweg hinauf zum Schlosshof, dem Ehrenhof, den man durch ein schön gearbeitetes schmiedeeisernes Tor betritt.

Das Schloss selbst, das in seinen Ursprüngen (Tour Hagard) bis ins 9. Jh. zurückreicht und im 16. Jh. in ein Renaissanceschloss verwandelt wurde, wird nach wie vor von der Familie La Roche Aymon bewohnt und ist Besuchern nicht zugänglich.

Südlich der Stiftskirche, in der Rue de la Raquette Nr. 6, findet man das **Maison de la Prévôté** *(geöffnet Di - Fr 11 - 12.30 Uhr +15 - 18 Uhr, Sa + So 10 - 12 Uhr + 15 - 18 Uhr)*. Das Gebäude, das einstmals als Vogtei (Sitz der Stadtverwaltung) diente, entstand schon im 15. Jh. und ist somit eines der ältesten Profanbauten der Stadt.

St-Aignan war zu jener Zeit unter den Grafen von Beauvillier ein Städtchen mit Privilegien. Den Herren von St-Aignan oblag die Gerichtsbarkeit für die Region ebenso wie die Steuerhoheit und die Kontrolle über Maße und Gewichte. Heute werden die Räumlichkeiten der Vogtei für Ausstellungen genutzt.

*ROUTE: Von St-Aignan südwärts über die D675 Richtung Chatillon-sur-Indre nach **Nouans-les-Fontaines** (Kirche mit sehenswertem Bild*

PRAKTISCHE HINWEISE – ST-AIGNAN (LOIR-ET-CHER)

 Office de Tourisme [Parkplatz, WP 059 / N47° 16′ 8.1″ E1° 22′ 24.3″], 60, rue Constant Ragot, 41110 St-Aignan, Tel. +33 (0)2 54 75 22 85; www.ville-staignan.com. *Geöffnet März - Mai + Okt. Mo - Sa 9.30 - 12.30 + 14 - 18 Uhr; Juni - Sept. Mo - Sa 9.30 - 12.30 + 14 - 18.30 Uhr, So 10 - 13 Uhr; Juli + Aug. Mo - Sa 9.30 - 12.30 + 14 - 19 Uhr, So 10 - 12.30 + 14 - 17 Uhr.*

 CAMPING

Camping Municipal les Cochards [WP 060 / N47° 15′ 52.2″ E1° 23′ 16.0″], 1, rue du Camping, Tel. +33 (0)2 54 75 15 59; www.lescochards.com; 1. Apr. – 22. Sept.; am östl. Stadtrand, Zufahrt über D17. Ebenes Wiesengelände mit Baumbestand, am Cher. Ca. 4 ha – 100 Stpl.; Standard-Sanitärausstattung. Restaurant, Kiosk, Waschmaschine, Trockner, Schwimmbad. Fahrradverleih. WLAN. Mietbungalows. V & E für Wohnmobile.

 WOHNMOBIL-STELLPLATZ

 Wohnmobil-Stellplatz Aire de Camping-car Park de Saint-Aignan [WP 061 / N47° 15′ 57.29″ E1° 22′ 39.98″], 15 Blvd. Valmy. **Zufahrt/Lage:** Von der Ortsumfahrung D675 am östlichen Ortsrand am Place Valmy südwärts auf den Blvd. Valmy abzweigen und noch ca. 1 km zum Platz. **Ausstattung:** Ebener, schattenloser, asphaltierter Platz für 29 Wohnmobile. V & E-Säule mit Frischwasser, Ausguss für Grauwasser und Chemikaltoilette. Strom. **Geöffnet:** Ganzjährig. **Gebühr:** Pauschale inkl. 2 Personen.

Blick über den Fluss l'Indrois zum Schloss Montrésor

„*Kreuzabnahme*". *Dort westwärts über die D760 nach* **Montrésor**.

Etwa zwei Kilometer außerhalb von St-Aignan Richtung Nouans liegt westlich der D675 der **Zoo Parc de Beauval [Parkplatz/Stellplatz, N47° 14' 47.7" E1° 21' 14.9"]** *(geöffnet Apr. - Juni + Sept. 9 - 18 Uhr; Juli + Aug. 9 - 19 Uhr; März + Okt. 9 - 17 Uhr; Nov. - Feb. 9 - 16.30 Uhr; www.zoobeauval.com).* In einem weitläufigen, hügeligen und teilweise sehr romantisch wirkenden Naturpark findet der Besucher ein **Tropenhaus, Vivarium und Aquarium**. Insgesamt gibt fast 8.000 Tiere im Park. Derzeitige Attraktion sind zwei Riesenpandas mit Nachwuchs. Neben einem weitläufigen Gehege mit Elefanten, können Großkatzen und andere exotische Tiere bestaunt werden.

Wer sich besonders für Burgen und Schlösser in der Touraine interessiert, sollte in **Montrésor** Halt machen. Über den Ufern des Flüsschens l'Indrois liegt das stattliche **Schloss von Montrésor [Parkplatz, WP 062 / N47° 9' 22.8" E1° 12' 7.3"]** *(geöffnet 1. März - 30. Juni tgl. 10 - 18 Uhr; 1. Juli - 31- Aug. tgl. 10 - 19 Uhr; 1. Sept. - 15. Nov. tgl. 10 - 18 Uhr; www.chateaudemontresor.com).*

Schon um 1005 hatte der berüchtigte Haudegen Foulco Nerra, Herzog von Anjou, seinen Heerführer Capitaine Roger, der den Beinamen „Le Petit Diable" (der kleine Teufel) trug, mit dem Bau einer Festung beauftragt, um den Zugang in die Touraine zur damaligen Zeit besser kontrollieren zu können. Roger wählte als Standort einen Felsrücken am Nordufer des Flüsschens l'Indrois. 1493 kam das Anwesen an Ymbert de Bastarnay. Er hatte sich an Stelle der mittelalterlichen Burganlage einen fürstlichen Herrensitz im Renaissancestil errichten lassen.

Der von schlanken Rundtürmchen flankierte Bau mit je fünf Kreuzfenstern in den Etagen zum Flüsschen l'Indrois hin und Lukarnen am Dachansatz, stammt aus dem 16. Jh. Von der alten Festung sind noch Reste eines Turms erhalten.

Sehenswert ist die Möblierung der **Schlossräume**, sowie deren Gemälde und Kunstgegenstände. Die Räume sind seit der Restaurierung durch den späteren Besitzer Graf Branicki Mitte des 19. Jh. unverändert geblieben. Graf Branicki stand während des Krimkrieges in Diensten Kaiser Napoleons III. (einem Neffen Napoleon Bonapartes) und war später nach Frankreich emigriert.

Die **Kirche** von Montrésor entstand etwas später als das Schloss. In ihr befindet sich das marmorne **Grabmal der Grafen Bastarnay** mit drei Liegefiguren und einem Sockel mit den zwölf Aposteln.

Mein Tipp! Gehen Sie vom Schloss durch die Grande Rue hinab ins Tal und folgen Sie der Grande Rue noch ein kurzes Stück nach rechts (nach Westen), bis gegenüber vom alten Hôtel de France eine kleine Seitengasse zu einer der wenigen Brücken über das nahe Flüsschen l'Indrois führt. Am gegenüberliegenden Ufer verläuft **Les Balcons de l'Indrois**, ein lauschiger, romantischer Spazierweg, von dem aus man immer wieder einen schönen Blick auf das Städtchen und das darüber aufragende Schloss hat.

In einem Straßenzug hinter dem Rathaus von Montrésor hatte sich in früheren Jahren ein florierender Woll- und

CAMPING

Chemillé-sur-Indrois bei Montrésor

Camping Les Côteaux du Lac [WP 063 / N47° 9' 28.4" E1° 09' 37.2"], Tel. +33 (0)2 47 92 77 83; www.lescoteauxdulac.com; 23. März – 6. Okt.; von Montrésor auf der D10 ca. 4 km westwärts Richtung Genillé und zum Ort abzweigen und 1 km weiter südwestwärt; gepflegtes, leicht zum See geneigtes Rasengelände mit jungem Baumbestand oberhalb eines idyllischen Sees in ruhiger, ländlicher Lage, durch Hecken parzelliert, zum See wg. hoher, dichter Bäume keine Aussicht, zur wenig befahrenen Straße eine Reihe hoher Laubbäume. Neben einem ausgedehnten Naherholungsgebiet mit großem Parkplatz; 1,5 ha – 55 Stpl.; Komfort-Sanitärausstattung. Cafeteria, Waschmaschine, Schwimmbad, Fahrradverleih, Tennis, Mietbungalows, V & E für Wohnmobile. Der Radwanderweg Nr. 2 führt am Platz vorbei.

WOHNMOBIL-STELLPLATZ – MONTRÉSOR

Wohnmobil-Stellplatz Montrésor Aire Municipal [WP 064 / N47° 09' 27.9" E1° 12' 7.3"], rue du 8 Mai. **Zufahrt/Lage:** Zufahrt am Kreisverkehr der Umgehungsstraße Gabelung D10/D11 Richtung Genillé am westlichen Ortsrand von Montrésor, oberhalb und neben den Tennisplätzen bei den städtischen Sportplätzen. **Ausstattung:** Betonierte Fläche mit Platz für 25 Wohnmobile. Kein Strom. V & E-Säule mit Bodenauslass für Abwässer an der Platzeinfahrt. **Gebühr:** Kostenlos. **Geöffnet:** Ganzjährig zugänglich.

Kein fürstliches, für die Region typisches Taubenhaus, sondern die Chapelle St-Jean-du-Liget, bei Loches

Getreidemarkt etabliert, der einst den Wohlstand der Stadt begründet hat. Die historische **Woll- und Getreidemarkthalle** dort konnte vor einigen Jahren restauriert und in ein interessantes, kleines Museum umgewandelt werden.

ROUTE: *Schöne Fahrt von Montrésor auf der D760 westwärts nach **Loches**, 17 km.*

Unterwegs passiert man am Nordrand des Forêt de Loches die links der Straße gelegene, ausgedehnte und von hohen Mauern umgebene Anlage der **Chartreuse du Liget**, die bis zur Französischen Revolution als Kloster genutzt wurde.

Nur wenig weiter sollte man von der Straße links (südwärts) auf einen landwirtschaftlichen Fahrweg abzweigen, um zur ca. 300 m von der Hauptstraße entfernten **Chapelle St-Jean-du-Liget [N47° 08' 21.8" E1° 07' 20.9"]** zu gelangen. Man parkt an der Straße und geht über den Feldweg das kurze Stück bis zur Kapelle, die rund und schlicht mitten in den Feldern liegt und eher an eines jener typischen Taubenhäuser erinnert, als an eine Betstätte. Im Inne-

ren sind Reste uralter Fresken erhalten. Bei unseren letzten Besuchen war die Kapelle allerdings immer geschlossen.

Kurz vor Loches kommt man durch **Beaulieu-lès-Loches**. Das Städtchen am Ostufer der Indre wartet mit einer sehenswerten **Abteikirche** auf. Das vornehmlich im romanischen Stil gehaltene Gotteshaus ist der verbliebene Teil eines im frühen 11. Jh. von Foulco Nerra gegründeten Klosters.

Loches [Parkplatz am Bahnhof WP 065 / N47° 7' 50.6 E1° 0' 0.8"], am Fluss Indre gelegen, wird – ähnlich wie Chinon – überragt von einer mächtigen, ausgedehnten, auf einem Felsrücken gelegenen Zitadelle. Diese mittelalterliche Oberstadt, die **„Cité"**, ist noch ausgezeichnet erhalten.

Etwa seit dem 6. Jh. war die strategisch wichtige Cité von Loches bis ins 15. Jh. ein Machtzentrum des Adels und der französischen Könige.

Bis ins 13. Jh. war Loches im Besitz der Grafen von Anjou. Einer von ihnen war der berüchtigte Foulco, der schwarze Falke.

Heinrich II. Plantagenêt von Anjou machte aus Loches eine mächtige Festung, die nach seinem Tode sein Sohn Richard Löwenherz übernahm.

Im 12. Jh. war Loches stark umkämpft, bis die Zitadelle Mitte des 13. Jh. von König Ludwig IX., dem Heiligen, erworben wurde. Seitdem war Loches königliche Residenz.

Einer der letzten Könige, die in Loches residierten, war Karl VII. König Karl VII. hatte allerdings wenig Ambitionen, sein Reich dem drohenden Zugriff der Engländer zu entziehen. Er gab sich der Jagdleidenschaft hin, war lieber in amouröse Abenteuer verstrickt und ließ sich die schönsten Töchter der Touraine zuführen.

Eine der langjährigen Favoritinnen Karls VII. war die schöne Agnès Sorel. Sie wohnte in den königlichen Gemächern,

König Karl VII.

Agnès Sorel

liebte kostbares Geschmeide und edle Stoffe und machte den Hof von Loches zu einem Ort luxuriöser Festlichkeiten.

Für die ehrbaren Frauen des Landes allerdings blieb Agnès Sorel Zeit ihres Lebens eine provokante Kurtisane, die sich ihres Rufes außerhalb des Hofes offenbar durchaus bewusst war. Denn wie das Werk einer reuigen Sünderin nehmen sich die Zuwendungen aus, die sie der Stiftskirche Notre Dame de Loches vor ihrem Tode in reichem Maße zukommen ließ.

Agnès Sorel starb früh in der Blüte ihrer Jahre am 9. Februar 1450 im Alter von nur 28 Jahren. Der Maler Jean Fouquet machte sie mit seinem Bild „Jungfrau von Melun" unsterblich und François Clouet stellte Agnès Sorel in seinem berühmten Bild mit geöffnetem Dekolleté, entblößter Brust und unschuldig niedergeschlagenen Augen dar. Von Voltaire stammt der Wahlspruch für die Lieblingskurtisane Karls VII.: „Ich bin Agnès! Es liebe Frankreich und die Liebe!".

Und hier in Loches war es, wo Johanna von Orléans 1429 mit dem Dauphin Karl VII. zusammentraf und ihn nach ihrem Sieg von Orléans nach Reims zur Krönung führte.

Man betritt die mittelalterliche **„Oberstadt"** durch die **Porte Royale [N47° 7' 36.6" E0° 59' 49.9"]**, mit „Le Château" gut beschildert.

Bevor man zur gegenüber an der Ostseite gelegenen Kirche St. Ours geht, passiert man das linkerhand gelegene **Maison-Musée Lansyer** in der Rue Lansyer *(geöffnet 15. Mai - 7. Juli + 4. Sept. - 10. Nov. Mi, Sa, So 10.30 . 12 + 14 - 16 Uhr; 10. - 21. Juli + 28. Aug. - 1. Sept. Mi - So 10.30 - 12 + 14 - 16 Uhr; 24. Juli - 25. Aug. Mi - So 10 - 12 + 14.30 - 16.30 Uhr; www.ville-loches.fr/maison-musee-lansyer-article-3-21-91.htm)*. Zu sehen sind eine Gemäldesammlung des Landschaftsmalers Lansyer, einem Sohn der Stadt Loches des späten 19. Jh., und Ausstellungen des Regionalmuseums mit heimatkundlichen Exponaten aus der Touraine.

Am Museum hält man sich rechts und geht hinüber zur **Kirche St. Ours-La Collégiale-Saint-Ours** *(geöffnet 1. Apr. - 31. Okt. tgl. 9 - 20 Uhr; 1. Nov. - 31. Dez. tgl. 9.30 - 17 Uhr)*. Die Kirche, die dem heiligen Ours geweiht ist, der die

Grabmal der Agnès Sorel in der Kirche St. Ours

Touraine im 5. Jh. zum Christentum führte, stammt aus dem 11. und 12. Jh. Auffallend und bemerkenswert ist der Kirchenbau wegen seiner beiden **Pyramidentürme** zwischen dem Portalturm und dem Hauptturm, die das Dachgewölbe des Hauptschiffes bilden. Das ursprüngliche Dach der Kirche war schon kurz nach Fertigstellung wieder eingestürzt. Der damalige Prior der Stiftskirche, Thomas Pactius, veranlasste, dass das Kirchenschiff nun mit zwei achteckigen Türmen, sog. „Duben" überdacht werden sollte. Das Resultat waren recht außergewöhnliche Konstruktionen, die gänzlich aus Stein errichtet sind und ohne jedes Stützgebälk auskommen. Schönes romanisches Portal mit Farbresten und bemerkenswertem Rippengewölbe im Portalturm.

Beachtung in der Kirche St. Ours verdient natürlich das **Grabmal der Agnès Sorel**. Agnès Sorel, die Tochter eines Edelmanns des unteren Adels aus der Picardie, Jean Soreau, kam in jungen Jahren als Gesellschafterin Isabells von Lothringen an den Hof in Chinon. 1435 wurde sie im Alter von 13 Jahren dem rund zwanzig Jahre älteren Dauphin Karl vorgestellt. Offenbar war die gegenseitige Zuneigung groß, denn Agnès eroberte sich unversehens den Rang der ersten Favoritin des künftigen Königs. Bis zu ihrem Tode übte Agnès Sorel großen, positiven Einfluss auf den depressiv veranlagten späteren König Karl VII. aus.

Die schöne Agnès starb am 9. Februar 1450, 28 Jahre alt an „Bauchausfluss" wie es heißt. Ob darunter die Folgen einer Fehlgeburt zu verstehen sind, ist unbekannt.

Es gibt auch Quellen aus denen zu entnehmen ist, dass Agnès Sorel von dem späteren König Ludwig XI., dem Sohn Karl VII., vergiftet worden sein soll. Denkbar wäre diese Darstellung durchaus.

In der Zeit in Chinon stellte ihr der junge Ludwig hartnäckig nach und versuchte recht aggressiv die Zuneigung der schönen Favoritin seines Vaters zu erringen mit dem Ziel, seinen Vater vom Thron zu drängen. Agnès entzog sich dem zudringlichen Ludwig schließlich dadurch, dass sie sich an den Hof von Loches begab, wo sie eine prächtige Hofhaltung entfaltete.

Agnès Sorel wurde ihrem Wunsch entsprechend in der Stiftskirche St. Ours beigesetzt. Als die Chorherren plötzlich Bedenken über die „Vergangenheit" der königlichen Konkubine bekamen, wollten sie, dass das Grab in das königliche Schloss verlegt werden sollte. Der König dämpfte die moralischen Ambitionen des Klerus damit, dass er verlangte, dass dann auch die umfangreichen Schenkungen, mit denen Agnès die Stiftskirche reichlich bedacht hatte, zusammen mit den sterblichen Überresten in das königliche Schloss zurückkämen.

In der Zeit der Revolution wurde das Grabmal beschädigt. 1970 wurde es restauriert und in das Schloss verlegt. Heute findet man das Grabmal der Agnès Sorel wieder in der Kirche

Die Liegefigur aus weißem Stein stellt Agnès Sorel mit kronenähnlichem Diadem und gefalteten Händen dar. Ihr Haupt, das auf einem Kissen ruht, wird von zwei Engeln flankiert, während am Fußende zwei ruhende Schafe zu sehen sind, die als Symbole der Sanftmut gelten.

Von der Kirche geht man links zum **Königlichen Schloss (La Logis Royal)** *(geöffnet 1. Apr. - 30. Sept. tgl. 9 - 19 Uhr; 1. Okt. - 31. März tgl. 9.30 - 17 Uhr, letzter Einlass 30 Minuten vor Schließung; www. chateau-loches.fr)*. Das Schlossgebäude setzt sich aus drei unterschiedlich alten Teilen zusammen – dem **Rundturm** aus dem 13. Jh., auch „Turm der Agnès Sorel" genannt, dann dem Flügel **Vieux Logis** aus dem 14. Jh. mit dem Saal Karls VII. und dem Saal der Jeanne d'Arc und schließlich dem Flügel **Nouveau Logis** aus dem 16. Jh., der mit dem **Oratorium von Anne de Bretagne** abgeschlossen wird. Von der Schlossterrasse an der Ostseite aus gesehen, von der man übrigens auch einen schönen Blick auf die Stadt hat, sind die einzelnen Gebäudeteile gut zu unterscheiden.

Durch den **Saal Karls VII.,** links vom Turm der Agnès Sorel, betritt man das Königliche Schloss. Der Saal war eines der Gemächer Karls VII. in dem er private Gäste empfing und in dem sicher auch die schöne Agnès ein und aus ging.

Man sieht eine Kopie der Handschrift, die den Prozess gegen Jeanne d'Arc in Rouen 1431 protokolliert und ein Portrait Karls VII. (Kopie des Originals von Jean Fouquet, das im Louvre hängt). Beachtung verdient auch der prächtige flämische Wandteppich aus dem 16. Jh. mit dem Bildmotiv „Musikallegorie".

Man kommt in den **Saal der Jeanne d'Arc**. Es war der Festsaal der Könige. Hier empfingen sie ihre Lehnsherren, hier wurde königlich getafelt, getanzt und gefestet. In diesem Saal, der ursprünglich viel höher war und bis zum Dachstuhl reichte, soll die „Jungfrau von Orléans" nach ihrem spektakulären Sieg gegen die Engländer vor Orléans 1429 erneut mit Karl VII., dem damals noch ungekrönten Thronfolger Frankreichs, zusammengetroffen sein. In einer dramatischen Rede beschwor sie ihren „edlen Dauphin", sich zur Krönung nach Reims zu begeben. Mit Erfolg wie die Geschichte zeigt. In dem nur spärlich ausgestatteten Raum sieht man Rüstungen und Wandteppiche.

Der nächste Raum liegt bereits im Trakt der Nouveau Logis. Hier war lange Zeit das Grabmal der Agnès Sorel untergebracht. Erst vor einigen Jahren wurde es wieder an seinen angestammten Platz in der Kirche St. Ours zurückverlegt.

Im Saal sieht man außerdem eine Kopie des berühmten Porträts von Agnès Sorel von Jean Fouquet.

Im nächsten Saal ist ein **Triptychon** aus dem 15. Jh. zu bewundern, das neben den Grabmal der Agnès Sorel mit zu den größten Sehenswürdigkeiten im Schloss zählt. Der Künstler des Triptychons, das Kreuzigungsszenen darstellt, ist unbekannt. Das Werk wird aber der Schule von Jean Fouquet zugeschrieben.

Schließlich gelangt man in den **Saal Karls VIII.** Auf dem Kamin steht eine Büste Karls VIII. Das Bild darüber, eine Kopie des Originals in Wien, stellt Maximilian von Österreich und dessen Familie dar. Die Porträts rechts und links

Logis Royal, Schloss in Loches

davon zeigen Karl VIII. und Anne de Bretagne.

Der letzte Raum ist das Oratorium, die **Privatkapelle von Anne de Bretagne** mit einem kleinen gotischen Altar und schönen Wanddekorationen.

Vom Schloss geht man nun an das entgegengesetzte Ende der Oberstadt. Dort erhebt sich unübersehbar und gewaltig der viereckige **Donjon**, ein stark befestigter Bergfried aus den Anfängen des 11. Jh. Er ist der älteste Teil der Oberstadt und wurde wahrscheinlich unter dem Grafen von Anjou Foulco Nerra begonnen.

Der Donjon war berüchtigt für seine Folterkammern und Verliese, die sich vor allem im **Runden Turm** an der Westseite befinden. Bis 1801 sind diese Kerker Staatsgefängnis geblieben und dienten anschließend noch bis 1926 als Départementsgefängnis.

In einem der Kellerverliese soll der Kardinal *Jean Balue* gefangen gehalten worden sein. Der aus einfachsten Kreisen zum Ratgeber König Ludwigs XI. aufgestiegene Gottesmann kümmerte sich aber weniger um das Seelenheil seines Herrn als vielmehr um Verrat und Intrigen. Der Kardinal wurde ent-

larvt und im Runden Turm eingekerkert, wo er angeblich in einem der legendären „Käfige von Loches" fast zwölf Jahre lang bis 1480 schmachten musste.

Diese von Ludwig XI. ersonnenen Käfige waren nur 1,75 m lang und 1,50 m hoch und sie wurden etwa zwei Meter über dem Boden aufgehängt. Der Gefangene konnte in den Käfigen weder richtig stehen noch liegen, auf Dauer eine unmenschliche Folter, die kaum jemand jahrelang überlebt haben dürfte. Es wird deshalb davon ausgegangen, dass diese Käfige nur zum Gefangenentransport verwendet wurden und Kardinal Balue höchstens nachts darin eingesperrt war.

Weitere Verliese findet man im **Martelet** an der Südseite des Donjon. In einem der unterirdischen Kerker war der Herzog von Mailand, Ludovico Sforza, acht Jahre lang bei fast völliger Dunkelheit gefangen. Als man ihn endlich freiließ, soll er vom Tageslicht geblendet tot umgefallen sein.

Sforza hat die Wände seiner Zelle mit Fresken bemalt. Und unter den Inschriften, die der Herzog an der Wand anbrachte ist auch zu lesen: „Celui qui n'est pas contant" was soviel wie „derjenige, der nicht zufrieden ist" bedeutet, und in Anbetracht der misslichen Lage in der Ludovico Sforza sich hier befand, sehr moderat klingt.

In einem der darunter liegenden Kerker soll (historisch belegt ist es nicht) der Graf von Saint Vallier, der Vater von Diane de Poitiers, während der Zeit Franz I. für die Beteiligung an einer Verschwörung gegen den König gebüßt haben. Nur die inständige Bitte Dianes, die vor ihrer Liaison mit Heinrich II. eine der ersten Geliebten Franz I. gewesen sein soll, hatte ihren Vater buchstäblich in letzter Minute vor dem Fallbeil bewahrt.

Anschließend kann man zurück zum Ausgangspunkt des Rundgangs durch die Oberstadt „Cité" an der Porte Royal und weiter in den alten Stadtteil **Vieille Ville** (St-Antoine Turm, Rathaus) nördlich der Cité gehen. Im Stadtbereich südlich des Schlosses und ganz in der Nähe des Campingplatzes La Citadelle kann man auf Führungen den unterirdischen einstigen Steinbruch **Carrière troglodyte Vignemont [N47° 7' 23.5" E1° 0' 2.5"]** besichtigen, 52 rue des Roches *(geöffnet 4. Apr. - 1. Nov. tgl. 11 - 18 Uhr; 8. Feb - 8. März tgl. 11 - 18 Uhr; www.carriere-de-vignemont.fr)*. Hier wurde lange Zeit der fast weiße Kalkstein gebrochen, aus dem viele Schlösser, Herrensitze und Profanbauten in der Region errichtet worden sind, die dadurch nicht zuletzt mit dazu beitrugen, den Städten einen hellen, freundlichen Ausdruck zu verleihen. In dem ausgedehnten, insgesamt fast 5 km langen (rund 750 m sind beleuchtet und für Besucher zugänglich) unterirdischen Labyrinth mit teils riesigen Räumen kann es auch im Sommer empfindlich kühl sein! Nehmen Sie auf Besichtigungen etwas zum Überziehen mit.

PRAKTISCHE HINWEISE – LOCHES (INDRE-ET-LOIRE)

 Office de Tourisme [N47° 7' 46.8" E0° 59' 56.3"], Place de la Marne, 37600 Loches, Tel. +33 (0)2 47 91 82 82; www.loches-valdeloire.com. *Geöffnet Juli - Aug. Mo - Sa 9 - 12.30 + 13.30 - 19 Uhr, So + feiertags 10 - 12.30 - 14 - 18 Uhr; Sept. Mo - Sa 9 - 12.30 + 13.30 - 18 Uhr, So + feiertags 10 - 12.30 + 14 - 17 Uhr.*

CAMPING

 Camping La Citadelle [WP 066 / N47° 07' 22.1" E1° 00' 7.2"], Ave. Aristide Briand, Tel. +33 (0)2 47 59 05 91; www.lacitadelle.com; 1. Apr. – 5. Okt.; im südl. Stadtbereich bei den städt. Sportanlagen, an der Straße nach Perrusson; ebenes Wiesengelände zwischen einem Arm des Flusses Indre und einer Bahnlinie, durch Fahrwege, Hecken und Laubbäume vielfach unterteilt. Spezielle, ermäßigte „Stop-Nuitée-Plätze" (max. 50 qm) für eine Übernachtung zwischen 18 Uhr und 10 Uhr. Ca. 4,5 ha – 100 Stpl. + Dau.; gute Standard-Sanitärausstattung. Restaurant, Imbiss, Kiosk, WLAN, Schwimmbad, 30 Mietbungalows/-caravans. Noch in Gehnähe zum Schloss. V & E Station.

WOHNMOBIL-STELLPLATZ

  Wohnmobil-Stellplatz Aire de Camping-cars P2 Loches [WP 067 / N47° 07' 59.4" E1° 00' 00.7"]. Zufahrt/Lage: Am Bahnhof. **Ausstattung:** Kleine, sehr beengte Stellplatzmöglichkeit am Ende des langgestreckten Pkw-Parkplatzes am Bahnhof, Schotterplatz, 8 Stellplätze, außer Mülltonnen keine Einrichtungen. **Geöffnet:** Ganzjährig zugänglich. **Gebühr:** Kostenlos.

TOUR 8: LOCHES (Indre-et-Loire) – CHENONCEAUX (Indre-et-Loire)

Länge der Tour: Rund 50 km.

Die Route: Über D31/D764 nach **Montpoupon** – D764 nach **Le Liège** – D52 nach **Bleré** – 976 nach **Chenonceaux**.

Reisedauer: Mindestens ein Tag.

Höhepunkte: Das **Schloss Montpoupon** – das **Schloss Chenonceau** ***.

ROUTE: *Weiterreise ab Loches nach Nordosten und über die D31 bis zum Abzweig der D764, der wir über* **Genillé** *und* **Le Liège** *bis* **Montpoupon** *folgen.*

Den Wald von Loches durchqueren fast schnurgerade Straßen, die in größeren Abständen von einigen hohen, pyramidenförmigen Steinobelisken aus dem 18. Jh. markiert werden.

Schloss Montpoupon [Parkplatz, WP 068 / N47° 15' 10.1" E1° 08' 35.1"] *(geöffnet Apr. - Sept. tgl. 10 - 19 Uhr; Feb., März, Nov. Sa + So 10 - 13 + 14 - 17 Uhr;*

Schloss Montpoupon

Okt. tgl. 10 - 18 Uhr; letzter Einlass 1 Stunde vor Schließung; www.montpoupon.com) wirkt durch seine mächtigen Türme vor allem von weitem recht eindrucksvoll. Diese Türme sind allerdings der letzte Rest einer bereits im 13. Jh. entstandenen Burganlage. Der gotische Haupttrakt des Schlosses, wie man es heute sieht, stammt aus dem 15. Jh. Und der sehenswerte Eingangspavillon stammt aus der Zeit gut hundert Jahre später.

Zu den bemerkenswerten Sehenswürdigkeiten von Montpoupon zählen– neben einigen **Salons im Schlossgebäude** – vor allem das **Jagdmuseum Musée du Veneur**, aber auch die Wirtschaftsräume und hier vor allem die **Schlossküche**, die Stallungen, Sattelkammer, Werkstätten und Remisen.

ROUTE: *Ab Montpoupon zunächst knapp 3 km zurück bis **Le Liége**. Dort rechts (nordwestwärts) auf der D52 5 km bis **Luzille** und über die D80 und über den Fluss Cher schließlich nach **Chenonceaux**.*

Chenonceaux, eine eigentlich belanglose Kleinstadt am Fluss Cher, ist wegen seines berühmten, wunderhübschen Schlosses eines der am meisten besuchten Touristenziele in Frankreich.

Es stehen **zahlreiche Parkplätze** sowie ein separates **Parkplatzareal für Wohnmobile [WP 069 / N47° 19′ 48.4″ E1° 04′ 02.1″]** am Ende des Pkw-Parkplatzes zur Verfügung. Das Übernachten dort ist jedoch nicht erlaubt!

Für die Schlossbesichtigung sollten Sie sich mindestens zwei Stunden Zeit nehmen.

Schloss Chenonceau ist geöffnet 6. Apr. - 29. Mai + 30. Sept. - 11. Nov. tgl. 9 - 18 Uhr; 30. Mai - 5. Juli + 19. Aug. - 29. Sept. tgl. 9 - 19 Uhr; 6. Juli - 18. Aug. tgl. 9 - 19.30 Uhr; 1. Jan. - 5. Apr. tgl. 9.30 - 17 Uhr; 12. Nov. - 20. Dez. tgl. 9.30 - 16.30 Uhr; 21. - 31. Dez. tgl. 9.30 - 17.30 Uhr; letzter Einlass 30 Minuten vor Schließung; www.chenonceau.com.

Promenades Nocturnes, nächtliche Spaziergänge durch den Park und die Ziergärten von Chenonceau, begleitet von Lichteffekten, Schlossbeleuchtung und Musikuntermalung werden an drei Tagen Mitte Juli und an 4 Tagen Mitte

Schloss Chenonceau am Fluss Cher

August von 21.30 bis 23.30 Uhr veranstaltet; www.chenonceau.com/agendas/promenades-nocturnes/.

Ursprünglich war **Schloss Chenonceau** (der Schlossname schreibt sich im Gegensatz zum Ortsnamen ohne x) ein Herrensitz bei einer befestigten Mühle, die mitten im Cher stand.

Die Besitzer, die Familie Marques, verarmten irgendwann. Jahrelang konnten sie ihre Defizite nur durch den Verkauf von Teilen ihres Anwesens finanzieren. Und jedesmal war der Käufer derselbe, der königliche Finanzsekretär Bohier.

Geduldig nach Bankerart wartend, konnte Thomas Bohier das Anwesen nach fast zwanzig Jahren zu Beginn des 16. Jahrhunderts schließlich übernehmen. Als Finanzkontrolleur dreier Könige, zuletzt von Franz I., hatte Monsieur Bohier wohl keine Geldprobleme. Er begann 1513 auf den Mauern der abgebrochenen Mühle, von der nur noch der freistehende Rundturm erhalten ist, mit dem Bau eines eleganten Herrensitzes, der als eines der gelungensten Meisterwerke der Renaissance gilt.

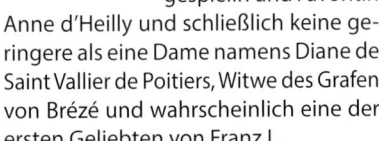

Diane de Poitiers

Da Thomas Bohier in königlichen Diensten mehr unterwegs als zu Hause war, oblag es seiner Frau Catherine Briçonnet, die Bauarbeiten in Chenonceau zu beaufsichtigen. Und Madame Briçonnet hatte offensichtlich eine glückliche Hand. Ganz zweifellos ist es ihr zu verdanken, dass aus Chenonceau dieses einladende, elegante Schlösschen wurde.

Aber siehe da, auch der Finanzmann geriet in Geldnot. Ob er in diesem Zusammenhang (an der Quelle saß der Knabe) seine Position missbrauchte ist nicht bekannt. Sicher ist nur, dass nach seinem Tode Franz I. die Finanzen überprüfen ließ. Dabei wurden Unregelmäßigkeiten aufgedeckt, die Thomas Bohier angelastet wurden. Sein Sohn schließlich musste, um die Schulden der Familie zu begleichen, Schloss Chenonceau an König Franz I. abtreten, offiziell hieß es, um dem König gefällig zu sein. Andere Schilderungen berichten, dass Franz I., dem Chenonceau sehr gefiel, schlicht seine Macht demonstrierte und Chenonceau kurzerhand den königlichen Besitzungen zuschreiben ließ.

Franz I. hielt sich sehr gerne in Chenonceau auf, wo er regelmäßig mit seiner „kleinen Bande" eintraf. Zu diesem intimen Kreis des Königs gehörten Königin Eleonore von Österreich, seine zweite Gemahlin, dann seine Schwiegertochter Katharina von Medici und sein Sohn, der Dauphin Heinrich, weiter seine Lieblingsgespielin und Favoritin Anne d'Heilly und schließlich keine geringere als eine Dame namens Diane de Saint Vallier de Poitiers, Witwe des Grafen von Brézé und wahrscheinlich eine der ersten Geliebten von Franz I.

Heinrich II., Thronfolger von Franz I. und Nachbesitzer von Chenonceau, schenkte das hübsche, überaus intime Schloss seiner Maitresse Diane de Poitiers. Sie war es dann, die veranlasste, eine fünfbogige Brücke über den Cher zu bauen und die herrlichen Gärten anzulegen.

Erst nach dem unfreiwilligen Tausch zwischen Diane und Königin Katharina nach dem Tode Heinrichs II. wurde von der Medici die zweigeschossige Galerie über die Brücke errichtet, der Chenonceau sein unvergleichliches Aussehen verdankt.

Hier auf Chenonceau, der Lieblingsresidenz von Diane de Poitiers, traf sich

König Heinrichs II. mit der rotblonden und genauso hübschen, wie zielstrebigen und machtbewussten Kurtisane zu seinen Schäferstündchen. Dianes Auftreten und Einfluss bei Hofe und natürlich ihre Liaison mit dem König waren ein ständiger Dorn im Auge der Königin Katharina de Medici. Und glaubt man der Überlieferung, ließ Katharina eines Tages ein Guckloch in das Liebesgemach der Diane bohren, um endlich hinter das Geheimnis der Verführungskünste der Favoritin des Königs zu kommen.

König besonders ins Zeug gelegt haben. Und selbst noch das Gefolge habe den Fortgang des Geschehens an den Seufzern von Katharina mühelos mitverfolgen können.

Chenonceau, das „Schloss der Frauen", war während der Zeit von Katharina von Medici und Diane de Poitiers Schauplatz rauschender, glanzvoller und oft auch recht frivoler Feste.

Bei solchen Gelegenheiten setzte Katharina von Medici gerne ihre Ehrendamen, das berüchtigte „fliegende Schwadron" ein. Die hübschen, leicht geschürzten, der Königin sklavisch ergebenen und in Liebesdingen genauso wie im Nachspionieren versierten jungen Damen, sollten mit ihren Mitteln Intrigen und Verschwörungen auf die Spur kommen.

Im Laufe der Zeit war es Diane de Poitiers tatsächlich gelungen, Chenonceau dank ihrer königlichen Beziehungen zu erwerben. Nach dem Tode Heinrichs II., der 1559 einer Turnierverletzung erlegen war, wurde seine Witwe Katharina von Medici Regentin von Frankreich. Und eine ihrer ersten Handlungen war, ihre Erzrivalin Diane de Poitiers, deren Anwesenheit in Chenonceau sie zwangsweise und sehr diplomatisch jahrelang ertragen hatte, von Chenonceau nach Chaumont zu verbannen. Chaumont war damals im Vergleich zu Chenonceau eine düstere, grobe, unelegante Burg und für Diane mehr Exil als Residenz. Späte, aber si-

Kamin mit Porträt Katharina de Medicis im Saal der Diane de Poitiers, Schloss Chenonceau

Natürlich hatten die Höflinge Diane längst hinterbracht, dass beim nächsten Rendezvous die Königin höchst selbst im Nachbarraum auf Beobachtungsposten sei. Diane soll sich daraufhin bei ihrem Liebestreffen mit dem

cher nicht minder süße Rache der Königinwitwe.

Von Trauer überschattet sollten die kommenden Jahre auf Chenonceau sein. Katharina von Medici hatte das Schloss ihrer Schwiegertochter Louise von Lothringen vermacht. Louise war mit König Heinrich III., dem dritten Sohn Katharina von Medicis, verheiratet. Heinrich III., der 1574 den Thron bestiegen hatte, fiel 1589 einem Mordanschlag zum Opfer. Louise zog sich daraufhin ganz nach Chenonceau zurück, ging nach höfischer Sitte nur noch in Weiß und lebte völlig zurückgezogen in den vollkommen schwarz dekorierten Räumen des Schlosses.

1733 wurde Chenonceau vom damaligen Verwalter der königlichen Krongüter, Dupin, erworben. Madame Dupin führte auf Chenonceau einen gesellschaftlichen Salon, der zu einem beliebten Treffpunkt illustrer Vertreter aus Kunst und Kultur wurde.

Einer der namhaftesten Gäste der Dupins war Jean-Jacques Rousseau. In Chenonceau schrieb er den Roman „Émile". Madame Dupin lebte bis zu ihrem Ende in Chenonceau. Ihr und ihrem Ansehen und Rückhalt in der Bevölkerung ist es zu verdanken, dass Chenonceau die Wirren der Französischen Revolution unbeschadet überstehen konnte. Madame Dupin ist im Schlosspark beigesetzt.

Schlossbesichtigung

Im Eintrittspreis ist ein Visitor Guide (in 16 Sprachen erhältlich) inbegriffen. Möchte man den Schlossrundgang mit Unterstützung eines Audioguides, in 12 Sprachen erhältlich, machen, muss ein Ausweisdokument (Pass, Personalausweis, Führerschein) als Deposit hinterlegt werden.

Über eine lange, schnurgerade Allee durch den Park geht man auf das Schloss zu und gelangt – vorbei am Zugang zum sog. Labyrinth linkerhand, am ehemaligen Wirtschaftsgebäude rechts und vorbei an dem alten Rund-

turm der Marques' – über eine schmale Bogenbrücke in das Schloss.

Im Erdgeschoss besichtigt man die **Kapelle** mit einem Innenbalkon, von dem aus die Königinnen den Messen beiwohnten. Die Graphities an den Wänden stammen von der Schottischen Garde, die sich Mitte des 16. Jh. in Chenonceau aufgehalten hat. Die Bleiglasfenster der Kapelle sind neueren Datums. Die Originalfenster gingen bei einem Bombenangriff 1944 zu Bruch.

Außerdem sieht man den **Saal der Garde** mit herrlichen, flandrischen Wandteppichen aus dem 16. Jh. Dargestellt sind Szenen aus dem Schlossleben.

Man kommt in den **Saal der Diane de Poitiers**, das ehemalige Schlafgemach Dianes. Über dem herrlichen Kamin sieht man ein Portrait Katharina von Medicis, das von Jean Goujon stammt. Die Stühle sind mit Cordobaleder bezogen. Auch hier wieder schöne Wandteppiche mit den Motiven „Sieg der Nächstenliebe" und „Sieg der Stärke". Links vom Fenster ein Madonnenbild, das Murillo zugeschrieben wird.

Das **Grüne Kabinett** diente Katharina von Medici als Arbeitszimmer. Bemerkenswert die Decke, die aus dem 16. Jh. original erhalten ist. Das Gemälde über dem Kamin „Samson erschlägt den Löwen" stammt von Colsieus. An der Wand fällt ein großer Wandteppich durch seine bläuliche Färbung auf. Ursprünglich war der Wandteppich in grün gehalten. Und erst im Laufe der Jahrhunderte wandelte sich die Farbe.

Die **Bibliothek** ist ein kleiner Erkerraum mit einer gut erhaltenen Decke aus dem Jahre 1521.

Schließlich gelangt man in die **Galerie** mit ihrem schwarzweiß gemusterten Boden, die auf eine Länge von 60 m den Cher überspannt. Während des Ersten Weltkrigs war hier ein Lazarett eingerichtet und im Zweiten Weltkrieg wurde die Brücke von Widerstandskämpfern gelegentlich benutzt, um von der durch die deutsche Wehrmacht besetzten Seite, auf der das Schloss stand, in die „freie Zone" am anderen Cherufer zu gelangen.

Auf dem Weg zurück kommt man durch das **Vestibül** mit seinem eigenwilligen Kreuzgewölbe zum **Saal François I.** mit schönem Renaissancekamin und einem Wahlspruch des Erbauers von Chenonceau, Thomas Bohier: „S'il

Kamin im Schloss Chenonceau mit den Wappen von Franz I. (Feuersalamander) und Claude de France (Hermelin), links daneben „Ludwig XIV." von Rigaud

vient à point me souviendra", etwa „Wenn es mir gelingt (gemeint ist wohl der Schlossbau von Chenonceau), wird man sich meiner erinnern".

Rechts vom Kamin „Die drei Grazien" von Van Loo und ein wunderschön gearbeitetes Möbelstück aus dem 16. Jh. im Stil der italienischen Renaissance.

Außerdem ist ein Porträt Diane de Poitiers zu sehen. Die Wände sind mit bemaltem Leinen bezogen, Imitationen aus dem 19. Jh. Es wurde versucht die Struktur von Cordobaleder zu imitieren.

Der letzte Raum im Erdgeschoss ist der **Salon** mit einem wunderschönen Kamin. Darauf die Wappentiere von Franz I. und Claude de France, der Feuersalamander und der Hermelin.

Links vom Kamin „Ludwig XIV." von Rigaud, ein Geschenk des Sonnenkönigs zur Erinnerung an seinen Besuch in Chenonceau.

Rechts von der Tür „Der Jesusknabe und der hl. Johannes", ein Gemälde von Rubens. Außerdem weitere Porträts, darunter Madame Dupin weiter rechts.

Im Untergeschoss kann man die **Schlossküche** besichtigen, die in zwei Pfeilern eingerichtet ist, auf denen das Schloss im Cher ruht.

Die **Treppe** ins erste Stockwerk ist keine Wendeltreppe mehr, wie bis dahin üblich, sondern sie besteht aus zwei geraden Läufen. Eine aus Italien stammende Neuheit zu Beginn des 16. Jh., für die sich Madame Catherine Briçonnet, die die Bauarbeiten beaufsichtigte, entschieden hatte.

Zunächst kommt man in das **Vestibül** der Catherine Briçonnet mit Wandteppichen aus dem 17. Jh., die eine Parforcejagd darstellen.

Vom Treppenaufgang links liegen das 1970 restaurierte **Gemach der Gabrielle d'Estrées**, der Favoritin König Heinrichs IV. und gegenüber das **Zimmer der fünf Königinnen**. Gemeint sind damit die beiden Töchter (Elisabeth von Frankreich und Marguerite von Valois) und die drei Schwiegertöchter von Katharina de Medici (Maria Stuart, Elisabeth von Österreich und Louise von Lothringen), die alle die Königskrone trugen.

Vom Treppenaufgang rechts liegen das Gemach der **Katharina von Medici** und das im 19. Jh. komplett restaurierte **Vendômezimmer**, das nach César de Vendôme benannt ist, Sohn von Heinrich IV. und Gabrielle d'Estrées.

In den Gärten von Chenonceau

Schließlich ist im zweiten Stockwerk noch das **Zimmer der Louise von Lothringen** zu besichtigen. Die „Weiße Königin", wie Louise wegen ihrer weißen Trauerkleidung auch genannt wurde, zog sich nach der Ermordung ihres Gemahls Heinrich III. durch einen Mönch namens Jacques im August 1589 hierher zurück.

Außerhalb des Schlosses kann das **Musée de Cires**, ein Wachsfigurenkabinett, besichtigt werden. Es ist eingerichtet in dem Wirtschaftsgebäude vor dem Rundturm und zeigt Szenen und Gestalten aus der Geschichte des Schlosses. In dem selben Gebäudetrakt findet man **Toiletten**, ein **Selbstbedienungsrestaurant** mit großer Freiterrasse und das **Gourmetrestaurant „L'Orangerie"**.

Und ein Stück weiter kann man neben dem **Gemüsegarten** ein **Gehöft** mit Gebäuden aus dem 16. Jh. besichtigen.

Chenonceaux/Chisseaux
Camping de l'Écluse [WP 071 / N47° 19′ 44.5″ E1° 5′ 16.7″], Route de la plage, Tel. +33 (0)2 47 23 08 40; https://camping-de-lecluse-chisseaux.jimdo.com; 20. Apr. – 14. Sept.; am südlichen Ortsrand von Chisseaux, Zufahrt an der Nordseite der Cherbrücke; am nördlichen Ufer des Cher; ebene Wiese mit einigen Laubbäumen; ca. 1,5 ha – 54 Stpl.; Standard-Sanitärausstattung. Imbiss. Minigolf. Mietbungalows. Vor dem Platz Anlegestelle der Ausflugsboote.

Bléré
Camping Onlycamp la Gâtine [WP 072 / N47° 19′ 40.7″ E0° 59′ 49.0″], rue du Commandant Le Maître, Tel. +33 (0)2 47 57 92 60; www.onlycamp.fr/en/campsite-in-the-heart-of-the-loire-valley/camping-gatine-blere-37/; 5. Apr. – 13. Okt.; Zufahrt im Ort beschildert, Einfahrt beim Carrefour Supermarkt; ebenes, gepflegtes Wiesengelände, durch Laubbäume und Platzwege aufgelockert, hinter den städtischen Sportanlagen (öffentl. Schwimmbad) am südlichen Ufer des Flusses Cher; ca. 4 ha – 200 Stpl.; Standard-Sanitärausstattung, Waschmaschine,

Trockner, WLAN, Imbiss im Sommer. Mietzelte. V & E für Wohnmobile.

WOHNMOBIL-STELLPLATZ

Reignac-sur-Indre bei Bleré
Wohnmobil-Stellplatz Aire de Camping-car Municipal [WP 073 / N47° 13′ 45.11″ E0° 54′ 56.96″], rue Louis de Barberin. **Zufahrt/Lage:** Von Bleré auf der D31 südwärts Richtung Loches, nach 4 km zur D58 nach Reignac-sur-Indre abzweigen und noch ca. 1 km weiter zum Platz an der Indre. **Ausstattung:** Asphaltierter Parkplatz mit 5 Wohnmobilstellplätzen von Bäumen umgeben. V & E-Säule mit Frischwasser und Chemikaltoilettenausguss, befahrbarer Ausguss für Grauwasser. **Geöffnet:** Ganzjährig zugänglich. **Gebühr:** Für V & E-Säule.

Fluss Cher bei Chenonceaux, rechts Camping Le Moulin Fort, links Ausflugsboote-Anleger

TOUR 9: CHENONCEAUX (Indre-et-Loire) – AMBOISE (Indre-et-Loire)

Länge der Tour:	Rund 50 km.
Die Route:	Über die D176 bis **Montrichard** – D62/D139/D114 bis **Chaumont-sur-Loire** – D751 bis **Amboise**.
Reisedauer:	Mindestens ein Tag.
Höhepunkte:	Ein **Spaziergang durch Montrichard** – das **Schloss Chaumont ***** – das **Schloss in Amboise ***** – das Schlösschen **Clos-Lucé ***.

*ROUTE: Ab Chenonceaux über die D176 am nördlichen Cher-Ufer entlang ostwärts über **Chisseaux** und **Chissay-en-Touraine** nach **Montrichard**.*

Ab **Chisseaux** werden **Schiffsausflüge** auf dem Fluss Cher angeboten, von denen einige Fahrten über Schloss Chenonceau hinaus gehen, so dass man auf diesen Fahrten unter der berühmten Bogenbrücke des Schlosses hindurch fährt.

Die Ausflüge werden von 1. März bis 30. Okt. mit dem Flachschiff ‚La Gabare' und von 10. März bis 10. Nov. mit dem Flachschiff ‚l'Ambiaca' und von 1. Juni bis 10. Nov. mit dem Restaurantschiff ‚La Bélandre' durchgeführt. Diese Zeiten können aber Änderungen unterliegen! Abfahrtsort ist der Bootsanleger am Camping l'Ecluse.

Auch ab **Montrichard**, das nur einige Kilometer weiter östlich liegt, werden Bootstouren auf dem Cher angeboten.

In **Chissay-en-Touraine** am Rande der **Touraine**, dem „Jardin de la France", dem „Garten Frankreichs", liegt oberhalb der N176 am östlichen Ortsrand **Hotel Château de Chissay** (siehe Chenonceaux / Hotels).

Montrichard, ein reizendes mittelalterliches Städtchen mit knapp 4.000 Einwohnern liegt am nördlichen Ufer des Cher. Bei der Anfahrt von Süden her hat man von der Cher-Brücke aus einen schönen Blick auf die Stadt, die überragt wird von der Ruine eines gewaltigen Donjons.

Ein Bummel durch die Stadt und über die Hauptstraße Rue Nationale mit den vielen Feinkostläden lohnt allemal. Einen großen **Parkplatz [WP 074 / N47° 20' 38.0" E1° 11' 3.7"]** am Nordrand des Ortes auf dem Place du Général de Gaulle (Rue de Blois) vor dem Supermarkt Carrefour.

Einige der alten Häuser an der Südseite der Kirche Ste-Croix weisen beachtenswerte Fassaden auf, wie das **Maison Ave-Maria** (Ecke Rue du Pont und Rue Nationale), das auch das Touristenbüro beherbergt, dann das **Maison du Préche** ein Stückchen weiter östlich und schließlich das historische Haus an der Südseite der Kirche mit Doppelgiebel und schönem Fachwerk.

Geht man die Rue Nationale ein Stück nach Westen, gelangt man zu einem Treppenaufgang rechterhand, der hinauf zur Heiligkreuzkirche **Église Sainte Croix [N47° 20' 35.3" E1° 11' 9.03"]** mit schöner romanischer Fassade und Vorhalle führt. In der Kirche wurden 1476 der spätere König Ludwig XII. und Jeanne de France getraut.

An der Treppe findet man neben den Caves du Donjon den Zugang zur Ruine des mächtigen, mittelalterlichen **Donjon** (früher auch Donjon des Aigles, Adlerturm) über der Stadt *(geöffnet Apr. - 30. Juni Di - So 10 - 12 + 14 - 17 Uhr; Juli + Aug. Di - So 10 - 18 Uhr; Sept. Di - So 14 - 17 Uhr)*. Vom Turm, den Foulco Nerra, Graf von Anjou, im 11. Jh. hatte errichten lassen, hat man einen recht schönen **Blick auf die Stadt**. Unten sind heute diverse **Ausstellungen** (Archäologie, Malerei, Heimatkunde, Frühgeschichte) und ein **Museum** über die Stadtgeschichte und die Falknerei untergebracht.

Ende Juli bis Mitte August, donnerstags bis sonntags findet seit 4 Jahren in der Burgruine das sog. **Spectacle des Légendes de Montrichard** , ein mittelalterliches Spiel, statt.

Montrichard

Office de Tourisme [N47° 20' 34.8" E1° 11' 11.3"], 1, rue du Pont, 41400 Montrichard, Tel. +33 (0)2 54 32 05 10; www.ducheralaloire.com. *Geöffnet 1. Apr. - 31. Juni + 1. - 30. Sept. Mo - Sa 9.30 - 12.30 + 14 - 18 Uhr; Juli + Aug. tgl. 10 - 18 Uhr; 1. Okt. - 31. März Mo - Fr 10 - 12 + 14 - 17 Uhr.*

CAMPING

Faverolles-sur-Cher bei Montrichard

Camping Couleurs du Monde [WP 075 / N47° 20' 02.0" E1° 11' 16.0"], 1 Rond Point de Montparnasse, Tel. +33 (0)2 54 32 06 08; www.camping-couleurs-du-monde.com; 1. Apr. – 29. Sept.; ca. 1,5 km südlich Montrichard über die Flussbrücke Richtung Loches bis zum nördlichen Ortsrand von Faverolles, neben Carrefour-Supermarkt, Einfahrt am Kreisverkehr; Wiesengelände mit Baumbestand, ca. 4 ha - 50 Stpl.; Standard-Sanitärausstattung. Imbiss, Schwimmbad. Mietbungalows.

WOHNMOBIL-STELLPLATZ

Wohnmobil-Stellplatz Aire Camping-car Park de Montrichard [WP 076 / N47° 20' 18.9" E1° 10' 15.3"], Rue Georges Frideloux. **Zufahrt/Lage:** Am südwestl. Ortsrand von Montrichard, Abzweig von der D176 Richtung Chenonceaux, am nördlichen Cherufer, ehemals Camping de l'Etourneau. **Ausstattung:** Mit Platanen bestandenes, etwas sandiges, ebenes Gelände, durch Hecken unterteilt, 40 Stellplätze, Stromanschluss, Frischwasser, V & E Station. WLAN, Mülltonne, beleuchtet. **Geöffnet:** Ganzjährig zugänglich. **Gebühr:** Gebührenpflichtig. Etwas komplizierte Zugangsprozedur mit Automat. Notwendig: Mobiltelefonnummer und Kreditkarte. Infos auch auf Deutsch.

Angé bei Montrichard
Wohnmobil-Stellplatz Aire Camping-cars Angé [WP 077 / N47° 19' 56.76" E1° 14' 40.44"], rue de la Mairie. **Zufahrt/Lage:** Von der D976 (Montrichard – Noyers-sur-Cher) ca. 4 km östlich von Montrichard südwärts nach Angé abzweigen, ca. 200 m ostwärts zum Platz. **Ausstattung:** Ebener, schattenloser Platz teils auf Gras, teils auf Schotter für 16 Wohnmobilen. Versorgungssäule mit Frischwasser und Entsorgung für Grauwasser und Chemikaltoiletten. Strom. WC 50 m entfernt. **Geöffnet:** Ganzjährig. **Gebühr:** Pauschale für V & E.

Gegenüber den Caves du Donjon liegt in der Rue Porte-au-Roi das **Hôtel d'Effiat**, ein Stadthaus aus dem 15. Jh. mit gotischen Stilelementen.

Geht man die Rue Nationale noch ein kurzes Stück weiter nach Westen, stößt man auf das hübsche Gebäude des **Rathauses,** an dem sich die Straße gabelt.

Schließlich kann man östlich des Ortes auf Führungen die Wein- und Sektkellerei **Caves Monmousseau [N47°**

Blick über die Loire zum Schloss Chaumont

20' 40.2" E1° 11' 43.7"] mit ihren Kilometer langen Lagerstollen besichtigen, 71 Rue Vierzon *(geöffnet Apr. - Juni + Sept. - Okt. tgl. 10 - 12.30 + 13.30 - 18 Uhr; Juli + Aug. tgl. 10 - 18.30 Uhr; Nov. - März Mo - Sa 10 - 12 + 14 - 17.30 Uhr; www.monmousseau.com).*

In **Bourré**, das nur etwa 3 km östlich von Montrichard liegt, können sog. **Habitations Troglodydiques**, in den weichen Uferkalk gehauene Wohnungen, besichtigt werden, die heute allerdings als **Cave Champignonnières/ Caves des Roches [N47° 21' 5.0" E1° 13' 26.4"]**, als Keller, in denen Champignons gezüchtet werden, genutzt werden. Ganzjährig beträgt die Temperatur in den Höhlen 11° Grad *(Caves des Roches, 40 route des Roches, D62, geöffnet 1. Apr. - 30. Sept., Führungen um 11, 14, 15, 16, 17 Uhr; Okt. - Mitte Nov., Führungen um 11, 13.15, 16 Uhr, Dauer der Führungen rund eine Stunde; www. le-champignon.com).*

ROUTE: *Von Montrichard zunächst über die D764 nordostwärts Richtung Pontlevoy. Nach knapp 3 km nordwärts über die D62/D139 nach* **Chaumont-sur-Loire.**

Es gibt zwei Zugänge zum **Schloss von Chaumont**. Ein Eingang [**N47° 28' 52.8" E1° 11' 21.7"**] liegt unten im Ort bei der Hostellerie du Château, mit begrenzten Parkplätzen am Straßenrand (längerer Spaziergang durch den herrlichen Schlosspark hinauf bis zum Schloss). Der obere Eingang [**Parkplatz, WP 078 / N47° 28' 32.0" E1° 11' 00.6"**] mit Parkplatz liegt wesentlich näher am Schloss und ist über einen nicht sonderlich gut beschilderten Abzweig von der Straße D114 Richtung Montrichard zu erreichen.

Das **Schloss von Chaumont** ist *geöffnet 25. Apr. - 31. Aug. tgl. 10 - 20 Uhr; 1. - 30. Sept. tgl. 10 - 19.30 Uhr; 1. Apr. -*

24. Apr. + 1. - 26. Okt. tgl. 10 - 19 Uhr; 1. Feb. - 31. März + 27. Okt. - 17. Nov. 10 - 18 Uhr; 18. Nov. - 31. Jan tgl. 10 - 17.30 Uhr; letzter Einlass 1 Stunde vor Schließung; www.domaine-chaumont.fr/de/zuhause). Das Schloss von Chaumont steht beherrschend an einem bewaldeten Hang oberhalb des südlichen Loire-Ufers, etwa an der Grenze der Landschaften Touraine und Blésois. Der Name *Chaumont* bedeutet soviel wie „flammender Berg".

Um das Jahr 1000 enstand die Burg Chaumont zur Kontrolle der Grenze ziwschen der Grafschaft Blois und der Grafschaft Anjou. Sie wurde später von den Grafen von Blois und der nachfolgenden Besitzer, der Familie d'Amboise, verschiedentlich niedergerissen und geschleift. Zuletzt geschah dies 1465 auf Geheiß Ludwigs XI. Der König bestrafte damit Pierre d'Amboise für seine Beteiligung an einer Revolte gegen den König.

Aber schon kurz darauf wurde Pierre d'Amboise wieder gnädig bei Hofe aufgenommen und konnte mit dem Schlossbau erneut beginnen. Es entstand im wesentlichen der Schlossbau von Chaumont, wie wir ihn heute sehen, der 1511 vollendet war.

Katharina von Medici erwarb 1550, damals Witwe Heinrichs II. und Regentin Frankreichs, Chaumont und erzwang einen Tausch gegen Chenonceau.

Diane de Poitiers hatte das wunderschöne Renaissanceschloss Chenonceau von ihrem Geliebten Heinrich II. erhalten. Nach dem Tode Heinrichs II. hatte Diane ihre Machtposition quasi über Nacht verloren und konnte gar nicht anders, als auf den Tausch Chenonceau gegen Chaumont einzugehen. Ein süßer Racheakt der Medici ihrer verhassten Nebenbuhlerin gegenüber. Denn sie wusste nur zu genau, wie sehr Diane de Poitiers an Chenonceau hing. Aber Diane de Poitiers hielt sich nicht sehr lange in dem eher düsteren Chaumont auf und zog sich auf ihr Schloss Anet zurück.

Katharina von Medici hatte den berühmten Astrologen Ruggieri (und

Chaumonts einziger Zugang wird von mächtigen Türmen bewacht

wahrscheinlich auch Nostradamus) nach Chaumont geholt. Tagelang soll sie sich mit dem Wissenschaftler und Alchemisten in einem Gemach im Saint-Nicolas-Turm neben der Schlosskapelle im Ostflügel des Schlosses eingeschlossen haben, um der Astrologie und der Alchemie zu frönen. Bedienstete berichteten, dass man dann des Nachts hinter den Fenstern Lichter von geheimnisvoller Färbung hätte sehen können. In dieser Umgebung soll Nostradamus der Königin auch den Tod ihrer Söhne und den Regierungsantritt Heinrichs IV. geweissagt haben.

1750 wurde der Nordflügel des Schlosses von Jacques-Donatien Le Ray abgerissen, wodurch die herrliche Aussicht auf die Loire ermöglicht wurde.

Einer der letzten berühmten Gäste in Chaumont war Madame de Staël. Sie hielt sich zusammen mit Madame Récamier, Adalbert von Chamisso und anderen eine Zeit lang im Schloss auf, nachdem sie 1810 von Napoleon Bonaparte aus Paris gewiesen worden war.

Seit 1938 ist das Schloss von Chaumont im Besitz des Staates.

Wenn man sich durch den weitläufigen Park mit seinen herrlichen alten Bäumen dem Schloss nähert, tauchen zuerst die gewaltigen Türme des Portals mit ihren spitzen Runddächern auf. Über eine Zugbrücke gelangt man in den Innenhof, der dank einer klugen Baumaßnahme heute nur noch von drei Gebäudeflügeln umgeben wird. Der vierte, nördliche Flügel, der einst den weiten Blick ins Loire-Tal versperrte, wurde 1739 abgerissen. Aus dem wehrhaften Gemäuer wurde dadurch ein etwas freundlicheres Schloss.

Zu besichtigen im Inneren gibt es im Westflügel u. a. den **Großen Salon** und die **Bibliothek** mit Wandteppichen aus Aubusson aus dem 17. Jh. („Triumph Alexanders des Großen", „Darius zu Füßen Alexanders"), dann den **Speisesaal** im Südflügel und die **Wendeltreppe** von Kardinal d'Amboise.

Im Ostflügel sieht man den **Saal der Wachen** mit kunstvollen Wandteppichen von Beauvais, den **Ratssaal** mit flämischen Tapisserien von Martin Reymbouts, weiter diverse **Schlafzimmer** mit herrlichem Renaissancemobiliar, die **Schlosskapelle** mit den Monogrammen Heinrichs II. und Katharina von Medicis und dem Wappen des Kardinals d'Amboise und schließlich das **Zimmer der Astrologen**.

Etwas abseits des Schlosses liegen die stattlichen **Stallungen** und ein konischer Rundturm, dessen oberer Teil als Taubenhaus, der untere Teil zeitweise als Keramikwerkstatt und als Reithalle diente.

Seit einigen Jahren wird im weitläufigen Schlosspark von Chaumont von 25. April bis 3. Nov. die Gartenschau **„Festival des International des Jardins" (Internationales Gartenfestival)** veranstaltet. Neben verschiedenen Gartenarten, vom europäischen Ziergarten bis zum japanischen Zen-Garten, stehen natürlich Blumen, Pflanzen und Sträucher in verschwenderischer Fülle im Mittelpunkt.

Im Juli und August werden die sog. **„Lichtgärten" (Jardins de Lumière)** täglich von 22 Uhr bis Mitternacht veranstaltet. Dabei werden die Alleen des Internationalen Gartenfestivals romantisch illuminiert. Eintritt. Letzter Einlass eine Stunde vor Schließung.

Von 30. März bis 3. Nov. sind die **Expositions d'Art Contemporain (Ausstellungen zeitgenössischer Kunst im Kunst- und Naturzentrum)** geöffnet. Gezeigt werden die Werke verschiedener Künstler aus aller Welt.

PRAKTISCHE HINWEISE – CHAUMONT-SUR-LOIRE (LOIR-ET-CHER)

 Office de Tourisme [N47° 28' 55.4" E1° 11' 29.3"], 24, Rue Maréchal de Leclerc, 44150 Chaumont-sur-Loire, Tel. +33 (0)2 54 20 91 73;

http://www.bloischambord.com/planifier/pratique/nos-points-d-informations. *Geöffnet 1. Apr. - 30. Sept.Do - Mo 9 - 13 + 14.30 - 19 Uhr; 1. Okt. - 31. März Di - Sa 10 - 13 + 14 - 16.30 Uhr.*

CAMPING

Chaumont-sur-Loire
Camping Municipal Chaumont-sur-Loire [WP 079 / N47° 29' 05.2" E1° 11' 40.3"], Tel. +33 (0)2 54 20 95 22; www.camping-chaumont-sur-loire.com; 26. Apr. – 30. Sept.; östlich von Chaumont zwischen südlichem Loire-Ufer und D751, Zufahrt unter der Loirebrücke. Ausgedehntes, überwiegend ebenes Wiesengelände mit Büschen und Bäumen. Ca. 4 ha – 150 Stpl.; einfach Standard-Sanitärausstattung. WLAN. V & E für Wohnmobile gegen Gebühr.

Onzain
Camping Municipal Onzain [WP 080 / N47° 29' 21.1" E1° 11' 22.2"], rue des Robiniers, Tel. +33 (0)2 54 20 85 15; www.onzain.fr; 20. Apr. – 15. Sept.; im Ort neben den städt. Sportanlagen, am Nordufer der Loire; ca. 2 ha – 63 Stpl.; einfache Standard-Sanitärausstattung.

Mesland
Camping Yelloh! Village Parc du Val de Loire [WP 081 / N47° 30' 37.7" E1° 6' 17.4"], 155, route de Fleuray, Tel. +33 (0)2 54 70 27 18; www.parc-duvaldeloire.com; 12. Apr. - 8. Sept.; knapp 2 km östlich von Mesland Richtung Fleuray. Ausgedehntes, gepflegtes Wiesengelände mit Baumbestand, ruhig gelegen, parzelliert, umfangreiche Einrichtungen. Ca. 12 ha – 120 Stpl. + 170 Mietcaravans.; Komfort-Sanitärausstattung. Restaurant, Cafeteria, Laden, Waschmaschine, Trockner, Schwimmbad, Tennis, Fahrradverleih. WLAN. V & E für Wohnmobile WLAN im Rezeptionsbereich.

Candé-sur-Beuvron
Camping La Grande Tortue [WP 082 / N47° 29' 24.0" E1° 15' 30.1"], 3, route de Pontlevoy, Tel. +33 (0)2 54 44 15 20; https://grandetortue.com; 6. – 14. Sept.; von der D751 im Ort Richtung La Pieuse. Gut ausgestatteter Familiencamping auf Wiesen mit Baumbestand in ruhiger Umgebung. Ca. 6 ha – 100 Stpl. + Dau.; Komfort-Sanitärausstattung. Restaurant, Cafeteria, Laden, Waschmaschine, Trockner, Schwimmbad, Sauna, Fahrradverleih. WLAN. Mietcaravans- und bungalows. V & E für Wohnmobile.

Limeray
Camping Le Jardin Botanique [WP 083 / N47° 26' 47.2" E1° 2' 51.3"], 9B, rue de la Rivière, Tel. +33 (0)2 47 30 13 50; www.camping-jardinbotanique.com; Jan. - Dez.; Zufahrt von der D952 (Blois – Tours), ca. 10 km östlich von Amboise; ebenes, parzelliertes Wiesengelände, durch Platzwege aufgeteilt; ca. 1 ha – 50 Stpl. + Dau.; Standard-Sanitärausstattung. V & E für Wohnmobile.

WOHNMOBIL-STELLPLATZ

Les Montils
Wohnmobil-Stellplatz Aire Camping-car Park des Montils, Châteaux de Loire [WP 084 / N47° 29' 36.25" E1° 18' 20.96"], Route

de Seur. **Zufahrt/Lage:** Von Blois zunächst auf der D202 südwärts über die Loire und weiter auf der D751 und D764 bis nach Les Montils und im Ort ostwärts auf der D77 (Route de Seur) ca. 800 m zum Platz. **Ausstattung:** Durch alte Bäume gut schattiges, weitläufiges Gelände mit Gras-, Sand- und Schotterflächen, für 45 Wohnmobile, bis an den Beuvron reichend. Frischwasser, befahrbarer Grauwasserausguss, V&E-Säule mit Chemikaltoilettenausguss. **Geöffnet:** Ganzjährig. **Gebühr:** Gebührenpflichtig. Etwas komplizierte Zugangsprozedur mit Automat. Notwendig: Pass' Etapes, Mobiltelefonnummer und Kreditkarte. Infos auch auf Deutsch.

ROUTE: Schöne Fahrt von Chaumont über die D751 entlang des südlichen Loire-Ufers flussabwärts bis Amboise.

Parkplätze [WP 085 / N47° 24' 44.8" E0° 58' 46.0"] findet man in **Amboise** u. a. am nordwestlichen Stadtrand zwischen Straße Quai Général de Gaulle (D751) und Loire-Ufer.

Schloss von Amboise [Parkplatz WP 086 / N47° 24' 46.4" E0° 59' 07.3"] *(geöffnet Apr., Mai, Juni tgl. 9 - 18.30 Uhr; Juli + Aug. tgl. 9 - 19 Uhr; Sept. + Okt. 9 - 18 Uhr; Nov. 9 - 17.30 Uhr; Dez. 9 - 12.30 + 14 - 16.45 Uhr; Jan. + Feb. 9 - 12.30 + 14 - 16.45 Uhr; letzter Einlass 1 Std. vor Schließung; www.chateau-amboise. com/n/de/).*

Die Geschichte von Amboise (ca. 13.000 Einw.) ist die Geschichte seines imposanten Schlosses, dessen Vergangenheit kaum bewegter hätte sein können.

Hoch über der Loire gelegen war es Schauplatz vieler historischer Ereignisse. Komplotte und Verschwörungen wurden hier angezettelt und Intrigen gesponnen, bis die Könige Frankreichs Amboise nicht mehr als Aufenthaltsort wählten. Es war ihnen zu unsicher geworden!

Schon in vorchristlicher Zeit stand hier eine Befestigung, die – wie auch spätere Burg- und Schlossanlagen – durch den wichtigen Übergang über die Loire von strategischer Bedeutung waren.

Auf der Loire-Insel, auf der heute der Campingplatz liegt, trafen sich im 6. Jh. der Frankenkönig Chlodwig mit Alarich, dem König der Westgoten. Später hatte Amboise mehrere Attacken der Normannen zu überstehen.

Die große Zeit für Amboise aber kam im 15. und 16. Jh., als das Schloss unter Ludwig XI. wesentlich erweitert und zur Residenz der französischen Könige wurde.

1470 war in Amboise Karl VIII. geboren worden, der 1492 die Bauarbeiten des Schlosses fortführte, die sein Vater Ludwig XI. begonnen hatte. Karl VIII. war schon mit 13 Jahren auf den Thron von Frankreich gelangt. Der ungestüme junge König trieb den Schlossbau energisch voran. Es heißt, dass sogar nachts bei Fackelschein gearbeitet wurde.

Auf Kriegszügen in Italien lernte er die Kunst in den Renaissancepalästen kennen. Vor allem die Anlage der herrlichen Gärten faszinierte den prunkliebenden König. Und so brachte er nicht nur erbeutete Möbel und Kunstgegenstände, sondern auch namhafte Landschaftsgärtner nach Amboise, die auf der Schlossterrasse einen prächtigen Ziergarten anzulegen hatten. Und hier in Amboise verschied der erst 28 Jahre alte Karl VIII. an den Folgen der Schädelverletzungen, die er sich bei einem unglücklichen Kopfstoß gegen einen niedrigen Türsturz zugezogen hatte.

Unter Ludwig XII., der Karl VIII. auf dem Thron folgte, wurde der Schlossbau fortgeführt. Nun wurden verstärkt italienische Stilelemente eingesetzt, die an dem im Grunde gotischen Bauwerk schon die Zeitenwende zur Renaissance des 16. Jh. erahnen ließen.

Im Alter von sieben Jahren kam der spätere König Franz I. nach Amboise und genoss hier eine königliche Erziehung und Ausbildung.

In den ersten Jahren nach seiner Thronbesteigung entfaltete Franz I. in Amboise eine prächtige, lebensfrohe Hofhaltung.

Nicht nur ein großer Liebhaber der Frauen, sondern auch ein nicht minder großer Liebhaber der Kunst, der den

schwörung von 1560. Im Vorfeld der sich ankündigenden Auseinandersetzungen zwischen Katholiken und protestantischen Hugenotten, hatte der protestantischen Adelskreisen zugehörige Le Renaudie ein Komplott gegen den katholischen König geschmiedet. Der junge Franz II., der in Blois residierte und eben mit der schottischen Maria Stuart verheiratet worden war, sollte entführt werden. Das Komplott wurde aufgedeckt. Der König und seine Mutter Katharina von Medici flüchteten mit dem gesamten Hofstaat nach Amboise,

Das Schloss in Amboise mit dem mächtigen Rundturm Tour des Minimes

Schlossbau schließlich mit gewaltigem Finanzaufwand vollendete, ließ Franz I. das Universalgenie Leonardo da Vinci aus Italien nach Amboise rufen. Angeblich brachte Leonardo sein berühmtes Gemälde „Mona Lisa" mit nach Amboise. Er lebte im nahen Schlösschen Clos-Lucé, starb in Amboise am 2. Mai 1519 und soll in der St. Hubertus Kapelle des Schlosses beigesetzt sein.

Ein düsteres Kapitel in der Geschichte des Schlosses und einer der größten Ränke, die in Amboise je geschmiedet worden sind, war die berüchtigte Ver-

weil man glaubte, sich hier besser verteidigen zu können.

Tatsächlich wurden die Verschwörer, die dem König nach Amboise folgten, hier festgenommen und umgebracht. Einige der Rädelsführer wurden für jedermann sichtbar auf dem großen Schlossbalkon aufgehängt, andere wurden über die hohen Burgmauern gestürzt, geköpft oder in der Loire ertränkt.

Später erhielt der notorische Intrigant Gaston d'Orléans Amboise von seinem Bruder Ludwig XIII. geschenkt, um ihn vom Hof in Paris fernzuhalten. Bei einem der von Gaston angezettelten Aufstände wurden große Teile von Amboise von königlichen Truppen zerstört.

Portal und Tympanon der Schlosskapelle Saint-Hubert, Schloss Amboise

Später kam Amboise wieder an die Krone, wurde Staatsgefängnis (Ludwig XIV. ließ seinen Finanzminister Fouquet hier mehrere Wochen lang inhaftieren), kam wieder in Privatbesitz, wurde während der Revolution konfisziert und unter Napoleon schließlich weitgehend abgerissen, weil kein Geld für den Unterhalt da war. Die Gebäude die man heute sieht, stellen also nur noch einen Bruchteil der einstigen Schlossanlage dar.

Markant und beeindruckend sind die gewaltigen Festungsmauern von Amboise und die beiden mächtigen Rundtürme, der **Tour des Minimes** am Nordflügel zur Loire hin und der **Tour Heurtault** an der Südseite. In beiden Türmen führen breite Wendeltreppen noch oben, auf denen man sogar hoch zu Ross ins Schloss reiten konnte. Vom Tour des Minimes genießt man einen schönen Blick auf die Nordseite des Schlosses, auf die Stadt und die Loire.

An der Südseite des Schlosses führt ein Fußweg hinauf in den weiten Schlosshof. Absolut sehenswert ist dort die linkerhand auf einem Vorsprung errichtete **Schlosskapelle Saint-Hubert.** Die Kapelle gilt als ein Juwel spätgotischer Architektur. Sie wurde unter Karl VIII. erbaut, der 1470 in Amboise geboren worden war. In der Kapelle sollen die sterblichen Überreste des Künstlers und Genies Leonardo da Vinci ihre letzte Ruhe gefunden haben. Wunderschön gearbeitet ist z. B. das Portal und der Tympanon (Bogenfeld) darüber, mit einer Darstellung der Muttergottes mit Kind, flankiert von dem knienden König Karl VIII. links und Anne de Bretagne rechts.

Darunter sind Szenen aus den Legenden des hl. Hubertus (rechte Hälfte) und des hl. Christophorus (linke Hälfte) dargestellt.

Die restlichen, vor der Zerstörung bewahrten Schlossgebäude bestehen aus den **Logis du Roi,** den Königsgemächern, die sich zur Loire hin öffnen und dem rechtwinklig nach Süden anschließenden, ein Stockwerk höheren **Flügel Ludwigs XII.**

Auf den obligatorischen Führungen sieht man im Flügel der Königsgemächer u. a. den **Saal der „Hofkellerei"** mit gotischem Mobiliar (15. u. 16. Jh.), eine Kredenz (15 Jh.), 5 Gobelins (17. Jh.) aus der Manufaktur Aubusson mit biblischen und antiken Motiven. In den Fensternischen sieht man Ornamente mit der französischen Lilie und stilisierten Hermelinschwänzchen, den Insignien der Bretagne.

Mittlerer Raum – Möbel aus der Zeit Heinrichs II. 1518 fand hier die Hochzeit der Eltern von Katharina de Medici, nämlich Lorenzo de Medici mit Madeleine de la Tour d'Auvergne, statt.

Vorzimmer – Gotisches Mobiliar. Als Ornament wird ein sog. „Knotenstrick" verwendet. Der Knotenstrick ist eines der Symbole, das Anne de Bretagne verwendete. Er ist abgeleitet vom Gürtel der Franziskanermönche. Anne de Bretagne gehörte dem Franziskanerorden an.

Obere Etage: Zwei Räume im Stil des 19. Jh., darunter das **Schlafgemach von Louis Philippe** mit Gemälden von Winterhalter – links des Bettes Madame Adelaide, Schwester Louis Philippes, und Prinz Joinville von Court sowie ein Gemälde, das Louis Philippe und seine Gemahlin darstellt.

Im **Salon** mit holzgetäfeltem Kamin sieht man folgende Gemälde: Louis Philippe (1773 – 1850) an der linken Wand. In der Mitte Königin Marie Amélie und zwei ihrer Söhne. Rechts Louis Philippe Joseph, Herzog von Orléans, genannt „Philippe Egalité", Vater von Louis Philippe.

Der nächste Raum ist der **Ständesaal** mit gotischem Rippengewölbe, gotischen Möbeln, einem Renaissance-Tisch und einem Lehnstuhl mit Wappen. Auf dem Kamin am Eingang links sieht man die Monogramme von Karl VIII. und Anne de Bretagne. Am anderen Saalende befindet sich ein hübscher Renaissancekamin, darüber ein italienisches Medaillon „Alexander der Große".

Auf dem Kamin des Ständesaals sieht man das Wappen Karls VIII., ein eine Krone durchstechendes Flammenschwert, das er nach der Eroberung Neapels verwendete. Links vom Kamin sieht man das Gemälde „Königskind", wahrscheinlich Ludwig XIV. darstellend.

Außerdem sieht man im Ständesaal ein Portrait von Abd el-Kadr, einem arabischen Widerständler, der sich gegen Frankreichs Engagement in Nordafrika wandte und hier vier Jahre lang bis 1852 inhaftiert war.

Zur Loireseite hin schließt sich der berüchtigte „Balkon der Verschwörer" an, auf dem 1560 einige der aufständischen Protestanten gehängt wurden.

Man kann das Schloss über den Heurtault-Turm an der Südmauer verlassen und gelangt so über den gewaltigen Spiralaufgang hinunter in die Stadt.

An Sommerabenden wird mittwochs und samstags vom 6. Juli bis 24. August um 22.30 Uhr und im August um 22 Uhr im Schlosshof das Multimediaspektakel **„La Prophetie d'Amboise"** gezeigt (im Juli dreimal auch montags und im August zweimal auch donnerstags). Begleitet von Musik und Lichteffekten werden Szenen und Episoden dargeboten, die in Zusammenhang stehen mit der Geschichte des Schlosses und der Region; www.renaissance-amboise.com/la-prophetie-d-amboise-article-39-0-198.html?lang=uk.

Nicht weit vom Touristenbüro am Quai du Général-de-Gaulle entfernt, sieht man in einem kleinen Park am Loireufer den sog. **Max Ernst Brunnen [N47° 24' 44.61" E0° 58' 49.64"]**. Der nach einem Entwurf des Malers und Graphikers Max Ernst (1891 - 1976) errichtete Brunnen wurde im November 1968 vom damaligen Bürgermeister der Stadt, Michel Debré, eingeweiht. Die Brunnenskulpturen sollen an Figuren aus La Fontaines Fabeln erinnern.

In der Stadt Amboise selbst kann man das **Musée de l'Hôtel de Ville [N47° 24' 48.1" E0° 59' 2.60"]** an der Hauptstraße Quai du Général de Gaulle westlich unterhalb des Schlosses gegenüber der Brücke über die Loire besuchen (geöffnet Mitte Juni - Mitte Sept. Mi - Mo 10 - 12.30 + 14 - 18 Uhr; www.ville-amboise.fr). Das Museum (Eingang in der Rue François Ier) ist in einem repräsentativen Stadtpalais aus dem 16. Jh. untergebracht, das

Leonardo da Vinci

Leonardo da Vinci gilt als das große Universalgenie schlechthin. Er gehörte nicht nur zu den herausragenden Bildhauern, Baumeistern und Malern der Hochrenaissance, sondern er ging auch als bahnbrechender Erfinder, Vordenker und geistiger Vater vieler physikalischer Phänomene und Konstrukteur neuartiger technischer Gerätschaften in die Geschichte ein.

Leonardo wird im April 1452 auf einem schlichten bäuerlichen Anwesen in der Nähe von Vinci in der Toskana geboren. Sein Vater Piero entstammt einer alten Advokatenfamilie, die den Namen ihrer Vaterstadt Vinci im Namen führen darf, also *da Vinci*. Da allerdings Leonardos Mutter Caterina aus sehr einfachen Verhältnissen kommt, trennt sich sein Vater auf Drängen der Familie da Vinci von seiner nicht standesgemäßen Frau und Leonardo wächst bei seiner Großmutter auf.

Mit sechzehn Jahren erreicht es Leonardo gegen den anfänglichen Widerstand seines Vaters, in die Florentiner Werkstatt des Bildhauers und Malers Andrea del Verrocchio, des „geschätzten Lehrers in der Unterweisung aller Künste", einzutreten.

Aber Leonardo begnügt sich nicht mit der Malerei. Er studiert physikalische Probleme, seziert Leichen, um in der Anatomie des Menschen kundig zu werden. Seine Skizzenbücher sind voll mit Zeichnungen von Armen, Beinen, Muskelstrukturen, aber auch von rollenden Festungen, Kriegswerkzeug, Fallschirmen, Ideen zu Flugmaschinen, Messgeräten, Maschinen etc.

In jener Zeit um 1503 arbeitet Leonardo an einem Portrait von Lisa di Antonio Maria di Noldo Gherardini, der Frau des wohlhabenden Florentiners Bartolomo del Giocondo. Es entsteht Leonardos berühmte „Mona Lisa", über deren geheimnisvolles Lächeln ganze Abhandlungen geschrieben wurden. Sicher ist, dass Leonardo rund vier Jahre an dem Gemälde arbeitete und versucht haben soll, sein Modell, Frau Giocondo, Madonna Lisa, Kurzform Mona Lisa, möglichst immer bei gleicher Stimmung zu malen.

Leonardo hat das Bild nie seinem Auftraggeber abgeliefert, es erschien ihm offenbar noch nicht vollkommen. Selbst nach Frankreich nimmt er das Gemälde später mit. Auf diese Weise wohl kam es nach seinem Tode in französischen Kunstbesitz und dann irgendwann in die Staatssammlung des Louvre.

sich einstmals ein Herr namens Pierre Morin, seines Zeichens Finanzminister von Frankreich und Bürgermeister von Tours, hatte erbauen lassen. Als Architekten werden Pierre Nepveu und Jacques Caqueau genannt, die auch als Baumeister in Chenonceau und Chambord tätig waren. Später ab 1855 diente das Gebäude als Rathaus von Amboise.

Das Museum zeigt u. a. Exponate aus der Stadtgeschichte, darunter Dokumente mit königlichen Siegeln und Unterschriften, eine Madonnenstatue aus dem 14. Jh., Radierungen und Stiche aus dem 17. und 18. Jh., des weiteren Wandbehänge und Gobelins aus dem 18. Jh. sowie einige Möbel aus dem Besitz Louis-Philippes. Eine eigene Abteilung zeigt Erinnerungsstücke an den Herzog von Choiseul.

Gleich nebenan liegt die **Kirche St-Florentin [N47° 24' 46.0" E0° 59' 0.0"]** aus der Zeit Ludwigs XI. Das Gotteshaus entstand um 1477 an der Stelle,

1516 schließlich nimmt Leonardo da Vinci die Einladung des französischen Königs Franz I. an und geht nach Amboise, einer der bevorzugten Residenzen des Königs. U. a. zeichnet Leonardo dort Pläne für die Schlösser Blois und Chambord.

Am 2. Mai 1519 stirbt Leonardo da Vinci 67-jährig auf seinem Schlösschen Manoir de Clos-Lucé bei Amboise, in dem er während seiner Zeit in Frankreich gelebt hat. Er wird in der Schlosskirche von Amboise beigesetzt.

*Leonardo da Vinci
mit freundl. Gen. OT Amboise*

Das Universalgenie Leonardo da Vinci hatte Zeit seines Lebens wohl kein besonderes inniges Verhältnis zu irdischen Gütern. Jedenfalls machte ihn sein begnadetes Kunstschaffen alles andere als zu einem wohlhabenden Mann. Und hätte er im Alter nicht die gut dotierte Einladung nach Frankreich erhalten, wäre der große Meister der Hochrenaissance vielleicht mittellos in einem namenlosen Armengrab beigesetzt worden.

Vor diesem Hintergrund klingt die Zeitungsmeldung aus dem Jahre 2001 noch bizarrer, aus der man erfuhr, dass eine einzige und gerade mal 12 mal 7,8 Zentimeter große Silberstiftskizze Leonardo da Vincis mit dem Titel „Pferd und Reiter" bei einer Versteigerung durch das Auktionshaus Christie's die verrückte Summe von rund 13 Millionen Euro erbrachte. Angeblich soll das die größte Summe gewesen sein, die je für eine Zeichnung eines Meisters der Renaissance bezahlt wurde.

an der sich einst die Stadtmauer hinzog. Spuren der Mauerzinnen sind an den Kirchenmauern noch zu erkennen. Bemerkenswert ist der Renaissanceturm der Kirche. In ihm hängt eine Glocke mit dem Wappen des Herzogs Choiseul, der im 18. Jh. unter Ludwig XV. das Amt des Staats- und Außenministers bekleidete. Choiseul wurde aber 1770 aus seinem Amt entlassen und zog sich auf sein stattliches Anwesen von Chanteloup zurück (siehe dort).

Unweit südlich der Kirche kommt man etwas weiter stadteinwärts zum Uhrenturm **Tour de l'Horloge**, einem mittelalterlichen Stadttor in der Rue Nationale. Der Torturm entstand im 15. Jh. und war lange der Hauptzugang in die Stadt. Unter König Karl VIII. wurde das Stadttor in einen Glockenturm umgewandelt.

Die Rue Nationale endet am Place St-Denis. Bemerkenswert ist die dortige **Kirche Saint-Denis [N47° 24'**

Manoir de Clos-Lucé, die ehemalige Residenz Leonardo da Vincis

tgl. 9 - 19 Uhr; Jan + Nov. - Dez. tgl. 9 - 18 Uhr; letzter Einlass 1 Stunde vor Schließung; www.vinci-closluce.com/en/).

Einen gebührenpflichtigen **Parkplatz** findet man ca. 400 m unterhalb von Clos-Lucé **[WP 087 / N47° 24' 29.7" E0° 59' 39.4"]**.

35.9" E0° 58' 43.2"]. Die Hauptkirche der Pfarrgemeinde von Amboise entstand aus einer Kapelle, die schon im 4. Jh. vom Heiligen Martin, Bischof von Tours, hier errichtet worden war. Mit dem Bau der heutigen Kirche wurde 1077 unter Graf Hugues I. von Amboise begonnen, der aber später immer wieder umgebaut und erweitert wurde. Beachtung verdienen vor allem die Kapitelle an den mittelalterlichen Säulen des dreischiffigen Kircheninneren und im rechten Seitenschiff die Skulptur „Die Grablegung" aus dem 16. Jh. und die Liegefigur „Die Ertrunkene".

Vom Tour de l'Horloge kann man durch die von einigen altehrwürdigen **Stadthäusern** (z. B. das Hôtel Joyeuse, Haus Nr. 6, das einstmals ein Postmuseum beherbergte) gesäumte Rue Joyeuse nach Südosten bis zum **Place Richelieu [N47° 24' 37.6" E0° 59' 7.3"]** gehen, der von stattlichen Gebäuden umgeben ist. Im Haus Nr. 16 wurde L. C. de St-Martin (1743 – 1803) geboren, der weit über Amboise hinaus als der „unbekannte Philosoph" bekannt war.

Das **Chateau de Clos-Lucé [N47° 24' 36.6" E0° 59' 32.5"]** liegt knapp 1 km östlich des königlichen Schlosses von Amboise und ist über die Rue Victor Hugo zu erreichen *(geöffnet Juli + Aug. tgl. 9 - 20 Uhr; Feb. - Juni + Sept. - Okt.*

Das Landschlösschen von Clos-Lucé war Alterssitz des aus Italien stammenden, berühmten Universalgenies **Leonardo da Vinci**, der hier als Gast König Franz' I. die letzten drei Jahre seines Lebens verbrachte. Leonardo da Vinci starb hier am 2. Mai 1519 im Alter von 67 Jahren.

In den ehemaligen Kellerräumen des hübschen Ziegelbaus aus dem 15. Jh. ist ein **Museum** mit 40 Modellen und Nachbildungen von Maschinen des Erfinders, Wissenschaftlers, Malers und Vordenkers da Vinci eingerichtet. Man sieht kuriose Vorläufer des Automobils, des Panzers, des Flugzeugs, des Fallschirms u.v.a. Für die Besichtigung sollte man etwa anderthalb Stunden vorsehen.

Dem Schlösschen Clos Lucé schließt sich ein ausgedehnter **Park** mit schönen alten Bäumen und Wasserläufen an. Spazierwege führen zu im Park aufgestellten Nachbauten von Konstruktionen Leonardo daVincis. In der Halle Eiffel gibt es eine interessante Ausstellung mit Videopräsentationen über Szenen aus dem Leben Leonardo da Vincis und über seine Arbeiten in der Zeit der Renaissance. Darüber hinaus gibt es im Park das Restaurant „Auberge du Prieurè", einen Kinderspielplatz und eine Picknickwiese .

Und zum guten Tagesabschluss eine kulinarische Spezialität:

Wenn Sie es auf der Karte finden, versuchen Sie „Carpe marinière", Karpfen, gefüllt und in Weißwein gekocht, oder „Matelote d'anguille au vin de Vouvray", ein Aalgericht nach Matrosenart mit Vouvraywein.

Das **Weinanbaugebiet Touraine-Amboise** hat seine Zentren in **Montlouis** und in **Vouvray**. Angebaut werden qualitativ hochwertige Rot- und Weißweine. Weißweine werden fast ausschließlich aus der Pineau Blanc Traube gewonnen, während Cabernet-, Cot- und Gamay-Trauben zu hervorragenden Rot- und Roséweinen verarbeitet werden.

Das Anbaugebiet um Montlouis erstreckt sich zwischen den Flüssen Lire und Cher und schließt außer Montlouis die Gemeinden St-Martin-le-Beau und Lussault mit ein. Angebaut wird hier vornehmlich die Pineau Blanc de Loire Traube (Chenin Blanc), die einen vorzüglichen bouquetreichen Wein ergeben.

Das Anbaugebiet von Vouvray, in dem ebenfalls die Pineau Blanc Traube gepflegt wird, erstreckt sich im wesentlichen östlich von Tours um die Weinbaugemeinden Ste-Randegonde, Parçay-Mesly, Rochecarbon, Vernou, Noizay, Chançay und Reugny.

Ausflüge ab Amboise sind zur Pagode von Chanteloup, zum Parc des Mini-Châteaux und zum Aquarium de Touraine möglich, siehe nächste Etappe.

schöner Blick über die Loire zum Schloss; ca. 5 ha – 291 Stpl.; ungünstig platzierte und aufgeteilte Sanitärs, Standard-Sanitärausstattung. Restaurant, Waschmaschine, Trockner, WLAN, Schwimmbad. V & E für Wohnmobil. In Gehnähe zum Schloss Amboise.

 WOHNMOBIL-STELLPLÄTZE

Wohnmobil-Stellplatz „Parking Camping Cars" Amboise [WP 089 / N47° 24′ 29.4″ E0° 59′ 23.1″], 39, Ave. Léonard de Vinci. **Geöffnet**: Ganzjährig zugänglich. **Gebühr:** Kostenlos. **Zufahrt/Lage:** In Amboise von der Uferstraße D61 Abzweig Richtung Montrichard, Beschilderung „P Camping Cars" folgen, geteertes Parkplatzviereck von Mauern umgeben, mit Platz für 10 Fahrzeuge. Sehr beengte Verhältnisse, oft von Pkws belegt! **Ausstattung:** Keine Einrichtungen.

Wohnmobil-Stellplatz Aire de Camping-car Amboise [WP 090 / N47° 25′ 3.0″ E0° 59′ 14.4″], Allee de la Chapelle St-Jean. **Geöffnet:** Ganzjährig zugänglich. Max. Aufenthalt 48 Stunden. **Gebühr:** Gebührenpflichtig, Automat, Kreditkarte. **Zufahrt/Lage:** Langgestrecktes Areal mit 25 Grasstellplätzen, ohne Schatten, neben Camping Municipal de l'Ile d'Or (s. o.) gelegen. In Gehnähe zum Schloss. **Ausstattung:** Frischwasser, Grauwasser- und Chemikaltoilettenentsorgung, V & E-Säule, Strom.

Wohnmobil-Stellplatz Amboise Parking Château du Clos Lucé [WP 091 / N47° 24′ 29.8″ E0° 59′ 39.3″], rue du Clos Luce. **Gebühr:** Gebührepflichtig. **Zufahrt/Lage:** 10 markierte Wohnmobilstellplätze am Besucherparkplatz des Schlosses Château du Clos Lucé und Da-Vinci-Museum. **Ausstattung:** Keine Einrichtungen.

Das Schloss von Amboise, Logis du Roi (links) u. Flügel Ludwigs XII.

TOUR 10: AMBOISE (Indre-et-Loire) – AZAY-LE-RIDEAU (Indre-et-Loire)

Länge der Tour: Rund 80 km, ohne Abstecher nach Saché.

Die Route: Über D31 und D83 bis **St. Martin-le-Beau** – Abstecher zum **Aquarium de Touraine** – D140 über **La Bourdaisière** bis **Tours** – D7 über **Villandry** bis **Lignières-de-Touraine** – D57 bis **Langeais** – D57 bis **Azay-le-Rideau**.

Abstecher: Nach **Saché**.

Reisedauer: Mindestens ein Tag, besser zwei oder mehr Tage.

Höhepunkte: Das **Aquarium de Touraine** – das **Schloss La Bourdaisière** – in **Tours** die **Kathedrale St-Gatien ***** sowie der **Place Plumereau *** besonders an einem schönen Sommerabend – die Gärten von **Schloss Villandry **** – das **Schloss von Langeais **** – das **Schloss Azay-le-Rideau ***** .

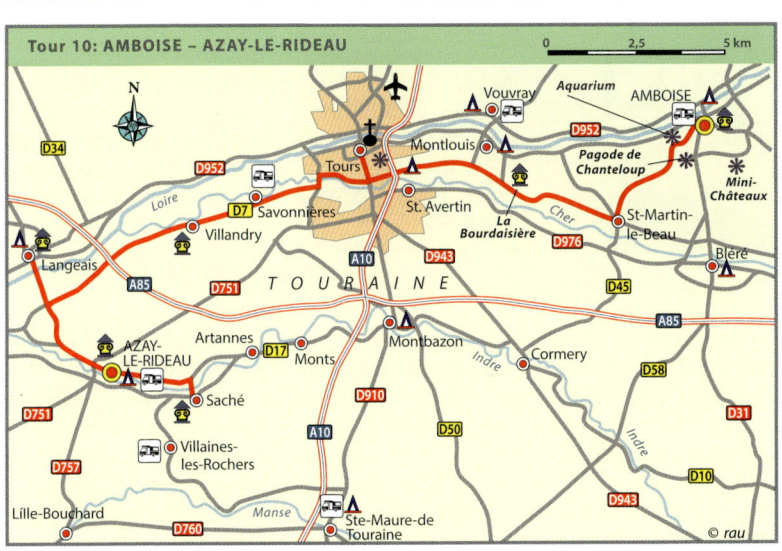

ROUTE: *Ab Amboise westwärts führen alle Wege nach* **Tours***. Man kann wählen ob man entlang der Loire oder lieber entlang des Cher nach Tours fahren will, was ein paar Kilometer weiter ist. Wählt man den Weg entlang des Cher, passiert man 3 km südlich von Amboise die etwas abseits der D31 gelegene* **Pagode de Chanteloup***.*

Die **Pagode de Chanteloup [Parkplatz, WP 092 / N47° 23' 29.2" E0° 58' 45.6"]** (geöffnet 22. März - 11. Nov. Juni - Aug. tgl. 10 - 19 Uhr; 22. März - Mai, Sept. tgl. 10 - 18 Uhr; Okt. 14 - 18 Uhr; 1. - 11. Nov. 14 - 17 Uhr, letzter Einlass 1 Std. vor Schließung; www.pagode-chanteloup. com) ein recht ungewöhnlich anmutender, 44 m hoher Turm, der aussieht wie eine etwas zu groß geratene Hochzeitstorte. Der siebengeschossige schlanke

Die Pagode de Chanteloup bei Amboise

Rundturm ist der letzte Rest eines ehemals stattlichen Anwesens aus dem 18. Jh., das 1823 bis auf die filigrane Pagode und einen kleinen Pavillon komplett abgerissen worden ist.

Der Herzog von Choiseul, einflussreicher Staatsminister Ludwigs XV. und darüber hinaus zuständig für außenpolitische Angelegenheiten, hatte hier im 18. Jh. sein prächtiges Schloss. In einem weitläufigen, herrlich angelegten Park mit ausgedehnten Seen und Prunkgärten lag das Schloss, das in Stil und Dimensionen dem Schloss in Versailles nur wenig nachstand.

1770 allerdings fiel Choiseul bei Hofe in Ungnade. Ob dabei Intrigen oder Ränke der Madame du Barry und einflussreicher Hofschranzen im Spiel waren, oder ob Choiseul in Zusammenhang mit finanziellen Unregelmäßigkeiten größeren Ausmaßes in

Zusammenhang gebracht wurde, ist nie ganz klar geworden. Fest steht jedoch, dass König Ludwig XV. den Minister entließ, vom Hofe verbannte und ihn auf sein Schloss Chanteloup ins Exil schickte. Dort residierte der abgehalfterte Minister aber weiter in Saus und Braus und etablierte seinen eigenen Hofstaat. Choiseul feierte rauschende Feste, zu denen nur zu gerne auch Freunde und Mitglieder des königlichen Hofes kamen. Und mit der Thronbesteigung Ludwigs XVI. wurde auch der Herzog von Choiseul wieder hoffähig.

Zum Andenken an die Treue seiner Freunde, die Choiseul während seines von Ludwig XV. verhängten Hausarrests in Chanteloup nicht vergessen hatten, ließ der Herzog die Pagode vom Hofarchitekten Ludwig XVI., Le Camus de Mezières, im Jahre 1775 errichten. Dem damaligen Zeitgeist und der weitverbreiteten Vorliebe für chinesische Kunst entsprechend ist der Turm einer chinesischen Pagode nachempfunden.

Später, nach der Französischen Revolution, nennt ein Graf de Chaptal das schon etwa angegraute Anwesen von Chanteloup, das dem Herzog von Choiseul mehr als 25 Jahre als Residenz gedient hatte, sein Eigen. Chaptal wird Opfer einer Finanzaffäre, kann Chanteloup nicht weiter halten und muss das Schloss, das nun schon stark vom Verfall bedroht ist, 1823 an einen Kaufmann und Immobilienmakler veräußern. Der wiederum lässt das Schloss komplett demolieren und abreißen, um das Material zu verhökern. Heute erinnert – bis auf die Pagode und ein Pförtnerhäuschen – nichts mehr an das Schloss von Chanteloup.

Über eine Treppe mit herrlich gearbeiteten Geländern können Sie auf die Turmspitze der Pagode steigen. In der ersten Etage entdeckt man eine Marmortafel an der Wand mit der Inschrift, die etwa so zu interpretieren ist: „Etienne-François, Herzog von Choiseul, angetan von den Beweisen von Freundschaft, Güte und Aufmerksamkeit, die er während seiner Verbannung von vielen die ihn an diesem Orte aufsuchen wollten, empfing, hat dieses Gebäude bauen lassen, um seine Dankbarkeit zu verewigen."

Von der obersten Plattform in fast 40 m Höhe werden Sie für die Mühe des Aufstiegs mit einem schönen Rundblick belohnt. Bei klarem Wetter können Sie bis nach Tours sehen.

Wenige Kilometer östlich der Zufahrt zur Pagode de Chanteloup liegt nahe der Straße D31, am Abzweig der D81 Richtung Chenonceaux, der **Parc des Mini-Châteaux [Parkplatz, WP 093 / N47° 23' 29.1" E1° 0' 18.2"]** *(geöffnet Apr. - Aug. tgl. 9.30 - 19 Uhr; Sept. tgl. 10 - 18 Uhr; letzter Einlass 60 Min. vor Schließung; www.parcminichateaux. com/en/; es gibt Kombi-Eintrittskarten mit Grand Aquarium de Touraine)* am Blvd. St. Denis Hors.

In dem kleinen Freizeitpark, an dem vor allem Kinder ihre Freude haben dürften, sind auf einer Fläche von zwei Hektar annähernd 50 Modelle berühmter Schlösser und feudaler Herrensitz aus dem Gebiet des Loiretals im Maßstab 1:25 zu bewundern.

U. a. sieht man so bekannte Schlösser wie Chenonceau, Chambord, Villandry und Azay-le-Rideau, aber auch weniger besuchte wie Talcy, Montpoupon oder Gizeux im Miniformat.

Ergänzt wird der Eindruck eines Liliputlandes durch Miniatureisenbahnen und Schiffe und eine große Anzahl von Bonsai-Bäumchen. Relativ teurer Eintritt.

ROUTE: Weiter von der Pagode de Chanteloup zur D83, der wir Richtung

*St. Martin-le-Beau folgen. Beim Weiler Le Boulay Abzweig nordwärts auf die D283 zum **Grand Aquarium de Touraine.** Achtung! Die Straße D83 ist nur für Fahrzeuge bis 3,5 t zugelassen! Schwerere Fahrzeuge erreichen das Grand Aquarium von der weiter nördlich verlaufenden D751 aus.*

Das **Grand Aquarium de Touraine [WP 094 / N47° 23' 20.7" E0° 54' 37.4"]** zählt zu den größten Süßwasseraquarien in Europa, so die Werbebroschüre der Attraktion *(geöffnet 1. Juli - 31. Aug. tgl. 10 - 19 Uhr; Sept. 10.30 - 18 Uhr; letzter Einlass 1 Stunde vor Schließung; www.grandaquariumdetouraine. com/en/; es gibt Kombi-Eintrittskarten mit Parc des Mini-Châteaux).*

In 38 großzügig angelegten Süß- und Meerwasserbassins mit insgesamt mehr als zwei Millionen Liter Wasserinhalt sieht der Besucher neben heimischen Fischen, wie sie z. B. in Loire, Indre oder Cher vorkommen auch tropische Fische, Piranhas, Haie, Schildkröten, Alligatoren und mehr. Ein 30 m langer gläserner Tunnel führt Sie mitten hinein in die „Tiefen des Meeres". Nicht nur für Kinder ist das Bassin, in dem man Fische, Muscheln u. ä. auch berühren darf, ein besonderes Erlebnis.

ROUTE: Ab St. Martin-le-Beau fährt man auf der D140 westwärts ins rund 18 km entfernte Tours.

Auf dem Wege dahin hat man etwa 3 km westlich von St. Martin-le-Beau Gelegenheit zu einem Abstecher nach **La Bourdaisière**. Das Schloss liegt nur unweit nördlich der Schnellstraße D140. Das **Château de la Bourdaisière [Parkplatz, WP 095 / N47° 22' 06.0" E0° 50' 11.6"]** wird auch gerne als das „Schloss der Damen, die Geschichte machten" bezeichnet. Heute dient das Schloss als Hotel. *Der Schlosspark und die Gärten sind für Besucher geöffnet Apr. + Okt. tgl. 11 - 18 Uhr; 1. Mai - 30. Sept. 10 - 19 Uhr; www.labourdaisiere.com.*

Das Schlosshotel Château de la Bourdaisière

Die Ursprünge des hochherrschaftlichen Anwesens, das auf einer leichten Anhöhe mitten in einer weiten Parklandschaft liegt, geht zurück auf einen mittelalterlichen befestigten Feudalsitz des Maréchal Bouicault.

Während der Renaissance-Epoche war das Anwesen im Besitz der Familie Babou, die aus der Burg ein stattliches Schloss im Stil jener Zeit machte.

Hier in Bourdaisière empfing Marie Gaudin, die anmutige Mätresse König Franz I., den König zum wiederholten Male. Ihre Nachfolgerin in La Bourdaisière und in der Gunst Franz I. war die hübsche Gabrielle d'Estrées, die später auch König Heinrich IV. als dessen Favoritin zu Diensten war. Sie lebte die meiste Zeit hier im Schloss.

Später kam das Anwesen in den Besitz des Herzogs von Luynes, dann an den Herzog von Choiseul (siehe auch unter Chanteloup), der die Fassade des Schlosses verändern ließ. Große Umbauten erfuhr La Bourdaisière um 1840. Damals war Baron Angelier Besitzer des Anwesens. Er beauftragte seinen Architekten Jacquemin, die Fassade im Stil der Spätrenaissance zu restaurieren und dem Gebäude wieder das Aussehen wie zu Zeiten seiner illustren Bewohnerinnen vor der Revolution zu verleihen.

Berühmt ist das Schloss von Bourdaisière aber auch wegen seiner ausgedehnten **Blumen- und Gemüsegärten**. U. a. werden hier über 400 Tomatenarten gezüchtet.

Und im Frühling ist die im italienischen Stil gestaltete Schlossterrasse eine Augenweide, wenn hier mehr als 10 verschiedene Lilienarten blühen.

Die mit Ornamenten geschmückte Tür, die auf die Terrasse führt, soll nach Zeichnungen von Leonardo da Vinci entstanden sein.

Mein Tipp! Wenn Sie sich mal etwas gönnen und in den noblen Gemächern eines Schlosses nächtigen wollen, bietet sich hier beste Gelegenheit dazu. In La Bourdaisière stehen Gästen 20 opulent und im Stil der Renaissance wie zu Zeiten einer Gabrielle d'Estrées dekorierte Zimmer mit allem zeitgemäßen Komfort zur Verfügung. Sie können sich einmieten in Zimmern und Appartments mit so klingenden Namen wie Chambre Gabrielle d'Estrées (mit einem Übernachtungspreis über 270 Euro, aber immerhin mit Frühstück, eines der teuersten Zimmer im Haus), Suite Catharine de Medicis, Agnès Sorel, Jeanne d'Arc, Diane de Poitiers etc. etc.

Außerdem können Hausgäste über einen Tennisplatz und ein beheiztes Schwimmbad verfügen. Zimmerreservierungen unter Tel. +33 (0)2 47 45 16 31; www.labourdaisiere.com, 25, rue de la Bourdaisiere, 37270 Montlouis-sur-Loire.

Tours – Die über 2.000 Jahre alte Stadt Tours, seit je Mittelpunkt und Hauptstadt der Touraine, ist einer der ältesten Bischofsitze in Frankreich und eine Stadt mit Vergangenheit.

Der später heilig gesprochene Martin, der nämliche, der seinen römischen Soldatenmantel mit dem Schwert zertrennte, ihn mit einem frierenden Bettler teilte und so zum christlichen Vorbild

CAMPING

Montlouis-sur-Loire
Camping les Peupliers [WP 096 / N47° 23' 38.8" E0° 48' 41.1"], Bords de Loire, Tel. +33 (0)2 47 50 81 90; www.aquadis-loisirs.com/camping-les-peupliers/en/; 8. Apr. – 27. Okt.; an der D751 (Amboise – Tours) ca. 1,5 km nordwestlich von Montlouis-sur-Loire; Wiesen nahe der Loire; ca. 3 ha – 120 Stpl.; gute Standard-Sanitärausstattung; Imbiss, Waschmaschine, Trockner, Schwimmbad, 10 Mietcaravans, Fahrradverleih, WLAN. V & E für Wohnmobile.

Vouvray
Camping Municipal le Bec du Cisse [WP 097 / N47° 24' 31.6" E0° 47' 46.8"], 3, Chemin de la Cisse, Tel. +33 (0)2 47 76 07 22; 1. Apr. - 30. Sept.; am Südrand des Ortes, parkähnliches Gelände am Flüsschen Cisse mit üppigem Laubbaumbestand, durch Hecken parzelliert. In Gehnähe zum Ort. 1 ha – 36 Stpl.; einfache Standard-Sanitärausstattung.

WOHNMOBIL-STELLPLÄTZE

Vouvray
Wohnmobil-Stellplatz Aire de Camping-car Vouvray [WP 098 / N47° 24' 33.3" E0° 47' 49.3"], Chemin du Bec de Cisse. **Geöffnet:** Ganzjährig zugänglich. Max. Aufenthalt 48 Std. **Zufahrt/Lage:** Von der D952 (Amboise – Tours) am südlichen Ortsrand südwärts zum Camping Municipal abzweigen. 6 markierte Stellplätze für Wohnmobile neben Camping Municipal. **Ausstattung:** V & E-Säule, Gebühr beim Camping Municipal zu bezahlen.

Véretz

Wohnmobil-Stellplatz Aire de Camping-car Park Véretz [WP 099 / N47° 21' 29.3" E0° 48' 54.3"], 21, rue des Isles. **Geöffnet:** Ganzjährig zugänglich. Einfahrtsschranke mit Ticket-Automat, Mobiltelefonnummer und Kreditkartennummer sind notwendig. **Zufahrt/Lage:** An der D976 (Bléré – Tours) im Ort Véretz zwischen Straße und Fluss Cher. **Ausstattung:** Ehemaliger Campingplatz. Ebene, baumbestandene Schotter-/Wiesenfläche am Cher mit Platz für 60 Wohnmobile. Frischwasser, Grauwasser- und Chemikaltoilettenentsorgung, Strom, Sanitäranlagen, WLAN.

für Nächstenliebe und Barmherzigkeit wurde, wurde im Jahre 372 in Tours zu einem der ersten Bischöfe in Frankreich ernannt. St. Martin gründete zahlreiche Kirchen und Klöster, darunter das von Ligugè im Poitou und das von Marmoutier unweit östlich von Tours.

In jener Zeit des frühen Mittelalters war Tours zu einem wichtigen Zentrum des Geisteslebens, der Wissenschaften und der Literatur geworden. Bischof Gregor von Tours z. B. trat in der zweiten Hälfte des 6. Jh. mit seiner Schrift „Historia Francorum" als einer der allerersten Chronisten Galliens und des Frankenreiches auf.

Große Bedeutung erlangten im 8 Jh. die von Karl dem Großen geförderten kalligraphischen Schulen von Tours, in denen mehrere kolorierte Prunkhandschriften der Bibel entstanden.

Später im 11. Jh. kamen aus Tours die ersten höfischen Dichtungen und weitere 200 Jahre später entstand in Tours eine der ersten in französischer Umgangssprache geschriebene, in 22.000 Versen gehaltene „lehrsame" Dichtung „Roman de la Rose".

Zur richtiggehenden Stadt entwickelte sich Tours vor allem im 15. und 16. Jh. Es entstand ein neues Stadtzentrum im Stadtteil Châteauneuf mit seinen heute noch sehenswerten Fachwerkhäusern am Place Plumereau.

Es etablierte sich eine Universität. Handel und Handwerk, vor allem Seiden- und Brokatweber, ließen sich nieder. Und nach dem Hundertjährigen Krieg wurde Tours unter Ludwig XI. zeitweilig sogar Hauptstadt des Reiches.

Tours ist die Geburtsstadt von Honoré de Balzac, einem der großen Schriftsteller des 19. Jh., der hier 1799 das Licht der Welt erblickte. Näheres siehe weiter hinten unter Saché.

Heute ist Tours eine eher neuzeitlich wirkende, geschäftige Großstadt mit annähernd 137.000 (Großraum ca. 250.000) Einwohnern.

Die Reize der Stadt muss man allerdings etwas suchen. Längst ist Tours über seine ursprünglichen Grenzen am Südufer der Loire hinausgewachsen und dehnt sich nun beiderseits von Loire und Cher aus.

Keinesfalls sollten Sie sich durch die Autobahnen und Schnellstraßen, Hochbauten und Vorstadtviertel davon abhalten lassen, in die Stadt hineinzufahren und einen Bummel durch die Straßen der Innenstadt zu machen.

Vorschlag für einen Stadtspaziergang, der entweder am **Touristenbüro (1) [N47° 23' 28.1" E0° 41' 37.4"]** in Bahnhofsnähe gegenüber dem futuristischen Kongresszentrum **Centre de Congrès Vinci (2),** oder gleich an der **Kathedrale St-Gatien [N47° 23' 43.6" E0° 41' 37.6"]** im nordöstlichen Innenstadtbereich beginnt und in der Altstadt am Place Plumereau endet. Der einfache Weg des Spaziergangs beträgt einen guten Kilometer.

Generell ist die Parkplatzsituation in Tours schwierig. Gebührenpflichtige **Parkplätze** findet man z. B. hinter der Kirche Église Saint-Julien am **Square Prosper Mérimée [WP 100 / N47° 23' 48.1" E0° 41' 18.9"]**. Die Parkplätze am Loire-Ufer sind zwar gebührenfrei, die Zufahrtshöhe kann allerdings begrenzt sein, so dass diese Parkplätze dann für Wohnmobile nicht zugänglich sind!

Im nordöstlichen Teil der Innenstadt trifft man am Ende der Rue de la Scellerie und nicht weit vom Stadtschloss entfernt auf die **Kathedrale St-Gatien (6) [N47° 23' 43.6" E0° 41' 37.6"]** *(geöffnet tgl. 8.30 - 20 Uhr).* Hier liegt das alte Zentrum von Tour, an dem schon Kelten und Römer gesiedelt hatten. Reste der Römersiedlung *Caesarodonum,* die Hauptstadt der romanisierten Turonen war, konnten östlich der Kathedrale an der Rue du Petit Cupidon freigelegt werden.

Mit dem Bau der Kathedrale wurde im frühen 13. Jh. begonnen. Die Arbeiten bis zur Vollendung des beeindruckenden Kirchenbaus zogen sich bis ins 16. Jh. hin. Dreihundert Jahre Bau-

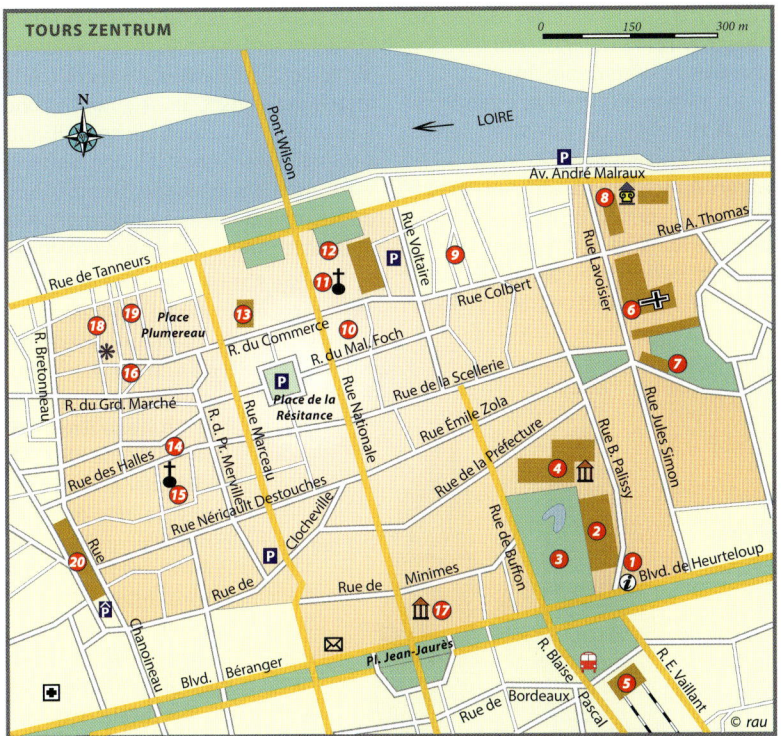

TOURS – **1** *Information* – **2** *Centre de Congrès Vinci* – **3** *Jardin de la Préfecture* – **4** *Präfektur* – **5** *Bahnhof* – **6** *Kathedrale St-Gatien* – **7** *Kunstmuseum* – **8** *ehem. Schloss* – **9** *Place Foire-le-Roi* – **10** *Hôtel de Beaune-Semblançay* – **11** *Kirche St-Julien* – **12** *Musée du Compagnonnage* – **13** *Hôtel Gouin* – **14** *Place de Châteauneuf* – **15** *Basilika St-Martin* – **16** *Place Plumereau* – **17** *Hôtel de Ville* – **18** *Rue Briçonnet* – **19** *Place St-Pierre le Puellier* – **20** *Markthalle*

zeit hinterließen ihre Spuren natürlich auch im Wandel der Stile. St-Gatien zeigt schön die Veränderungen, welche die Gotik von ihrer frühen Epoche oder die Hochgotik (Chor und Kirchenschiff) bis zur Spätgotik **(Westfassade)** durchlief. Bewundernswert sind in der Kathedrale die herrlichen alten **Bleiglasfenster**. Besonders schön sind die im Chor aus dem 12. Jh. Die Motive, die hier dargestellt sind, zeigen Szenen aus der Leidensgeschichte Christi, Heiligenlegenden, die Erschaffung der Welt u. ä.

Das **Grabmal** mit den knienden Engeln in der Kapelle des rechten Querschiffs, das für die beiden Kinder von Karl VIII. und Anne de Bretagne errich-

tet wurde, ist eine fein gearbeitete, sehenswerte Steinmetzarbeit.

An der Nordseite der Kathedrale schließt der **Kreuzgang** der Kathedrale an. Er trägt den Beinamen *La Psalette*, was darauf hinweist, dass sich hier früher u. a. eine Psalmenschule des Domchors befand. La Psalette wird in manchen Romanen Balzacs erwähnt. U. a. besichtigt man im ersten Stock den gotischen Bibliothekssaal mit Fresken aus der Zeit des 14. Jh.

Südlich oder rechts der Westfassade der Kathedrale befindet sich das ehemalige Bischofspalais aus dem 17. Jh., 18 pl. François Sicard (*geöffnet tgl. a. Di 9 - 12.45 Uhr und 14 - 18 Uhr; www.mbs.*

139

tours.fr). Heute ist hier das **Musée des Beaux-Arts (7)**, das Museum der schönen Künste untergebracht.

Im Innenhof sind Reste eines Rundturms zu sehen, die einstmals Teil der gallo-römischen Befestigungsanlagen waren. Außerdem ist dort eine fast 200 Jahr alte Zeder zu bestaunen. Ein Besuch des Kunstmuseums lohnt sehr, beherbergt es doch eine bemerkenswerte Auswahl von Kunstschätzen. Viele der

Man sieht eine reiche Sammlung französischer und europäischer Meister des Mittelalters, Werke von Mantegna („Auferstehung Christi", 15. Jh.), Rubens und Rembrandt (17. Jh.), Boucher (18. Jh.), Delacroix und Degas (19. Jh.). Sehenswert auch das gezeigte Mobiliar und die Keramikausstellung. Informationen in Deutsch sind im Museum erhältlich.

Von der Kathedrale kann man über die Rue Lavoisier ein kurzes Stück nach Norden zur Loire gehen und kommt dann zum rechterhand gelegenen **Château Royal (8) [N47° 23' 48.6" E0° 41' 35.3"]**, der ehemaligen Residenz der französischen Könige zwischen dem 13. und 15. Jh. Das ursprüngliche Schloss ist allerdings nur noch in Fragmenten (Tour de Guise aus dem 13. Jh., Wechselausstellungen) erhalten. Der Bau des alten Stadtschlosses von Tours wurde vor einigen Jahren umfassend restauriert.

Im benachbarten **Logis des Gouverneurs** ist das **Atelier d'Histoire de Tours** untergebracht, ein Geschichtsatelier, das sich in erster Linie mit der Archäologie und der Geschichte der Stadt Tours befasst und zudem wechselnde Ausstellungen zeigt.

Imposant, die Westfassade der Kathedrale St-Gatien in Tours

Stücke stammen aus Familienbesitz (u. a. Richelieu, Choisol, Penthièvre), die während der Revolution beschlagnahmt wurden. Andere Exponate fanden als Folge der Feldzüge Napoleons ihren Weg nach Tours.

Vor allem die Gemäldesammlung des Museums verdient Beachtung.

Vom Château Royal gehen wir über die Rue Colbert nach Westen. Fünf Querstraßen weiter taucht rechts ein kleiner Platz auf. Nördlich davon liegt der **Place Foire-le-Roi (9) [N47° 23' 48.2" E0° 41' 23.4"]**. Hier wurden im 16. Jh. von König Franz I. autorisierte Verkaufsmessen für Seidenstoffe abgehalten. Die Messen fanden immer im Mai und im September statt und dauerten zwei Wochen. Damals gab es in Tours 800 Meisterbetriebe für die Seidenweberei.

Am Platz sind noch einige elegante Stadthäuser im Renaissancestil zu sehen. Eines dieser vornehmen sog. Hôtels ist Haus Nr. 8, das **Hôtel Babou de la Bourdaisière** aus dem 16. Jh.

Die **Passage du Cœur Navré**, eine kleine Seitenstraße, führt zurück zur Rue Colbert. Durch diese „Passage des verletzten Herzens" wurden im Mittelalter die Verurteilten zum Galgen geführt.

Auf dem weiteren Weg über die Rue Colbert nach Westen passiert man die Rue Voltaire und kurz darauf Haus Nr. 39 in der Rue Colbert, das sog. **Maison a la Pucelle Armée**. Jeanne d'Arc hat hier 1429 ihren Harnisch anfertigen lassen, heißt es.

Noch ein kurzes Stück weiter liegt rechts die Handelskammer **Chambre de Commerce**, die in einem ehemaligen Handelskontor im klassizistischen Stil aus dem 18. Jh. untergebracht ist.

Gegenüber der Handelskammer liegen an einem kleinen Platz mit Brunnen, den Ronsard bedichtete, die Reste eines einst sehr noblen Stadtpalais aus dem 16. Jh., des **Hôtel de Beaune-Semblançay (10)**. Dieses Stadthaus gehörte dem einflussreichen Finanzverwalter Franz I. Jacques de Beaune. Der Finanzmann verscherzte es sich aber bei Hofe und landete schließlich am Galgen.

An der Ecke zur Rue Nationale trifft man auf die rechterhand gelegene **Kirche St-Julien (11) [N47° 23' 44.6" E0° 41' 12.9"]** aus dem 12. und 13. Jh. Die Kirchenfenster sind neueren Datums.

In einem alten Kellergewölbe vor der Kirche ist das Weinmuseum **Musée des Vins de Touraine** eingerichtet (geöffnet tgl. a. Di 9 - 12 +14 - 18 Uhr; letzter Einlass 30 Min. vor Schließung; www.gralon.net/tourisme/musee-musee-des-vins-de-touraine-1273.htm).

Hinter der Kirche St-Julien, an ihrer Nordseite, findet man das **Musée du Compagnonnage (12)** (geöffnet Mitte Juni - Mitte Sept. tgl. 9 - 12.30 + 14 - 18 Uhr; Mitte Sept. - Mitte Juni Mi - Mo 9 - 12.30 + 14 - 18 Uhr; letzter Einlass 30 Min. vor Schließung; www.museecompagnonnage.fr). Dieses sehenswerte Museum der Handwerksgesellen befasst sich mit der Geschichte der Handwerkszünfte und alter, meist längst ausgestorbener Handwerke.

Etwas weiter, Ecke Rue du Commerce und Rue Constantine, liegt das **Hôtel Gouin (13) [N47° 23' 42.4" E0° 41' 5.2"]**, ein schönes Renaissancepalais mit bemerkenswerter Fassade zur Rue du Commerce hin. Das Haus beherbergt heute ein **Musée de l'Hôtel Gouin**, das Museum der Archäologischen Gesellschaft von Tours (geöffnet Di - So 10 - 13 + 14 - 18 Uhr; Führungen obligatorisch; www.monuments-touraine.fr).

Ein kurzes Stück weiter westlich wenden wir uns von der Rue du Commerce südwärts und gehen über die Rue du Pr. Merville bis zur Rue des Halles und rechts zum **Place de Châteauneuf (14)**.

Westlich vom Platz sieht man den sog. **Tour Charlemagne/Turm Karls des Großen [N47° 23' 36.4" E0° 40' 57.3"]**, Rest der einstmals gewaltig großen alten Basilika St-Martin. Der monumentale Bau aus dem 11. Jh. mit über einhundert Säulen erstreckte sich über das Areal, durch das heute die Rue des Halles verläuft bis hin zum Uhrturm (Tour de l'Horloge), der Teil der Westfassade war.

Das Grab des Heiligen Martin findet man in der neuen **Basilika St-Martin (15) [N47° 23' 33.6" E0° 40' 58.8"]** an der Rue des Halles. Der Heilige, der als römischer Legionär nach Gallien gekommen war, wurde später ein eifriger Missionar in der Touraine und Bischof von Tours. St. Martin starb 397 in Candes, einem kleinen Städtchen am

Der Place Plumereau in Tours

Zusammenfluss von Loire und Vienne. Nach einigen Streitereien zwischen den Klöstern Ligugé und Marmoutier, die beide den Leichnam in ihren Abteien bestattet wissen wollten, wurde die Bahre mit den sterblichen Resten des Heiligen in einer Nacht- und Nebelaktion nach Tours gebracht und hier beigesetzt.

Und schon unmittelbar nach dem Tode des hl. Martin wurde sein Grab zu einer vielbesuchten Pilgerstädte, was den Klerus von Tours dazu veranlasste, im 5. Jh. ein Kirche über dem Grab zu errichten. Dieses erste Gotteshaus wurde von Normannen zerstört.

Später entstand daneben eine Basilika im romanischen Stil und von imposanten Dimensionen, die allerdings die Wirrnisse der Zeit und Religionskriege nicht überstand. 1802 wurde der während der Revolution vollends verfallene Bau größtenteils abgerissen. Die heute sichtbare Basilika wurde im neoromanischen Stil neben der nur noch in Ruinen erhaltenen alten Kirche und wieder über dem Grab des hl. Martin errichtet. Von erwähnenswerter Bedeutung aus architektonischer Sicht ist die neoromanische Basilika allerdings nicht.

Das Grab des hl. Martin ist noch heute jedes Jahr im November Ziel einer großen Walfahrt.

Die Basilika war im Mittelalter Mittelpunkt von Châteauneuf, einer ehemals eigenständigen Gemeinde, die erst später mit dem alten Stadtteil von Tours um die Kathedrale St-Gatien zusammenwuchs.

Etwas westlich vom Place de Châteauneuf gehen wir über die Rue du Change nordwärts bis zum nahen, hübschen **Place Plumereau (16) [N47° 23' 36.7" E0° 40' 57.9"]**. Er ist der Mittelpunkt des sehenswerten Altstadt- und Flanierviertels. Hier können Sie sich in der nostalgischen Umgebung von rustikalen Fachwerkhäusern in einem der zahlreichen Bistros oder Restaurants von den Anstrengungen der Stadtbesichtigung erholen.

Hübsch ist es auch in der benachbarte **Rue Briçonnet (18)** mit sehenswerten Hausfassaden und am **Place St-Pierre le Puellier (19)** nördlich vom Place Plumereau.

ROUTE: Von Tours über die D7 an den südlichen Gestaden des Cher entlang und rund 14 km westwärts *bis nach **Villandry**. Das Schloss liegt unmittelbar an der Hauptstraße.*

Auf dem Wege nach Villandry, das unweit der Mündung des Cher in die Loire liegt, kann man in **Savonnières** die **Tropfsteinhöhlen Grottes Pétrifiantes de Savonnières [Parkplatz, N47° 20' 45.0" E0° 31' 50.7"]** und ein Museum für Versteinerungen anschauen *(geöffnet Apr. - Juni + Sept. tgl. 10 - 19 Uhr; Juli + Aug. tgl. 9.30 - 19.30 Uhr;*

PRAKTISCHE HINWEISE – TOURS (INDRE-ET-LOIRE)

Office de Tourisme Tours Val de Loire [N47° 23' 28.1" E0° 41' 37.4"], 78 - 82 rue de Bernard Palissy, 37000 Tours, Tel. +33 (0)2 47 70 37 37; www.tours-tourisme.fr. *Geöffnet Apr. - Sept. Mo - Sa 8.30 - 19 Uhr, So 10 - 12.30 + 14.30 - 17 Uhr; Okt. - März Mo - Sa 9 - 12.30 + 13.30 - 18 Uhr, So 10 - 13 Uhr.* **Stadtführungen** durch Tours, von 24. Juli bis 28. August werden mittwochs Stadtführungen durchgeführt, Start um 18 Uhr am Touristenbüro (s. o.). Dauer 2 Stunden.

RESTAURANTS

La Roche Le Roy, 55, route de St-Avertin, Tel. +33 (0)2 47 27 22 00; https://rocheleroy.com; Wenn sie sich mal so richtig was gönnen wollen, lassen Sie sich einen Tisch in diesem Gourmettempel reservieren. Küche und Keller sind vom Feinsten unter Leitung des Küchenchefs Maximilien Bridier. Edles Ambiente in einem Anwesen aus dem 19. Jh., schöne Gartenterrasse. Teuer. Sonntag und Montag geschlossen.
Charles Barrier, 101, ave. de la Tranchée, Tel. +33 (0)2 47 54 20 39; www.charles-barrier.fr; im nördlichen Stadtbereich von Tours, elegantes Lokal, Spezialität sind Gerichte an Foie Gras, geschlossen Samstagmittag und Sonntag.
Le Boeuf sur la Place, 35, place du Grand Marché, Tel. +33 (0)2 47 38 83 84; www.leboeufsurlaplace-tours.fr; kleines, einfaches Lokal mit Gerichten für jedermann, Sonntag geschlossen.
L'Embellie, 21 rue de la Monnaie, Tel. +33 (0)9 54 61 64 43; www.lembellie-restaurant.fr; um die Ecke vom Place Plumereau, ausgezeichnete Küche, dienstags und mittwochs geschlossen, sonst nur abends geöffnet sowie samstags und sonntags auch mittags.

WOHNMOBIL-STELLPLÄTZE

Wohnmobil-Stellplatz Aire de Services pour Camping-cars Parking Relais du Lac [WP 101 / N47° 22' 1.63" E0° 42' 0.63"], Ave. du Général Niessel. **Geöffnet:** Ganzjährig zugänglich. **Gebühr:** Gebührenpflichtig. **Zufahrt/Lage:** Im südlichen Stadtteil Les Fontaines Nähe Centre Aquatic du Lac. **Ausstattung:** 10 für Wohnmobile reservierte Stellplätze auf dem großen Parkplatz Relais du Lac. Frischwasserhahn und Bodenauslass für Grauwasser. Mülltonnen. Stadtbus-Haltestelle 100 m entfernt.

Savonnières
Wohnmobil-Stellplatz Aire de Services pour Camping-cars Savonnières [WP 101a / N47°21'5.73" E0°33'0.25"], route du Bray, nördlich des Ortes. Ebener, schmaler Geländestreifen zwischen Straße und Cher-Ufer. Ca. 10 Stpl. Neben Camping La Confluence. Für große Wohnmobile etwas schwierig. Gebührenpflichtig (Schranke, Automat).

CAMPING

St-Avertin
Camping Onlycamp Tours Val de Loire [WP 102 / N47° 22' 13.9" E0° 43' 23.3"], 61, rue de Rochepinard, Tel. +33 (0)2 47 27 87 47; www.on-lycamp.fr/les-campings-au-coeur-des-pays-de-la-loire/camping-tours-val-de-loire/; 1. Feb. – 15. Dez.; Zufahrt in St-Avertin von der D976 (Tours – Amboise) über die Cherbrücke; ebenes Wiesengelände mit Laubbaumbestand am linken Cherufer; ca. 2 ha – 85 Stpl.; Standard-Sanitärausstattung. Waschmaschine, Trockner, WLAN. Mietbungalows, Mietzelte. V & E für Wohnmobile. Gegenüber Restaurant „Bistro du Lac".

Ballan-Miré
Camping La Mignardière [WP 103 / N47° 21' 18.9" E0° 38' 2.2"], 22 av. des Aubépines, Tel. +33 (0)2 47 73 31 00; www.mignardiere.com; Apr. – Ende Sept.; rund 8 km südwestlich von Tours und ca. 2 km nordöstlich von Ballan-Miré; zu erreichen über die D751. Ebenes, parzelliertes Wiesengelände bei einem Wäldchen. Ca. 2,5 ha – 130 Stpl.; Komfort-Sanitärausstattung. Laden, Cafeteria, Waschmaschine, Trockner, Schwimmbad, Tennis, Fahrradverleih. WLAN. Mietcaravans und Bungalows. V & E für Wohnmobile.

Feb., März, Okt. ,Nov. tgl. 10 - 12 + 14 - 18 Uhr, obligatorische Führungen alle 30 Minuten, letzte Tour 1 Std. vor Schließung, Dauer 1 Std.)

Schloss Villandry [Parkplatz, WP 104 / N47° 20' 27.6" E0° 30' 44.6"] ist eines der letzten großen Loire-Schlösser, die während der Renaissance im Loire-Tal errichtet wurden. Villandry war keine königliche Residenz, keine Domäne einer verwöhnten Mätresse *(geöffnet Schloss März tgl. 9 - 17.30 Uhr; Apr. - Juni - Sept. tgl. 9 - 18 Uhr; Juli + Aug. tgl. 9 - 18.30 Uhr; Feb. + Nov. tgl. 9 - 17 Uhr; Gärten Apr. - Sept. tgl. 9 - 19 Uhr; März tgl. 9 - 18 Uhr; Okt. tgl. 9 - 18.30 Uhr; Feb. + Nov. 9 - 17.30 Uhr; letzter Einlass ins Schloss 30 Min. vor Schließung; www. chateauvillandry.fr).*

Zweimal im Jahr werden die **Nuits des Mille Feux** (Nächte der tausend Lichter) veranstaltet. Jeweils freitags und samstags Anfang Juli und Anfang August werden die Gärten mit über 2.000 Kerzenlichtern illuminiert. Im Stil der Renaissance kostümierte Darsteller, ein Feuerwerk sowie Bildprojektionen auf das Schloss lassen Groß und Klein staunen. Ticketreservierungen unter *ht-*tps://chateauvillandry.tickeasy.com/en-GB/products/.

Villandry war um 1532 für Jean le Breton erbaut worden. Er war Finanzsekretär am Hofe Franz I. und beaufsichtigte die Arbeiten am Schloss Chambord. Ganz offenbar war dies eine so profitable Position, dass sich Monsieur le Breton dieses noble Anwesen leisten konnte.

Um den dreiflügeligen Renaissancebau errichten zu können, ließ le Breton eine mittelalterliche Burg abreißen, die zuvor hier stand. Von ihr ist nur noch der mächtige, viereckige Donjon aus dem 12. Jh. erhalten, den man an der Westseite noch gut erkennt.

Bei genauerem Hinsehen fällt an dem in Hufeisenform angeordneten Gebäudetrakt eine gewisse Asymmetrie auf. Dass die Winkel, in denen die Längsflügel mit dem Querflügel zusammenstoßen, nicht rechtwinklig sind, dass die Längsflügel unterschiedlich lang sind und dass das Portal nicht in der Mitte ist, das alles soll ein architektonischer Kniff sein. Wie es heißt wollte der Baumeister unbedingt vermeiden, dass sein Werk monoton wirkt.

Das Innere des Schlosses ist mit kostbarem Mobiliar, Holzschnitzereien und Gemälden und Porträts spanischer Meister ausgestattet.

Im Mittelalter war Villandry, das damals noch Colombiers hieß, Schauplatz eines historischen Ereignisses. Hier unterschrieben im Sommer 1189 Heinrich II. Plantagenêt, damals schon König von England, sein Sohn Heinrich Löwenherz und Philipp-August aus dem Geschlecht der Kapetinger den „Frieden von Colombiers".

Dieses Abkommen räumte den französischen Königen die Vorherrschaft über die Lehnsherren des Reiches ein, zu denen auch die Plantagenêts, die Herzöge von Anjou gehörten. Sie beherrschten damals neben dem Anjou und der Touraine auch die Bretagne und die Normandie und seit der Heirat Heinrichs II. mit Eleonore von Aquitanien ja auch das Poitou und Aqutianien, also fast halb Frankreich.

Von den meisten Besuchern aber wird Villandry seiner berühmten, kunstvoll angelegten **Renaissancegärten** wegen aufgesucht. Der Schlosserbauer Jean le Breton hatte einige Jahre als Diplomat in Diensten Franz I. in Italien gelebt und war dort mit der Gartenbaukunst der Renaissance bekannt geworden. Beim Bau von Villandry engagierte er italienische Gartenbauarchitekten, die die Hanglage des Geländes nutzten und drei große Gartenterrassen mit Wassergarten, Ziergarten und Gemüsegarten anlegten.

Villandry blieb bis ins 18. Jh. im Besitz der Nachkommen von Le Breton. Dann kam das Anwesen an die Castellans, einer aus der Provence stammenden Familie, die nicht nur das Schloss ziemlich unglücklich umbauten, sondern auch die Gärten vernachlässigten.

Erst mit Doktor Joachim Carvallo, der das Schloss 1906 erwarb, kam Villandry wieder in engagierte Hände. Carvallo, dessen Nachfahren noch heute die Schlossherren von Villandry sind, machte es sich zur Lebensaufgabe, Villandry mit immensem Aufwand wieder in seinen originalen Zustand wie zu Zeiten von Le Breton zu bringen. Vor allem lag Doktor Carvallo an der originalgetreuen Restaurierung der Gärten. Heute kann der Besucher wieder eine Gartenanlage besichtigen, die einmalig in ganz Frankreich ist.

In der in drei mächtigen Stufen gegliederten Gartenanlage gelangt man zuerst in den **Gemüsegarten**. Er besteht im wesentlichen aus neun gleich großen quadratischen Beeten, die jeweils von schmalen Sandwegen durchzogen werden, die gleichzeitig in jedem Beet unterschiedliche geometrische Muster bilden. Durch eine gewissenhafte und wohlüberlegte Auswahl der Gemüsepflanzen (25 verschiedene Arten) und deren Anbau werden hübsche, farbige Ornamente erreicht.

Die Grundidee zu dieser Art von Gemüsegarten soll von italienischen Mönchen stammen. Aus diesem Grunde sieht man im Eck eines jeden Beetes einen hochstämmigen Rosenstock. Er symbolisiert den Mönch, der sein Gartenbeet bearbeitete.

Bewässert werden die Beete übrigens durch ein unterirdisches Leitungssystem, das von dem Spiegelbassin im Wassergarten gespeist wird.

Westlich vom Gemüsegarten schließt sich ein **Kräutergarten**, in dem mehr als dreißig Heil- und Gewürzkräuter gedeihen.

Es schließt sich die etwas höher gelegene Terrasse des **Ziergartens** oder „Liebesgartens" an. Hier bilden Buchsbaumhecken elegante geometrische Formen. Gehen Sie auf die obere Aussichtsterrasse hinter dem Schloss. Von dort haben Sie den besten Überblick.

Die Ornamente, welche die kunstvoll gestutzten Buchsbaumhecken bilden, symbolisieren die verschiedenen Arten der Liebe, die „tragische Liebe" (linkes Beet vorne mit Dolch, Degen, roten

Eine wahre Sehenswürdigkeit, die Ziergärten von Schloss Villandry

Rosen), die „flatterhafte Liebe" (rechtes Beet vorne mit Fächern, Hörnern, gelbe Blumen der Eifersucht), die „zarte Liebe" (linkes Beet hinten mit Herzen und Masken) und die „wahnsinnige Liebe" (rechtes Beet hinten mit gebrochenen Herzen). In dem großen Feld ganz links erkennt man in der Mitte das Malteserkreuz. Die oberste der drei großflächigen Gartenterrassen wird vom sog. **Wassergarten** mit einem großen Wasserbecken eingenommen.

*ROUTE: Weiterfahrt von Villandry über die D7 westwärts bis **Lignières-de-Touraine** und von dort auf der D57 und über die Loire nordwärts ins nahe **Langeais**.*

WOHNMOBIL-STELLPLATZ VILLANDRY

Wohnmobil-Stellplatz Aire de Camping-car Park Villandry [WP 105 / N47° 20' 20.98" E0° 30' 26.46"]. Lage/Zufahrt: An der D7 (Villandry – Rigny Ussé) am westl. Ortsrand von Villandry, beim Kreisverkehr. **Geöffnet:** Ganzjährig zugänglich. **Gebühr:** Für Gebührenautomat (in mehreren Sprachen) ist eine EMail-Adresse und Namen erforderlich. Einlass-Code kommt per SMS oder EMail (Zahlung per Kreditkarte). **Ausstattung:** Ebenes Gelände mit 30 Stellplätzen, asphaltierte Fahrwege und geschotterte Stellplatzstreifen, V & E-Station mit Frischwasser, Stromanschlüsse, Mülltonnen. Zum Ort mit Schloss 10 Min. Fußweg.

Langeais [Parkplatz Place de l'Europe, WP 106 / N47° 19' 25.7" E0° 24' 30.1"], eine Kleinstadt mit kaum mehr als 4.000 Einwohnern, liegt am nördlichen Loire-Ufer an der Mündung des Flüsschens Roumer.

Mitten im Ort ragt unübersehbar das gewaltige **Stadtschloss Château et parc de Langeais** auf (*geöffnet Feb. + März tgl. 9.30 - 17.30 Uhr; Apr. - Juni + Sept. - 11. Nov. tgl. 9.30 - 18.30 Uhr; Juli + Aug. tgl. 9 - 19 Uhr; 12. Nov. - 31. Jan. tgl. 10 - 17 Uhr; Führungen (nur in französisch) von 1. Juli - 6. Aug. + 24. - 31. Aug. tgl. um 11, 14, 15.30 und 17 Uhr; von 7. Juli - 23. Aug. tgl. um 11, 12.15, 14, 15.15, 16.15 und 17.30 Uhr; letzter Einlass 1 Std. vor Schließung; www.chateau-de-langeais.com/en/*).

Von 10. Juli bis 25. August wird das Öffnen der noch funktionierenden **historischen Zugbrücke am Schloss** sonntags bis mittwochs um 13.15 Uhr demonstriert (Dauer 10 Minuten), unterstützt von kostümierten Darstellern.

Ebenfalls von 10. Juli bis 25. August wird ein satirisches **Spiel über Sitten und Gebräuche des Hofes** im Ende der Renaisancezeit in französischer Sprache veranstaltet, mittwochs und sonntags um 10.30, 12.30, 15.30 und 17.30 Uhr, Dauer 30 Minuten. Und von 14. Juli bis 28. August wird mittwochs und sonntags um 11.30, 14.30 und 16.30 Uhr im Park eine **Demonstration von dressierten Raubvögeln** gezeigt, Dauer 30 Min. Keine Hunde!

Das mächtige Äußere des Schlosses mit seinen hoch aufragenden Mauern und Türmen macht eher den Eindruck einer trutzigen mittelalterlichen Festung. Nur an der Fassade im Innenhof sind Stilelemente der Renaissance zu erkennen, die das Schloss etwas freundlicher erscheinen lassen.

Die Entstehung des Schlosses von Langeais geht zurück auf eine mittelalterliche Burg, die Fulco Nerra, der legendäre Graf von Anjou, im 10. Jh. anlegen ließ. Reste dieser ersten Burganlage, eine der ältesten in ganz Frankreich, sind nur noch in Form von Fragmenten eines Donjons erhalten.

Später, im 12. Jh., kämpfte Richard Löwenherz um den Besitz, in dem während des Hundertjährigen Krieges eine englische Garnison einquartiert war.

Ludwig XI. ließ Langeais Mitte des

Schloss Langeais, die mächtigen Portaltürme und die historische Zugbrücke

15. Jh. von seinem Schatzmeister Jean Bourré restaurieren, vor allem unter dem Aspekt, ein Bollwerk gegen die drohende Allianz der Bretagne mit Burgund zu schaffen.

Am 16. Dezember 1491 vermählten sich in Langeais König Karl VIII. und Anne de Bretagne. Der Raum, in dem die Hochzeitsfeierlichkeiten stattfanden, ist heute wieder prächtig restauriert. Mit lebensgroßen Figuren wird die Zeremonie der Trauung von 1491 nachgestellt.

Großes Verdienst um den Erhalt des Schlosses von Langeais und um die Restaurierung seiner Räume kommt dem Kunstmäzen Jacques Siegfried zu. Er hatte Langeais 1886 erworben und es im Laufe der Jahre mit alten Möbeln, Kunstgegenständen, Gemälden und Wandteppichen ausgestattet. Alleine die **Sammlung kostbarer Wandteppiche** aus dem 16. Jh. aus Werkstätten in Flandern und Aubusson lohnt einen Besuch in Langeais. Siegfried vermachte das Schloss 1904 dem Institute de France. An den Gönner erinnert eine Gedenktafel am Eingang.

Einen Spaziergang durch den angrenzen Schlosspark mit dem Donjon de Foulques Nerra sollte man nach der Schlossbesichtigung nicht versäumen.

*ROUTE: Ab Langeais auf der D57 über die Loire und weiter südwärts ins rund 11 km entfernte **Azay-le-Rideau**. Zu beachten wäre, dass einige Sträßchen um Azay-le-Rideau nur für Fahrzeuge bis 3,5 t zu befahren sind.*

Château d'Azay-le-Rideau *(geöffnet 1. Apr. - 30. Juni + 1. - 30. Sept. tgl. 9.30 - 18 Uhr; 1. - 6. Juli + 28.-31. Aug. tgl. 9.30 - 19 Uhr; 7. Juli - 27. Aug. tgl. 9.30 - 23 Uhr; 1. Okt. - 31. März tgl. 10 - 17.15 Uhr; letzter Einlass 1 Stunde vor Schließung; www.azay-le-rideau.fr/.*

Die **Nuits Fantastiques** werden von 4. Juli bis 31. August um 21.45 Uhr veranstaltet, wobei monumentale Projektionen auf das Schloss und den Park eine mystische Atmosphäre erzeugen. Dauer 45 Minuten. Kassenöffnung um 19 Uhr. *www.lesnuitsfantastiques.com/fr/index.php.*

Schlossbesucher mit Wohnmobilen finden einen **separaten, beschilderten Parkplatz [WP 107 / N47° 15' 37.2" E0° 28' 05.1"]** an der Zufahrt zum nahen Campingplatz. Gleich neben der Einfahrt zum Campingplatz befindet sich die Zufahrt zum Wohnmobil-Stellplatz. Von dort geht man knapp 10 Minuten bis zum Schloss.

Besucher können das Schloss auf eigene Faust besichtigen, dazu erhalten Sie an der Kasse ein Informationsblatt, oder Sie können sich ein Gerät für eine Audio-Führung (auch auf Deutsch) ausleihen, oder sich einer Führung anschließen, die gewöhnlich in Französisch, im Juli und August auch in Englisch gehalten werden.

Von 2015 bis 2017 wurden umfangreiche Restaurierungen durchgeführt. So wurde der Dachstuhl und Teile der Steinmetzarbeiten an der Fassade renoviert sowie Teile der Innenausstattung. So erstrahlt der **Biencourt Salon**, in dem sich der wunderschönen Kamin mit den Wappentieren Salamander und

CAMPING – LANGEAIS

Camping Municipal du Lac [WP 106a / N47° 19' 46.8" E0° 25' 06.8"], 152 Route de Tours, Tel. +33 (0)2 47 96 85 80; www.langeais.fr/fr/information/71344/camping-lac; 15. Apr. – 22. Sept.; im Ort ca. 1 km ostwärts Richtung Luynes am Kreisverkehr D952a/D953 gelegen; Wiese mit Baumbestand an einem kleinen See und den Tennisplätzen; Ca. 2 ha – 90 Stpl.; einfache Standard-Sanitärausstattung. WLAN. V & E für Wohnmobile. Städtisches Schwimmbad nebenan.

Das Schloss Azay-le-Rideau

Hermelin befindet, in neuem Glanz. Ebenfalls restauriert wurde der Park und das Reflexionsbecken. Ca. 10.000 Blumenzwiebeln und 15 Zierbaumarten hat man neu gepflanzt.

Das **Schloss Azay-le-Rideau**, ein wahres Kleinod der Renaissancearchitektur und UNESCO Weltkulturerbe, liegt sehr romantisch in einem Park auf einem einstmals künstlich angelegten Inselchen, das von den Wassern der Indre umspült wird. Vor allem der obere Teil des Bauwerks ist reich mit Türmchen, Giebeln, Spitzdächern und Lukarnen (reichverzierte Dacherker mit Fenstern) versehen.

Im 12. Jahrhundert errichtete ein Herr namens Ridel von Azay hier erstmals ein befestigtes Anwesen, das von Seitenarmen der Indre eingerahmt wurde und dem Ort seinen Namen verlieh. Später geht Azay durch mehrere Hände und wird während des Hundertjährigen Krieges von Karl VII. bei dem Versuch, das Anwesen samt seiner ausgedehnten Ländereien von den Burgundern zurückzuerobern, schließlich niedergebrannt.

Um 1465 kommt Martin Berthelot, Kontrolleur der Reichsfinanzen unter Ludwig XI. und Karl VIII. in den Besitz von Azay, das damals immer noch den Beinamen Azay-le-Brûlé, verbranntes Azay, trägt. Martin Berthelot hinterlässt Azay seinem Sohn Gilles, dem Erbauer des heutigen Schlosses.

Gilles Berthelot, einer der vier Schatzmeister Frankreichs unter Franz I. und befreundet mit den einflussreichsten Finanziers seiner Zeit wie dem Generalfinanzgouverneur des Königs, Jacques de Beaune, beginnt 1518 mit dem Schlossbau von Azay-le-Rideau. Es sollte zu einem der graziösesten Schlösser in der Loire-Region werden.

Vor allem die Gemahlin von Gilles Berthelot, Philippe Lesbahy, überwachte den Fortgang des Schlossbaus bis zur Vollendung.

Kamin mit dem Wappen Franz I., Schloss Azay-le-Rideau

Mittel für das Lösegeld aufzutreiben.

Gilles Berthelot konnte sein Schloss nicht mehr genießen. Er wurde in der Bastille eingekerkert und bald darauf hingerichtet und Franz I. eignete sich Azay-le-Rideau an.

Auf dem Giebel über den Dachfenstern über dem Treppenhaus sieht man die Initialen „F" und „C" für Franz I. und seine Gemahlin Claude de France. Darüber sieht man ein Feld am Giebel, von dem offensichtlich etwas abgeschlagen und entfernt wurde. Ob hier einst das Wappen der Berthelots prangte ist nicht verbürgt.

Später gehörte Azay-le-Rideau einem Diplomaten. Sogar Ludwig XIV., der Sonnenkönig, war im Schloss zu Gast. Damals waren die Grafen von Beringhem die Herren von Azay-le-Rideau, die bis ins 17. Jh. Besitzer des Schlosses blieben.

Danach hat das Anwesen verschiedene Besitzer, darunter die Familie de Biencourt, die sich über mehrere Generationen hinweg um die Erhaltung des Schlosses bemühte.

1905 endlich erwirbt der Staat das elegante Bauwerk.

Sehenswert ist – neben dem Portalgiebel mit den Wappentieren von Franz I. (Salamander) und Claude de France (Hermelin) – das **Treppenhaus** mit den Kassettendecken. Die Medaillons an der Decke zeigen die Profile französischer Königinnen und Könige.

Der relativ kurzen Bauzeit von nur knapp 10 Jahren und dem Einfluss nur eines Bauherrn verdanken wir es, dass die ganze Grazie des Renaissancedekors zur Geltung kommt und nicht durch den Einfluss anderer Generationen und anderer Baustile verwischt wird.

Kurz nach Fertigstellung der herrschaftlichen Residenz fiel Gilles Berthelot allerdings in Ungnade. Ihm wurde die Veruntreuung von öffentlichen Geldern vorgeworfen. König Franz I. hatte nach seiner langen Gefangenschaft nach der Schlacht von Pavia die Kassen des Staates überprüfen lassen. Seine Mutter Louise von Savoyen hatte nämlich während der Gefangenschaft des Königs lange vergeblich versucht,

Im Erdgeschoß besichtigt man die **Küche** mit Kreuzrippengewölbe und gewaltigem Kamin, dann das **Speisezimmer** mit drei prächtigen flämischen Wandteppichen aus dem 16. Jh. auf denen biblische Szenen dargestellt sind und das **Gelbe Zimmer**. Dort sieht man u. a. ein Renaissancebett, das der damaligen Mode entsprechend so kurz ist, dass man nur in halb sitzender Stellung darin schlafen konnte. Das Portrait über dem Schränkchen neben der Tür zeigt Maria von Österreich, die Schwester Kaiser Karls V. Rechts vom Kamin sieht man Heinrich III.

Im ersten Stock liegen die sog. **Königsgemächer** mit den **Paradezimmern**. In dem ganz in rot gehaltenen Paradezimmer mit einem Baldachinbett im Stil Ludwigs XIV. sieht man Porträts von Mitgliedern des Hauses Valois wie Franz I., Heinrich II. und dessen Gemahlin Katharina von Medici, von Kardinal Ludwig von Lothringen und des Herzogs von Guise, der in Blois ermordet wurde.

Beeindruckend ist auch der **Große Saal** oder Festsaal (großer Kamin, flämische Wandbehänge) auf der anderen Seite des Treppenhauses, dem sich das **Blaue Zimmer** anschließt.

Zu den Sehenswürdigkeiten im Ort Azay-le-Rideau selbst zählt die **Kirche St-Symphorien** mit ihrer beachtlichen Fassade.

PRAKTISCHE HINWEISE – AZAY-LE-RIDEAU (INDRE-ET-LOIRE)

 Office de Tourisme du pays d'Azay-le-Rideau [N47° 15' 41.4" E0° 27' 59.0"], 4, rue du Château, 37190 Azay-le-Rideau, Tel. +33 (0)2 47 45 44 40; www.azaylerideau-tourisme.com/. Geöffnet 1. Mai - 30. Juni + 1.- 31. Sept. Mo - Sa 9.30 - 13 + 14 - 18 Uhr, So 10 - 13 + 14 - 17 Uhr; 1. Juli + 31. Aug. Mo - Sa 9.30 - 13 + 14 - 19 Uhr, So 10 - 13 + 14 - 18 Uhr; 1. Jan. - 30. Apr. + 1. Okt. - 31. Dez. Mo - Sa 10 - 12.30 + 14 -17.30 Uhr. Ein Parkplatz liegt unweit nördlich des Touristenbüros.

 RESTAURANTS

L'Aigle d'Or, 10, av. A. Riché, Tel. +33 (0)2 47 45 24 58; www.laigledor.fr; gute Küche, mittlere Preislage, Gartenterrasse. Montagabends, dienstagabends (außer Juli + Aug.), mittwochs und sonntagabends geschlossen.

Les Grottes, 23, rue Pineau (D 84), Tel. +33 (0)2 47 86 22 96; www.restaurantlesgrottes.sitew.fr; „Tropfsteinhöhlenambiente", gute Küche, mittlere Preislage, Gartenterrasse. Donnerstags geschlossen außerhalb der Saison.

 CAMPING

 **Camping Municipal Le Sabot [WP 108 / N47° 15' 32.1" E0° 28' 11.4"]**, rue du Stade, Tel. +33 (0)2 47 45 42 72; www.onlycamp.fr/les-campings-au-coeur-des-pays-de-la-loire/camping-sabot-azay-rideau-37/; 5. April – 3. Nov.; ebenes, weitläufiges Grasgelände mit hohem, Schatten spendenden Laubbaumbestand, am idyllischen Flüsschen Indre; neben den städtischen Sportanlagen mit Schwimmbad.

In Gehnähe (ca. 10 Min.) zum Schloss gelegen. Ca. 5 ha – 180 Stpl.; Standard-Sanitärausstattung; Waschmaschine, Trockner. Bäckerservice Juli und August. Rezeption nur stundenweise besetzt. Mietzelte. V & E für Wohnmobile.
Direkt neben dem Campingplatz befindet sich der Wohnmobilstellplatz.

WOHNMOBIL-STELLPLATZ

Wohnmobil-Stellplatz Aire de Camping-car Park Azay-le-Rideau [WP 109 / N47° 15' 33.1" E0° 28' 10.3"], rue du Stade; www.campingcar-park.com/en/parking-areas/azay-le-rideau/.**Zufahrt/Lage:** Am östlichen Ortsrand, direkt neben Camping Municipal Le Sabot. **Gebühr:** Gebührenautomat. **Geöffnet:** Ganzjährig zugänglich. **Ausstattung:** Parzelliertes Grasgelände mit hohen Laubbäumen am Flüsschen Indre. 46 Stellplätze, Stromanschluss möglich, V & E Station (Automatensäule, Bodenauslass).

Und zum guten Tagesabschluss eine kulinarische Spezialität:

Die Küche der Touraine bietet eine fast unerschöpfliche Palette an herrlichen Spezialitäten. Dazu kommen Weine, von denen nicht nur Kenner schwärmen. „Rillettes de porc" und „Rillettes d'oies de Tours", fein gehacktes Schweine- oder Gänsefleisch, sollten sie einmal versuchen, oder „Rillons", eine grobe Pastete aus Halsstücken vom Schwein mit Grieben, im Fett goldgelb gebacken und in Töpfen aufbewahrt, oder „Andouillettes", die beliebten Würstchen von Tours. Und dazu vielleicht einen roten Bourgueil oder einen weißen Rochcarbon?

Abstecher nach Saché

Saché liegt rund 7 km östlich von Azay-le-Rideau südlich der Indre.

Bekannt ist der kleine Ort Saché für sein **Schlösschen [Parkplatz, WP 110 / N47° 14' 44.8" E0° 32' 39.3"]**, in dem sich der Schriftsteller *Honoré de Balzac*

Salon im Schloss von Saché

Honoré de Balzac, am 21. Mai 1799 in Tours geboren, sollte zur größten literarischen Persönlichkeit der Touraine und zu einem der großen Schriftsteller des 19. Jh. in Frankreich werden. Seine Kindheit verbrachte Balzac hauptsächlich in der lebensfrohen Vendée. 1818 kam er nach Paris, stu-  zunächst recht erfolglos dierte Jura und schrieb denen Pseudonymen und unter verschie- ten und Hintertreppe- zahllose Kurzgeschich- te Balzac mit „Oberst romane. 1830 dann hat- großen literarischen Er- Chabert" seinen ersten folg.

Balzac liebte das Loire-Tal fast abgöttisch und machte es zum Schauplatz vieler seiner Romane. In seinem gro- ßen Werk, der mehrbän- digen Reihe realistischer Gesellschaftsromane „Comédie humaine" (Die Menschliche Komö- die) beschreibt Balzac nicht nur die Pariser Ge- sellschaft, sondern auch das Leben im Loire-Tal, in Orléans, in Blois und vor allem in Tours und in der Touraine.

In Saché hatte der Schriftsteller und Lebenskünstler ein Refugium gefunden, in das er sich von den oft turbulenten Gesellschaftsverpflichtungen zurückziehen konnte.

Balzac starb im August 1850. Ganz Frankreich trauert um den großen Epiker der Weltliteratur. Victor Hugo, Alexandre Dumas, Minister und Persönlichkeiten des öffentlichen Lebens trugen seinen Sarg zu Grabe.

gerne bei seinem Freund de Margonne, dem Hausherrn auf Schloss Saché, aufhielt *(geöffnet 1. Apr. - 30. Juni +Sept. tgl. 10 - 18 Uhr; Juli + Aug. tgl. 10 - 19 Uhr; 1. Okt. - 31. März Mi - Mo 10 - 12.30 + 14 - 17 Uhr; letzter Einlass 30 Min. vor Schließung; www.musee-balzac.fr).*

Balzac liebte die Touraine über alles und war sehr froh, sich in Saché gelegentlich den Aufdringlichkeiten seiner Gläubiger und den Anstrengungen des Pariser Gesellschaftslebens entziehen zu können. Balzac schrieb in Saché zumindest Teile einiger seiner Romane wie „Le Lys dans la Vallée" („Die Lilie im Tal"), der im Indretal spielt und auch den weiter östlich gelegenen Nachbarort Pont-de-Ruan mit einbezieht.

Zu besichtigen ist im Schloss u. a. auch das **Arbeitszimmer Balzacs**, das seit der Zeit Balzacs angeblich unverändert geblieben ist.

Nicht gerade billig, dafür aber sehr gut isst man in Saché in der rustikalen **Auberge du XII siècle**, einem altehrwürdigen Gasthof mitten im Ort. Sonntagabends, montags und dienstagmittags geschlossen. Tischreservierung ratsam, Tel. +33 (0)2 47 26 88 77.

Den Rückweg nach Azay-le-Rideau kann man über das knapp 6 km weiter südlich gelegene Landstädtchen **Villaines-les-Rochers** führen. Der kleine Ort ist bekannt für seine lange Tradition der **Korbflechterei**. An fast jedem Haus sieht man einen symbolischen Flechtkorb, der an das alte Handwerk in der Touraine erinnert, das hier noch heute gepflegt wird. Einige der Werkstätten kann man besichtigen. Es gibt auch ein kleines Museum, das **Musée de l'Osier et de la Vannerie [N47° 13' 18.7" E0° 29' 41.8"]**, 7 Place de la Mairie *(geöffnet Mi - So 14 - 18 Uhr).*

Bei ausreichend zur Verfügung stehender Zeit kann man den Abstecher nach Süden in das hübsche Dörfchen **Crissay-sur-Manse [N47° 8' 52.82" E0° 29' 9.54"]** im lauschigen Tal der Manse ausdehnen. Zu sehen gibt es eine uralte Burgruine und eine interessante Kirche. Und übernachten kann man ggf. in der Auberge de Crissay -

Aux Coups de Coeur am Westrand des Dorfes, 1 Rue de Chinon, Tel. +33 (0)2 47 58 58 11.

Gut 20 km südöstlich von Villaines-les-Rochers findet man in **Ste-Maure-de-Touraine** einen weiteren Stellplatz für Wohnmobile und einen Campingplatz, s. u.

CAMPING

Ste-Maure-de-Touraine
Camping Municipal de Marans „Le Bois Dinot" [WP 111 / N47° 6' 16.70" E0° 37' 33.45"], rue de Toizelet, Tel. +33 (0)2 46 01 10 51; www.camping-marans.fr; 17. März – 13. Okt.; am südlichen Ortsrand über die D760 Richtung Loches zu erreichen, beschildert. Wiesengelände an einem See; ca. 5 ha – 150 Stpl., einfache Standard-Sanitärausstattung. Mietbungalows. V & E für Wohnmobile.

WOHNMOBIL-STELLPLÄTZE

Villaines-les-Rochers
Wohnmobil-Stellplatz Aire de service Camping-car Villaines-les-Rochers [WP 112 / N47° 13' 16.3" E0° 29' 46.6"], rue des Écoles. **Zufahrt/Lage:** Im Ort vor dem Rathaus (Mairie) an der Durchgangsstraße nach Saché. **Ausstattung:** Asphaltierter Parkplatz für ca. 7 Wohnmobile. Frischwasser, Grauwasser- und Chemikaltoilettenentsorgung. Öffentliche Toiletten am Platz. V & E-Säule ca. 100 m rechts vom Rathaus. **Gebühr:** Kostenlos. Max. Aufenthalt 24 Stunden, kein „Campingleben" erlaubt.

Ste-Maure-de-Touraine
Wohnmobil-Stellplatz Aire de camping-cars Le Bois Chaudron, Ste-Maure-de-Touraine [WP 113 / N47° 5' 35.22" E0° 36' 46.39"]. D910. **Zufahrt/Lage:** Vom Ort auf der D910 südwärts Richtung Châtellerault ca. 2 km bis Beschilderung „Air de Repos". **Ausstattung:** Langgestreckter, von Hecken und Wald begrenzter Wiesenparkplatz mit mehreren Parkbuchten, nur ca. 30 m von der viel befahrenen Durchgangsstraße 910 entfernt. Platz für ca. 35 Wohnmobile, je nach Belegung mit Pkw. Zwei Toiletten, Dusche, Frischwasser, Grauwasser- und Chemikaltoilettenentsorgung, Strom, WLAN. **Geöffnet:** Ganzjährig. **Gebühr:** Für Stellplatz. **Wohnmobil-Stellplatz Aire Stationnement Parking Ronsard [WP 114 / N47° 6' 40.83" E0° 36' 59.75"]**, Ave. Ronsard. **Zufahrt/Lage:** Im Ort von der D910 ostwärts (links) in die Rue de Loches und wieder links in die Ave. Ronsard abzweigen, nach 100 m zum Platz für 10 Wohnmobile. **Ausstattung:** Frischwasserhahn, Grauwasserausguss. **Geöffnet:** Ganzjährig. **Gebühr:** Kostenlos.

TOUR 11: AZAY-LE-RIDEAU (Indre-et-Loire) – SAUMUR (Maine-et-Loire)

Länge der Tour:	Rund 75 km, ohne Abstecher nach Richelieu.
Die Route:	Über D57/D120 bis **Marnay** – D7 bis **Ussé** – D7/D16 bis **Chinon** – D751/D947 bis **Fontevraud-l'Abbaye** – D947 bis **Montsoreau** – D947 bis **Saumur.**
Abstecher:	Von Chinon nach **Richelieu,** 21 km einfach.
Reisedauer:	Mindestens ein Tag, ohne Abstecher nach Richelieu..
Höhepunkte:	Das Technikmuseum **Musée Maurice Dufresne ***** in Marnay – das **Schloss von Ussé **** – die **Burg in Chinon *** und ihre Lage über der Vienne – das **Schloss Le Rivau *** und seine Blumengärten – die **Kirche in Candes St. Martin *** – die **Abtei Fontevraud **** – das **Schloss in Saumur **.**

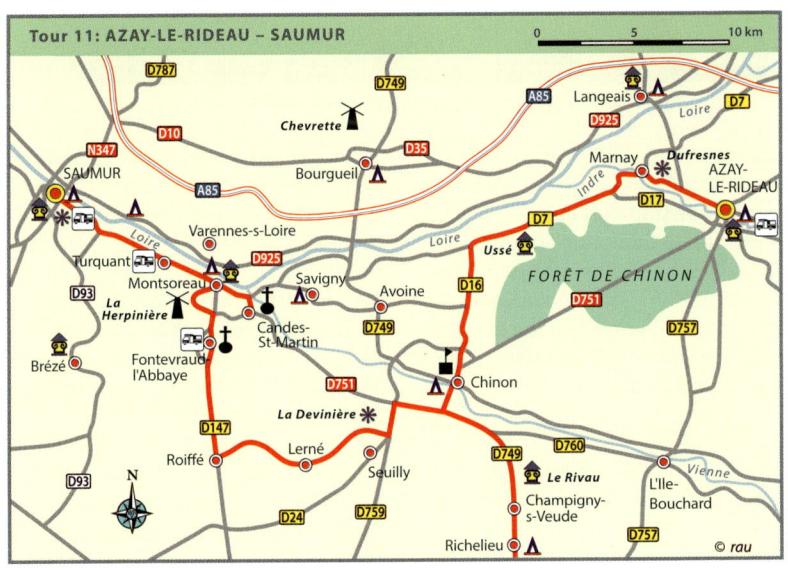

Tour 11: AZAY-LE-RIDEAU – SAUMUR

ROUTE: Von Azay-le Rideau zunächst auf der D57 rund 3 km nach Westen, weiter am Nordufer der Indre entlang und über die D120 nach **Marnay** an der Einmündung der D7.

Wenn Sie sich für Technik und historische Maschinen interessieren, müssen Sie in **Marnay** unbedingt im **Musée Maurice Dufresne [Parkplatz, WP 115 / N47° 16' 42.7" E0° 23' 44.5"]** haltmachen, „Le Moulin de Marnay", 17, route de Marnay *(geöffnet Apr. tgl. 9.30 - 18 Uhr; Mai - Aug. tgl. 9.30 - 19 Uhr; Sept. + Okt. tgl. 10 - 18 Uhr; www.musee-dufresne.com; Restaurant).* Motto des Museums ist: „Drei Jahrhunderte Technik und Maschinen". Über 3.000 sorgsam restaurierte Oldtimer, Maschinen aus den Anfängen der Industrialisierung, Land- und Dampfmaschinen, Traktoren, eine Flugmaschine Typ XI des französischen Flugpioniers Blériot (mit einem Aeroplan diesen Typs überquerte Louis

Ein „Muss" für alle Technikfreunde, das Musée Maurice Dufresne; oben „Blério Typ XI"

Blériot am 25. Juli 1909 als Erster den Ärmelkanal) und tausend andere Gegenstände sind dort ausgestellt. Sogar eine mobile Guillotine aus der Zeit der Französischen Revolution ist zu sehen. Die Ausstellungsstücke sind in den ausgedehnten Räumlichkeiten einer ehemaligen Papiermühle untergebracht. Ein Besuch lohnt!

ROUTE: *Weiterfahrt über die D7 nach* **Rigny-Ussé.** *Kurz darauf sieht man linkerhand das imposante* **Schloss von Ussé.**

Der Ort Rigny-Ussé hat gleich zwei Kirchen mit dem Namen Notre-Dame aufzuweisen. Die eine steht direkt im Ort an der D7. Besonders Sehenswertes findet man hier allerdings nicht.

Die andere Kirche, die **Ancienne église Notre-Dame**, liegt abseits von Rigny-Ussé, ca. 1,5 km entfernt von der D7 im Ortsteil Rigny. Die romanische Kirche stammt aus dem 12. Jh. Leider ist sie lediglich von Juni bis September und dann nur sonn- und feiertags von 15 bis 18 Uhr zu besichtigen. Für sehr an Kirchenarchitektur Interessierte lohnt sich der Abstecher.

Das **Schloss von Ussé [Parkplatz, WP 116 / N47° 15' 3.2" E0° 17' 34.2"]**, das mit seinen weißen Mauern, seinen Rundtürmen, Giebeln, Dachhauben, Erkern und Zinnen Vorbild für ein Märchenschloss sein könnte, liegt am Rande des ausgedehnten Forsts von Chinon etwas erhöht auf einer weiten Terrasse über der Indre *(geöffnet Ende März - 30. Sept. tgl. 10 - 19 Uhr; Mitte Feb. - Ende März + 1. Okt. - Mitte Nov. tgl. 10- 18 Uhr; letzter Einlass 1 Stunde vor Schließung; www.chateaudusse.fr).* Tatsächlich stellt sich das Schloss von Ussé auch als „Château de la Belle au Bois dormant", also als „Dornröschenschloss" vor. Und im Turm des Schlosses werden Szenen aus dem Märchen mit lebensgroßen, schön gewandeten Puppen nachgestellt. So gesehen dürfte das Schloss von Ussé eines der wenigen Loireschlösser sein, in denen auch Kinder auf ihre Kosten kommen.

Das Château d'Ussé entstand im 15. und 16. Jh. auf den Mauern einer mittelalterlichen Burg, die im Besitz der Familie de Bueil war, einem der großen, namhaften Geschlechter der Touraine im Mittelalter. Johann V. von Bueil und sein Sohn bauten dann das Schloss.

Später kam Ussé an die Herren von Espinay, die von hohem bretonischen Adel stammten und das Amt des Kämmerers der Könige Ludwig XI. und Karl VIII. bekleideten. Sie fügten Gebäudeteile im Renaissancestil an und ließen zwischen 1521 und 1528 die sehenswerte Schlosskapelle errichten.

Lange war Ussé, ähnlich wie Chaumont, ein vierflügeliger Bau. Erst im 17. Jh., als Ussé den Bernin de Valentinays gehörte, wurde der Nordflügel abgerissen, so dass sich das Gebäudeensemble nun zur Indre hin öffnete und dadurch wesentlich heller und freundlicher wirkte. Außerdem war die Maßnahme notwendig geworden, um der Mode der Zeit nachzukommen, Terrassen anzulegen. Der Hof in Versailles und in Fontainebleau hatte es vorgemacht. Nun wollte man in Ussé nicht nachstehen.

Bis 1780 blieb Ussé im Besitz der Bernin de Valentinays. Dann kaufte es der Herzog von Rohan Montbazon. Aber der Herzog war offenbar etwas verschuldet, denn seine Geldgeber verkauften das Anwesen rasch weiter an einen Herrn de Châlabre, dessen Sohn es schließlich 1807 an den Herzog von Duras veräußerte. Nachkommen des Herzogs vererbten Ussé schließlich an die Grafen von Blacas, deren Nachfahren heute noch die Besitzer von Ussé sind.

Das Innere des Schlosses ist mit erlesenen Möbeln verschiedener Stilepochen, Tapisserien vornehmlich flämischer Herkunft, Gemälden und einer Sammlung historischer Trachten und Gewänder ausgestattet, die eine Besichtigung lohnen.

ROUTE: *Von Ussé fahren wir durch das Indre-Tal weiter nach Westen, um schon nach knapp 4 km bei* **Huismes** *südwärts auf die D16 und nach* **Chinon** *abzuzweigen.*

Chinon am Fluss Vienne gelegen, ist eine der historischen alten Städte der Touraine und Frankreichs.

Sobald man sich von der verkehrsreichen Durchgangsstraße am Vienne-

Das Schloss von Ussé

Ufer wegbegibt und hineingeht in die mittelalterliche Innenstadt, glaubt man überall den geruhsamen Provinzalltag fast mit Händen greifen zu können. Man stellt sich die weinseligen, üppigen Tafelrunden eines François Rabelais vor und ist versucht, sich gleich im nächsten Bistro niederzulassen und bei einem Gläschen Roten die Zeit bis zum Abendessen zu vertrödeln. In Chinon, das sich seit Generationen der Kunst des Weinbaus verschrieben hat und Hauptort des Anbaugebietes Véron ist, eine vorzügliche Idee.

Einen größeren **Parkplatz [WP 117 / N47° 10' 9.4" E0° 14' 21.2"]** mit Stromtanke findet man am Nordrand der Altstadt von Chinon, nordöstlich vom und in Gehnähe zum Schloss. Weitere **Parkplätze** findet man am Vienne-Ufer und am benachbarten **Place Jeanne-d'Arc [N47° 9' 54.9" E0° 14' 41.1"]** am Südrand der Stadt. Im Städtchen selbst ist die Parkplatzsituation recht schwierig.

Beginnen Sie Ihren Stadtspaziergang am einfachsten am zentralen, langgestreckten **Place Général de Gaulle [N47° 9' 58.3" E0° 14' 23.2"]** (Parkmöglichkeit) mit dem **Rathaus** an der Ostseite.

Ca. 300 m südlich vom Rathaus findet man das Büro der **Touristeninformation [N47° 9' 58.2" E0° 14' 24.0"]** in der rue Rabelais.

An die Nordseite des Place Général de Gaulle schließt der Place de la Fontaine an. Schlendern Sie vom Place de la Fontaine über die Hauptstraße **Rue Voltaire** nach Westen.

Die erste Quergasse rechts (nordwärts), Rue Dr-Gendron, führt zum Weinmuseum **Musée animé du Vin et de la Tonnellerie [N47° 10' 2.1" E0° 14' 21.5"]**, 12 rue Voltaire *(März - Sept. tgl. 10 - 22 Uhr)*. Das Museum zeigt in einer etwas infantilen, aber durchaus unterhaltsamen Art und Weise den Weinanbau und das Handwerk des Fassmachers zu Zeiten des Dichters François Rabelais, also in Zeiten des 16.

Jh. Und Sie erfahren etwas über die feinen Weine aus dem Anbaugebiet Chinon, aus dem ein vorzüglicher Rotwein kommt, der sich u. a. durch sein fruchtiges Aroma und seine gute Lagerfähigkeit und Haltbarkeit auszeichnet.

In den Lagen an beiden Uferseiten der Vienne werden überwiegend rote Cabernet-Franc-Trauben angebaut.

Sehr vereinzelt findet man auch Weißweine aus Chinon, die aus der Rebsorte Chenin Blanc gekeltert wird.

Hinter dem Weinmuseum liegt in der Parallelgasse Impasse des Caves-Painctes die sog. **Caves Painctes [N47° 10' 3.4" E0° 14' 20.1"]**, die bemalte Kellerei *(geöffnet Juli + Aug. Di - So 11 - 12 + 15 -18 Uhr; Führungen obligatorisch)*. Wie es heißt, soll in der bei Weinkennern nach wie vor beliebten Kellerei Rabelais Stammgast gewesen sein. Allerdings ist von den alten Wandmalereien, denen die Kellerei ihren Namen verdankt, nichts mehr zu sehen.

Die Rue Voltaire mündet in die markante Kreuzung **Grand Carroi,** dem mittelalterlichen Zentrum und Marktplatz von Chinon.

Rund um den Platz sind sehenswerte alte Häuser erhalten, wie das **Maison Rouge [N47° 10' 1.6" E0° 14' 16.1"]**, (das Rote Haus, Nr. 38, beherbergt ein gutes Restaurant). Es stammt aus dem 14. Jh. und zählt somit zu den ältesten Gebäuden in Chinon.

Bemerkenswert sind weiter das Haus Nr. 45 sowie das **Hôtel du Gouvernement** (Haus Nr. 48). Im historischen **Hôtel États Généreaux** (Haus Nr. 44) rief König Karl VII. 1428 die Generalstände zusammen, um Fragen zur Finanzierung des Krieges gegen die Engländer zu klären. Das Haus stammt aus dem 15. Jh. und beherbergt heute das **Musée d'Art et d'Histoire Le Carroi [N47° 10' 1.7" E0° 14' 14.9"]**, das Stadt- und Regionalmuseum.

Vom Grand Carroi führt die **Rue Haute St-Maurice** unterhalb des Burgberges weiter nach Westen. Beachten

Chinon und seine historische Burg über dem Fluss Vienne

Sie das Fachwerk an verschiedenen Giebeln der Häuser.

Besonders interessant an der Rue Haute St-Maurice sind das **Palais du Bailliage** mit dem Hôtel Gargantua (Haus Nr. 73, sowie die Häuser Nr. 81 und 82. Davor liegt die **Kirche St-Maurice [N47° 10' 1.9" E0° 14' 8.9"]**, die aus dem 12. Jh. stammt und für ihr schönes gotisches Chorgewölbe bekannt ist.

Am südlichen Vienne-Ufer hat man von der Brücke aus einen **sehr schönen Blick auf Stadt** und den Burgberg.

Überragt wird die hübsche Unterstadt von Chinon von den Mauern und Türmen der historischen Burg **Fortresse Royale de Chinon** (*geöffnet 1. Mai - 31. Aug. tgl. 9.30 - 19 Uhr; März, Apr., Sept., Okt. tgl. 9.30 - 18 Uhr; Jan., Feb., Nov., Dez. tgl. 9.30 - 17 Uhr; https://fortressechinon.fr*). In der durch drei Mauerringe, Gräben und zahlreiche Türme und Bastionen geschützten, mächtigen mittelalterlichen Burg gingen Heinrich II. Plantagenêt, Graf von Anjou, der die Burg von Chinon im Wesentlichen hatte erbauen lassen, sein Sohn Richard Löwenherz (Richard Cœur de Lion) und die Tempelritter aus und ein. Hier begegnete Jeanne d'Arc erstmals dem späteren König Karl VII., um den Dauphin von der Notwendigkeit seiner Krönung zu überzeugen und das königliche Plazet für ihren – für das Reich so glorreich, für sie letztendlich aber tragisch endenden – Kampf gegen die Engländer zu erhalten.

Mehr Legende als authentische Überlieferung dürfte wohl die angebliche Äußerung der Jungfrau von Orléans an den künftigen König sein: „Edler Dauphin, man nennt mich die Jungfrau Johanna. Und der himmlische König beauftragt Euch durch mich, Euch in der Stadt Reims weihen und krönen

PRAKTISCHE HINWEISE – CHINON (INDRE-ET-LOIRE)

 Office de Tourisme [N47° 9' 58.2" E0° 14' 24.0"], 1, rue Rabelais, 37501 Chinon, Tel. +33 (0)2 47 93 17 85; www.ville-chinon.com/. *Geöffnet 1. Mai - 30. Juni + Sept. Mo - Sa 9.30 - 13 + 14 - 19 Uhr; So 10 - 13 + 14 - 18 Uhr; Juli + Aug. Mo - Sa 9.30 - 13 + 14 - 19 Uhr; So 10 - 13 + 14 - 18 Uhr; 1. Okt. - 30. Apr. Mo - Sa 10 - 12.30 + 14 - 18 Uhr.*

RESTAURANTS

Au Plaisir Gourmand, bei Seuilly, Château du Coudray-Montpensier, Tel. +33 (0)2 47 98 00 86; https://coudray-montpensier.fr. Das Feinschmeckerlokal ist in einem Nebengeäude von Schloss Coudray-Montpensier eingerichtet und liegt ca. 6 km südlich von Chinon gegenüber dem Musée Rabelais. Vorzügliche Küche, ausgesuchte Weine aus der Region. Mittlere/obere Preisklasse. Gartenterrasse. Tischreservierung ratsam. Sonntagabends, montags und dienstagmittags geschlossen. **L'Océanic**, 13, rue Rabelais, Tel. +33 (0)2 47 93 44 55; www.loeanic-chinon.com. Spezialitäten aus dem Meer zu noch erschwinglichen Preisen. Terrasse. Sonntags geschlossen.

CAMPING – CHINON

Camping de L'Île Auger [WP 118 / N47° 09' 49.7" E0° 14' 07.1"], Quay Danton, Tel. +33 (0)2 47 93 08 35; www.camping-chinon.com/en/; 31. März – 31. Okt.; gegenüber der Stadt am südlichen Vienne-Ufer gelegen; fast ebenes Wiesengelände mit Bäumen und Büschen am südlichen Vienne-Ufer, günstig in Gehnähe zur Stadt gelegen. Schöner Blick auf Stadt und Burgberg. Ca. 4 ha – 220 Stpl.; Standard-Sanitärausstattung. Waschmaschine, Trockner, Internetecke. Boots- und Fahrradverleih. Mietzelte. V & E für Wohnmobile.

zu lassen und Hauptmann des himmlischen Königs zu werden, der König von Frankreich ist." In diesem düsteren Gemäuer weht wahrlich der Hauch der Geschichte.

Man betritt die Burg von Chinon über eine Steinbrücke und durch den mächtigen sog. **Uhrturm [N47° 10' 4.7" E0° 14' 15.3"]** (Jeanne d'Arc Museum), kommt dann hinauf in den weiten Hof der **Mittleren Burg,** um über eine weitere Brücke in das **Fort von Coudray** ganz im Westen der ausgedehnten Anlage mit dem massiven Bergfried zu gelangen.

Teile der ehemaligen **Königlichen Gemächer Logis Royaux** an der Südseite der Burganlage wurden restauriert und beherbergen heute ein eher bescheidenes Museum.

Falls Sie dem nachstehend beschriebenen Abstecher nach Richelieu nicht folgen wollen, bitte weiter mit **„Hauptroute"** weiter hinten.

Abstecher nach Richelieu

ROUTE: *Man verlässt Chinon in südlicher Richtung und folgt nach 2 km der D749 zunächst in südöstlicher, später in südlicher Richtung über **Château du Rivau** und **Champigny-sur-Veude** nach **Richelieu**, das man nach insgesamt 21 km erreicht.*

Château du Rivau [Parkplatz, WP 119 / N47° 06' 09.2" E0° 19' 22.1"], ein komplett restauriertes Landschloss, lohnt vor allem auch wegen seiner wunderschönen Garten- und Parkanlagen einen Besuch *(geöffnet 1. Apr. - 30. Apr. + 1. Okt. - 3. Nov. tgl. 10 - 18 Uhr; 1. Mai - 30. Sept. tgl. 10 - 19 Uhr; letzter Einlass 45 Min. vor Schließung; www.chateaudurivau.com; Restaurant „Märchentafel"). Die Herren von Beauvau, ein namhaftes Geschlecht in der Touraine, dessen verwandtschaftliche Bande bis zu den Grafen von Anjou und somit bis

Château du Rivau

ins französische Königshaus reichten, erwarben den Besitz von Le Riveau bereits im 13. Jh.

Stolz ist man auf die Tatsache, dass sich Jeanne d'Arc hier aufhielt, als sie 1429 in Le Rivau die Pferde für ihre Eroberungszüge aussuchte. Die Pferdeställe von Le Rivau waren damals schon berühmt und lieferten später die Zuchthengste für die Kavallerie König Franz I.

1445 konnte Pierre de Beauvau, seines Zeichens Kammerherr von König Karl VII., das Schloss ausbauen.

Knapp hundert Jahre später ließ François de Beauvau, erster Stallmeister von König Franz I., nicht nur das Schloss im Renaissancestil umbauen, sondern auch die heute noch sehenswerten Stallungen für das schon erwähnte Gestüt errichten. Im 18. Jh. schließlich erwarb der Marquis de Castellane, Besitzer von Villandry, das Anwesen von Le Rivau.

Auch Rabelais erwähnt Le Rivau. Der Dichter überlässt das Schloss in seinem Werk „Gargantua et Pantagruel" einem

Kamin im Speisesaal von Schloss du Rivau

Kapitän namens Tomère als Belohnung für dessen Sieg über Pichrocole.

Neben den Wirtschaftsgebäuden, Stallungen, Blumengärten und Parkanlagen mit Großplastiken von Basserode, verdient das Schlossinnere Beachtung. Erwähnenswert sind in erster Linie der **Balthazar Festsaal** mit gewaltigen Deckenhauptbalken, sowie das **Speisezimmer** mit schönem Deckenfresko. Das Ölgemälde über dem Kamin stammt aus dem 16. Jh. und stellt alttestamentarische Szenen aus „Balthazars Fest" dar. Man sieht, wie der Erzengel Gabriel dem König von Babylon erscheint und Balthazar von Gott bestraft wird, weil er mit gestohlenem Gut aus dem Tempel von Jerusalem feierte. (Text basiert auf der Informationsbroschüre des Schlosses).

Ein schönes Beispiel französischer Sakralkunst kann in **Champigny-sur-Veude** in der **Schlosskapelle zum Heiligen Kreuz** bewundert werden. Die **Glasfenster** der Kapelle mit starkem Renaissanceeinschlag zeigen zum einen eine lange Reihe von Porträts der Herzöge von Bourbon-Montpensier und zum anderen Szenen aus der Passionsgeschichte. Eine Figur mitten in der Kapelle stellt den Herzog Heinrich von Bourbon-Montpensier als Betenden dar.

Richelieu – Obwohl vom prächtigen Schloss des **Kardinals Richelieu** (1585 – 1642) nichts mehr vorhanden ist, glaubt man in dem Landstädtchen immer noch den Hauch der Geschichte aus der Zeit des Kirchen- und Staatsmannes zu verspüren.

Der überaus einflussreiche Kirchenfürst Armand Jean du Plessis, Herzog von Plessis, Bischof von Luçon und erster Minister König Ludwigs XIII., besser bekannt als Kardinal Richelieu, hatte die Stadt, die seinen Namen trägt, zum Mittelpunkt seines Fürstentums gemacht, in dem er uneingeschränkt und unbeeinflusst von religiösen Prinzipien herrschte.

Richelieu riss sich z. B. ein Schloss, ein Landgut nach dem anderen unter den Nagel, ohne lange mit den Eigentümern zu verhandeln. Viele der Anwesen ließ der Kirchenmann kurzer Hand abreißen und entmachtete auf diese Weise viele seiner Gegner oder die, die es hätten werden können.

Ironie des Schicksals: Auch vom prächtigen Schloss des mächtigen Kirchenfürsten ist so gut wie kein Stein mehr auf dem anderen geblieben. Die prunkvollen, mit den erlesensten Kunstwerken der damaligen Zeit ausgestatteten Salons sind nicht mehr.

Richelieus Erben verhökerten zunächst die Kunstwerke, die später in den großen Museen des Landes, im Louvre oder in Versailles, landeten. Nach der Französischen Revolution erwarb ein Immobilienspekulant das riesige Anwesen, um nichts weiter zu tun – Schlösser waren in jener Zeit nicht sonderlich beliebt – als die Gebäude abzureißen und als Baumaterial zu verkaufen. Heute erinnert nur noch ein strahlend weißes, überlebensgroßes Denkmal am Eingang zum ehemaligen Schlosspark an den gefürchteten Kardinal des 17. Jh.

Jean de la Fontaine, der berühmte Fabeldichter, nannte die Stadt „das schönste Dorf auf dieser Welt". Als Kardinal Richelieu die Stadt im 17. Jh. anlegen ließ, wollte er sich nicht nur ein Denkmal, sondern durch die schachbrettartige, symmetrische Anlage der Straßen und Plätze auch neue Maßstäbe im Städtebau setzen. Der Kardinal hatte offenbar ein Faible für schnurgerade Straßen, die er ja überall im Lande anlegen ließ.

Auf der Höhe seiner Macht hatte Richelieu die Architekten und Baumeister der Sorbonne, Jacques und Pierre Le Mercier, mit dem Bau seines Schlosses und einer dazugehörigen „von Mauern umgebenen" Stadt beauftragt. Was entstand, war eine für die damalige Zeit fast futuristisch anmutende Ansammlung von sehr stattlichen, aber auch etwas unnahbar wirkenden Gebäuden, Kirchen und Palais. Was der Stadt, eine der jüngsten in Frankreich, aber fehlte, waren schlicht Menschen und das gewachsene Flair und die Lebendigkeit anderer Städtchen in der Touraine. So ist auch das eingangs erwähnte Urteil La Fontaines zu verstehen, dem sich Richelieu als schönes, aber lebloses Dorf ohne Gäste präsentiert haben mag.

Der weitläufige **Parc de Richelieu [WP 120 / N47° 0' 39.3" E0° 19' 28.0"]** oder **Parc du Château** mit seinen wunderschönen Laubbäumen und schnurgeraden Wegen lädt zu einem Spaziergang ein. Der Park ist von 1. Apr. - 30. Sept. täglich von 8 bis 20 Uhr, 1. Okt. - 31. März von 9 - 18 Uhr geöffnet.

Richelieu-Denkmal in Richelieu

Bemerkenswert im Stadtkern von Richelieu sind die Hauptstraße **Grand Rue**, an der sich einige Stadtpalais aus der Zeit der Stadtgründung reihen, dann die **Markthalle** mit ihrem gewaltigen, tief herab gezogenen Dachstuhl und die **Kirche Notre-Dame [N47° 0' 44.8" E0° 19' 24.5"]** aus dem 17. und 18. Jh.

Schließlich kann das im Rathaus eingerichtete **Musée de Richelieu [N47° 0' 45.6" E0° 19' 27.1"],** das Stadtmuseum, besichtigt werden *(geöffnet 6. Apr. - 30. Sept. Mi - Mo 10 - 12 + 14 - 18 Uhr; 2. Jan. - 5. Apr. + 1. Okt. - 28. Dez. Mo, Mi - Fr 10 - 12 + 14 - 17 Uhr; www.ville-richelieu.fr).*

Ab Richelieu besteht an Wochenenden im Juli und August die Möglichkeit, mit dem **Train à vapeur de Touraine**, einer **nostalgischen Dampfeisenbahn**

PRAKTISCHE HINWEISE – RICHELIEU (INDRE-ET-LOIRE)

 Office de Tourisme [N47° 0' 43.75" E0° 19' 25.15"], Place du Marché, 37120 Richelieu, Tel. +33 (0)2 47 58 13 62; www.tourisme-richelieu.fr. *Geöffnet Mitte Feb. - 30. Juni + 1. Sept. - Mitte Nov. Mo - Sa 10 - 13 + 14 - 18 Uhr; Juli - Aug. tgl. 10 - 13 + 14 - 18 Uhr; Mitte Nov. - Mitte Feb. Mo - Sa 10 - 13 + 14 - 17 Uhr.*

CAMPING – RICHELIEU

Camping Municipal Le Cardinal [WP 121 / N47° 00' 26.7" E0° 19' 13.1"], 6, ave. de Schaafheim, Tel. +33 (0)9 67 75 32 80; www.camping-lecardinal.fr; 6. Apr. – 1. Nov.; südlich des Ortes an der D749 Richtung Châtellerault, ebenes Wiesengelände durch übermannshohe, dichte Hecken in Stellplatzkojen eingeteilt um Rondells angeordnet, am See gelegen; 1 ha – 30 Stpl.; Standard-Sanitärausstattung. Rezeption nur stundenweise besetzt!

einen Ausflug über Champigny-sur-Veude bis nach Ligré-Rivière zu unternehmen.

HAUPTROUTE

*ROUTE: Weiter von Chinon zunächst über die D751 westwärts Richtung **Saumur**.*

Schon nach rund 6 km bietet sich Gelegenheit südwärts auf die D750 abzuzweigen und nach kaum 2 km einen Abstecher südwestwärts ins nur 3 km entfernte **Seuilly** zu unternehmen.

Kaum 2 km nordöstlich von **Seuilly** (Weinbaustädtchen, Höhlenwohnungen und Abtei, in der Rabelais einige Jahre zur Schule ging) liegt etwas oberhalb der Nebenstraße D117 beschaulich in ländlicher Umgebung das Gut **La Devinière** mit dem **Rabelais Museum [Parkplatz, WP 122 / N47° 08' 21.8" E0° 10' 48.9"]** *(geöffnet 1. Apr. - 30. Juni + Sept. tgl. 10 - 12.30 + 14 - 18 Uhr; 1. Juli + 31. Aug. 10 - 19 Uhr; 1. Okt. - 31. März Mi - Mo 10 - 12.30 Uhr + 14 - 17 Uhr; letzter Eintritt 30 Minuten vor Schließung; www.musee-rabelais.fr).* Dokumente, Bilder und Exponate geben Einblick in das Leben und Werk Rabelais und in die Zeit des 16. Jh. Und man erfährt etwas über die Herkunft

**François Rabelais
Humanist, Gourmet und Erzähler**

Das Licht der Welt erblickte **François Rabelais** 1494 in **La Devinière**, einem kleinen Landgut in einer fruchtbaren, lebensfrohen Landschaft am Rande der Touraine unweit von Chinon. Hier und in Chinon verbrachte der spätere Schriftsteller, Arzt und Weinliebhaber seine Kindheit.

Vater Rabelais war Advokat und führte in Chinon in der Rue de la Lamproie eine recht erfolgreiche Kanzlei. Wohl auch durch diese gutbürgerliche Herkunft hatte der junge François schon früh Zugang zu den Werken antiker Schriftsteller, die er offenbar mit Begeisterung verschlang. Auch seine Erziehung bei Benediktinermönchen im nahen Lerné änderte daran nicht viel.

Später studierte Rabelais in Angers, wurde Benediktinermönch und ein berühmter und geliebter Arzt.

Als Schriftsteller sollte er mit seinem satirisch-witzigen Werk „Gargantua und Pantagruel" weit über die Grenzen der Touraine hinaus bekannt werden. Die Schriften sind „in ihren Grundzügen von einer religiös-pädagogischen Natur und in einer kräftigen, natürlich formulierten und fast humoristischen Sprache" verfasst, loben Literaturwissenschaftler. Viele der Episoden des Gargantua spielen in der Touraine und vermitteln ganz nebenbei einen schönen Einblick in die frohe Lebensart der Heimat Rabelais'. Gestorben ist Rabelais, einer der größten französischen Dichter der Renaissance, im Jahre 1553.

und die „Wirkungsstätten" des Riesen und Romanhelden Pantagruel und dessen Sohn Gargantua, der angeblich mit der „Milch von 17.913 Kühen" aufgezogen wurde.

Nicht weit entfernt, etwa 4 km westlich von La Devinière, findet man beim Nachbarort **Lerné** das einladende **Landhotel Le Clos Chavigny**, 3 rue de la Rouillère, Tel. +33 (0)2 47 93 94 72; www.lecloschavigny.com. In Lerné genoss Rabelais bei Benediktinermönchen seine erste Erziehung. Nicht verwunderlich, dass der Ort eine Rolle in seinem Roman spielt, so wie fast alle Orte der Gegend mit Rabelais Romangestalten Gargantua und Pantagruel in der einen oder andren Weise verbunden sind. Weiter im Westen z. B. liegt das Schloss von La Roche-Clermault, im Roman Sitz derer von Grandgousier.

*ROUTE: Der weitere Verlauf unserer Route führt von Seuilly über **Lerné** auf der D117 westwärts. Nach rund 10 km stoßen wir in **Roiffé** auf die D147, der wir nordwärts ins 8 km entfernte **Fontevraud l'Abbaye** folgen.*

Fontevraud l'Abbaye [Parkplatz Place des Noyers, WP 123 / N47° 11′ 2.62″ E0° 2′ 54.90″], die „Königliche Abtei", war bis zu den Wirren der Französischen Revolution eine der größten Klosteranlagen Europas *(geöffnet Apr. - Sept. tgl. 9.30 - 19 Uhr; Nov. - März tgl. 9.30 - 18 Uhr; letzter Einlass 30 Min. vor Schließung; www.fontevraud.fr).*

Rings um die imposante romanische Klosterkirche entstanden im Laufe der Jahrhunderte ein Nonnenkloster, ein Mönchskloster, ein Hospiz mit Krankenanstalt für Leprakranke und Aussätzige, ein Kloster für ehemalige Prostituierte und Büßerinnen.

Der Ursprung der Abtei Fontevraud geht zurück auf eine Einsiedelei, die ein bretonischer Mönch um 1100 in Tuffsteinhöhlen gegründet hatte. Ansätze zu einem klösterlichen Anwesen bil-

deten sich heraus, als ein Herr namens Robert d'Arbrissel, ein Sonderling mit ungewöhnlicher Lebensweise, begann, hier seine Nächte im Kreise von Frauen, aber in Keuschheit zu verbringen, um seine Tugend auf die Probe zu stellen. Das Beispiel machte offenbar Schule. Fontevraud bekam unerwartet starken Zulauf. Eine größere Klosteranlage entstand.

Ungewöhnlich war, dass die Abtei bis zu ihrer Auflösung immer von Äbtissinnen geleitet wurde, denen sich auch das Männerkloster zu unterwerfen hatte. Unter den Namen der insgesamt 36 Äbtissinnen finden sich Namen aus den vornehmsten Geschlechtern Frankreichs wie Anjou, Bourbon, Plantagenêt u. a.

Vor allem das Königshaus der Plantagenêts aus dem Anjou waren eng mit Fontevraud l'Abbaye verbunden, die das Kloster nach Kräften förderten und die Klosterkirche schließlich zu ihrer Grablege erkoren. Siehe auch Kurzessay „Die Plantagenêts".

Während der Revolutionsunruhen im Jahre 1789 musste die Klosteranlage aufgelöst werden. Die Abtei wurde geplündert und später, 1804, von Napoleon in ein Gefängnis umgewandelt. Aber diese zweckentfremdete Nutzung bewahrte die große Anlage wenigsten vor ihrem vollständigen Ruin. Heute ist die Abtei in der Obhut des nationalen Denkmalschutzamtes.

Drei der einst fünf Klöster sind auf dem 11 ha großen Areal noch erhalten. Und in der ehemaligen **Prieuré St-Lazare** ist heute ein **Hotel** (52 Zi., Tel. +33 (0)2 41 51 73 16, Konferenzeinrichtungen, Parkplatz, Hundeverbot) eingerichtet, dessen **Restaurant** einen Teil des hier verglasten Kreuzgangs einnimmt. Der Kreuzgang stammt übrigens aus der Zeit der Renaissance und zählt zu den größten seiner Art in ganz Frankreich.

Die gewaltige **Abteikirche** und Grabkirche der Plantagenêts ist im

Die Plantagenêts
Französisches Stammhaus eines englischen Königsgeschlechts

Die mittelalterliche Provinz Maine, die heute ungefähr das Gebiet der Départements Mayenne und Sarthe ausmachen würde, ist das Stammland der Plantagenêts.

In Le Mans, der alten Bischofstadt, steht das Grafenschloss, in dem 1113 Gottfried V., Stammvater der Plantagenêts, geboren wurde. Von seinen Eltern, der Gräfin Eremburga von Maine und Fulco V., dem Grafen von Anjou, hatte Gottfried das Maine und das Anjou geerbt, ein gewaltiger Besitz, der wesentlich zum politischen Einfluss der Plantagenêts beitrug. Durch die Heirat Gottfrieds mit Mathilde, Tochter des englischen Königs Heinrich I. und Witwe des deutschen Kaisers Heinrich V., entstanden erste Verbindungen zum englischen Königshaus.

Graf Gottfried V. trug gerne ein Ginsterzweiglein (genêt) an seinem Hut, was ihm den Beinamen „Plantagenêt" einbrachte. Diesen Namen übertrug er auf das von ihm abstammende englische Königsgeschlecht. Das Grabmal Gottfried V. „Plantagenêt" findet man in der Kathedrale von Le Mans.

Aus der Ehe zwischen Gottfried V. und Mathilde ging als ältester Sohn Heinrich hervor, der spätere Graf von Maine und Anjou. Er eroberte das Herzogtum Normandie und bestieg bald darauf als Heinrich II. den anglonormannischen Königsthron. Als englischer König, der allerdings kein Wort Englisch sprach, verhandelte er mit dem französischen König Ludwig XII. und Sir Thomas Becket, dem Erzbischof von Canterbury auf Schloss Montmirail.

Alles in allem war das Verhältnis zwischen Heinrich II., der sich mehr in seiner Grafschaft Maine aufhielt als in England, und den französischen Monarchen alles andere als gut. Als Heinrich II. durch seine Heirat mit Eleonore von Aquitanien auch noch in den Besitz des ganzen westlichen Frankreich kam, war zwischen dem französischen und dem englischen Monarchen eine Verständigung kaum noch möglich. Die keineswegs verheimlichte Aversion Heinrichs II. gegen die französische Krone war schließlich auch Auslöser des Hundertjährigen Krieges.

Der englische König Richard I. Löwenherz, Sohn von Heinrich II. und Eleonore von Aquitanien, hielt sich – wenn nicht gerade wieder einmal auf einem Kreuzzug unterwegs – viel in Frankreich auf und verständigte sich, zum Ärger seines Vaters, mit dem französischen König Philipp-August auf eine Normalisierung der Verhältnisse. Mit Erfolg, wie sich zeigen sollte. Die Plantagenêts erhielten Le Mans zurück, das während der Herrschaft Heinrichs II. von Philipp-August von Frankreich erobert worden war.

Nach einer Gefangenschaft in Österreich erlag Richard Löwenherz 1199 seinen bei Chalus erlittenen tödlichen Verletzungen. Sein Bruder Johann „Ohneland", eine schillernde und umstrittene Gestalt, folgte ihm auf dem anglo-normannischen Thron nach und provozierte prompt neuen Zwist mit der französischen Krone. Das Ende vom Lied, Johanns Besitzungen auf dem Kontinent wurden vom französischen König beschlagnahmt.

Richard Löwenherz ist zusammen mit seinen Eltern Heinrich II. und Eleonore von Aquitanien und seiner Schwägerin Isabella in der Abteikirche von Fontevraud, der Familiengrabstätte der Plantagenêts im Anjou, beigesetzt.

reinsten romanischen Stil gehalten. Die Kirche wurde wie die gesamte Klosteranlage in jahrzehntelangen Arbeiten aufwendig restauriert.

Im Langschiff der Abteikirche findet man die **Königsgräber der Plantagenêts** aus dem 12. Jh., des Königspaares Heinrich II. und Eleonore von Aquitanien, sowie das von deren Sohn Richard Löwenherz und das Grab von Isabella von Angoulème, der Gemahlin Johanns Ohneland. Besondere Beachtung verdienen die Plastiken auf den Grabmälern, die die Verstorbenen als überlebensgroße, kolorierte Liegefiguren darstellen.

Am westlichen Ende des Refektori-

Bemerkenswert, das Dach des Küchenhauses des Klosters Fontevraud

---

 PRAKTISCHE HINWEISE ~ FONTEVRAUD L'ABBAYE (MAINE-ET-LOIRE)

Office de Tourisme du Saumurois à Fontevraud [N47° 10' 54.0" E0° 2' 57.7"], Place Saint-Michel, 49590 Fontevraud-l'Abbaye, Tel. +33 (0)2 41 51 79 45; www.ot-saumur.fr/Office-de-tourisme-a-fontevraud-l-abbaye_a14277.html. *Geöffnet 2. Apr. - 1. Juni Di - Sa 9.30 - 13 + 14.30 - 18 Uhr; 4. Juni - 29. Juni Di - Sa 9.30 - 13 + 14 - 18 Uhr, So 10.30 - 13 Uhr; 1. Juli - 31. Aug. Mo - Sa 9.30 - 13 + 14 - 18.30 Uhr, So 10 - 13 + 14 - 17 Uhr; 2. Sept. - 28. Sept. Di - Sa 9.30 - 13 + 14 - 18 Uhr, So 10.30 - 13 Uhr.*

 RESTAURANT

La Licorne, Allée Ste-Catherine, Tel. +33 (0)2 41 51 72 49; www.lalicorne-restaurant-fontevraud.fr; elegantes Gourmet-Restaurant in einem Anwesen des 18. Jh. mit einladender Parkterrasse. Teuer.

 WOHNMOBIL-STELLPLATZ

Wohnmobil-Stellplatz Aire Municipal Camping-cars de Fontevraud-L'Abbaye [WP 124 / N47° 11' 4.2" E0° 2' 56.4"], Allée des Bruyères. **Zufahrt/Lage**: Von der D947 (Montsoreau - Fontevraud) im nördlichen Ortsbereich am ersten Kreisverkehr südwärts in die Ave. des Roches/Ave. Rochechouart und am nächsten Kreisverkehr in die Ave. Henry Beaugé abzweigen, 100 m weiter zum Platz. **Ausstattung:** Schräger, asphaltierter Parkplatz mit 11 relativ kleinen Parkplatzbuchten für Wohnmobile. Frischwasserhahn, Grauwasser -und Chemikaltoilettenausguss. **Geöffnet:** Ganzjährig. **Gebühr:** Kostenlos.

ums sieht man das bemerkenswerte **Küchenhaus** mit seinem markanten Schuppen-Kegeldach und den vielen Kaminen.

In der ausgedehnten Klosteranlage ist heute auch das Kulturzentrum „Centre Culturel de l'Ouest" untergebracht.

ROUTE: Von Fontevraud-l'Abbaye über die D947 knapp 5 km nordwärts nach Montsoreau.

Man kann einen Umweg über die auf einer Anhöhe inmitten von Weinfeldern gelegene **Windmühle La Herpinière [WP 125 / N47° 12' 31.0" E0° 2' 14.2"]** mit dazugehörender Höhlenwohnung in die Weiterfahrt einbeziehen.

Im fruchtbaren Anjou standen einmal mehr als 1.500 Windmühlen und es gab Gemeinden, in denen mehr als fünf Mühlen ein sehr profitliches Auskommen hatten. Ein Hinweis auf den Reichtum an Getreide in der Region. Erst mit dem Einzug der Dampfmaschine verlor das alte Gewerbe der Windmüller an Bedeutung.

Im Anjou kannte man drei unterschiedliche Windmühlentypen – die Moulin-tour (Turm-Mühle), die vor allem in den Mauges zu finden war, dann die eher seltene Moulin chandelier (Kerzenständer-Mühle) und schließlich die für das Anjou besonders typische Moulin cavier (Keller-Mühle).

Die Windmühle La Herpinière ist eine ganz typische Keller-Mühle. Das Besondere an diesem Mühlentyp ist, dass das gesamte Mahlwerk unter der Erde in Tuffsteinhöhlungen untergebracht ist. Dort findet man auch den ganzen Mühlenbetrieb, die Lager- und Wohnräume.

Montsoreau liegt nicht nur ganz in der Nähe des Zusammen-

La Herpinière, eine typische Keller-Mühle

flusses von Vienne und Loire, sondern auch am Schnitt dreier historischer Regionen, der Touraine, des Anjou und des Val de la Loire.

Über der Flussmündung erhebt sich seit der Mitte des 15. Jh. das von Jean de Chambes, Diplomat und Berater von König Karl VII., errichtete befestigte **Schloss Montsoreau [WP 126 / N47° 12' 56.1" E0° 3' 46.7"]** *(geöffnet 1. Mai - 30. Sept. tgl. 10 - 19 Uhr; 1. - 30. Apr. tgl. 12 - 19 Uhr; 1. Okt. - 31. Dez. tgl. 12 - 18 Uhr; 1. Feb. - 31. März tgl. 12 - 18 Uhr; www.chateau-montsoreau.com/ wordpress/fr/accueil/).* Bemerkenswert ist u. a. die 1530 an den mächtigen Donjon angefügte, prächtige Hoftreppe, die der damalige Schlossherr Philippe de Chambes in Auftrag gegeben hatte. Ein Sohn Philippes, vor allem aber dessen legendäre Ehefrau Françoise de Méridor, wurde von Alexandre Dumas in einem dramatischen Roman verewigt.

Das Schloss von Montsoreau präsentiert seinen Besuchern eine Reihe interessanter **Ausstellungen**, die sich mit der Geschichte und dem Leben an der Loire und mit der Flussschifffahrt beschäftigen. Die Ausstellungsthemen können sich ändern!

In den **Kellergewölben** (Säle 1 bis 5) wird eine Ausstellung über die **Flussschifffahrt** auf der Loire gezeigt, die eine sehr lange Tradition hatte und das Leben am Fluss in fast allen Bereichen, sei es im Handel oder in der Kunst beeinflusste. Auf den Flussbarken, von denen einige sehr anschauliche Modelle zu sehen sind, wurden Jahrhunderte lang Meersalz von der Küste bei Guérande ins Land transportiert und im Gegenzug Wein an die Häfen am Atlantik geliefert. Kohle, Holz und vor allem Tuffstein, das begehrte Baumaterial, wurde an die Baustellen in Angers, Saumur, Blois, Chinon, Tours, Orléans etc. etc. transportiert. Auch Waffen, aus Spanien oder Portugal z. B., kamen auf diesem Wege ins Land.

Die größten, damals auf der Loire verkehrenden Frachtkähne waren die mit einem großen Segel bestückten „Gabaren".

Kleinere Transportboote waren die „Sapinen". Wie man liest wurden sie oft fast bis zum Untergehen beladen. Am Zielort dann wurden sie zerlegt und als Bauholz verkauft.

Darüber hinaus gab es kleine Kabinenboote, die sog. „Toues", die für alle möglichen Aufgaben, Personen- oder Gütertransport Verwendung fanden. Ihr Name deutet schon darauf hin – „Toues" leitet sich ab von „à tous faire" - zu allem gut.

Im Erdgeschoss mit den Sälen 6 bis 8 befassen sich Ausstellungen mit dem **Fluss Loire**, mit den Bemühungen ihn zu bändigen, einzudämmen und besser schiffbar zu machen. Schon Heinrich II. Plantagenêt hatte im 12. Jh. ein erstes Deichprogramm in Auftrag gegeben.

Eine andere Ausstellung im Erdgeschoss zeigt in den Sälen 9 bis 11 Gemälde und Exponate und Modelle, die einerseits im Zusammenhang mit der **Geschichte des Schlosses,** andererseits mit der „Dame von Montsoreau", der Schlossherrin Françoise de Méridor stehen.

Letztere hat Alexandre Dumas mit seinem Roman „La Dame de Montsoreau" unsterblich gemacht. Natürlich ist der Hintergrund der Geschichte (bei deren historischen Daten es Dumas nicht so genau nahm) ein Liebesdrama, das aber eine eher ungewöhnliche Wendung nimmt. Der Geliebte der Romanheldin, ein Herr mit dem klangvollen Namen Louis de Clermont d'Amboise, wird auf Geheiß des betrogenen Ehemanns, des Schlossherrn Charles de Chambes, bei einem eigens arrangierten Rendezvous ermordet. Und siehe da, von nun an lebten die Herrschaften traulich vereint noch viele Jahrzehnte lang bis an ihr Lebensende.

In der ersten Etage kann man eine ungewöhnliche Sammlung von **Wet-**

terfahnen und eine Ausstellung über die lange Geschichte der Windmühlen dieser Region bewundern.

Schließlich endet der Rundgang durch das Schloss auf den **Dachterrassen**, von denen bei klarem Wetter weite Ausblicke ins Loiretal möglich sind.

Der Ort Montsoreau ist eines der Zentren in dem erst 1996 geschaffenen **Parc Naturel Régional Loire-Anjou-Touraine.** Der Naturpark umfasst weite Teile der Départements Maine-et-Loire und Indre-et-Loire mit annähernd 140 Gemeinden und den abwechslungsreichen Auen, Uferwäldern, abwechslungsreichen Agrar- und Flusslandschaften von Loire, Vienne, Indre und Thouet.

Einzelheiten erfährt man im Maison du Parc, 15, avenue de la Loire, 49730 Montsoreau; Tel. +33 (0)2 41 38 38 88; www.parc-loire-anjou-touraine.fr

Nur 2 km östlich von Montsoreau liegt **Candes-St-Martin [N47° 12'**

PRAKTISCHE HINWEISE – MONTSOREAU (MAINE-ET-LOIRE)

Office de Tourisme [N47° 13' 1.7" E0° 3' 18.3"], Maison du Parc, 15, ave. de la Loire, 49730 Montsoreau, Tel. +33 (0)2 41 51 70 22; www.ville-montsoreau.fr. *Geöffnet Mo - Sa 9.30 - 13 + 14 - 18 Uhr, So 10.30 - 13 + 14 - 18 Uhr.*

RESTAURANT

Diane de Méridor, 12, quai Philippe de Commines, Tel. +33 (0)2 41 51 71 76; https://dianedemeridor.com; gediegenes Ambiente, vorzügliche Küche. Dienstags und mittwochs geschlossen.

CAMPING

Camping L'Isle Verte [WP 127 / N47° 13' 5.3" E0° 3' 10.0"], ave. de la Loire, Tel. +33 (0)2 41 51 76 60; www.campingisleverte.com; 1. Apr. – 13. Okt.; ebene Wiesen unter Bäumen zwischen der Loire und der Durchgangsstraße D947 am nordwestlichen Ortsrand; 2,5 ha – 90 Stpl.; gute Standard-Sanitärausstattung. Waschmaschine, Trockner, Schwimmbad. Tennis, Fahrradverleih, WLAN. V & E für Wohnmobile. Mietcaravans u. Mietbungalows.

Savigny-en-Véron
Camping Fritilliare [WP 128 / N47° 12' 1.0" E0° 08' 23.9"], rue Basse, Tel. +33 (0)2 47 58 03 79; www.camping-la-fritillaire.fr; 1. Apr. – 31. Okt.; Savigny-en-Veron liegt nördlich des Flusses Vienne und rund 6 km östlich von Montsoreau an der D118; zweigeteiltes, ebenes Wiesengelände mit Bäumen und Büschen am südwestl. Ortsrand, nummerierte Stellplätze; ca. 2 ha – 100 Stpl.; Standard-Sanitärausstattung. Laden, Waschmaschine, Trockner, WLAN. V & E für Wohnmobile.

Varennes-sur-Loire
Camping Castel L'Ètang de la Brèche [WP 129 / N47° 14' 50.1" W0° 0' 1.5"], 5, Impasse de la Brèche, Tel. 033 (0)2 41 51 22 92; www.domainedelabreche.com; 15. Apr. – 10. Sept.; ca. 3 km nördlich von Montsoreau über die D952 (Loirebrücke) zu erreichen, ebenes Wiesengelände in ländlicher Umgebung; ca. 14 ha – 130 Stpl.; Komfort-Sanitärausstattung. Restaurant, Laden, Waschmaschine, Trockner, Schwimmbad, WLAN, Internetecke, Tennis, Reitstall, Fahrradverleih. V & E für Wohnmobile. 88 Mietbungalows.

35.2" E0° 04' 37.4"]. Aber **Achtung!** Die Ortsdurchfahrt durch Candes-St-Martin ist ziemlich eng und nicht umsonst für Caravans und Fahrzeuge über 3,5 t gesperrt!

Sehenswert in dem Städtchen, das am Zusammenfluss von Loire und Vienne liegt, ist die **Stiftskirche** des Ortes, vor allem deren wunderbare **Vorhalle** mit herrlichem, für die Region einst typischen und nur noch selten erhaltenen **Anjou-Gewölbe**. „Das Spitzbogengewölbe läuft in der Mitte in einen feinen, zierlichen Säulenstalaktit aus, der die Gewölberippen wie die Wedel einer Palme zusammenfasst", so die treffliche Beschreibung der Gemeindeverwaltung. Die Kirche selbst stammt aus dem 12. bis 13. Jh. und wurde auf den Mauern einer älteren Kirche an der Stelle errichtet, an der am 8. November 397 der heilige Martin, Bischof von Tours, starb. Oberhalb des Ortes, dessen Name sich übrigens ableitet von „Candate" oder „Candates", was soviel wie Zusammenfluss bedeutet, hat man von einem mit **„Panorama"** beschilderten Aussichtspunkt einen schönen Blick auf die Flussmündung.

Ein einladendes Restaurant, das sich in einer historischen Herberge aus dem 17. Jh. in Candes-St-Martin befindet, ist die **Auberge de la Route d'Or** am Place de l'Église, Tel. +33 (0)2 47 95 81 10. Mittwoch ist Ruhetag, und außer im Juli und August ist auch Dienstag abends geschlossen, ebenso im Winter vom Mitte November bis Mitte Februar.

ROUTE: *Von Montsoreau über die D947 am südlichen Loire-Ufer entlang und über* **Souzay-Champigny** *ins 11 km entfernte* **Saumur**.

In den Kalkfelsen am Loire-Ufer bei Montsoreau findet man **„Le coteau de la Maumenière"**, einen gut erhaltenen Komplex von Höhlenwohnungen. Sie münden in lange, schier endlos erscheinende Stollen und Gänge, die vor allem während des 15. Jh. entstanden sind, als man für den Bau von Schlössern, Abteien und fürstlichen Residenzen gewaltige Mengen an Tuffstein (weißer Kalkstein) brauchte, der dann auf der Loire und ihren Nebenflüssen relativ bequem an die Baustellen transportiert werden konnte.

Sehenswert, das Anjou-Gewölbe der gotischen Vorhalle der Stiftskirche in Candes-St-Martin

„Le coteau de la Maumenière", in die Kalkfelsen am Loire-Ufer bei Montsoreau gegra-
bene Behausungen, heute meist als Champignonkeller genutzt.

Seit etwa einhundert Jahren werden in den Stollen vor allem **Champignons** gezüchtet, die in der Dunkelheit und bei den gleichmäßigen Temperaturen der Höhlen ganz vorzüglich gedeihen. Jährlich werden in den Höhlen an der Loire angeblich mehr als 110.000 Tonnen Champignons der feinen, weißen Sorte *Champignon de Paris* geerntet. Es werden aber auch andere Speisepilze wie Austernpilze, Blaufüße oder der asiatische Shii-Take angebaut.

Einer der Champignonkeller, die besichtigt werden können, ist **La Champignonnière du Saut-aux-Loups** [Parkplatz, N47° 13' 11.9" E0° 2' 44.3"] (geöffnet 9. Feb. - 11. Nov. Museum 10 - 18 Uhr; Restaurant 12 - 14.30 Uhr; www.troglo-sautauxloups.com). In den Sommermonaten Juli und August können Sie im Restaurant des Kellers und auf dessen Terrasse nicht nur einen schönen Blick ins Loire-Tal, sondern auch im Tuffsteinofen zubereitete Champignonspezialitäten genießen.

Auf dem Wege nach Saumur kann man von der D947 in den unweit südlich der Hauptstraße gelegenen Ort **Turquant** abzweigen. Dort findet man in einem Tuffsteinkeller das interessante Heimatmuseum **„Le Troglo Tap des Pommes Tapées" [N47° 13' 32.0" E0° 1' 20.2"]**, 11, rue des Ducs d'Anjou, das sich vor allem mit den

---

WOHNMOBIL-STELLPLATZ – TURQUANT

Wohnmobil-Stellplatz Aire Municipal de Camping-car Turquant [WP 130 / N47° 13' 25.9" E0° 1' 44.0"], Rue des Ducs d'Anjou/Rue des Martyrs. **Zufahrt/Lage:** Am östlichen Ortsrand bei der Kirche. An der Zufahrtsstraße zum Museum Troglo Tap. **Ausstattung:** Stellplatz auf erdigem, nach langem Regen tiefgründigem Untergrund für etwa 10 Wohnmobile. Frischwasser (Gebühr mit Jetons), Grauwasser- und Chemikaltoilettenentsorgung. Im Ort Supermarkt, Friseur, WC. Bistro neben der Kirche. Spielplatz und Picknickwiese gegenüber. Kein „Campingleben" gestattet. **Geöffnet:** Ganzjährig. **Gebühr:** Gebührenfrei.

„Pommes Tapées", den „geschlagenen Äpfeln" befasst (geöffnet Apr. - Sept. Di - So 10.30 - 18.30 Uhr; März + Okt. Mi - So 10.30 - 18.30 Uhr, Führungen obligatorisch, Führungen um 10.30, 11.30, 14.30, 15.30, 16.30, 17.30 Uhr; 9. Feb. - 18.30 Uhr, ohne Führung zu besuchen; www.pommes-tapees.fr).

Bei der Zubereitung der „geschlagenen Äpfel" machte man sich die lange anhaltende Hitze der Tuffsteinbacköfen zunutze, wie sie früher hier üblich waren. Ziel war es, Äpfel, die reichlich in der Umgebung reifen, zu trocknen und so eine Naturkonserve für obstlose Zeiten zu schaffen.

Zunächst wurden die Äpfel vorsichtig auf einer Darre im Ofen erwärmt und danach mit einem Hämmerchen geschlagen, wieder erwärmt und wieder geschlagen, solange, bis alle Flüssigkeit aus dem Apfel gewichen war. Auf diese etwas eigenwillige Weise hatte man haltbares Trockenobst bekommen.

Ihre Beliebtheit führen die „Pommes Tapées" aber vor allem auf die Art ihrer späteren Zubereitung zurück. Dann wird ihnen nämlich die entzogene Flüssigkeit wieder zugesetzt und zwar in Form von gewürztem Wein.

Und wie man erfährt, sollen geschlagene Äpfel früher vor allem bei der englischen Marine als Mittel gegen Skorbut beliebt gewesen sein.

Kurz vor Souzay-Champigny überquert man westlich von **Parnay**, der Partnerstadt von Greenwich, den **Null-Meridian [N47° 14' 4.4" W0° 0' 0.0"]**.

Bei **Souzay-Champigny**, einem hübsch in den Muschelkalk gebauten Ort an der Loire, findet man viele in Höhlen eingerichtete **Weindegustationen**. Campingplatz beim Ort auf einer Flussaue.

Falls die Route etwas abgekürzt und auf den weiteren Weg über Doué-La-Fontaine verzichtet werden soll, kann hier ab Souzay-Champigny ein **Abstecher nach Brézé** (ca. 9 km) zum dortigen sehenswerten **Schloss** mit seinem unterirdischen Labyrinth eingeschoben werden. Eine nähere Beschreibung von Brézé finden Sie am Anfang der nächsten Etappe.

Saumur, ein hübsches Städtchen am Südufer der Loire, wird etwas überschwänglich auch als „Perle des Loire-Tals" bezeichnet.

Unbestritten ist, dass Saumur nicht nur ein Zentrum der Champignonzucht im Loire-Tal ist, sondern auch mitten in einem Weinanbaugebiet liegt, das ganz ausgezeichnete Rotweine wie den Saumur-Champigny und wunderbare Weißweine hervorbringt. Letztere werden auch zu Mousseux, einem fein moussierenden Schaumwein nach Champagnerart verarbeitet, der in den Tuffsteinkellern hervorragend reifen kann.

Große Tradition haben in Saumur Pferdedressur und Reitkunst. Heinrich IV. gründete hier ausgangs des 16 Jh. eine königliche Reitakademie. Ein halbes Jahrhundert später kam ein Kavallerieregiment dazu.

Aus diesen Institutionen entwickelte sich bis 1824 die **Kavallerieschule** von Saumur mit dem berühmten **Cadre Noir**. Diese berühmt gewordene Reitakademie kann sich selbst mit der schon legendären Spanischen Hofreitschule in Wien messen. 1974 schließlich wurde in Saumur die Ecole Nationale d'Equitation, die nationale Reit- und Dressurschule Frankreichs, eingerichtet.

Parkplätze [N47° 15' 32.9" W0° 4' 21.8"] findet man am Loire-Ufer am Quai Mayaud.

Die Silhouette von Saumur wird überragt vom **Schloss [Parking du Château, WP 131 / N47° 15' 20.0" W0° 4' 19.7"]** der Herzöge von Anjou, das hoch über der Stadt auf einer von Mauern und Bastionen befestigten Schanze thront (geöffnet 1. Apr. - 30. Juni + 1. - 30. Sept. Di - So 10 - 18 Uhr; Juli + Aug. tgl. 10 - 18 Uhr; 9. Feb. - 31. März + 1. Okt. - 31. Dez. Di -So 14 - 17.30 Uhr; letzter Einlass

30 Min. vor Schließung; www.chateausaumur.fr).

Schon im Mittelalter stand hier eine Trutzburg der Plantagenêts, den Grafen von Anjou, mit der sie ihr Territorium gegenüber den rivalisierenden Kapetingern, den Grafen von Blois, schützten.

Das gegenwärtige Schloss wurde unter Ludwig I. von Anjou in der zweiten Hälfte des 14. Jh. begonnen und von dessen Sohn Ludwig II., einem

Später im 15. Jh. wurde dem Schloss unter König René, dem Guten, der sich sehr gerne in Saumur aufhielt, verschiedene Annehmlichkeiten angefügt. Aus Saumur wurde ein freundliches Schloss, ein Lustschloss gemacht. Sein „Château d'Amour" nannte es König René.

Während des 16. Jh. war Saumur ein Stützpunkt der Hugenotten und ein Zentrum der Reformation. Später wurde es Staatsgefängnis, in dem

Treppenaufgang zum Schloss von Saumur

nicht königstreue Söhne großer Familien und andere Wirrköpfe arretiert waren. Auch der für seine besonderen Neigungen berüchtigte Marquis de Sade soll hier 1768 kurze Zeit eingesessen haben. Eine strenge Haft konnte das allerdings nicht gewesen sein. Denn die Gefangenen hatten große Bewegungsfreiheit und konnten sogar ihre Diener mitnehmen.

Aber die freundlichen und fröhlichen Zeiten von Saumur waren dahin, vor allem, als das Schloss unter Napoleon erneut Staatsgefängnis wird, in dem sich im 19. Jh. auch noch Truppen einquartierten. Die ganze Schlossanlage wurde in jenen Jahren stark in Mitleidenschaft gezogen. In Aufzeichnungen heißt es, dass „die Dächer zertrümmert, die Wohnräume zerstört, jeglichen Schmucks und aller Täfelung beraubt, die Fliesen wie die Treppen zerschlagen sind."

in Prunk und Luxus verliebten Fürsten, fertiggestellt. Eine Ansicht dieses Schlossbaus, der durch seine zahlreichen Türmchen, Kamine, Wetterfahnen, Pechnasen, Erker und Dachfenster recht märchenhaft angemutet haben muss, ist nur noch als Miniatur im „Sehr reichen Stundenbuch des Herzogs von Berry" erhalten.

Und als die Stadt Saumur 1906 mit Hilfe des Amtes für Historische Denkmäler damit begann, den desolaten Zustand des Schlosses zu beheben, war von dem märchenhaften „Château d'Amour" des Königs René mit seinen Zinnen, Türmchen und vergoldeten Wetterfahnen nicht mehr viel übrig. Die Ecktürme wurden durch schlichte Dachhauben abgeschlossen und der Westflügel musste ganz niedergerissen und durch eine Terrasse ersetzt werden.

Heute sind im Schloss von Saumur interessante **Museen** eingerichtet. Im ersten Stockwerk ist in den ehemaligen herzöglichen Gemächern das **Musée d'Arts Décoratifs,** ein Kunstgewerbemuseum untergebracht.

U. a. sieht man Gemälde, Möbel, und eine wunderschöne Sammlung von Fliesen und Fayencen, von Porzellan, Keramiken, Skulpturen und Wandteppichen aus dem 16. Jh.

Im **Musée du Cheval**, dem Pferdemuseum in einem Nebengebäude des Schlosses, wird die Geschichte der Reitkunst dokumentiert. Ausgestellt sind alte Stiche, Saum- und Sattelzeug, Sporen und vieles mehr.

Sehenswert in der Stadt Saumur ist das hübsche **Altstadtviertel** am **Place St-Pierre [N47° 15' 31.6" W0° 4' 29.9"]** vor der **Kirche St-Pierre** (Anjou-Gewölbe, sehenswertes Chorgestühl, Wandteppiche aus dem 16. Jh. mit Motiven aus dem Leben der Heiligen Florent und Pierre) unterhalb des Schlosses.

Rund um den Platz, der von einigen altehrwürdigen Häusern umgeben ist, findet man eine ganze Anzahl von ein-

ladenden Bars und Restaurants wie zum Beispiel das **Auberge St-Pierre**.

Noch ein Stück weiter flussaufwärts liegt nahe der Straße nach Chinon (D947) die **Kirche Notre Dame des Ardilliers [N47° 15' 11.5" W0° 3' 48.7"]**. Die auffallende Kuppelkirche stammt aus dem 17. Jh. und war lange Zeit eine der bedeutendsten Marienwallfahrtsstätten in Frankreich. Die benachbarten Gebäude sind der Stammsitz der Ora-

Am Place St-Pierre in der malerischen Altstadt von Saumur

torianer und beherbergen heute eine Theologieschule. Eine Besichtigung der Kirche war bei unserem letzten Besuch nur vor und nach Gottesdiensten möglich. Änderung möglich!

Im Nordwesten der Innenstadt liegt an der Avenue du Maréchal Foch das **Musée de la Cavalerie [N47° 15' 41.6" W0° 5' 7.1"]** *(geöffnet Mai, Juni + Sept. Sa - Do 10.30 - 17.30 Uhr; Juli + Aug. tgl.*

PRAKTISCHE HINWEISE – SAUMUR (MAINE-ET-LOIRE)

Office de Tourisme [N47° 15' 42.1" W0° 4' 38.6"], 8 bis, quai Carnot, 49415 Saumur, Tel. +33 (0)2 41 40 20 60; www.ot-saumur.fr. *Geöffnet 27. Mai - 29. Juni + 2. - 28. Sept. tgl. 9.30 - 18.30 Uhr, So 10.30 - 12.30 + 14 - 17 Uhr; Juli + Aug. Mo - Sa 9.30 - 19 Uhr, So 10 - 17 Uhr; 2. Jan. - 25. Mai + 30.9. 31. Dez. tgl. 9.30 - 12.30 + 14 - 18 Uhr.*

RESTAURANT

Les Ménestrels, 11, rue Raspail, Tel. +33 (0)2 41 67 71 10; www.restaurant-les-menestrels.com; renommiertes Restaurant in einer Kapelle des 14. Jh. eingerichtet, angenehme Atmosphäre, zentrale Lage. Sonntag und Montag geschlossen.

WOHNMOBIL-STELLPLATZ

Dampierre-sur-Loire bei Saumur

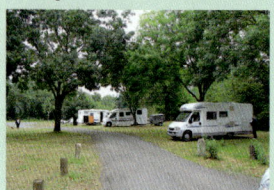

Wohnmobil-Stellplatz Aire de stationnement pour Camping-cars Dampierre-sur-Loire [WP 132 / N47° 14' 27.8" W0° 1' 21.3"], route de Montsoreau. **Geöffnet:** 1. Apr. – 31. Okt. **Zufahrt/Lage:** Zufahrt zum Gelände an der Loire von der D947 (Souzay-Champigny – Saumur) am östlichen Ortsrand von Dampierre-sur-Loire. **Ausstattung:** Erdiges Wiesengelände mit Baumschatten, zwischen D947 und Loire, Platz für 80 Wohnmobile. Frischwasser, Grauwasser- und Chemikaltoilettenentsorgung, WC. Saumur ist 5 km entfernt.

CAMPING

Camping Flower L'Île d'Offard [WP 133/ N47° 15' 35.9" W0° 03' 53.4"], rue de Verden, Tel. +33 (0)2 41 40 30 00; www.saumur-camping.com; 17. März – 28. Okt.; auf der gleichnamigen Loire-Insel, mit Blick zur Stadt und zum Schloss. Über die Loirebrücke Pont Cessart zur Insel, vom Stadtzentrum aus zu erreichen. Weitläufiges, ebenes Wiesengelände mit teils hohem, teils jungem Baumbestand, parzelliert. Ca. 4 ha – 140 Stpl.; Standard-Sanitärausstattung. Restaurant, Imbiss, Waschmaschine, Trockner, Fahrradverleih, Tennis, Wellnesseinrichtungen. WLAN.

V & E für Wohnmobile. Mietcaravans und Miethütten. Am Platzeingang städtisches Schwimmbad.

St-Hilaire-St-Florent bei Saumur
Camping Huttopia Saumur [WP 134 / N47° 17' 37.6" W0° 8' 34.1"], Chemin de Chantepie, Tel. +33 (0)2 41 67 95 34; https://europe.huttopia.com/de/site/camping-saumur/; 5. Apr. – 13. Okt.; auf der Straße D751 (Saumur – Gennes) rund 6 km nordwestwärts von Saumur Richtung Gennes; ebenes Wiesengelände, ansprechend und recht ruhig gelegen. Ca. 10 ha – 100 Stpl. + Dau.; Komfort-Sanitärausstattung. Laden, Restaurant, Imbiss, Waschmaschine, Trockner, Schwimmbad, Fahrradverleih, WLAN. V & E für Wohnmobile. Mietcaravans und Miethütten.

10.30 - 18 Uhr; 1. Okt. - 11. Nov. + 9. Feb. - 30. Apr. Sa - Do 11 - 17 Uhr; www.musee-cavalerie.fr). Das Kavallerie-Museum ist in den ehemaligen Gebäuden der Offiziersschule der Panzertruppen und der Kavallerie untergebracht. Es befasst sich in erster Linie mit der Geschichte der französischen Kavallerie, des Cadre Noir, der kaiserlichen Garde, großen Generälen und Marschällen und von Panzertruppen. Über die jeweils geltenden Besichtigungsmodalitäten erkundigt man sich besser im Touristenbüro!

Die **Kirche Notre Dame de Nantilly [N47° 15' 11.4" W0° 4' 36.5"]**, der älteste Kirchenbau in Saumur, stammt aus der ersten Hälfte des 12. Jh. und ist im romanischen Stil erbaut. Außergewöhnlich und bemerkenswert ist das ausladende Kirchengewölbe.

Die Kirche beherbergt eine wunderschöne Sammlung von 21 Wandteppichen aus dem 16. und 17. Jh. Teile davon werden im Sommer und an hohen Festtagen in der Kirche gezeigt. Die Teppichsammlung soll dem Vernehmen nach verlegt werden.

Weiter im Süden der Stadt findet man in der Route de Fontevraud das **Musée des Blindés [N47° 14' 36.2"** **W0° 04' 16.5"]** (geöffnet Apr. - Aug. tgl. 9. 30 - 18.30 Uhr; Sept. - Okt. tgl.10 - 18 Uhr; Nov. + Dez. tgl. 10 - 17 Uhr; letzter Einlass 60 Min. vor Schließung; www. museedesblindes.fr/de/). Dieses Museum, wahrscheinlich das größte seiner Art in Europa, zeigt Panzer aus dem Ersten und dem Zweiten Weltkrieg, vornehmlich aus französischer, aber auch aus englischer, amerikanischer, sowjetischer und auch deutscher Produktion.

Und wenn Sie sich über die Vielfalt der Weine aus dem Anjou und den Anbaugebieten um Saumur informieren wollen, sollten Sie unbedingt im **Maison du Vin de Saumur [N47° 15' 42.5" W0° 4' 39.5"]** (geöffnet 5. Feb. - 31. Dez. Di - Sa 10.30 - 13 + 15 - 19 Uhr; Eintritt frei; www.vinsvaldeloire.fr), 7 quai Carnot, nahe der Loirebrücke vorbeischauen. Bei einem Probeschluck erfahren Sie auch, welche Kellereien welche Weine ausbauen und Verkostungen ihrer Produkte anbieten.

Kenner sagen den Weinen von Saumur ein besonderes Maß an Eleganz und Raffinesse nach, die sie vor allem dem Tuffsteinboden verdanken, auf dem sie gedeihen. Eine der wichtigsten Rebsorten sind die „Chenin Blanc" oder

Weine aus der Region Saumur zeichnen sich durch besondere Qualität aus

auch „Pineau de la Loire", sowie „Chardonnay". Vor allem aus der „Chenin Blanc Traube" wird der *Saumur Blanc* gekeltert, ein trockener Weißwein mit frischem Geschmack. Besonders gute Jahrgänge lassen sich zum *Coteaux de Saumur* ausbauen, einem vollen, halbtrockenen Wein von hoher Qualität.

Von Weinkennern eine gesuchte Rarität ist der *Cabernet de Saumur*, ein trockener Rosé-Wein, den es selten in großen Mengen gibt.

Als hervorragende noble Rotweine von Saumur gelten der rote *Cabernet* und der *Saumur-Champigny*.

Saumur ist nach der Champagne der größte Schaumweinproduzent in Frankreich. Wie es heißt, perlt der auf dem Kalksteinboden gereifte Wein besonders fein. Der Schaumwein „*Saumur Brut*" wird nach der Méthode Champenoise (Champagnermethode) in den Tuffsteinkellern bei Saumur in einer zwei bis drei Jahre dauernden, präzise festgelegten Prozedur ausgebaut, d. h. vergoren, gelagert, verschnitten (verschiedene Lagen und Rebsorten werden abgestimmt), in Flaschen gefüllt, gedreht, gerüttelt, dégorgiert (von der abgelagerten, vergorenen Hefe befreit) und schließlich das Cuvée mit der (meist geheimen) Dosage (aromatische Weinzugabe) ergänzt. Saumur Sekt gibt es als „brut" (sehr trocken), als „sec" (trocken) und als „demi-sec" (halbtrocken).

Es gibt eine ganze Reihe von Weinkellereien, die besichtigt werden können.

Und dass aus den Trauben aus der Gegend um Saumur nicht nur Wein und Schaumwein produziert wird, erfährt man in der **Distillerie Combier [N47° 15' 38.3" W0° 4' 56.1"]**, in der Rue Baurepaire Nr. 48 in der Innenstadt. In der ältesten Brennerei im ganzen Loiretal stellt man feine Liköre her. Besichtigungen sind möglich (*geöffnet Apr., Mai, Okt. Di - So 10.30 - 12.30 + 14 - 19 Uhr, Führungen um 10.30, 14.30, 16.30 Uhr; Jan. - März + Okt. + Nov. Di -* Sa 10 - 12.30 + 14 - 19 Uhr; Juni, Sept. + Dez. tgl. 10 - 12.30 + 14 - 19 Uhr, Führungen 10.30, 14.30, 16.30 Uhr; Juli + Aug. tgl. 10 - 19 Uhr, Führungen 10.30, 12, 14.30, 16 + 17.30 Uhr; www.combier. fr). Ein vorzüglicher Brand wird schon seit den Zeiten des Sonnenkönigs aus der Guigne-Kirsche gewonnen, die vornehmlich im Anjou kultiviert wird. Wie es heißt, geht das Rezept auf Benediktinernonnen aus Saumur und Angers zurück, die mit dem „Guignolet", einem Kirschbrand, am Hofe von König Ludwig XIV. Aufsehen erregten.

Westlich von Saumur liegen an der Straße nach **St-Hillaire-St-Florent** einige große Weinkellereien renommierter Häuser wie Ackerman, Remy oder Bouvet-Ladubay.

Die Kellerei **Château Bouvet-Ladubay [N47° 15' 38.3" W0° 5' 59.2"]** kann besichtigt werden. Darüber hinaus können Besucher eine Kunstgalerie und ein kleines Theater bewundern (*geöffnet Juni + Sept. Mo - Fr 8.30 - 19 Uhr, Sa + So 9 - 19 Uhr; Okt. - Mai Mo - Fr 8.30 - 12.30 + 14 - 18 Uhr, Sa + So 10 - 12.30 + 14.30 - 18 Uhr; Führungen in der Kellerei obligatorisch, auch in englisch; www. bouvet-ladubay.fr*).

Ebenfalls in St-Hillaire-St-Florent angesiedelt ist die **École Nationale d'Équitation [Parkplatz, WP 135 / N47° 15' 50.06" W0° 7' 55.30"]** (*geöffnet Mo 14 - 17.30 Uhr, Di - Fr 9.30 - 12.30 + 14 - 17.30 Uhr; Sa 9.30 - 12.30 Uhr; www.ifce.fr/cadre-noir/*). Die nationale Reitschule, das Training, das immer vormittags um 9.30 stattfindet, und gelegentlich auch Vorführungen können auf Führungen von 60-minütiger Dauer besichtigt werden.

Außerdem findet man in St-Hillaire-St-Florent das in einer Felsgrotte untergebrachte **Champignon Museum [N47° 16' 56.70" W0° 7' 21.35"]** (*geöffnet Apr. - Sept. tgl. 10 - 19 Uhr; Feb., März, Okt., Nov. tgl. 10 - 18 Uhr; www. musee-du-champignon.com*). In den Küchen der Welt sind sie beliebt, die fei-

In einer Champignon-"Höhle"

nen, zarten „Champignons de Paris", die in den Tuffsteinhöhlen um Saumur auf ganz bestimmten Erdmischungen bei gleichbleibender Luftfeuchtigkeit und konstanter Temperatur zwischen 11° bis 14° gezüchtet werden.

Aber aller Museumsbesuch bleibt graue Theorie, wenn man nicht die Praxis mit einbezieht, sprich, sich in einem der vielen in den Tuffsteinhöhlen bei Saumur eingerichteten Restaurants gleich ein Champignon-Gericht bestellt, z. B. eine der schon vom alten Rabelais in seinen Schelmenromanen „Gargantua" und „Pantagruel" gepriesenen „Galettes".

„Galettes" sind mit Pilzen, Champignons, Zwiebeln, Speck oder Kräutern belegte Fladen oder Pfannkuchen, eine kräftige, herzhafte Variante der feinen, zarten Crêpes. Und dazu genießt man ein Glas fruchtigen „Anjou Rosé".

Kurz nach dem Museum Abzweig zum Camping Huttopia Saumur.

Bei ausreichend zur Verfügung stehender Zeit, bietet ein Besuch bei **Pierre et Lumiere [N47° 17' 4.6" W0° 7' 32.7"]** eine interessante Abwechslung *(geöffnet Apr. - Sept. tgl. 10 - 19 Uhr; Feb., März, Okt., Nov. tgl. 10 - 18 Uhr. Es gibt ermäßigte Eintrittskarten in Verbindung* mit dem *Musée du Champignon)*. In einer in den Tuffstein gehauenen Höhle sind in Stein gemeißelte Miniaturen berühmter Gebäude, Schlösser und Kathedralen Frankreichs zu sehen. Das Ganze wird begleitet von wechselnden Lichteffekten und Musik. Planen Sie für den Besuch etwa eine Stunde ein.

Rund 6 km nordwestlich von Saumur liegt südöstlich von Saint-Martin-de-la-Place **Le Château de Boumois [N47° 18' 26.3" W0° 7' 42.2"]** *(geöffnet Ende Juni - Anf. Sept. Mo - Do 10 - 12 + 14 - 18 Uhr)*. Dieser von Mauern umgebene feudale Landsitz wurde zu wesentlichen Teilen im 15. und 16. Jh. von Baron von Thory erbaut. Interessant ist das Schlossgebäude auch wegen seines Architekturstils, der den Übergang von der strengen Gotik zum aufgelockerten Stil der Renaissance erkennen lässt.

Im Schlossinneren kann u. a. eine bemerkenswerte **Sammlung historischer Waffen** besichtigt werden. Erwähnenswert sind weiter die **Gemächer** in der zweiten Etage, dann die **Schlosskapelle**, die ein Madonnenbildnis von Salviati beherbergt und schließlich das **Taubenhaus** „Fuye" aus dem 17. Jh.

TOUR 12: SAUMUR (Maine-et-Loire) – ANGERS (Maine-et-Loire)

Länge der Tour: Rund 110 km. Abstecher nach Ancenis ca. 70 km.

Die Route: Über die 347 4 km Richtung **Montreuil-Bellay** – D960 bis **Bagneux** – D93 über **Brézé** bis **Epieds** – D266/D166 bis **Montreuil-Bellay** – D761 bis **Doué-la-Fontaine** – D69 bis **Gennes** – D751/D55/D748 über **Brissac** bis **Angers**.

Abstecher: Nach Ancenis. Ab Angers 723 bis **St-Georges** – D311 über **Savennières** bis **Rochefort-sur-Loire** – D751/D763 über **Chalonnes**, **St-Florent**, **Liré** bis **Ancenis**.

Reisedauer: Mindestens ein Tag. Abstecher nach Ancenis ein weiterer Tag.

Höhepunkte: **La Grand Dolmen **** in Bagneux – das **Schloss Brézé **** und sein unterirdisches Labyrinth – das **Château Montreuil-Bellay **** – das Höhlendorf **Rochemenier **** – das **Schloss von Brissac *** – der **Wandteppich** im Schloss von Angers ******* – das **Schloss Serrant *** – die Fahrt über die **Corniche Angevine ****.

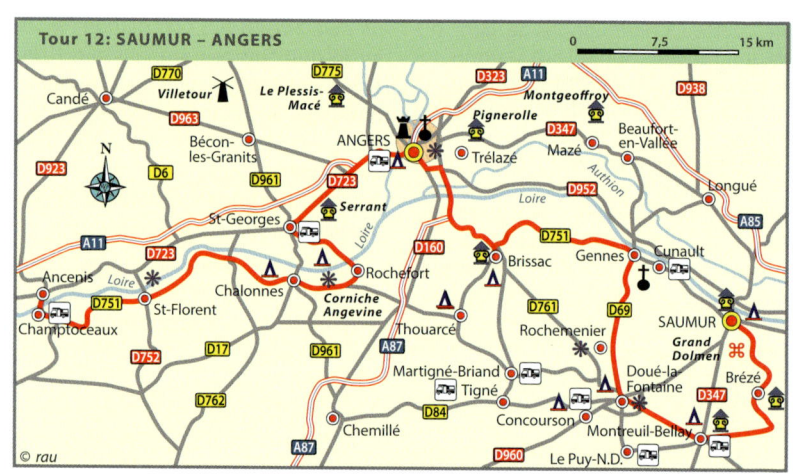

Abkürzende Alternativroute

ROUTE: Man kann den Reiseweg abkürzen, wenn man ab Saumur am südlichen Loire-Ufer entlang und auf der D751 nach Nordwesten direkt bis **Gennes** weiterreist. Die streckenweise etwas schmale D751 führt durch reizvolle Loire-Landschaft und passiert hübsche Städtchen wie **Chênehutte-les-Tuffeaux** und kleine Weinorte wie **Cunault** (Wohnmobil-Stellplatz unterhalb der Straße).

Unterwegs sollten Sie in **Chênehutte-les-Tuffeaux** die sehenswerte romanische **Église Notre-Dame des Tuffeaux** besichtigen.

HAUPTROUTE

ROUTE: *Der Verlauf unserer Hauptroute führt von Saumur zunächst auf der Ausfallstraße D347 südwärts Richtung* **Montreuil-Bellay.** *Aber schon nach etwa 4 km verlassen wir die Fernstraße und nehmen den Abzweig (D960) ostwärts in den Vorort* **Bagneux.**

In **Bagneux** zweigt man zum etwa 400 m östlich der Hauptstraße gelegenen **„Le Grand Dolmen" [N47° 14' 34.6" W0° 5' 40.6"]** ab, einem gigantisch großen, 5.000 Jahre alten Ganggrab. Das prähistorische Monument liegt hinter den Mauern eines Privatgrundstücks *(geöffnet Juli - Aug. tgl. 9 - 19 Uhr; 1. Sept. - 30. Juni Do - Di 9 - 18 Uhr; Eintrittskarten im Bistro, Besucher müssen dort läuten; www.ledolmendebagneux.com).*

Dieser tatsächlich scheunengroße Dolmen hat verblüffende Ausmaße. Er ist 23 m lang, 7 m breit und rund 3 m hoch und bedeckt eine Fläche einer mittleren Vier-Zimmer-Wohnung, nämlich sage und schreibe 90 qm. Und die gewaltigen Steinplatten, aus denen das frühgeschichtliche Bauwerk zusammengesetzt ist, wiegen runde 500 Tonnen! Auf alleine 40 Tonnen wird die größte der 15 Steinplatten geschätzt.

Wer sich für alte Technik aus der Gründerzeit interessiert, sollte auf einen Besuch im **Musée du Moteur [N47° 15' 2.3" W0° 5' 14.9"]**, 18 rue Alphonse-Caillaud, in Bagneux nicht verzichten *(geöffnet 9. Apr. - 2. Nov. Di - Sa 14 - 18 Uhr; www.museedumoteur. fr).* Ausgestellt sind Motoren aus der Zeit von 1898 bis in unsere Tage. Man sieht Zweitakt- und Viertakt-Motoren, mit Öl, Diesel oder Benzin betriebene Maschinen mit ein bis zwölf Zylinder und vieles mehr.

ROUTE: *Der direktere Weg von* **Bagneux** *über Distré Chacé nach* Brézé über die D360 führt durch schmale Ortsdurchfahrten. Große Fahrzeuge sollten die D347/D162 über **St-Just-s-Dive** nach **Brézé** nehmen.

Schloss Brézé [Parkplatz, WP 136 / N47° 10' 31.2" W0° 3' 30.6] liegt inmitten seiner eigenen Weinfelder *(geöffnet Feb., März, Okt., Dez. tgl. 10 - 17.30 Uhr; Apr. - Juni + Sept. tgl. 10 - 18 Uhr; Juli + Aug. tgl. 10 - 18.30 Uhr; letzter Einlass 45 Min. vor Schließung; Führungen : Schloss um 10.15 und 15.30 Uhr, Untergrund um 11.15 und 16.30 Uhr; www. chateaudebreze.com).* Wenn man vom großen Parkplatz das kurze Stück hinauf in den Schlosshof geht, vorbei am **Taubenhaus,** einem der größten seiner Art weit und breit, glaubt man zunächst, ein Schloss wie so viele rechts und links der Loire vor sich zu haben. Die gewaltigen, wenn auch durch Stilelemente der Renaissance im Dachbereich aufgelockerten Türme an den Seiten des Bauwerks und die mächtigen, hellen Mauern aus Tuffstein sind ja noch nichts außergewöhnliches in der Region.

Aber schon wenn man die Brücke über den riesigen **Burggraben,** der mehr einer Schlucht ähnelt, passiert, schaut man doch zweimal hin. Dieser Trockengraben ist erstaunliche 18 Meter tief. Dies ist schon sehr ungewöhnlich.

Dann aber, auf einem Rundgang durch das Schloss, kommt man aus dem Staunen nicht mehr heraus.

Natürlich sind die Räumlichkeiten und **Salons** des im Jahre 1824 von Hodé umgebauten Schlosses sehenswert. Das Ungewöhnliche des Château de Brézé aber liegt unter den Schlossmauern.

Die ganze Schlossanlage, immer noch von den Grafen von Colbert bewohnt, ist von einem überaus imposanten **unterirdischen Labyrinth** aus Höhlenwohnungen, Hallen und Kellereien, Gängen und Stollen von mehr als

Schloss Brézé

einem Kilometer Länge unterminiert. Und dieses wirklich außergewöhnliche „unterirdische Dorf", mit dessen Bau schon im 10./11. Jh. begonnen worden war, macht Brézé zu einer ganz besonderen Sehenswürdigkeit. Brézé ist keineswegs ein Schloss wie jedes andere!

Die unterirdischen gräflichen Kellereien, Höhlen und Wirtschaftsräume sind erst im Jahre 2000 für Besucher geöffnet worden. Die Räumlichkeiten untertage haben teilweise solche Dimensionen, dass sich in ihnen die 500 Mann starke gräfliche Armee, die sich die Schlossherren vor Zeiten unterhalten konnte, samt ihren Familien ohne weiteres hier längere Zeit aufhalten konnte.

Der Besucher staunt über Küchen und Bäckereien mit gewaltigen Kaminen, über riesige Weinpressen, die noch bis vor dreißig, vierzig Jahren ihren Dienst taten und über eigens zu den darüber liegenden Weinbergen gegrabenen Stollen mit Trauben beschickt werden konnten, über Eiskeller, über Kammern, in denen Seidenraupenzucht betrieben wurde, über geheime Verliese und vieles mehr.

Die Temperatur in den Höhlen unter dem Schloss beträgt kaum mehr als 12°. Nehmen Sie auf die Schlossbesichtigung, für die Sie sich mindestens eine Stunde Zeit nehmen sollten, evtl. etwas zum Überziehen mit.

*ROUTE: Weiterreise ab Brézé auf der D93 südwärts nach **Epieds** (4 km). Dort westwärts durch eine recht ländliche Weinbaugegend über die D266/D166 nach **Montreuil-Bellay** (10 km).*

Eine Besichtigung des **Château Montreuil-Bellay [Parkplatz, WP 137/ N47° 7' 56.8" W0° 9' 15.5]**, das schön und hoch über den Ufern des Thouet liegt, lohnt *(geöffnet 1. Apr. - 30. + Sept. + Okt. Mi - Mo 10.30 - 12 + 14 - 18 Uhr; 1. Juli - 31. Aug. Mo - Sa 10 - 12.30 - 14 - 18.30 Uhr, So 10 - 18.30 Uhr; Führungen obligatorisch, Dauer knapp eine Stunde; www.chateau-de-montreuil-bellay.fr).*

Das von hohen, wehrhaften Mauern und Türmen umgebene Schloss Montreuil-Bellay stammt ursprünglich aus dem frühen 11. Jh., aus der Zeit des Foulco Nerra, dem umtriebigen Grafen

Schloss Montreuil-Bellay

von Anjou, der auch hier eine Schutzfeste hatte anlegen lassen.

Wie manch andere mittelalterlichen Burgen wurde auch Montreuil-Bellay im 15. Jh. dem geänderten Lebensstil angepasst und aus dem düsteren Gemäuer ein etwas wohnlicheres Renaissanceschloss gemacht. Damals entstanden der neue Schlossbau, die Stiftskirche, das Domherrenhaus, das Badehaus und das Oratorium mit bemerkenswerten Musikfresken an den Wänden.

Auf Führungen werden zunächst die imposanten Gewölbe des früheren Weinkellers des Anwesens, das noch heute eigene Weine vorzüglicher Qualität produziert, gezeigt.

Weiter sieht man die im Stil des 16. Jh., des 17. Jh. und teils auch des 18. Jh. möblierten Salons, wie den **Großen Salon** mit schön verzierten Balkendecken und der Brauttruhe der Anne de Bretagne als besondere Kostbarkeit.

Darüber hinaus werden die **Hauskapelle** mit vergoldetem gotischen Gewölbe, der **Musiksalon** mit seinem blau ausgemalten Rippengewölbe, das **Esszimmer** mit bemerkenswertem Kamin sowie das Zimmer der Anne de Condé, der Herzogin von Longueville gezeigt, die hier zwei Jahre lang im Exil lebte und sich die Langeweile mit galanten Freunden vertrieb.

Sehenswert ist auch die alte, rustikale **Küche** mit der zentralen Feuerstelle.

ROUTE: Von Montreuil-Bellay über die D761 nach Nordwesten direkt bis Doué-la-Fontaine. Alternativ dazu kann man einen kleinen Umweg südlich über Le Puy-Notre-Dame machen.

PRAKTISCHE HINWEISE – MONTREUIL-BELLAY (MAINE-ET-LOIRE)

 Office de Tourisme [Parkplatz, WP 138 / N47° 7' 50.9" W0° 9' 19.2"], Place de la Concorde, 49260 Montreuil-Bellay, Tel. +33 (0)2 41 52 32 39; www.ville-montreuil-bellay.com/tourisme/office-de-tourisme/. *Geöffnet 2. Apr. - 29. Juni + Sept. Mi - Sa 9.30 - 12.30 + 14 - 18 Uhr; 1. Juli - 31. Aug. Mo - Sa 9.30 - 13 + 14 - 18 Uhr, So 10 - 13 + 14 - 17 Uhr.*

CAMPING – MONTREUIL-BELLAY

Camping Les Nobis [WP 139 / N47° 7′ 55.1″ W0° 9′ 33.2″], rue Georges Girouy, Tel. +33 (0)2 41 52 33 66; www.campinglesnobis.com; 5. Apr. – 29. Sept.; ebene Wiesen mit Baumbestand am Fluss Thouet, unterhalb des Ortes, beim Freibad. Ca. 3 ha – 120 Stpl.; Standard-Sanitärausstattung. Restaurant in Saison, Waschmaschine, Trockner, Schwimmbad, WLAN. V & E für Wohnmobile.

WOHNMOBIL-STELLPLATZ

Wohnmobil-Stellplatz Aire de Camping-cars de Montreuil-Bellay [WP 140 / N47° 7′ 57.3″ W0° 9′ 29.4″], rue Georges Girouy. **Zufahrt/Lage:** Unterhalb des Schlosses, bei einem Picknickplatz am Flüsschen Thouet, neben Camping Les Nobis. **Ausstattung:** Asphaltierter, durch Bäume schattiger Platz mit geschotterten Stellflächen für ca. 30 Wohnmobile, soweit es parkende Pkw erlauben. V & E E-Säule, Mülltonnen. Jetons dafür gibt es im Campingplatzbüro. Öffentliche Toiletten gegenüber im Parc Charles Léandre. Zum öffentlichen Schwimmbad ca. 300 m. **Geöffnet:** Ende März – Anf. Okt., für jedermann jederzeit zugänglich. **Gebühr:** Kostenlos.

Le Puy-Notre-Dame wartet mit einer beachtenswerten **Stiftskirche [N47° 7′ 30.3″ W0° 14′ 7.4″]** auf. Sie stammt aus dem 13. Jh. und ist im gotischen Anjoustil (angevinische Gotik) errichtet. Durch seine Höhe wirkt das eher schmale, dreischiffige Kircheninnere recht eindrucksvoll.

Rechts vom Altarraum ist in einem kleinen Schrein hinter einer Glasscheibe ein Gürtel aus dem 12. Jh. ausgestellt, der von einem Kreuzfahrer aus dem Orient mitgebracht worden sein soll. Von Gläubigen wird der Gürtel hoch verehrt, da er ein kleines Stück von einem Gürtel der Jungfrau Maria enthalten soll.

Erwähnenswert sind weiter das **Chorgestühl** und eine **Marienfigur** in einer Nische des Turms. Die Madonna

war vor allem im Mittelalter Ziel von Wallfahrten.

Der Ortsname Le Puy leitet sich angeblich vom keltischem Wort „peuch" ab, was soviel wie „kleiner Berg" bedeutet. Später erhielt der Ortsname den Zusatz „Notre Dame" als Hinweis auf die Reliquie des „Heiligen Gürtels" in der Stiftskirche.

Außerdem gibt es **Champignonkeller**, wie die **Cave Vivante du Champignon in Sanziers [N47° 7′ 3.21″ W0° 12′ 16.20″]**, ca. 2 km südöstlich von Le Puy-Notre-Dame, zu besichtigen.

Doué-la-Fontaine ist ein kleines Landstädtchen mit kaum 8.000 Einwohnern, das seit altersher dem Weinbau und der Rosen- und Obstbaumzucht verpflichtet ist. Vor allem in der Rue des Perrières sind noch einige alte Häu-

WOHNMOBIL-STELLPLÄTZE – LE PUY-NOTRE-DAME

Wohnmobil-Stellplatz Aire de Camping-car Le Puy-Notre-Dame [WP 141 / N47° 07′ 26.7″ W0° 13′ 57.1″], Parking Place Gate-Argent, Rue du Parc. **Zufahrt/Lage:** Im südlichen Ortsbereich der Beschilderung „Aire de Services" folgen. Befestigter Platz für 15 Wohnmobile, teils von einer Mauer begrenzt. **Ausstattung:** V&E-Station mit Wasserhahn und Bodenauslass. Kein Strom. **Geöffnet:** Ganzjährig geöffnet und jederzeit zugänglich. **Gebühr:** Kostenlos.

ser erhalten, von denen viele noch ihre „caves demeurnates", ihre in den Tuffstein gegrabenen Wohnräume haben. In manchen der Tuffsteinkavernen sind heute Weinkeller und Restaurants eingerichtet.

Eine weit über die Stadt hinaus bekannte Sehenswürdigkeit ist der **Bioparc Zoo von Doué [WP 142 / N47° 11' 26.9" W0° 17' 59.3"]** (geöffnet Apr. - Juni + Sept. tgl. 9 - 19 Uhr; Juli + Aug. tgl. 9 - 19.30 Uhr; Feb. + März tgl. 10 - 18 Uhr; Okt + Nov. 10 - 18.30 Uhr; www.bioparc-zoo.fr/en/). Er liegt etwas außerhalb südwestlich der Stadt Nahe der Straße D960 Richtung Vihiers.

Neben den exotischen Tieren, Aquarien und Raubvogelvolieren ist es auch die Anlage des Zoos selbst, die sehenswert sind. Hier werden teils die ausgedienten Gruben und Tunnels eines ehemaligen Tuffsteinbruchs als Tiergehege genutzt.

Vor allem in den Monaten Juli bis Oktober ist ein Spaziergang durch **Les Chemins de la Rose [N47°11'7.39" W0°18'48.33"]** im Rosenpark Parc de Courcipleu (Route de Cholet, weiter südwestlich des Ortes), mit seinen 500 unterschiedlichen Rosenarten nicht nur für Blumenliebhaber eine schöne Abwechslung (geöffnet 4. Mai - 30. Aug. tgl. 10 - 19 Uhr, Mai + Juni Di bis 23 Uhr; 31. Aug - 29. Sept. tgl. 10 - 12.30 + 14 - 18 Uhr; 30. Sept. - 29. Nov. Mo - Fr 10 - 12.30 + 14 - 17 Uhr; Sa + So 10 - 12.30; 1. März - 3. Mai Mo - Fr 10 - 12.30 + 14 - 18 Uhr, Sa + So 10 - 12.30 Uhr; www.lescheminsdelarose.com).

Weitere Sehenswürdigkeiten sind das **Freilichttheater „Arènes" [N47° 11' 25.77" W0° 16' 10.87"]** im südöstlichen Ortsteil, das bereits im 15. Jh. in einem ehemaligen Muschelkalk-Steinbruch eingerichtet wurde, oder das **Musée des Commerces Anciens [N47° 11'**

PRAKTISCHE HINWEISE – DOUÉ-LA-FONTAINE (MAINE-ET-LOIRE)

Office de Tourisme [N47° 11' 42.4" W0° 16' 34.3"], 30 place des Fontaines, 49700 Doué-la-Fontaine, Tel. +33 (0)2 41 59 20 49; www.ot-douelafontaine.fr/Office-de-tourisme-a-DOUE-EN-ANJOU_a27252.html. Geöffnet 3. Juni - 21. Sept. Mo - Sa 9.30 - 12.30 + 14 - 18 Uhr, So 10 - 12.30 Uhr; 1. Apr. - 2. Juni Mo - Fr 9.30 - 12.30 - 14 - 18 Uhr; Sa 9.30 - 12.30; 23. Sept. - 31. März Mo, Mi, Do, Fr 9.30 - 12.30 + 14 - 18 Uhr.

RESTAURANT

Auberge Bienvenue, 104, rue de Cholet (beim Zoo), Tel. +33 (0)2 41 59 22 44; www.aubergebienvenue.com; kleines Hotel-Restaurant mit preiswertem Menüangebot und 15 Logiezimmern, Garten, WLAN.

CAMPING

Camping Municipal les Rives du Douet [WP 143 / N47° 12' 13.4" W0° 16' 53.3"], rue des Blanchisseries, Tel. +33 (0)2 41 59 14 47; www.camping-lesrivesdudouet.fr; 1. Apr. - 30. Sept.; am nördlichen Ortsrand; ebenes Wiesengelände mit Baumschatten an einem Wasserlauf, bei den städtischen Sportanlagen; ca. 2 ha – 100 Stpl.; Standard-Sanitärausstattung. WLAN. Mietbungalows. V & E für Wohnmobile.

St-Georges-sur-Layon
Camping Les Grésillons [WP 144 / N47° 11' 37.09" W0° 22' 12.44"], Chemin des Grésillons, Tel. +33 (0)2 41 50 02 32; www.camping-les-gresillons.fr/en/; 1. Apr. – 30. Sept.; ca. 4 km westlich von Doue-La-Fontaine gelegen, am südlichen Ortsrand beschilderter Abzweig auf

D178, terrassiertes Wiesengelände; 1,5 ha – 40 Stpl.; Standard-Sanitärausstattung. Laden, Waschmaschine, Schwimmbad. WLAN. Hübsche Mietbungalows.

Concourson-sur-Layon
Camping La Vallée des Vignes [WP 145 / N47° 10' 26.9" W0° 20' 51.2"], La Croix Patron, Tel. +33 (0)2 41 59 86 35; www.campingvdv.com/en/; 1. Apr. - 30. Sept.; ca. 100 m vor dem westlichen Ortsbeginn Abzweig von der D960, Wiesengelände mit Baumschatten; ca. 4 ha – 85 Stpl.; Standard-Sanitärausstattung. Waschmaschine, Trockner, WLAN. V & E für Wohnmobile. Mietbungalows.

 WOHNMOBIL-STELLPLÄTZE

Concourson-sur-Layon
Wohnmobil-Stellplatz Aire de Camping-car Concourson-sur-Layon [WP 146 / N47° 10' 25.50" W0° 20' 32.40"], Place Roger-Frapreau. **Zufahrt/Lage:** Concourson-sur-Layon liegt an der D960 rund 6 km südwestlich von Doué-la-Fontaine. Am westlichen Ortsrand an der Brücke über den Layon und an der Straße D960 Richtung Cholet (Route du Vignoble d'Anjou). **Ausstattung:** Ebener, schattenloser Schotterplatz für ca. 15 Wohnmobile. Toilettenhäuschen, Wasserzapfstelle

Fermes Troglodytiques
Bäuerlicher Alltag untertage

Bei der Fahrt durch diese ländliche, grüne und fruchtbare Gegend heben sich die dunklen, mit Schiefer gedeckten Dächer der oft aus hellem Tuffstein gebauten Kirchen und Häuser apart von der Umgebung ab.

Tuffstein, genauer Muschelkalkstein und Falun-Mergel, und Schiefer wurden hier vor allem im 17. und 18. Jh. in großem Umfange abgebaut. Schiefer fand man in Mengen vor allem nördlich der Loire. Und Kalktuff, der sich relativ leicht bearbeiten lässt und sich ausgezeichnet als Baumaterial eignete, wurde anfangs vor allem an den südlichen Steilufern der Loire zwischen Montsoreau und Saumur gebrochen. Später begann man auch auf dem flachen Lande weiter südlich der Loire zu graben.

Mit Tuffstein und Muschelkalk war bis ins späte 18. Jh. hinein ein einträgliches Geschäft zu machen. Vor allem Bauern verdienten sich damit ein profitables Zubrot. Im Sommer arbeitete man auf den Feldern oder in den Weinbergen, bei schlechtem Wetter und im Winter trieb man Höhlen in den Tuffstein vor und handelte rege mit dem begehrten Baumaterial.

Man verwendete den Stein nicht nur zum bauen, sondern streute das Steinmehl auch als Dünger auf die Felder. Es heißt, wer in jenen Tagen rund 4.000 Kubikmeter Kalkstein gefördert hatte, hatte soviel erwirtschaftet und soviel Höhlenraum geschaffen, dass er fortan als Bauer in seiner *ferme troglodytique* sein Auskommen fand.

Beim Abbau des Kalktuffs entstanden viele Stollen und Höhlungen, die später als unterirdische Wohnungen, Stallungen und ganze Gehöfte und Dörfer bis ins vergangene Jahrhundert hinein Verwendung fanden.

und Abwasserbodenauslass gegenüber auf der anderen Straßenseite. **Gebühr:** Kostenlos. Zum Ort mit Bäcker, Restaurant, Bar ca. 200 m.

Martigné-Briand
Wohnmobil-Stellplatz Aire de Camping-car Martigne-Briand [WP 147 / N47° 14' 8.8" W0° 25' 43.2"], rue d'Anjou. **Zufahrt/Lage:** Martigné-Briand liegt 13 km nordwestlich von Doué-la-Fontaine. Gepflegter Stellplatz für ca. 5 Wohnmobile auf geteerten Flächen bei einer kleinen Picknickwiese neben dem Feuerwehrhaus. Einfahrt in der Kurve am nördlichen Ortsrand Richtung Angers (D748). An der Route du Vignoble d'Anjou. **Ausstattung:** Wasserhahn. Bodenauslass für Abwässer. Gebührenfrei. **Geöffnet:** Ganzjährig. **Gebühr:** Kostenlos.

Aubigné-sur-Layon
Wohnmobil-Stellplatz Aires Municipal Aubigné-sur-Layon [WP 148 / N47° 12' 42.36" W0° 27' 50.16"], rue du 19 Mars 1962. **Zufahrt/Lage:** Von der D761 bei Doué-la-Fontaine westwärts auf der D83 bis Martigné-Briand und weiter auf der D748 südwestwärts zum Ort, hier ca. 500 m auf der rue du 19 Mars 1962 zum Platz. **Ausstattung:** kleiner Platz, teils mit Grad, teils sandig. Frischwasserhahn, Bodenauslass für Grauwasser, Mülltonne. **Geöffnet:** Jederzeit zugänglich. **Gebühr:** Kostenlos.

Als **„Fermes Troglodytiques"** sind diese Höhlendörfer im Anjou bekannt. Hier konnte sich eine ganz eigenwillige Wohnkultur entwickeln. Solche unterirdischen Gehöfte gruppierten sich in aller Regel um einen offenen, trichterartigen Innenhof, der einst als erstes ausgegraben worden war, von dem aus man Zugang zu den Sommer wie Winter mit 12 Grad gleichbleibend temperierten Höhlenräumen, Stallungen und Speicher hatte. Und oft entstanden ganze unterirdische Dörfer mit mehreren Dutzend Höfen.

An den Hängen der Loire aber nutzte man die Höhlen wegen ihrer konstanten Temperatur und Luftfeuchtigkeit lieber als Wein- und Sektkeller oder für die Zucht von Champignons.

Tuffstein eignet sich auch vorzüglich zum Bau von Backöfen, in denen man auf den Dörfern früher das Brot buk. Und man wäre nicht in Frankreich, wenn man nicht bald auch auf eine Spezialität aus Brotteig stoßen würde. In einem Höhlen-

Innenhof im Höhlendorf Rochemenier

restaurant in Rou-Marson, wenige Kilometer südwestlich von Saumur, wird sie bei Kerzenlicht wieder serviert. Frisch aus dem Ofen kommen Fladenbrote auf den Tisch, die mit Pastete, Gänsefleisch oder Käse gefüllt sind und noch warm verzehrt werden.

46.1" W0° 18' 1.4"], Écuries Foullon, Rue de Soulanger, *(Apr. - Juni tgl. 10 - 12.30 + 14 - 18 Uhr; Juli + Aug. Di - So 10 -12.30 + 14 - 18 Uhr; Juli, Aug, Sept. tgl. 10 - 12.30 + 14 - 18 Uhr; Feb., März, Nov., Dez. Mi - So 14 - 18 Uhr; www.anciens-commerces.fr).* Hier können Sie in mit viel Liebe zum Detail gestalteten Läden, Apotheken, Landhandlungen, Kolonialwarenläden etc. „einkaufen" wie zu Omas Zeiten. Das Museum liegt im Westen der Stadt nördlich der Straße nach Saint-George-sur-Layon.

Schließlich kann man in Doué-la-Fontaine in der Rue de la Croix-Mordret **La Cave aux Sarcophages [N47° 11' 3.9" W0° 15' 30.7"]**, die Wirkungsstätte frühmittelalterlicher „Sargmacher", besichtigen *(geöffnet Mai + Juni Mo, Do, Fr, Sa, So 14.30 - 17.30 Uhr; Juli + Aug. tgl. 10 - 12.30 + 14.30 - 18.30 Uhr, Führungen nur im Juli + Aug.; www.troglo-sarcophages.fr).* Im Südosten der Stadt wurde nämlich ganz in der Nähe der Straße nach Montreuil-Bellay eine große Anzahl von Tuffstein-Sarkophagen ausgegraben, die wohl im 5., 6. Jh. hergestellt worden sind.

*ROUTE: Ab Doué-la-Fontaine über die D69 Richtung **Gennes**. Nach rund 4 km Abzweig westwärts nach **Rochemenier**.*

Sehenswert und unbedingt einen Besuch wert ist in **Rochemenier [Parkplatz, WP 149 / N47° 13' 57.1" W0° 17' 38.3"]** das Höhlendorf **Le Village Troglodytique**, ein Freilichtmuseum von Höhlenbauernhöfen *(geöffnet 1. Mai - 15. Sept. tgl. 9.30 - 18 Uhr; 16. Sept. - 30. Apr. Di - So 10 - 17 Uhr; erster So im Monat geschlossen; letzter Einlass 60 min. vor Schließung; www.troglodyte.fr/gb-index.html).* Die Wohn- und Wirtschaftsräume, Kelter, Stallungen, Speicher, Weinkeller u. ä. von zwei Farmen sind hier in den Tuffstein gegraben worden. Ein ähnliches Höhlendorf findet man nur wenige Kilometer weiter östlich in **Forges** *(geöffnet 29. Apr. - 2.*

Sept. tgl. 9.30 - 18 Uhr; 30. März - 28. Apr. tgl. 10 -12 + 14 - 18 Uhr; 3. Sept. - 11. Nov. 10 - 12 + 14 - 18 Uhr, Dienstagvormittags geschlossen; 16. Feb. - 10. März Sa + So 10 -12 + 14 + 18 Uhr; maisontroglo.com).

In **Dénezé-sous-Doué** sollten Sie sich **La Cave aux Sculptures [N47° 14' 49.07" W0° 16' 36.42"]** in der Rue de la Caverne 7 ansehen *(geöffnet 1. - 31. Mai + 1. - 30. Sept. Mi - Mo 14 - 18 Uhr; 1. Juni - 31. Aug. Mi - Mo 10.30 - 13 + 14 - 18 Uhr; Führungen; www.ot-saumur.fr/la-cave-aux-sculptures_a811.html).*

In großräumigen unterirdischen Kavernen wurde wahrscheinlich im 16. Jh. ein eigenwilliges Skulpturenpanoptikum in den Fels gemeißelt. Dargestellt sind archaische Herrscher und religiöse Figuren. An den Kleidern der Figuren glaubten Wissenschaftler das 16. Jh. als Entstehungszeit ablesen zu können. Auch der erste in Europa dargestellte amerikanische Indianer soll unter den Figuren sein.

Allerdings wird es noch eine Weile dauern, bis Herkunft, Entstehung und Bedeutung dieser im Halbdunkel der Höhle mystisch und geheimnisvoll wirkenden Skulpturengruppen eindeutig nachgewiesen sind. In einer Multivisionsschau auf Französisch wird versucht, die historischen Hintergründe der Skulpturenhöhle zu erklären.

Gennes am Südufer der Loire ist seit altersher ein wichtiger Übergang über den Fluss zwischen Saumur und Angers.

Dass die Gegend uraltes Siedlungsgebiet ist, bezeugen prähistorische Steingräber wie der **Dolmen de la Madeleine [N47° 19' 53.8" W0° 14' 8.8"]** an der Straße nach Doué-la-Fontaine, oder Reste römischer Niederlassungen in Form von Wasserleitungen, Thermen und Amphitheatern.

Eine Kampfarena (Amphiteater) aus Römertagen z. B. wurde im 19. Jh. bei Gennes entdeckt. Seitdem finden dort Grabungen statt.

WOHNMOBIL-STELLPLÄTZE

St-Clément-des-Levées

Wohnmobil-Stellplatz Aire de Camping-car St-Clément-des-Levées [WP 150 / N47° 19' 49.1" W0° 11' 4.6"], Quai de la Loire. **Zufahrt/Lage:** Im Ort unterhalb der Durchgangsstraße D952. Einfahrt in Höhe der Kirche. Allgemeiner Parkplatz auf zur Loire hin geneigter, geteerter Fläche mit Platz für ca. 10 Wohnmobile. V & E-Säule (Gebühr mit Jetons, erhältlich in Geschäften und Rathaus). Einkaufsmöglichkeit und Restaurants im Ort. **Geöffnet:** Ganzjährig. **Gebühr:** Stellplatz kostenlos.

Cunault

Wohnmobil-Stellplatz Aire de Camping-car Cunault [WP 151 / N47° 19' 36.1" W0° 11' 41.3"], rue de Beauregard. **Zufahrt/Lage:** Östlich des Ortes Cunault unterhalb der D751. **Ausstattung:** Langgestrecktes Wiesengelände mit hohen Pappeln zwischen Straße und einem Nebenarm der Loire. V & E-Säule (Gebühr mit Kreditkarte), Stromanschlüsse, Müllentsorgung. **Geöffnet:** Ganzjährig. **Gebühr:** Stellplatz kostenlos.

Brissac-Quincé

Wohnmobil-Stellplatz Air de Camping-car Brissac-Quincé [WP 152 / N47° 21' 17.4" W0° 26' 46.3"], rue de l'Aubance. **Zufahrt/Lage:** Im Ort nördlich von Schloss Brissac. **Ausstattung:** Asphaltierter Parkplatz mit 10 Stellflächen für Wohnmobile. Wasserschlauch, Grauwasser- und Chemikaltoilettenentsorgung. Picknicktische. Müllentsorgung. **Geöffnet:** Ganzjährig. **Gebühr:** Kostenlos.

CAMPING

Gennes

Camping au Bord de Loire [WP 153 / N47° 20' 30.5" W0° 13' 47.4"], 1 Plce du 19 Mars, Tel. +33 (0)2 41 38 04 67; www.camping-auborddeloire.com; 1. Mai – 30. Sept.; am nördlichen Ortsrand von der D751 abzweigen; ebene Wiese mit Laubbäumen am Südufer der Loire; ca. 2,5 ha – 120 Stpl.; Standard-Sanitärausstattung. Schwimmbad. V & E für Wohnmobile. Mietbungalows.

Coutures

Camping Yelloh! Village Parc de Montsabert [WP 154 / N47° 22' 28.2 W0° 20' 44.6], rte de Montsabert, Tel. +33 (0)2 41 57 91 63; www.parcdemontsabert.com/de/; 1.Apr. – 10. Sept.; 1,5 km nordöstlich des Ortes, im ehemaligen Schlosspark, ruhig gelegener Platz; ca. 5 ha – 90 Stpl.; Standard-Sanitärausstattung. Laden, Restaurant, Waschmaschine, Trockner, Schwimmbad, Tennis, Fahrradverleih, WLAN. V & E für Wohnmobile. Zahlreiche Mietbungalows.

Brissac-Quincé

Camping de l'Étang [WP 155 / N47° 21' 33.6" W0° 26' 4.0"], rte de St-Mathurin, Tel. +33 (0)2 41 91 70 61; www.campingetang.com; 20. Apr. – 15. Sept.; auf der D55 2 km nordostwärts Richtung St-Mathurin, dann rechts ab auf Zufahrtsweg; ruhig gelegenes Parkgelände eines Weingutes am See; ca. 3 ha – 110 Stpl.; Standard-Sanitärausstattung. Laden, Restaurant in Saison, Waschmaschine, Trockner, Schwimmbad, Fahrradverleih, WLAN. V & E für Wohnmobile. Mietcaravans.

Grézillé

Camping à la Ferme du Bois Madame [WP 156 / N47° 19' 37.4" W0° 20' 0.2], Tel. +33 (0)2 41 45 50 37; www.fermeduboismadame.com; 1. Apr. – 30. Okt.; Camping auf dem Bauernhof. Zufahrt von Brissac auf der D123 bis Chemellier, D161 bis Grézillé und weiter auf der D176 ca. 1 km ostwärts Richtung Gennes, im Ort mit „Le Bois Madame" beschildert. Gebührenpflichtige Camping- und Wohnmobilstellplätze hinter einem Bauernhof auf freier Wiese und in Laubwaldkojen, 16 Stellplätze, einfache Sanitärausstattung. V & E für Wohnmobile.

Oberhalb von Gennes sieht man die romanische **Kirche Saint-Eusèbe [N47° 20' 32.3" W0° 13' 58.1"]**. Die Kirche stammt aus dem 11. Jh., ihr Turm kann bestiegen werden. Von dort oben hat man einen sehr schönen Blick ins Loiretal.

Knapp 3 km südöstlich von Gennes liegt der Ort **Cunault** an der Loire. Alle, die sich für romanische Kirchenarchitektur interessieren, sollten den kurzen Abstecher hierher nicht versäumen und sich die erhabene romanische **Kirche Notre Dame de Cunault [Parkplatz, WP 157 / N47° 19' 46.9" W0° 12' 3.8"]**

ansehen (geöffnet im Sommer 9 - 20 Uhr, im Winter 9 - 18 Uhr).

Schon Mitte des 9. Jh. hatten Benediktinermönche, die durch Normanneneinfälle aus St-Philibert de Gran vertrieben worden waren, hier ein Kloster gegründet. Die Abtei wurde zu einem reich dotierten Priorat. Und im 12. Jh. sah man sich in der Lage, einen stattlichen Kirchenbau mit mächtigem Viereckturm zu errichten.

Das Kloster rühmte sich des Besitzes kostbarer Reliquien, darunter Gebeine des hl. Maxentiolus, Schüler des hl. Martin von Tours, dann ein Fläschchen mit

Reliquienschrein des hl. Maxentiolus, Kirche in Cunault

Staub aus der hl. Krippe, weiter einen Ring, der als Verlobungsring der Jungfrau Maria angesehen wurde und schließlich einige getrocknete Tropfen Muttermilch der Hl. Maria. Jahrhunderte hindurch waren diese Reliquien Ziel großer, feierlicher Wallfahrten.

Die Kirche selbst ist eine dreischiffige, ernste, fast schmucklose Hallenkirche mit abschließendem Chor mit Chorumgang. Gewöhnlich betritt man die Kirche durch das schlichte **Westportal**, dessen Tympanon (Bogenfeld über der Tür) von Maria mit dem Jesuskind (stark beschädigt), die von Engeln flankiert werden, geschmückt ist.

Von besonderer Bedeutung ist der Figurenschmuck an den **Säulenkapitellen**. Leider sind sie aber so klein, bzw. so weit vom Betrachter entfernt, dass mit bloßem Auge die Details nicht richtig gewürdigt werden können. Kunstliebhaber sollten also ein Opernglas o. ä. dabei haben. Einige der Kapitelle, vor allem im Chor, sind allerdings Neuschöpfungen aus dem 19. Jh.

Zu den Kostbarkeiten der Kirche zählen der schon erwähnte **Reliquienschrein des hl. Maxentiolus** (auch Saint Maxenceul), weiter ein flaches Möbel aus dem 15. Jh., das zum Auslegen der Messgewänder diente, sowie eine Pieta aus dem 15. Jh. und eine Holzplastik aus dem gleichen Zeitraum, die hl. Katharina mit Folterwerkzeugen darstellend.

ROUTE: Der weitere Verlauf dieser Route führt ab Gennes über die D751

Schloss von Brissac

westwärts zunächst nach **Coutures**. *Nach weiteren 4 km Abzweig nach* **Brissac**. *Oder man fährt ab Gennes westwärts über* **Grézillé** *bis zur Fernstraße D761, der man ins nahe* **Brissac** *folgt.*

Amüsant liest sich die Herkunft des Ortsnamens von **Brissac**. In früheren Zeiten soll in der Gegend ein ziemlich schlitzohriger Müller gelebt haben, der das Mehl immer in Säcken lieferte, in die er kleine Löcher (brèches) gerissen hatte. So hatte er für das Untergewicht, mit dem er die Säcke gerne abfüllte, immer eine Erklärung parat. Das Mehl musste wohl unterwegs durch die Löcher gerieselt sein. Und so bekam die Gegend bald den Beinamen „Brèchesac". Daraus entwickelt sich im Laufe der Zeit dann Brissac.

Das elegante, monumentale **Schloss von Brissac [N47° 21' 12.6" W0° 27' 0.1"]** liegt am Südrand von Brissac *(de-öffnet 1. Apr. - Juni + Sept. Mi - Mo 10 - 12 + 14 - 17 Uhr; Juli + Aug. tgl. 10 - 17 Uhr; Okt. Mi - Mo 10.30 - 11.30 + 14 - 16.30 Uhr; www.chateau-brissac.fr).*

Seit einem halben Jahrtausend ist der fünfstöckige (ohne Unterge-schoss) 204-Zimmer-Palast Sitz der Herzöge von Brissac. Den Grundstein zum Schloss, angeblich dem höchsten in ganz Frankreich, legte Charles II. de Cossé, erster Herzog von Brissac, in den ersten Jahren des 17. Jh., wobei man die mittelalterlichen Türme einer früheren Festung integrierte.

1620 war das Anwesen Schauplatz eines historischen Ereignisses. Maria von Medici, zweite Gemahlin von Heinrich IV. und Mutter von Ludwig XIII., war aus Blois geflohen, wo sie von ih-rem Sohn gefangen gehalten worden war. In Angers wollte Maria von Medici, die nach dem Tode Heinrichs IV. gerne selbst Regentin von Frankreich gewe-sen wäre, den Herzog von Anjou zu ei-ner Revolte gegen ihren Sohn Ludwig XIII. überreden. Der Herzog engagier-te sich aber nur sehr halbherzig. Und über ein Scharmützel bei Ponts-de-Cé kam die Sache nicht hinaus. In Brissac endlich versöhnte sich Maria von Me-dici mit ihrem Sohn Ludwig. Und Kö-nig Heinrich II. soll gesagt haben: „Wenn ich nicht Thronfolger wäre, wollte ich wenigstens ein Brissac sein". Welch ein Kompliment.

Der Besucher ist heute vor allem von der erlesenen **Möblierung** und der prächtigen Ausstattung der Räu-me und Salons, dem üppig dekorierten und mit Kristalllüstern aus Muranoglas geschmückten **Schlosstheater** mit 200 Sitzplätzen und der wertvollen **Gemäl-desammlung** im Schloss von Brissac beeindruckt.

Bemerkenswert sind auch die **Schlossgärten** und der weitläufige Park mit uralten Zedern. Seit jeher wird übrigens auf den Gütern der Herzöge von Brissac ein weit über Brissac hinaus beliebter Wein angebaut.

ROUTE: *Weiterfahrt von Brissac auf der D748 nach* **Mûrs-Erigné** *und weiter nach* **Angers.**

Angers, die alte Hauptstadt des frü-heren Herzogtums und der historischen Landschaft des fruchtbaren Anjou, ist noch heute Verwaltungssitz der Re-gion und wie eh ein Mittelpunkt des Agrar- und Weinhandels. Von Georges Clemenceau (1841 – 1929, Franz. Mi-nisterpräsident) stammt die Ansicht, dass das Anjou einer der Winkel sei, in dem sich Frankreich am französischsten zeigt. Und Angers galt lange als eine Stadt, in der das etablierte Bürgertum ein geruhsames, aus Pariser Sicht wohl auch ein bisschen provinzielles Leben führte.

Die Anfänge der Stadt an der Maine, die mit allen Vororten heu-te rund 270.000 Einwohner zählt, ge-hen zurück bis in die Keltenzeit. Römer waren hier und bewachten den Über-gang über die Maine. Später residier-ten in Angers karolingische Landgrafen. Sie hatten ihren Sitz nahe der heutigen Kathedrale. Mitte des 9. Jh. dann wurde Angers von Normannen eingenommen und besetzt. Sie konnten sich bis 872 halten, dann wurde die Stadt von Karl dem Kahlen erobert.

Die kommenden Jahrhunderte bis weit ins 13. Jh. hinein sollten für Angers und das Anjou eine große Zeit werden, die durch die starke Politik der Grafen Foulco, später Plantagenêts geprägt war.

Im 9. Jh. zeigte die Macht der ka-rolingischen Könige Schwächen, die von den Grafen und Lehnsherren des Landes ausgenutzt wurde. In Angers konnte Foulco (auch Foulques), Graf von Angers, seine Machtposition so ver-stärken, dass seine Familie und deren Nachkommen unangefochten im Anjou herrschten. Einer der skrupellosesten

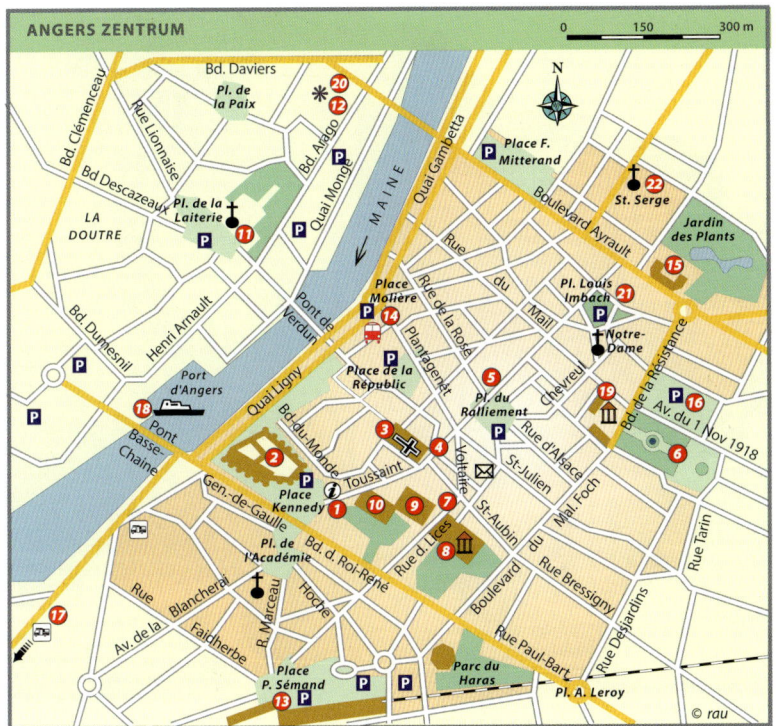

ANGERS – **1** Information – **2** das Schloss – **3** Kathedrale St-Maurice – **4** Maison d'Adam – **5** Hôtel Pincé – **6** Jardin du Mail – **7** St-Aubin-Turm – **8** Präfektur – **9** Kunstmuseum – **10** Galerie David d'Angers – **11** Kirche La Trinité – **12** Museum Jean Lurçat – **13** Bahnhof – **14** Busbahnhof – **15** Kongresszentrum – **16** Place du Général Leclerc – **17** Richtung Wohnmobilstellplatz – **18** Ausflugsboote – **19** Rathaus – **20** ehemals Centre Régional d'Art Textil – **21** Naturhistorisches Museum – **22** Kirche St-Serge

Despoten war der berüchtigte **Foulco III. Nerra** (987 – 1040), der Macht und Territorium rücksichtslos ausweitete.

Gottfried, ein Sohn von Foulco V. (1109 – 1131), schließlich sollte der Stammvater der mächtigen Familie der Plantagenêts werden, die Generationen lang über das Anjou herrschte. Aus ihnen gingen nicht nur Herzöge hervor, sondern jahrhundertelang auch die Könige Englands. Siehe auch unter „Die Plantagenêts" bei Fontevraud L'Abbaye.

Nur mit Mühe konnte das französische Königshaus der Kapetinger seine Vormachtstellung gegenüber den mächtigen Plantagenêts wahren. Und erst dem energischen Philipp-August gelang es, das Anjou und die Touraine mit dem Königreich zu vereinen. 1360 erhob König Johann der Gute die Grafschaft zum Herzogtum. Und nur vier Jahre später, 1364, wurde die Universität von Angers gegründet. Aus ihr gingen einige der größten Persönlichkeiten des Anjou und der Touraine hervor, wie etwa der 1494 bei Chinon geborene **Rabelais.**

Der letzte der Herzöge von Anjou, war der **„Gute König René"** (1408 – 1480), ein überaus gelehrter, musisch veranlagter, volksnaher und gütiger Herrscher, der ganz wesentlich dazu beitrug, das Anjou zu einem friedlichen und freundlichen Garten Frankreichs zu machen. Im hohen Alter musste der Gute König René mit anse-

Die gewaltigen Mauern und Bastionen der Burg von Angers

hen, wie König Ludwig XI. sich des Anjou bemächtigte.

Während der Religionskriege zwischen 1562 und 1598 war Angers eine
Hochburg der Protestanten. Hundert
Jahre später stand Angers auf der Seite der Fronde, einer gegen den abso-
lutistisch regierenden Ludwig XIV. und
dessen Minister Mazarin gerichtete Verschwörung des Adels. Während der
Französischen Revolution nimmt Angers schon sehr früh Partei und stellt
sich auf die Seite der Aufständischen.

Einen größeren **Parkplatz [WP 158
/ N47° 28' 22.6" W0° 33' 21.8"]** fin-
det man am nordwestlichen Rand der
Altstadt von Angers an der Rue de la
Poissonniere am Platz Ancienne Gare
Routière, nicht weit von der Kathedra-
le Saint Maurice entfernt.

Das herzogliche **Schloss (2) [N47°
28' 14.6" W0° 33' 32.0"]** mitten in der
Stadt ist nicht zu übersehen. Die mäch-

tigen, aus Tuffstein und Schiefer errichteten und dadurch apart gestreiften
Wehrmauern und die 17 gewaltigen,
bis 50 m hohen **Rundtürme** sorgen
schon dafür.

An der Ostseite der Burg findet man
am Place du Président Kennedy gegenüber vom Touristenbüro einige wenige **Parkplätze [N47° 28' 8.19" W0°
33' 30.28"]**.

Alleine die schiere Größe der Burganlage von Angers, dieses trutzigen
und eher finsteren Wehrbaus, macht
deutlich, dass es hier etwas zu verteidigen gab, nämlich schlicht den stra-
tegischen Zugang zum Inneren des
französischen Königreiches. Unter diesem Gesichtspunkt lässt sich nachvollziehen, dass König Ludwig der Heilige,
als er 1230 mit dem Bau der Festungs-
anlage begann, beabsichtigte, hier an
den Ufern der Maine die mächtigste Zitadelle des Reiches zu errichten. Und

tatsächlich entstand eine uneinnehmbare Festung, die im Laufe ihrer langen Geschichte auch nie erobert wurde. Im 15. Jh. z. B. musste Ludwig II. von Anjou sein Herzogtum und den Dauphin und späteren König Karl VII. gegen die Engländer verteidigen. Dank der Festung gelang dies auch und Ludwig und seine Gemahlin Yolande von Aragon konnten ihr Versprechen einlösen und zwischen 1400 und 1409 die sehenswerte, spätgotische **Schlosskapelle** errichten lassen. 1409 wurde im Schloss von Angers René, der spätere „Gute König", geboren. René, der außer Herzog von Anjou auch Herzog von Lothringen und der Provence und Titularkönig von Sizilien war, hielt sich später sehr gerne in Angers auf. Ihm sind viele An- und Umbauten zu verdanken. Er modernisierte z. B. die „Logis Royal" neben der Kapelle, ließ Gärten anlegen und Pavillons sowie Säle für Feiern und Festlichkeiten errichten und schuf so eine recht prunkvolle Residenz.

Nach dem sich René, der letzte Herzog von Anjou, 1471 auf sein Anwesen in der Provence zurückgezogen hatte, fiel Angers an Ludwig XI. und verlor in der Folgezeit jede Bedeutung als Residenz. Schloss und Festung von Angers wurden Kaserne und Gefängnis. In der zweiten Hälfte des 16. Jh. verstärkte man die Festungswälle, um Geschützfeuer und Artilleriebeschuss standzuhalten.

Und 1652 wurde der am Hofe des Sonnenkönigs in Ungnade gefallene Fouquet in Angers inhaftiert, angeblich bewacht vom legendären d'Artagnan, einem der drei berüchtigten Musketiere.

Auch während der Revolution und der Zeit Napoleons dienten die Kerker der Festung als Staatsgefängnis, was dem Schloss, den Gebäuden und ehemals herzoglichen Gemächern in keiner Weise zuträglich war. Nach dem Zweiten Weltkrieg wurde die Anlage im alten Stil restauriert.

Heute kann man auf den Festungsmauern und Wällen, auf denen Gärten mit gedeihenden Gemüse- und Weinbeeten angelegt sind, spazierengehen und von den Türmen einen Blick auf die Stadt genießen.

Im inneren Schlosshof sind die **Schlosskapelle,** die **Königlichen Gemächer** und die **Wohnräume des Gouverneurs** zu besichtigen. Achten Sie vor allem auf die **Wandteppiche,** den sog. Millefleurs-Tapisserien, hier in den Gemächern. Sie stammen überwiegend aus dem 16. Jh. und stellen u. a. dar „Engel mit den Passionswerkzeugen", „Dame an der Orgel" oder „Penthesilea, Königin der Amazonen":

Sehr beeindruckend und noch sehenswerter als das herzogliche Gemäuer ist das **Musée de la Tenture de l'Apocalypse** *(2. Mai - 4. Sept. tgl. 9.30 - 18.30 Uhr; 5. Sept. - 30. Apr. tgl. 10 - 17.30 Uhr; letzter Einlass 45 Min. vor Schließung; www.chateau-angers.fr).*

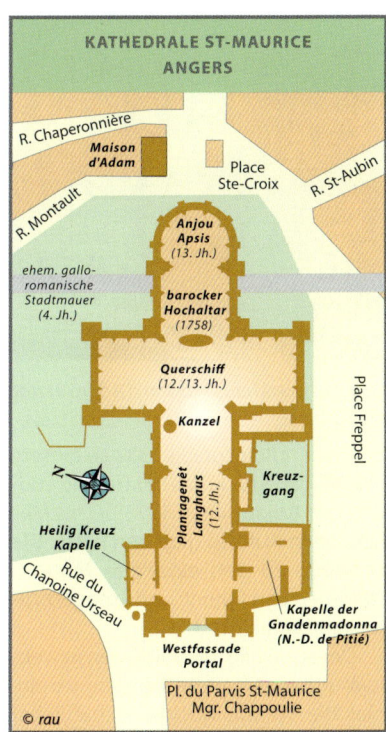

195

In einem eigens dafür errichteten, das ganze Jahr über gleichmäßig klimatisierten (gekühlten) Gebäudeflügel im Schlosshof ist ein 107 m langer und 5 m hoher **Wandteppich** ausgestellt, auf dem 75 Szenen und Motive der **Apokalypse**, wie sie im Johannes Evangelium geschildert wird, zu sehen sind. Ganze fünf Jahre arbeitete der Paris Kunstwe-

Das Fachwerkhaus Maison d'Adam in Angers

ber Robert Poinçon bis 1383 an diesem einmaligen Stück, das der Herzog Ludwig von Anjou schon 1373 bei Nicolas Bataille in Auftrag gegeben hatte. Die Entwürfe zu den einzelnen Motiven stammen von Johann von Brügge, Hofmaler König Karls V.

Der aus Wolle mit Goldfäden gewebte Wandteppich zierte ursprünglich einmal die Wände hochherrschaftlicher

Burgsäle, z. B. bei den Hochzeitsfeierlichkeiten von Ludwig II. von Anjou mit Yolande von Aragon in Arles im Jahre 1400. Das Originalstück war damals noch ganze 30 m länger und wurde bis ins 18. Jh. an großen Festtagen in der Kathedrale von Angers der Öffentlichkeit präsentiert.

In den Wirren der Zeit und vor allem während den turbulenten Tagen der Französischen Revolution wurde das einmalige Kunstwerk zu völlig profanen Zwecken missbraucht. Teile verschwanden, wurden unwiederbringlich vernichtet. Erst im 19. Jh. entdeckte man große Teile des Wandteppichs wieder und konnte fehlende Partien zurück kaufen. Heute sind gut zwei Drittel des einstmals sage und schreibe über 137 m langen Wandteppichs wieder zu sehen.

Mein Tipp! Scheuen Sie die Kosten nicht und leihen Sie sich einen Kopfhörer aus und lassen Sie sich von dem zu hörenden Text samt Tonkulisse durch die Ausstellung geleiten.

Rundgang durch die Innenstadt von Angers

Im Touristeninformationsbüro kann man einen sog. **„City Pass"** erwerben, der preisgestaffelt 24, 48 oder 72 Stunden gilt und der zum freien Eintritt in viele **Sehenswürdigkeiten**, Burgen, Museen, Gärten u. ä. berechtigt. Zudem kann man damit das **Rundfahrtbähnchen** benutzen und wenn man für 2 Stunden bezahlt kann man 4 Stundenparken, erhält also 2 Stunden kostenloses Parken. Freien Aufenhalt für Wohnmobile (s.u.

Wohnmobilstellplätze). Das Touristen-büro bietet im Sommer auch Stadtführungen an.

Von der Nordostseite der Festungsmauern des Schlosses an der Promenade du Bout-du-Monde gehen wir über die Rue St-Aignan oder die Rue Donadieu-de-Puycherie zur **Kathedrale**. Die beiden Straßen waren vor allem in der Zeit der Renaissance erste Wohnadressen. Einige sehenswerte alte Stadthäuser sind erhalten, wie das **Hôtel du Croissant** aus dem 15. Jh. in der Rue St-Aignan. Das Haus war damals Sitz des von König René gegründeten Ritterordens des hl. Mauritius (Ordre du Croissant).

Die **Kathedrale St-Maurice (3) [N47° 28' 15.1" W0° 33' 19.6"]** mit ihren Doppeltürmen und mit ihren wunderbaren Fenstern sollte auf Ihrem Stadtrundgang nicht fehlen (geöffnet tgl. 8 - 20 Uhr). Bereits im vierten Jahrhundert hatte an dieser Stelle eine einfache Kirche gestanden, die der damalige und später heilig gesprochene Bischof Martin von Tours errichtet hatte. Das Gotteshaus, so wie wir es heute sehen, entstand vornehmlich im 12. und 13. Jh. Damals wurde die Fassade mit den Doppeltürmen und das gotische Hauptschiff, eines der ersten Kirchenschiffe in Frankreich mit Rippengewölbe, das im filigranen Anjou-Stil errichtet worden ist. Die erwähnten Buntglasfenster im Chor und in den Seitenschiffen sind Arbeiten aus dem 14. bis 16. Jh.

Mein Tipp! Wenn Sie sich für Einzelheiten der Bildmotive an den wirklich sehenswerten **Bleiglasfenstern** in der Kathedrale oder für Details an der Turmfassade interessieren, leistet ein Opern- oder kleines Fernglas wertvolle Dienste.

Zum Kirchenschatz der Kathedrale zählt eine einmalige Sammlung von 170 kostbaren **Wandteppichen**. Je-

Detail am Maison d'Adam in Angers

weils 12 davon werden im Sommer im Kirchen-inneren gezeigt.

Gehen Sie rechts um die Kathedrale herum zum Place St-Croix an der Ostseite der Kathedrale. An der Nordseite des Platzes steht das **Maison d'Adam (4) [N47° 28' 13.3" W0° 33' 15.0"]**, ein wirklich sehenswertes, sehr repräsentatives Bürgerhaus mit prächtiger Fachwerkfassade aus dem 15. Jh. Der

Hausname leitet sich ab von Figuren, die Adam und Eva am Baum der Erkenntnis, einem Apfelbaum, darstellen.

Unser Stadtrundgang führt links am Maison d'Adam vorbei bis zur nächsten Querstraße Rue Oisellerie. Etwas weiter links liegt die alte Markthalle **Les Halles [N47° 28' 16.9" W0° 33' 15.9"]**. In den Bistros hier isst man in aller Regel gut und preiswert.

Vor der alten Markthalle zweigt rechts die **Rue St-Laud** ab, eine Fußgängerzone mit Geschäften, Bistros und hübschen Hausfassaden. Ihr folgen wir nordostwärts.

Gehen Sie die vierte Querstraße nach der Markthalle nach rechts durch die Rue de l'Espine bis zur Rue Lenepveu. Rechts um die Ecke liegt der Eingang ins **Hôtel Pincé (5) [N47° 28' 19.1" W0° 33' 5.8"]**, Nr. 32 bis Rue Lenepveu. Dieses elegante Renaissancepalais beherbergt heute das **Museum Turpin de Crissé**. Das Museum zeigt große Teile des Lebenswerks des aus Angers stammenden Malers Turpin de Crissé, sowie eine Sammlung antiker griechischer, japanischer und chinesischer Keramiken.

Schräg gegenüber liegt der **Place du Ralliement**, der Mittelpunkt der Stadt mit dem Theater. Der immer lebhafte Platz mit seinen Bistros und Restaurants lädt zu einer Verschnaufpause ein, vielleicht bei einem Gläschen Cointreau, der ja aus Angers kommt.

An der Ostseite des Platzes liegt das Hotel St-Julien mit dem einladenden Restaurant **Provence Caffé [N47° 28' 16.4" W0° 33' 4.1"]**.

Ein anderer beliebter Treffpunkt in der Stadt ist der imponierende Brunnen im **Jardin du Mail (6) [N47° 28' 14.4" W0° 32' 49.0"]** beim Rathaus, ein gutes Stück weiter östlich von hier.

Vom Place du Ralliement gehen wir rechts am Theater vorbei ein kurzes Stück Richtung Kathedrale, um an der großen Kreuzung links durch die Rue Voltaire bis zum **St-Aubin Turm (7) [N47° 28' 7.7" W0° 33' 13.1"]** zu gehen. Der alte Wachtturm stammt aus dem 12. Jh. und war Teil eines uralten, ehemaligen Benediktinerklosters. Das Gebäude links davon beherbergt die **Präfektur (8)**. Dort wurden im Innenhof Reste eines **romanischen Kreuzgangs** entdeckt.

Rechts vom St-Aubin Turm findet man das **Musée des Beaux Arts (9) [N47° 28' 8.9" W0° 33' 16.1"]**, 10 rue du Musée (*geöffnet Di - Sa 10 - 18 Uhr; www.musees.angers.fr/les-lieux/musee-des-beaux-arts/le-lieu/index.html/. Die angegebenen Öffnungszeiten gelten auch für die meisten anderen städtischen Museen*).

Das Kunstmuseum ist in einem stattlichen Stadtpalais untergebracht, das sich im 15. Jh. ein Herr namens Barrault, seines Zeichens Bürgermeister von Angers und königlicher Sekretär für die Bretagne, hatte erbauen lassen. Ausgestellt sind Kunstgegenstände aus der Zeit der Gotik und der Renaissance, sowie eine Gemäldesammlung mit Werken aus dem 16. bis ins 18. Jh. vornehmlich französischer Maler.

Dem Kunstmuseum schließt sich an der Westseite die modern restaurierte ehemalige **Abteikirche Toussaint** (Allerheiligenkirche) an, Rue Toussaint. Sie stammt aus dem 13. Jh. und hatte einstmals ein wunderschönes gotisches Rippengewölbe im Anjou-Stil das allerdings zu Beginn des vergangenen Jahrhunderts einstürzte und vor einiger Zeit durch ein Glasdach ersetzt wurde. Heute ist hier die **Galérie David d'Angers (10) [N47° 28' 9.3" W0° 33' 21.8"]** untergebracht. Ausgestellt sind die Arbeiten des vor allem in der ersten Hälfte des 19. Jh. tätigen Bildhauers Jean-Pierre David, einem der großen Söhne der Stadt, zeigt.

Von der Galerie David d'Angers sind es kaum 300 m zurück bis zum Schloss.

Weitere Sehenswürdigkeiten sind das naturgeschichtliche **Musée d'Histoire Naturelle (21) [N47° 28' 25.2" W0° 32' 46.6"]**, 43 Rue J. Guitton, mit einer bemerkenswerten ornithologischen Sammlung mit einer ungewöhnlichen Vielzahl ausgestellter Vogelarten, sowie die **Kirche Saint-Serge (22) [N47° 28' 35.9" W0° 32' 48.5"]** noch ein Stück weiter nördlich in der Avenue Marie Talet. Bemerkenswert sind in der Kirche einer ehemaligen Benediktinerabtei vor allem das **Kuppelgewölbe** in schönster Anjou-Gotik im Chor, aber auch die **Bleiglasfenster**.

Und wer sich näher über die Weine aus Anbaugebieten des Anjou und um Saumur informieren will, um dann die richtige Wahl beim Weinkauf zu treffen, erfährt alles über die große Vielfalt dieser Weine im **Maison du Vin de l'Anjou** (Tel. +33 (0)2 41 17 68 20; www.vinsvaldeloire.com), am Place Kennedy Nr. 5 bis, gleich gegenüber vom Schloss neben der Touristeninformation.

La Doutre, Stadtviertel von Angers jenseits der Maine

Die **Kirche La Trinité (11) [N47° 28' 30.4" W0° 33' 41.6"]** ist ein weiteres Beispiel bemerkenswerter Kirchenarchitektur im Anjou. Die Dreifaltigkeitskirche liegt im Stadtteil **La Doutre** am westlichen Maine-Ufer am **Place de la Laiterie** inmitten einer schön restaurierten Gruppe mittelalterlicher Fachwerkhäuser.

Bemerkenswert an der schon im 12. Jh., der Zeit des Übergangs von der Romanik zur Gotik entstandenen Kirche sind die romanischen **Portale** und die gotischen **Rippengewölbe** im Inneren. Beachtung verdient auch die Wendeltreppe, die allerdings aus der Zeit der Renaissance stammt.

Eine andere Sehenswürdigkeit im „jenseitigen Viertel" La Doutre am West-ufer der Maine ist das **Hôpital Saint Jean (12) [Parkplatz, N47° 28' 38.0" W0° 33' 26.1"]** mit dem Musée Jean Lurçat. Das einstige Hospiz entstand im späten 12. Jh. Heinrich II. Plantagenêt wollte mit dem Bau die Reue über die von ihm initiierte Ermordung seines Rivalen Thomas Becket dokumentieren. Schöne Beispiele gotischer Architektur sind die Kapelle des Hospitals, die Krankensäle und die Kellereien.

Heute ist in dem ehemaligen Hospiz u. a. das **Musée Jean Lurçat et de la Tapisserie Contemporaine (12)** eingerichtet, 4 Boulevard Arago *(geöffnet Di - So 10 - 18 Uhr)*. Das Museum zeigt Werke von Jean Lurçat, der vor allem Tapisserien und Wandteppiche schuf. U. a. sieht man „Das Lied der Welt", einen Bilderzyklus auf einem 80 m langen Wandteppich mit Motiven „moderner Ängste", wie z. B. der „Mann von Hiroshima".

PRAKTISCHE HINWEISE – ANGERS

 Office de Tourisme d'Angers [Parkplatz, WP 159 / N47° 28' 8.19" W0° 33' 30.28"], 7 place du Président Kennedy, 49000 Angers, Tel. +33 (0)2 41 23 50 00; www.tourisme.destination-angers.com. *Geöffnet 1. Apr. - 30. Sept. Mo - Sa 9.30 - 18.30 Uhr, am 1. Montag im Monat 11-18.30 Uhr, So 9.30 - 17.30 Uhr.*
Das Touristenbüro bietet geführte Stadtrundgänge an.

Bei längerem Aufenthalt und vielen Museumsbesuchen lohnt ggf. der Erwerb des **City Pass**, der freien Eintritt zu vielen Sehenswürdigkeiten und Museen, und freie Fahrt mit dem Touristen-Trollybähnchen bietet, erhältlich im Touristenbüro. Preis für 24 Stunden € 15,-, für 48 Stunden € 24,- und für 72 Stunden € 31,- pro Person.

RESTAURANTS

Lucullus, 5 rue Hoche, Tel. +33 (0)2 41 87 00 44; https://lucullusangers. wixsite.com; unweit südlich vom Touristenbüro, unkomplizierte, aber gute Küche, mittlere Preislage.

Provence Caffé, 9 place Ralliement, Tel. +33 (0)2 41 87 44 15; www. provence-caffe.com; sehr zentral gelegen, gut und preiswert, gutes Preis/Leistungsverhältnis. Sonntags und montags geschlossen.

CAMPING

Bouchemaine/Angers

Camping Lac de Maine [WP 160 / N47° 27' 16.6" W0° 35' 48.1"], ave. du Lac de Maine, Tel. +33 (0)2 41 81 97 37; www.campingangers. comde/; 12. Apr. – 3. Nov.; über die D111 Richtung Pruniers oder Schnellstraße D723 (Angers – Nantes) Ausfahrt Lac de Maine im Stadtteil Bouchemaine, rund 4 km südwestlich Angers gelegen. Ausgedehntes, ebenes, gepflegtes Geländeoval mit breiten Platzstraßen. Laubbäume, Hecken und Büsche begrenzen die parzellierten, meist gekiesten Stellplätze und fassen das Platzgelände ein. Im vorderen Platzbereich Sanitärgebäude, Aufenthaltsraum/Cafeteria, Schwimmbad, Boule- und Volleyballplatz, am westlichen Platzrand hauptsächlich Mobilhomes; ca. 4 ha – 145 Stpl.; Standard-Sanitärausstattung. Restaurant in Saison, Imbiss, Brötchenservice, Waschmaschine, Trockner, Schwimmbad. WLAN. V & E für Wohnmobile.

Les Ponts-de-Cé/Angers

Camping Slow Camp Loire Vallée (früher l'Île du Château) **[WP 161 / N47° 25' 28.8" W0° 31' 44.8"],** ave. de la Boire salée, 49130 Les Ponts de Cé, Tel. +33 (0)2 85 35 97 47; www.slow-camp.fr/de/; 25. März – 7. Okt.; südlich von Angers im Ortsteil Les Ponts-de-Cé, ausgeschildert. Ebenes, durch hochstämmige Laubbäume teils gut schattiges Wiesengelände, durch Hecken in Stellplätze unterteilt und eine freie, schattenlose Wiese an einem Gewässerseitenarm der Loire; ca. 2 ha – 75 Stpl.; gute Standard-Sanitärausstattung. Waschmaschine, Trockner, Imbiss, Schwimmbad, Mietbungalows, Mietzelte. V & E für Wohnmobile.

WOHNMOBIL-STELLPLÄTZE

Wohnmobil-Stellplatz Aire d'accueil pour Camping-car de Angers [WP 162 / N47° 27' 59.2" W0° 33' 56.8"], bd. Olivier Couffon. **Zufahrt/Lage:** Ca. 1 km südwestlich vom Schloss Angers an der Straße um Parc de Sports de La Baumette. **Ausstattung:** Asphaltierter Parkplatz für 20 Wohnmobile an der Loire. V & E Station. **Geöffnet:** Ganzjährig. **Gebühr:** Gebührenfrei für Besitzer des City Pass Angers (City Pass s. o.)

Wohnmobil-Stellplatz Aire d'Accueil pour Camping-car de Bouchemaine/Angers [WP 163 / N47° 25' 9.1" W0° 36' 40.9"], rue Chevriére. **Zufahrt/Lage:** Von Angers auf der D111 südwärts durch das Stadtzentrum von **Bouchemaine**, weiter in Richtung St-Gemmes-s-Loire und D111 Richtung Savennieres. **Ausstattung:** Ansprechend an der Loire gelegen, leicht geneigtes Gelände mit 40 befestigten Stellflächen, dazwischen Grasinselchen, junger Baumbestand, durch einen Fahrweg von der Loire getrennt. Strom, WC, Dusche, V & E Station beim Maison Bienvenue. Der Platz wird auch von Caravans und Zelten genutzt! Am Platzeingang Bushaltestelle. **Geöffnet:** Ganzjährig. **Gebühr:** Gebührenpflichtig.

Sehenswürdigkeiten ausserhalb von Angers

Südlich von Angers erstreckt sich auf mehreren durch Brücken verbundenen Loireinseln zwischen der Autobahn und der N160 die „Stadt in der Loire" **Les-Ponts-de-Cé**. Die im Mittelalter und auch noch 18. Jh. trotz der relativen Nähe zu Angers ziemlich abgeschiedenen Gegend war zu Zeiten der absolutistischen Herrschaft der französischen Könige Schauplatz grauenhafter Massenmorde. So sollen hier ausgangs des 15. Jh. Hunderte von Marketenderinnen ertränkt worden sein. Später erlitten Hugenotten das gleiche Schicksal in den Fluten der Loire.

Besichtigen kann man in Les-Ponts-de-Cé in der Avenue Charles de Gaulle Nr. 4 das **Château-Musée des Coiffes [N47° 25' 30.5" W0° 31' 31.8"]** *(geöffnet Apr. - Juni + Sept. Sa + So 14 - 18 Uhr; 1. Juli - 31. Aug. 14 - 18 Uhr; 1. - 30. Sept. Sa + So 14 - 18 Uhr;)*. Das Museum ist im Donjon des hiesigen Schlosses untergebracht und zeigt eine sehenswerte Sammlung filigraner Spitzen- und Klöppelarbeiten, darunter sind wunderschöne Damenhauben, Umhänge und Schultertücher.

Zu Angers gehört aber auch der **Cointreau**, ein berühmter, aus Orangenschalen gewonnener Likör. Im Vorort **Saint-Barthélémy d'Anjou,** östlich von Angers, kann man am Boulevard des Bretonnières auf Führungen die **Distillerie Cointreau [N47° 28' 38.3" W0° 30' 31.3"]** und ihr Museum über die Geschichte und die Herstellung des Likörs besuchen *(geöffnet Di - Sa 10 - 16 Uhr)*.

Ebenfalls östlich von Angers, rund 9 km und unweit südlich der Straße 347 am Ostrand von Saint-Barthélémy d'Anjou liegt mitten in einem weiten Park das **Château de Pignerolle [Parkplatz, WP 164 / N47° 28' 6.6" W0° 28' 28.3"]**. Bardoul de la Bigottière hatte sich hier im 18. Jh. dieses reizende Schlösschen errichten lassen, wobei man sich bei der Gestaltung stark an das Schloss Trianon de Versailles angelehnt hat. Das Schlösschen ist von einem schönen Park umgeben, den man besuchen kann *(geöffnet Apr. - Okt. tgl. 8.10 - 20 Uhr, Mitte Nov. - Ende März tgl. 8.10 - 18 Uhr)*.

Einblick in die lange Tradition des Schieferbrechens kann man in **Trélazé,** unweit östlich von Angers und wenige Kilometer südlich von Saint-Barthélémy d'Anjou an der D4 gelegen, im **Musée de l'Ardoise [Parkplatz, WP 165/ N47° 26' 47.9" W0° 29' 21.3"]**, dem Schiefermuseum, gewinnen *(geöffnet Juli + Aug. Di - Fr 9 - 12 + 14.30 - 18.30 Uhr, Sa + So 14.30 - 18.30 Uhr; 15. Feb. - 30. Juni + 1. Sept. - 15. Nov. Di - Fr 9 - 12 + 14 - 17 Uhr, Sa + So 14.30 - 18.30 Uhr; Führungen obligatorisch)*. Im Museum, das sich in einem alten Schiefersteinbruch am Chemin de la Maraîchère Nr. 32 befindet, werden im Sommer täglich außer montags jeweils um 15 Uhr Arbeits- und Handwerkstechniken mit Schiefer demonstriert.

Schließlich kann man in der Umgebung von Angers noch das **Musée Régional de l'Air [Parkplatz, WP 166 / N47° 33' 48.0" W0° 18' 54.7"]** besichtigen *(geöffnet 30. Apr. - 30. Okt. Di - Sa 14 - 18 Uhr, So 15 - 17 Uhr; Juli + Aug. tgl. 10 - 12 + 14 - 18 Uhr; 16. Okt. - 29. Apr. Sa + So 14 - 18 Uhr; freier Eintritt, letzter Einlass 30 Min. vor Schließung; www.musee-aviation-angers.fr)*. Das Luftfahrtmuseum mit einer Sammlung von Flugzeugen die zwischen 1908 und heute gebaut wurden, liegt rund 27 km nordöstlich von Angers und östlich der Autobahn A11 auf dem Gelände des Flughafens Aéroport D'Angers-Loire bei Marcé.

Ausflug zum Schloss von Montgeoffroy

Bei ausreichend zur Verfügung stehender Zeit lohnt ein Ausflug auf der D347 24 km nach Osten bis nach **Mazé** und von dort weiter zum nur 5 km nördlich von Mazé gelegenen **Schloss von Montgeoffroy [N47° 28' 7.3" W0° 16' 38.8"]** *(geöffnet 6. Apr. - 30. Juni Mi - So 10 - 12 + 14 - 17 Uhr; 1. Juli - 1. Sept. tgl. 10 - 18 Uhr; 4. Sept. - 29. Sept. Mi - So 10 - 12 + 14 - 17 Uhr; obligatorische Führungen stündlich; www.chateaudemontgeoffroy.com).*

Der Maréchal de Contades und Gouverneur von Straßbourg hatte sich den feudalen Landsitz um 1772 errichten lassen. Und wie man liest, soll sich seit jener Zeit am Schloss und seinen Einrichtungen so gut wie nichts verändert haben. Der Besucher wird also auch heute noch vom ursprünglichen Glanz der Salons, ihrem kostbaren Mobiliar und den meisterhaften Gemälden empfangen.

Außerdem sieht man die Stallungen und die Schlossküche mit unzähligen Kupferkesseln, Pfannen und Töpfen.

Der Küchenchef des Marschalls soll übrigens der „Erfinder" der pâté de foie gras, der Gänseleberpastete, gewesen sein. Das Anwesen wird seit seinen Anfängen ohne Unterbrechung von der Familie der Marquis de Contades bewohnt.

Radtouren ab Angers

Angers eignet sich gut als **Ausgangspunkt für Radwanderungen** ins Anjou und in die Täler von Sarthe und Loir im Baugeois nordöstlich von Angers.

Mitunter werden von Veranstaltern auch mehrtägige Radtouren mit vorgegebenen Etappen, organisiertem Gepäcktransport und fest reservierten Hotelübernachtungen angeboten.

Aktuelle Informationen über Radtouren sowie drei- bis achttägige „Packages" mit Unterkunft, Gepäcktransport, Karten, Fahrradverleih, Streckenvorschlägen etc., bietet die örtlichen Touristenbüros, die Broschüre der „La Loire á Vélo" des Französischen Fremdenverkehrsamtes oder die Webseiten www.loire-valley-travel.com oder www.loireradweg.org.

Tourenvorschlag 1:

Eine einwöchige Tour entlang der Loire bis nach **Saumur** und zurück nach Angers:

1. Tag: Angers – Les Rosiers, 49 km, über Trélazé, Schloss Montgeoffroy, südwärts zur Loire und bei St-Mathurin-s-Loire über den Fluss zur Abtei St-Maur und am südlichen Flussufer flussaufwärts nach Les Rosiers (Camping „Le Val de Loire Les Rosiers sur Loire", Hotels).

2. Tag: Les Rosiers – Fontevraud, 32 km, am südlichen Loire-Ufer über Cunault nach St-Hilaire-St-Florent, zum Schloss Montsoreau nach Fontevraud (Hotels, Camping „L'Isle Vert" in Montsoreau).

3. Tag: Fontevraud – Saumur, 20 km (Hotels, Camping „L'Ile d'Offard Saumur").

4. Tag: Saumur – Doué-la-Fontaine, 30 km, am Flüsschen Thouet entlang südwärts bis Montreuil-Bellay und weiter über die Abtei d'Asnières nach Doué-la-Fontaine (Hotels, Camping „Les Rives du Douet").

5. Tag: Doué-la-Fontaine – Chavagnes, 45 km, über die Höhlendörfer Rochemenier und Denezé-s/s-Doué zum Schloss von Brissac und südwärts nach Chavagnes (Hotel) oder nach Thouarcé (Camping „Municipal de l'Ècluse").

6. Tag: Chavagnes – Chalonnes, 40 km, durch das Weinanbaugebiet an der Layon nach St-Lambert-du-Lattay an der N60 und weiter über die D17 und

St-Laurent-de-la-Plaine nach Chalonnes-s-Loire (Hotels, Camping „Les Portes de la Loire").

7. Tag: Chalonnes – Angers, 30 km, über die Höhenrandstraße „Corniche Angevine" am Südrand der Loire zurück nach Angers.

Tourenvorschlag 2:

In die Landschaft der **Mauges** südwestlich von Angers:

1. Tag: Angers – Chalonnes, 30 km, durch die Weinanbaugebiete „Codeaux de l'Aubance" und die Höhenrandstraße „Corniche Angevine" am Südrand der Loire nach Chalonnes-s-Loire (Hotels, Camping „Les Portes de la Lorie").

2. Tag: Chalonnes – Vezins, 35 km, über St-Laurent-de-la-Plaine und über wenig befahrene Landstraßen südwärts in die grüne Gartenlandschaft der Mauges mit einer der höchsten Erhebungen im Anjou, dem 210 m hohen Puy de la Garde nordwestlich von Vezins (Camping „de Coulvée" ca. 10 km nördlich in Chemille-en-Anjou).

3. Tag: Vezins – St-Laurent-s-Sèvre, 33 km, durch die Wälder des Forêt de Vezins und vorbei am Château Colbert bei Maulèvrier westwärts nach Le Puy-St-Bonnet und schließlich nach St-Laurent-s-Sèvre an Rande der Vendée. (Hotel, Camping „La Vallée de Poupet" 4 km weiter südlich in St-Malô-du-Bois).

4. Tag: St-Laurent-s-Sèvre – Jallais, 50 km, wieder nordwärts und westlich vorbei an Cholet nach Jallais im Evre-Tal (Hotel).

5. Tag: Jallais – Champtoceaux, 40 km, durch das Weinanbaugebiet des Muscadet (Hotel, Camping „Camping de la Tour" in Oudon am nördlichen Loire-Ufer).

6. Tag: Champtoceaux – Champtocé, 35 km, am Südufer der Loire entlang über La Marillas und St-Florent-le-Vieil nach Montjean-s-Loire oder weiter nach Champtocé nördlich der Loire (Hotel, Camping „Aire Naturelle Municipale").

7. Tag: Champtocé – Angers, 35 km, am Nordufer der Loire entlang und über La Possoniere und Savennières nach Angers.

Tourenvorschlag 3:

In die Landschaft der **Bocage** und in die Täler von **Sarthe** und **Loir** nördlich von Angers:

1. Tag: Angers – Baugé, 42 km, von Angers nach Osten, vorbei am Musée de l'Ardoise (Schiefermuseum) in Trélazé und dem Château Montgeoffroy weiter östlich an der D74 nach Baugé (Hotels, Camping „Municipal du Pont des Fées").

2. Tag: Baugé – Châteauneuf-sur-Sarthe, 45 km, durch grüne, bäuerlich geprägte Wald- und Wiesenlandschaft nach Nordwesten und über Durtal am Loir nach Châteauneuf an der Sarthe (Hotels, Camping "Municipal Le Port").

3. Tag: Châteauneuf-sur-Sarthe – Château-Gontier, 40 km, über Chenillé-Changé nach Nordwesten ins Tal der Mayenne (Hotels, Camping „Du Parc").

4. Tag: Château-Gontier – Pouancé, 42 km (Hotel, Camping „de la Roche Martin").

5. Tag: Pouancé – Candé, 39 km, ostwärts Noyant und zur Schiefermine La Mine Bleue und südwärts über Le Bourg d'Iré und Challain-la-Potherie (Camping „Municipal de Challain la Potherie") nach Candé (Hotel).

6. Tag: Candé – Angers, 69 km, über La Pouëze (Windmühle) und Château Le Plessis-Macé. Eine relativ lange Etappe, die man besser unterbricht, z. B. in Bècon-les-Granits (Hotel) oder in Montreuil-Juigné (Camping).

**Abstecher
Von Angers nach Ancenis**

Westlich von Angers ändert sich das Bild der Flusslandschaft. Der Strom wird träger, das Flussbett breiter. Das Gewässer sucht sich seinen Weg um viele Inseln und Sandbänke. Auch die Schlösser werden seltener, die Städte am Fluss

CAMPING

Rochefort-sur-Loire

Camping Les Plages de Loire (ehemals Camping Saint Offange) **[WP 167 / N47° 21' 36.7" W0° 39' 22.9"]**, route de Savenniéres, Tel. +33 (0)2 41 68 55 91; www.camping-lesplagesdeloire.com; 1. Apr. – 30. Nov.; Zufahrt vom Ort an der D751 (Mûrs-Erigné – Rochefort-sur-Loire) nordwärts Richtung Savenniéres über die Le Louet-Brücke, noch 250 m zum Platzeingang; langgestrecktes, gut schattiges, teils parzelliertes Wiesengelände am Le Louet-Fluss. Ca. 3,5 ha – 116 Stpl.; Standard-Sanitärausstattung. Waschmaschine, Trockner, Imbiss. Schwimmbad. WLAN. V & E für Wohnmobile. Für Wohnmobile Spezialangebot.

WOHNMOBIL-STELLPLÄTZE

St-Georges-sur-Loire

Wohnmobil-Stellplatz Aire Municipale St-Georges-sur-Loire [WP 168 / N47° 24' 21.1" W0° 45' 47.1"], Place Manche Real. **Zufahrt/Lage:** St. Georges-sur-Loire liegt rund 13 km südwestlich von Angers an der D723 Richtung Ancenis. Am südlichen Ortsrand. An der Kreuzung im Ort südwärts Richtung Chalonnes zum Großparkplatz „Aires des Stationnement", beschildert. Bei den Sportanlagen am Rande eines Wohngebietes. **Ausstattung:** Geteerter Parkplatzstreifen hinter dem großen, sandigen Pkw-Parkplatz mit Platz für ca. 18 Wohnmobile. Frischwasser und Abwasserauslass auf Betonplatte mit steiler Auffahrtsrampe. Zwei öffentliche Toiletten. **Geöffnet:** Ganzjährig. **Gebühr:** Kostenlos.

Champtocé-sur-Loire

Wohnmobil-Stellplatz Aire de Camping-car de Champtocé-sur-Loire Stade Municipal [WP 169 / N47° 24' 41.1" W0° 52' 10.3"], rue de la Hutte. **Zufahrt/Lage:** Auf der D723 (Serrant – Ancenis) zum Ort, hier zu erreichen. **Ausstattung:** Parkplatz am westlichen Ortsrand am Stadion mit 6 Stellflächen, Frischwasserhan mit Schlauch, primitiver Ausguss für Chemikaltoiletten, Betonfläche mit kleinem Loch für Grauwasser. **Geöffnet:** Ganzjährig. **Gebühr:** Kostenlos.

Chalonnes-sur-Loire

Wohnmobil-Stellplatz Aire de Camping-car Les Portes de la Loire/ Motorhome Parking Chalonnes-sur-Loire [WP 170 / N47° 20' 58.4" W0° 44' 52.6"], D751 route de Rochefort. **Zufahrt/Lage:** Im Ort auf der D751 ostwärts Richtung Rochefort-sur-Loire und noch ca. 1 km, vorbei an Camping Portes de la Loire, Einfahrt mit „Aire de Camping Car" beschildert. Am Zusammenfluss der Flüsse Loire und Le Layon. **Ausstattung:** Der Platz bietet auf ebener Wiese mit Schattenbäumen Platz für 40 Wohnmobile. Bodenauslass und V & E-Säule. **Geöffnet:** Ganzjährig. **Gebühr:** Pauschal für 2 Personen. V & E kostenlos. Ticketautomat am Eingang.

wirken nüchterner. Der sprichwörtliche „Garten Frankreichs" liegt hinter uns.

ABSTECHER: Ab Angers über die 723 südwestwärts bis *St-Georges-sur-Loire*. Knapp 2 km vor der Stadt kann man zum **Schloss Serrant** abzweigen.

Schloss Serrant [WP 171 / N47° 24' 53.1" W0° 44' 43.3"] *(geöffnet März - Juni + Anf. Sept. - Mitte Nov. Mi - Sa 9.45 - 17.15 Uhr; Juli + Aug. tgl. 9.45- 17.15 Uhr; Führungen; www.chateau-serrant. net).* Schloss Serrant, ein sehr harmonischer Bau mit hübscher Renaissancefassade, ist noch heute im Privatbesitz des Prinzen De Ligne la Trémoille, einem Nachfahren des Herzogs von La Trémoille. Es ist das westlichste in der langen Reihe der prächtigen Renaissanceschlösser an der Loire.

Trotz seiner langen Baugeschichte – an dem Schloss wurde zwischen dem 16. und 18. Jh. immer wieder gebaut – wurde kaum von der ursprünglich ins Auge gefassten Stilrichtung abgewichen. Immerhin arbeiteten keine geringeren als Philibert Delorme (er entwarf die Pläne für die Tuilerien und für Fontainebleau) und später Jules Hardouin-Mansart (von ihm stammt die Schlosskapelle in Versailles), beides königliche Hofbaumeister, an den Plänen von Serrant.

Erbauer von Serrant war 1546 Charles de Brie. Durch langwierige Prozesse ruiniert, musste die Familie fünfzig Jahre später Serrant wieder verkaufen und zwar an den Herzog von Montbazon, der es um 1630 an Guilllaume Bautru, Vertrauter Richelieus und Ratgeber Ludwigs XIII. weitergab. Guillaume Bautru empfing hier den jungen Ludwig XIV.

Der Schwiegersohn Bautrus, der Marquis von Vaubrun, fiel in der Schlacht von Altenheim. Er wurde in der Schlosskapelle beigesetzt.

Ausgangs des 18. Jh. wurde Serrant von Antoine Walsh, einem Adeligen aus Irland, erworben. Gräfin Walsh war während der Zeit Napoleons I. Ehrendame der Kaiserin. 1808 veranstaltete sie in Serrant einen Empfang zu Ehren von Napoleon und Josephine. Aus diesem Grunde sind einige der Räume im Empirestil möbliert. 1830 kam das Anwesen schließlich in die Hände des Herzogs De La Trémoille.

Die prächtig ausgestatteten **Gemächer und Salons** des Schlosses, wie die **Bibliothek** oder die **Schlosskapelle** mit dem von Coysevox geschaffenen Grabmal für den Marquis de Vaubrun, lohnen eine Besichtigung.

ABSTECHER: *Auf der Weiterfahrt lohnt ab St-Georges-sur-Loire ein Umweg über Landsträßchen (D311) nach* **Savennières** *an der Loire. Dort führt eine Brücke über den Fluss und die Straße geht weiter nach* **Rochefort-sur-Loire** *südlich der Loire.*

Besonders bei schönem Sommerwetter oder an einem warmen Herbsttag ist die Fahrt entlang der **„Corniche Angevine"**, die durch üppiges Anjou-Weinanbaugebiet und hoch über dem südlichen Loire-Ufer entlang westwärts nach Chalonnes-sur-Loire führt, lohnend. Mitunter hat man weite Ausblicke ins Flusstal.

ABSTECHER: *Weiterfahrt über* **Chalonnes-sur-Loire** *und* **Montjean** *und über die D751/D210 nach* **St-Florent-le-Vieil.**

In **Montjean-sur-Loire,** oberhalb der Loire gelegen, findet man an der Rue d'Anjou das interessante **Écomusée Cap Loire [Parkplatz, WP 172 / N47° 23' 22.7" W0° 51' 40.0"]**, in dem man mehr über das Leben am und auf dem Fluss und über die Zeit der Flussschifffahrt erfährt *(geöffnet 26. Apr. - 2. Nov. Di - Sa 10 - 18 Uhr, Juli + Aug. tgl. 10 -18.30 Uhr, letzter Einlass eine Stunde vor Schließung; www.caploire.fr/en/).*

In **St-Florent-le-Vieil** genießt man vom Vorplatz der hoch gelegenen Kirche **Église Abbatiale [Parkplatz, WP 173 / N47° 21' 48.7" W1° 1' 11.6"]** einen schönen Panoramablick ins Loire-Tal. Das Grabmal des Volkshelden **Bonchamps** in der Kirche wird noch heute verehrt.

WOHNMOBIL-STELLPLATZ – LIRÉ

Wohnmobil-Stellplatz Aire de Camping-car de Liré, Parking Le Haut Fief [WP 174 / N47° 20' 28.6" W1° 10' 3.3"], Rue du Haute Fief, Rue de la Turmelière. **Zufahrt/Lage:** Im Ort Liré Richtung Centre Ville bergan und weiter Richtung La Turmelière rechts. Am markanten, hohen Wegkreuz vor dem Einkaufszentrum rechts, gleich darauf abermals rechts. **Ausstattung:** Gekiester Parkplatz „Le Haut Fief", am südwestlichen Ortsrand. Platz für etwa 8 Wohnmobile. Trinkwasserhahn, Abwasserausguss, zwei Stromanschlüsse. Öffentliche Toiletten mit Waschbecken. **Geöffnet:** Jederzeit und für jedermann uneingeschränkt zugänglich. **Gebühr:** Kostenlos.

Bonchamps hatte sich während der **Vendée-Aufstände** zwischen 1793 und 1795, die immer wieder blutig niedergeschlagen wurden, heroisch für seine Heimat eingesetzt.

Mit diesen Aufständen wandten sich die Königstreuen nach der Hinrichtung König Ludwigs XVI. gegen die Republikaner und Anhänger der Revolution. Bonchamps, selbst Adeliger, war einer der führenden Köpfe der Aufstände in der Vendée. Aber der Nationalkonvent hatte letztendlich die schlagkräftigeren Truppen, die unter General Hoche die Royalisten schließlich besiegten.

Über eine halbe Million Menschen sollen bei den Aufständen der Königstreuen gegen die Anhänger der Revolution ihr Leben gelassen haben.

Bis zur Ankunft der Eisenbahn Ende des 19. Jh. hatte sich auf der Loire eine rege Flussschifffahrt entwickelt. Mit kleinen, flachen Lastkähnen mit einem rechteckigen Segel, den „Gabares", beförderte man Salz aus den Marais Salants bei Guérande in die Städte am Oberlauf, brachte Tuffstein und Schiefer zu den Schlossbaustellen an der Loire, beförderte man Wein und Käse zu den Seehäfen an der Loiremündung und hatte auf dem Rückweg den Frachtraum voll mit Waren, die dort aus Übersee eingetroffen waren.

Herzöge und Grafen zogen aus der Flussschifffahrt ihren Nutzen auf ihre Art. Sie erhoben Flusszoll von den Schiffern. Reste einer der Zollfestungen sind bei Champtoceaux ein gutes Stück weiter westlich flussabwärts erhalten.

ABSTECHER: Nach dem Ort Le Marillais passiert die D751 die kaum als solche erkennbare Zufahrt zum Schloss Bourgonniere und erreicht 15 km westlich von St-Florent-le-Vieil

PRAKTISCHE HINWEISE – ANCENIS

Office de Tourisme du Pays d'Ancenis [N47° 21' 50.4" W1° 10' 41.1"], 103, rue des Douves, 44150 Ancenis, Tel. +33 (0)2 40 83 07 44; www.pays-ancenis-tourisme.fr. *Geöffnet Apr. - Mitte Juni + Sept. - Okt. Di - Sa 10 - 12 + 14 - 18 Uhr; Mitte Juni - Aug. Mo - Sa 9.30 - 12.30 + 14 - 18 Uhr.*

RESTAURANT

La Toile à Beurre, 82, rue St-Pierre, Tel. +33 (0)2 40 98 89 64; www. latoileabeurre.com; einfaches, aber gutes Preis-Leistungsverhältnis, Gartenterrasse. 8 Gästezimmer.

CAMPING

Camping de L'Ile Mouchet [WP 175 / N47° 21' 43.3" W1° 11' 13.3"], Impasse de l'Ile Mouchet, Tel. +33 (0)2 40 83 08 43; www.campingestivance.com; Anf. Apr. – Sept.; südwestlich der Stadt beim Stadion, Nähe nördlichem Loire-Ufer. Ebenes Wiesengelände, durch hohe Baumreihen mehrfach unterteilt; ca. 3 ha – 110 Stpl.; Standard-Sanitärausstattung. Laden, Imbiss, Schwimmbad mit Rutschen. V & E für Wohnmobile. Zahlreiche Mietbungalows.

*die Stadt **Ancenis** am nördlichen Loire-Ufer.*

Man kann in den Park von **Schloss Bourgonnière** einfahren (sehr enge Toreinfahrt!) und unterhalb des Schlosses parken. Das Schloss selbst ist Besuchern nicht zugänglich! Dieser Abstecher ist wirklich nur sehr an der Renaissancekunst Frankreichs Interessierten zu empfehlen.

Ein kurzer Fußweg führt zur **Schlosskapelle** *(war bei unserem letzten Besuch allerdings nicht zugänglich!)* mit wunderschönem **Renaissanceportal**. Im Inneren der Kapelle sieht man am linken Altar eine für den kleinen Kirchenraum überdimensioniert wirkende, recht eindrucksvolle **Christusfigur** mit gegürteter Tunika am Kreuz.

In **Liré** stehen noch die Ruinen des Schlösschens **La Turmelière**, ein Refugium des Dichters Joachim du Bellay (1522 – 1560), der sich hier im 16. Jh. gerne aufhielt. Im Ort finden Interessierte in der Rue Ronsard das **Musée Joachim du Bellay [N47° 20′ 31.7″ W1° 9′ 52.3″]** mit heimatkundlichen Sammlungen *(geöffnet März - Okt. Di - Fr 10.30 - 12.30 + 14 - 18 Uhr; So 14.30 - 18 Uhr; www.museejoachimdubellay.com/).*

Eine imposante Metallbrücke führt von Liré hinüber nach **Ancenis**, das sich am Nordufer der Loire ausdehnt.

Ancenis, heute ein nicht sonderlich aufregendes Städtchen, lebt vom Weinhandel. An den Hängen der Loire gedeihen herrliche Weißweine wie Muscadet, Coteaux d'Ancenis und Gros-Plant.

Aber die Zeiten in Ancenis waren nicht immer so beschaulich wie heute. Ancenis, dessen alter Stadtkern einst auf einer Loire-Insel lag, liegt am Schnittpunkt zwischen dem alten Herzogtum Bretagne und dem Königreich Frankreich.

Das nördlich der Loire gelegene Pays d'Ancenis gehörte lange zum Herzogtum Bretagne. Und Ancenis war ein weit vorgelagerter und entsprechend stark befestigter bretonischer Grenzposten.

Südlich der Loire erstreckt sich das Anjou, die alte westliche Grenzprovinz des Königreichs. Und die Loire war lange Grenzfluss und Bindeglied gleichzeitig. Kardinal Richelieu sorgte schließlich dafür, dass Ancenis seine Festung verlor.

Champtoceaux, gut 12 km südwestlich von Ancenis am Südufer der Loire gelegen, ist eine alte Stadt, in der schon die Römer auf ihren Zügen nach Gallien lagerten. Seine bedeutende Rolle als westliches Bollwerk gegen die Bretagne und seine wehrhafte Festung hat Champtoceaux aber längst eingebüßt.

Lange kam Champtoceaux von Herrscher zu Herrscher, von den Plantagenêts an die Herzöge der Bretagne, dann Mitte des 13. Jh. an den König von Frankreich Ludwig der Heilige, um hundert Jahre später an Johann den Guten, Herzog der Normandie zu kommen, bevor es 1420 gründlich zerstört wurde. Johann V. von Monfort, der in der Feste durch eine List von Margarete von Clisson, lange eingekerkert war, bis er von Engländern befreit wurde, gab den Befehl, die Burg dem Erdboden gleich zu machen.

Von der hoch über der Loire gelegenen **Promenade de Champalud [Parkplatz, WP 176 / N47° 20′ 17.6″ W1° 15′ 54.7″]** oder auch „Balcon de la Loire" in der Stadt hinter der Kirche Sainte-Madeleine hat man einen weiten Blick hinab ins Flusstal.

Am Parkplatz, von dem aus man durch einen kleinen Park zum Aussichtspunkt „Balcon de la Loire" gelangt, findet man auch das Touristenbüro, öffentliche Toiletten, das Freibad des Ortes und den Wohnmobil-Stellplatz.

Bis weit ins 19. Jh. hinein blühte die Schifffahrt auf der Loire. Und Champtoceaux profitierte davon. Zeitweise lebten hier 150 Flussschiffer und deren Familien. Auch das Müllergewerbe florierte. Auf den Anhöhen drehten sich damals mehr als 11 Windmühlen. Und auch die Zollstation am Fluss brachte der Stadt einen gewissen Wohlstand. Die alte Mautstelle am Fluss kann man noch sehen.

Und zum guten Tagesabschluss eine kulinarische Spezialität:

Versuchen Sie eine **„Soupe aux petis-pois"**, eine herzhafte Erbsensuppe, **„Artichauts farcis"**, gefüllte Artischocken, oder lieber **„Fricassée de poulet"**, ein Hühnerfrikassee, begleitet von einem weißen Savennières oder einem weißen Coulée de Serrant.

Vorzüglich zubereitet werden an der Sarthe Poularde und Kapaun. Und Kalbskeule und Aalpastete sind Spezialitäten aus dem Anjou.

Eine Spezialität in der Gegend von Angers sind vor allem auch die **„Bodins blanc et noirs"**, Blut- und Leberwürste.

 WOHNMOBIL-STELLPLÄTZE – CHAMPTOCEAUX

 **Wohnmobil-Stellplatz Aire de Camping-car Champtoceaux Jardin du Champalud [WP 177 / N47° 20' 17.6" W1° 15' 55.7"]**, Place de Niederheimbach. **Zufahrt/Lage:** Oben im Ort am Place Niederheimbach hinter der Kirche, neben dem öffentl. Schwimmbad und dem allgemeinen Parkplatz. Beschildert. **Ausstattung:** Asphaltierter Stellplatz für ca. 10 Wohnmobile auf dem gebührenpflichtigen Parkplatz. V & E-Säule, ein Stromanschluss, Müllcontainer. Öffentliche Toilette. Touristenbüro nebenan. Durch eine kleine Parkanlage zur „Promenade Champalud" mit schöner Aussicht hinab ins Loiretal. Restaurants und Geschäfte in 300 m Entfernung. **Geöffnet:** Ganzjährig. **Gebühr:** Pauschale inkl. 2 Personen. V & E kostenlos.

Wohnmobil-Stellplatz Air de Camping-car Au Cul-du-Moulin Champtoceaux [WP 178 / N47° 20' 20.9" W1° 16' 30.2"], Aire naturelle du Cul-du-Moulin. **Zufahrt/Lage:** An der Straße D751 westlich unterhalb von Champtoceaux auf einem Picknickplatz mit Platz für 7 Wohnmobile im Grünen am Loireufer neben Restaurant „Le Port du Moulin". **Ausstattung:** Außer WC keine Einrichtungen. Kein „Campingleben" erlaubt, max. Aufenthalt max. 48 Stunden. **Geöffnet:** Ganzjährig. **Gebühr:** für Strom.

Das Loiretal bei Champtoceaux

TOUR 13: ANGERS (Maine-et-Loire) – CHÂTEAU-GONTIER (Mayenne)

Länge der Tour: Rund 95 km.

Die Route: Über die D775 bis **Le Lion d'Angers** mit Abstecher nach **Le Plessis-Macé** – D836 bis **Segré** – D775 bis **Noyant-la-Gravoyère** – D271 über **Nyoiseau** bis **L'Hôtellerie-de-Flée** – D775 und D25 bis **Craon** – D22 bis **Château-Gontier**.

Reisedauer: Mindestens ein Tag.

Höhepunkte: Das **Schloss Le Plessis-Macé *** – das **Nationalgestüt** in Le Lion d'Angers – der **Freizeit- und Tierpark** der Domaine de la Petite Couère – das **Schloss de Mortiercrolles** – das **Schloss in Craon** – ein Spaziergang durch die **Oberstadt von Château-Gontier.**

Der weitere Verlauf unserer Reise führt von Angers in einem weiten Bogen durch die Täler der Flüsse Mayenne, Sarthe und Loir – alles nördliche Nebenflüsse der Loire – zurück Richtung Orléans.

Zunächst geht die Fahrt durch die sanfte, vielfach von Hecken unterbrochene, grüne Hügellandschaft des **Bocage**, die sich nordwestlich von Angers am Unterlauf der Flüsse Oudon und Mayenne erstreckt.

*ROUTE: Von Angers nordwärts Richtung **Avril**, später auf der D775 nach Nordwesten und nach rund 6 km westwärts ab nach **Le Plessis-Macé**.*

Das Schloss **Le Plessis-Macé [Parkplatz, WP 179 / N47° 32' 37.6" W0° 40' 35.7"]** *(geöffnet 10. Apr. - 26. Mai + 4. Sept. - 3. Nov. Mi, Sa, So 13.30 - 18 Uhr; 6. Juli - 1. Sept. Mo - Fr 13 - 18.30 Uhr, Sa + So 10.30 - 18.30 Uhr; www.chateau-plessis-mace.fr)* mit seinen hohen Mauern macht einen wehrhaften Eindruck. Einstmals war das Anwesen von Gürteln aus Palisaden (Plessen) umgeben. Mitte des 15. Jh. wurde das Schloss, das als ein sehr schönes Beispiel gotischer Profanarchitektur in Frankreich gilt, für Louis de Beaumont errichtet. Spä-

ter hielten sich hier gerne französische Könige auf. Ludwig XI. und Karl VIII. z. B. weilten gerne in Plessis-Macé. Aber

Der dekorative „Damenbalkon" am Schloss Le Plessis-Macé

auch die Schlossherren du Bellay wussten vor allem im 16. Jh. hier glanzvoll Hof zu halten.

Zu den Sehenswürdigkeiten des Schlosses zählt – neben dem hübschen, reich dekorierten **Außenbalkon** am Hauptgebäude, der bei Festlichkeiten den Hofdamen als Loge diente – vor allem die im spätgotischen Stil erbaute **Schlosskapelle** mit schön gearbeitetem Holzwerk, sowie die **Salons** und Festsäle. Das Schloss kann auch auf Führungen von knapp einstündiger Dauer besichtigt werden.

ROUTE: *Zurück zur D775 der wir in nordwestlicher Richtung bis* **Le Lion-d'Angers** *folgen, das schon nach gut 8 km erreicht wird.*

Am Ostrand von **Le Lion-d'Angers** liegt im Park des Gutes l'Isle Briand das französische **Nationalgestüt, Hippodrome Haras [N47° 37' 48.3" W0° 42' 29.5].** Es wurde 1665 von Colbert gegründet. Pferdeliebhaber und Kenner finden hier Pferderassen wie das bretonische Zugpferd, den „Cob" aus der Normandie oder den „Percheron". Und man kann französische Traber bewundern.

Höhepunkt ist der alljährliche **Concours Complet International** „Mondial du Lion" (Dressurreiten, Cross-Country und Hindernisspringen) im Oktober und die Pferderennen im Sommer. Interessierte können das Gestüt auf Führungen von 75 Minuten Dauer besichtigen.

ROUTE: *Rund 15 nordwestlich von Lion-d'Angers liegt westlich der Fernstraße D775 die Stadt* **Segré***.*

Eine der wenigen Sehenswürdigkeiten von **Segré**, einem Städtchen

CAMPING – LE LION-D'ANGERS

Camping Municipal les Frênes Val Mayenne [WP 180 / N47° 37' 50.5" W0° 42' 42.8"], rte de Chateau-Gontier, Tel. +33 (0)2 41 95 31 56; www.camping-les-frenes.com; 1. Apr. – 31. Okt.; auf der D775 Richtung Chateau-Gontier, nördlich von Le Lion-d'Angers gelegen; ebenes Wiesengelände mit Baumbestand; 2 ha – 90 Stpl.; einfache Standard-Sanitärausstattung. Waschmaschine, WLAN. V & E für Wohnmobile. Mietbungalows.

mit kaum 7.000 Einwohnern, das sich an den Uferhängen des Oudon ausdehnt, war das **Schloss La Lorie [N47° 40' 44.02" W0° 51' 5.83"]** *(geöffnet 1. Juli - 3. Wochenende im Sept. Mi - Mo 10 - 12 + 14.30 - 18 Uhr, obligatorische Führungen jede Stunde; www.chateaudelalorie.fr).*

Das Château de la Lorie ein reizender feudaler Landsitz, der im wesentlichen im 18. Jh. entstanden ist, war immer auch ein Zentrum der Reitertradition, von dem viele Impulse auf die Reitkunst und Pferdezucht des Landes ausgingen. Eines der Glanzstücke des Hauses ist – neben der wunderschönen Bibliothek, dem Grand Salon, dem Speisezimmer und der Schlosskapelle – der **Marmorsaal** mit prächtiger Kuppel.

ROUTE: Ab Segré auf der D775 westwärts bis Noyent-la-Gravoyère, das nach ca. 8 km erreicht wird.

In **Noyant-la-Gravoyère** kann das Bergwerkmuseum **La Mine Bleue [Parkplatz, WP 181 / N47° 42' 46.4" W0° 57' 23.7"]** besichtigt werden *(geöffnet Apr. + Mai Mo - Fr 14 - 18.30 Uhr, Sa + So 10 - 18.30 Uhr; Juni Mo - Mi 14 - 18.30 Uhr, Do - So 10 - 18.30 Uhr; Juli + Aug. tgl. 10 - 18.30 Uhr; Sept. tgl. 10 - 18.30 Uhr, Okt. Sa + So 10 - 18.30 Uhr; Nov. tgl. 14 - 18.30 Uhr; die Öffnungszeiten können variieren; Führungen obligatorisch, zur vollen Stunde; letzter Einlass 2 Std. 45 Min. vor Schließung; www.laminebleue.com/).*

In der Mine beträgt die Temperatur 13°, evtl. ein wärmendes Kleidungsstück mitnehmen.

Besuchern, die mit einem Wohnmobil unterwegs sind, ist es gestattet, den Parkplatz als Übernachtungsstellplatz zu nutzen, Aufenthalt max. 48 Stunden.

Hier in der Schiefermine Saint-Blaise oder „Blauen Zeche" wurde bis 1936 generationenlang Schiefer (ardoise), das „Blaue Gold" des Anjou, abgebaut. Die Auswirkungen der Weltwirtschaftskrise führten zum Zusammenbruch der Hausbank des Betriebes. Über Nacht standen damals alle 70 Minenarbeiter und 190 Spalter auf der Straße. Einer der wichtigsten Arbeitgeber in der Umgebung war bankrott.

In guten Zeiten wurden in der Mine 600 Tonnen Schiefer pro Tag gefördert, der dann übertage von den angesehenen Spaltern zu Tafeln und Schindeln weiterverarbeitet wurde. Das Schicksal und das harte Arbeitsleben der Minenarbeiter hat der Romancier Emil Zola zum Thema seines Grubenepos „Germinal" gemacht.

Schiefer war lange Zeit das Material schlechthin, mit dem landauf, landab die Dächer der Häuser, Schlösser und Kirchen gedeckt wurden. Heute zieht man längst andere Materialien dem Naturstein vor. Als Folge kam der Schieferabbau fast ganz zum Erliegen. Im restaurierten alten Kesselhaus ist ein **Heimatkundemuseum** eingerichtet, das über die Geschichte des Schieferabbaus im Anjou informiert.

ROUTE: Weiterreise nach Nyoiseau, dort ostwärts bis zur D923. Ihr folgen wir nordwärts nach Hôtellerie-de-Flée an der D775 und über Mortiercrolles bis Craon.

Nordöstlich von **Nyoiseau**, einem kleinen Dorf im Tal des Oudon, gibt es die **Domaine de la Petit Couère [WP 182 / N47° 43' 50.98" W0° 54' 3.96"]** zu besichtigen. Auf dem Gut wurde ein **Freizeit- und Tierpark** mit Freilichtmuseum samt altem Dorfplatz, Schule, Dorfladen und einer Sammlung alter Fahrzeuge und Traktoren und landwirtschaftliche Zugmaschinen eingerichtet *(geöffnet Apr., Mai, Juni tgl. 10 - 18 Uhr; Juli + Aug. tgl. 10 - 19 Uhr; Sept. + Okt. Sa + So 10 - 19 Uhr; www.lapetitecouere.fr/).*

Auf dem Wege weiter nach Craon passiert man die Zufahrt zum östlich der Straße gelegenen **Schloss Mortiercrolles [WP 183 / N47° 45' 59.4" W0° 52' 36.5"]**. Mortiercrolles ist ein befes-

CAMPING – CRAON

Camping Municipal du Mûrier [WP 184 / N47° 50' 53.3" W0° 56' 38.8"], rue Alain Gerbault, Tel. +33 (0)2 43 06 96 33; www.campingde-craon53.fr; 1. Apr. – 31. Okt.; am östlichen Ortsrand, nahe des Dorfsees; gepflegtes, ebenes Wiesengelände, durch hohe Hecken parzelliert und eingefasst. Teils von Wohnhäusern umgeben; ca. 1 ha – 27 Stpl.; Standard-Sanitärausstattung. Mietbungalows. V & E für Wohnmobile. Am Eingang Restaurant „Le Quatre-épices".

tigter, von Mauern, Gräben und Festungstürmen umgebener Landsitz, den sich im 15. Jh. ein Herr namens Pierre de Rohan hatte erbauen lassen. Rohan entstammte einem Geschlecht, das auch in Josselin in der Bretagne Geschichte schrieb *(geöffnet 15. Juli - 31. Aug. 12 - 18 Uhr, Führungen um 15.30 + 16.30 Uhr)*.

Ein gutes Stück weiter östlich bei **St-Sauveur-de-Flée** an der D923 liegt südlich des Ortes das **Château de Bouillé-Thévalle** (15. Jh., Wendeltreppe, Schlosskapelle, Gärten. Besichtigung nur auf Anfrage!

Craon mit seinen knapp 10.000 Einwohnern präsentiert sich dem Besucher als ruhiges Landstädtchen mitten in der beschaulichen Landschaft der Bocage. Viele kleine Flussläufe, wie der Oudon in Craon, mäandern durch diese landwirtschaftlich geprägte, von bewaldeten Höhen durchzogene Gegend. In der Hauptstraße von Craon, der Grande Rue, sind noch einige Fachwerkhäuser aus der „guten alten Zeit" erhalten.

Craon ist der Geburtsort des nicht nur in Frankreich berühmten Philosophen Volney (1757 – 1820).

Eine Besichtigung lohnt das **Schloss von Craon [Parkplatz, WP 185 / N47° 51' 0.5" W0° 56' 55.4"]** *(geöffnet Schloss: Juli + Aug. So - Fr 14.30 - 17.30 Uhr; Park: 1. Apr. - 1. Nov. So - Fr 13 - 19 Uhr; www.chateaudecraon.fr)* mit seinem hübschen Schlossgarten und dem weitläufigen, 42 ha großen englischen Park, der bis zum Oudon reicht.

Das Schlösschen der Grafen Loïk de Guebrinat wurde in der zweiten Hälfte des 18. Jh. aus strahlend weißem Muschelkalkstein errichtet. Viele der sehenswerten **Salons** sind im Stil Louis XVI. möbliert. Besichtigen kann man auch diverse Neben- und Wirtschaftsgebäude, wie das Waschhaus, den Eiskeller, das Taubenhaus u. a.

Im Schloss können elegante Zimmer mit Frühstück gemietet werden.

Abstecher nach Cossé-le-Vivien

Bei ausreichend zur Verfügung stehender Zeit sollten nicht nur Kunstliebhaber einen Abstecher nordwärts ins 12 km entfernte **Cossé-le-Vivien** unternehmen. Wenige Kilometer südöstlich des Ortes findet man an der Straße D126 das **Musée Robert Tatin [Parkplatz, WP 186 / N47° 56' 0.1" W0° 53' 41.4],** *(geöffnet 1. Feb. - 31. März + 1. Okt. -31. Dez. Mi - Mo 14 - 18 Uhr; 1. Apr. - 31. Mai + Sept. Mi - Mo 10 - 18 Uhr; 1. Juni - 31. Aug. tgl. 10 - 19 Uhr; Okt. - Dez. Mi - Mo 14 - 18 Uhr; www.musee-robert-tatin.fr/)*. Tatin lebte von 1902 und 1983. Er machte sich einen Namen als Maler, Bildhauer, Steinmetz, Töpfer und künstlerischer Zimmermann.

HAUPTROUTE

*ROUTE: Von Craon aus erreicht man auf der schnurgeraden D22 rasch **Château-Gontier**, 19 km.*

Château-Gontier ist eine alte Stadt am Fluss Mayenne, deren alte Oberstadt recht einladend über dem rechten Flussufers liegt.

Foulco Nerra, der legendäre Graf von Anjou, hatte im 11. Jh. Auftrag zum Bau einer Festung gegeben, für deren Standort sich ein Felsplateau über dem Fluss vorzüglich eignete. Später wurde ein Heerführer namens Gontier Herr der Burg.

Während der Französischen Revolution war Château-Gontier ein berüchtigtes Widerstandsnest von Anhängern der Monarchie. Einer ihrer Anführer, Pierre-Mathurin Mercier, war in der Stadt geboren worden.

Ein anderer namhafter Sohn der Stadt Château-Gontier ist Jean Bourré. Er war oberster Wächter der Staatsfinanzen unter König Ludwig XI. Das Salär des Finanzministers muss stattlich gewesen sein. Denn 1468 konnte Mr. Bourré Schloss Plessis-Bourré erwerben, von dem auf der nächsten Etappe die Rede sein wird.

Übrigens, Château-Gontier ist jeden Donnerstag Schauplatz eines bedeutenden Kälbermarktes, der einer der größten nicht nur in Frankreich, sondern in ganz Europa sein soll.

Ein kurzer **Rundgang durch die Oberstadt**, der kaum zwei Stunden in Anspruch nimmt, lohnt allemal. Am besten startet man an der **Kirche St-Jean-Baptiste**, die kaum zu verfehlen ist.

Parkplätze [WP 187 / N47° 49' 48.4" W0° 42' 21.5"] gibt es vor der Kirche auf dem Place St-Jean und ein kurzes Stück weiter westlich am Rondell am Place des Français-Libres.

Gehen Sie von der Kirche St-Jean-Baptiste nach Osten. Am Place St-Juste passiert man einen Aussichtspunkt, von dem aus ein schöner Blick über den Fluss bis zur Unterstadt am Ostufer möglich ist.

Gehen Sie das kurze Stück zurück bis zur Treppengasse, die links abzweigt und hinauf zur Grande Rue führt. Ihr folgen wir westwärts (rechts). Die Straße bringt Sie zum nahen **Musée d'Art et d'Histoire de Château-Gontier [N47° 49' 44.3" W0° 42' 17.7"]**, 2 rue Jean Bourré *(geöffnet Mi - So 15 - 18 Uhr)*. Das Museum ist in einem eleganten Stadtpalais, dem Hôtel Fouquet aus dem 17. Jh., untergebracht. Zu den archäologischen Sammlungen zählen z. B. Exponate aus der griechischen und römischen Antike. Außerdem sind Gemälde und Plastiken vornehmlich französischer Künstler aus der Zeit vom 14. bis ins 19. Jh. ausgestellt.

In der Rue Chevreul, etwas stadteinwärts, verdient das Haus Nr. 26, das **Hôtel de Lantivy**, ein fürstliches Palais aus dem 16. Jh., Beachtung.

Von hier kann man zurück zum Ausgangspunkt an der Kirche St-Jean-Baptiste gehen.

Bei ausreichend zur Verfügung stehender Zeit kann man noch einen Spaziergang durch den Park **Jardin du Bout du Monde** hinter der Kirche anschließen. Auch von dort aus hat man einen schönen Blick hinab auf den Fluss und die Stadt.

Sehenswert in der **Unterstadt** von Château-Gontier am östlichen Ufer der Mayenne ist die **Dreifaltigkeitskirche La Trinité [N47° 49' 42.4" W0° 41' 52.1"]** aus dem 17. Jh. und rechts daneben das Stadtpalais **Manoir de la Touche**, das bereits im 15. Jh. entstand.

Ein **Tierpark [Parkplatz, WP 188 / N47° 48' 51.1" W0° 42' 0.9"]** der besonderen Art liegt unweit südlich von Château-Gontier an der Rue Saint-Joseph des Genêts *(geöffnet Apr. - Aug. tg. 10 - 19 Uhr; März, Sept., Okt. tgl. 10 - 18 Uhr; Nov. - Feb. tgl. 13 - 18 Uhr; letzter Einlass 1 Std. vor Schließung. Keine Haustiere erlaubt! www.refuge-arche.org)*.

Im Tierpark **Refuge de l'Arche** hat man es sich vor allem zur Aufgabe gemacht, kranke oder ausgesetzte Tiere zu pflegen und, falls es sich nicht um Haustiere handelt, sie wieder in der freien Wildbahn auszuwildern. Ihr ständiges Domizil haben hier auch exotische Tiere gefunden wie Löwen, Bären und Leoparden. Besucher können darüber hinaus ein Aquarium, ein Terrarium, ein Reptilienhaus und eine große Voliere besichtigen.

Noch ein Stück weiter südlich liegt **Schloss La Maroutière**. Zum Schloss gehören eine eigene Rennbahn und ein wunderschöner Park.

 PRAKTISCHE HINWEISE – CHÂTEAU-GONTIER (MAYENNE)

Office de Tourisme [N47° 49' 42.5" W0° 41' 52.0"], Convent des Ursulines, Place André Gounord, 53204 Château-Gontier, Tel. +33 (0)2 43 70 42 74; www.sudmayenne.com. *Geöffnet Apr. - Sept. Mo - Sa 9.30 - 12.30 + 14 - 17.30 Uhr, So 10 - 12.30 + 14 - 17.30 Uhr.*

 CAMPING

Camping Le Parc [WP 189 / N47° 50' 18.9" W0° 41' 59.7"], 15, route de Laval, Tel. +33 (0)2 43 07 35 60; www.camping-chateau-gontier. fr; 1. Apr. – 25. Nov.; 800 m nördlich von Château-Gontier an der D775 Richtung Laval gelegen, nahe der Mayenne bei den Sportanlagen; vier Stellplatzrondells, Wiesen mit teils dichtem Baumbestand, bis fast an den Fluss reichend; ca. 2 ha –50 Stpl.; einfache Standard-Sanitärausstattung. Imbiss, Waschmaschine, Trockner, WLAN. Mietbungalows.

 WOHNMOBIL-STELLPLÄTZE

Wohnmobil-Stellplatz Aire de Camping-cars Château-Gontier Parc Saint Fiacre [WP 190 / N47° 49' 30.97" W0° 42' 5.15"], Quai du Docteur Lefèvre. **Zufahrt/Lage:** In Château-Gontier südwärts zur D22 (Château-Gontier – Laigné), weiter ostwärts über die Flußbrücke der Mayenne und nach ca. 300 m zur Halle du Haut Anjou abzweigen. **Ausstattung:** Asphaltierte Parkplatz mit ca. 40 Wohnmobilplätzen an der Mayenne. Beleuchtet. Keinerlei Einrichtungen. **Geöffnet:** Ganzjährig. **Gebühr:** Kostenlos.

Chenillé-Changé
Wohnmobil-Stellplatz Aire de Camping-car Chenillé-Changé Parking le Pin [WP 191 / N47° 41' 57.9" W0° 40' 3.1"]. Zufahrt/Lage: Von der N162 ca. 8 km nördlich von Le Lion d'Angers auf die D78 ostwärts Richtung Chambellay abzweigen und noch ca. 1 km zum Platz zwischen Mayenne-Fluss und Straße D78. **Ausstattung:** Wiesengelände für ca. 13 Wohnmobile mit Baumgruppen, Grauwasser- und Chemikaltoilettenentsorgung, Frischwasser. Gebühren-Jetons im „Le petit Café" nebenan erhältlich. **Geöffnet:** Ganzjährig. **Gebühr:** Pauschale inkl. 2 Personen.

Die romantische Brücke über das Flüsschen Vègre in Asnières-sur-Vègre

TOUR 14: CHÂTEAU-GONTIER (Mayenne) – LE LUDE (Sarthe)

Länge der Tour:	Rund 170 km. Abstecher nach Le Mans 45 km einfach.
Die Route:	Über die D22 bis **Daon** – D187 bis **Chambellay** – D290 bis **Champigné** – D768 und D74 über **Ecuillé** bis **Le Plessis Bourré** – D74 bis **Seiches-sur-le-Loir** – D323 bis **Durtal** – D59/D24 bis **Sable-sur-Sarthe** – D22 über **Solesmes** bis **Avoise** – D57 bis **Parcé-sur-Sarthe** – D8 und D12 über **Malicorne-sur-Sarthe** bis **La Flèche** – D306 bis **Le Lude**.
Abstecher:	Über die D307 nach **Le Mans**.
Reisedauer:	Mindestens ein Tag. Abstecher nach Le Mans ein weiterer Tag.
Höhepunkte:	Das **Schloss Plessis Bourré **** – die **Abteikirche in Solesmes *** – das **Schloss** in **Le Lude **** – **Kathedrale ****, **Altstadt **** und **Automuseum **** in **Le Mans**.

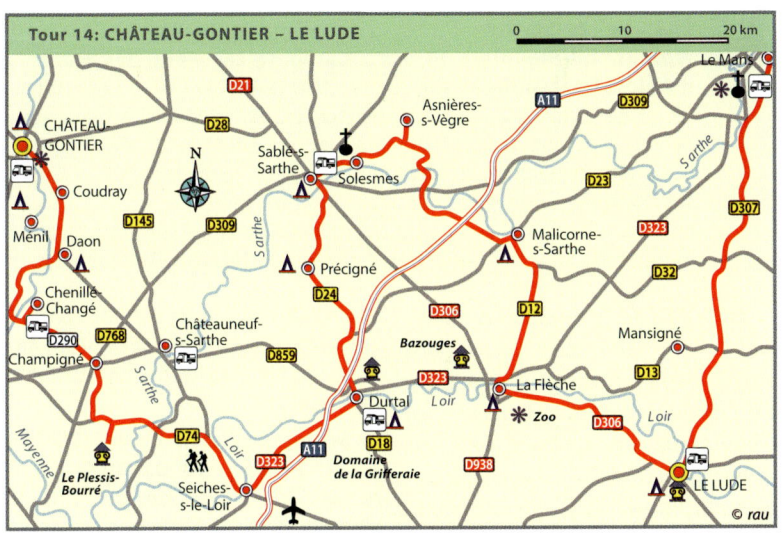

ROUTE: *Die Weiterreise von Château-Gontier auf der Straße D22 nach Süden durch das **Vallée de la Mayenne**, das Tal des Flusses Mayenne, über **Coudray** nach **Daon** ist landschaftlich recht reizvoll. In Daon überquert man die Mayenne und fährt nun am westlichen Flussufer auf der D187 weiter über **La Jaille-Yvon** bis **Chambellay**.*

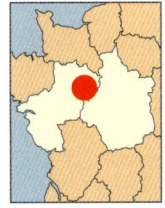

Daon und **La Jaille-Yvon** sind überaus reizvoll an der Mayenne gelegene Städtchen. Nur ein paar Kilometer östlich von Daon liegt der hochherrschaftliche **Landsitz L'Escoublère**. Das Anwesen stammt aus dem 16. Jh., konnte zuletzt aber nicht besichtigt werden.

Und in La Jaille-Yvon hat man von der erhöht gelegenen Pfarrkirche einen schönen Ausblick ins Flusstal.

CAMPING

Ménil

Camping Municipal du Bac [WP 192 / N47° 46' 29.1" W0° 40' 24.3"], rue du Port, Tel. +33 (0)2 43 70 24 54, 15. Apr. – 15. Sept.; www.camping.menil53.fr; im östlichen Ortsbereich, ebene Wiese mit Obstbäumen an der Mayenne; ca. 0,6 ha – 34 Stpl.; einfache Standard-Sanitärausstattung. Waschmaschine. WLAN.

Daon

Camping Municipal Les Rivières [WP 193 / N47° 45' 0.2" W0° 38' 33.2"], 1, rue du Port, Tel. +33 (0)2 43 06 94 78; www.camping-daon.fr; Mitte Apr. – Mitte Sept.; im Ort westwärts D213 Richtung Ricoulliére und gleich nach der Mayennebrücke rechts ab zum leicht terrassierten Wiesengelände an der Mayenne, durch Hecken parzelliert; ca. 1,8 ha – 34 Stpl.; Standard-Sanitärausstattung. Laden, Imbiss, Schwimmbad; 10 Mietbungalows. Pizzeria am Platzeingang. Hausbootanlegestelle.

 WOHNMOBIL-STELLPLATZ

Château-sur-Sarthe

Wohnmobil-Stellplatz Aire de Camping-car Park des Hauts-d'Anjou, Châteauneuf-sur-Sarthe [WP 194 / N47° 40' 39.60" W0° 29' 11.45"], rue de la Gare. **Zufahrt/Lage:** Zufahrt von Champigné auf der D770 ostwärts zum Ort, durchquert ihn, weiter über die Flußbrücke der Sarthe, danach gleich rechts zum Platz am kleine Bootshafen. **Ausstattung**: Wiesenrund mit Bäumen für 6 Wohnmobile an der Sarthe. Frischwasser, Grauwasser- und Chemikaltoilettenentsorgung, Strom. In Gehnähe zum Ort. **Geöffnet:** Ganzjährig. **Gebühr:** Für Stellplatz.

ROUTE: *In* **Chambellay** *überquert man abermals den Fluss Mayenne. Die Fahrt geht weiter auf der D290 ostwärts über* **Querré** *nach* **Champigné** *und dort auf der D768 südwärts. Nach 6 km zweigen wir ostwärts Richtung Cheffes ab und biegen kurz nach* **Ecuillé** *südwärts ab nach* **Le Plessis-Bourré***.*

Etwas weiter nördlich liegt am östlichen Ufer der Mayenne das hübsche Städtchen **Chenillé-Changé** mit einer Basis für Flussmietboote. Ein Spaziergang durch den Ort mit seinen reizvollen alten Häusern lohnt bei ausreichend zur Verfügung stehender Zeit allemal. Am Fluss findet man eine alte noch betriebene, befestigte Wassermühle, die sog. **Moulin Fortifié Bouin [N47° 42' 3.9" W0° 40' 1.2"]**, die nachmittags besichtigt werden kann (geöffnet 1. Apr.

31. Okt. Mo - Sa 14.30 - 17 Uhr, Führungen; www.domaine-moulin.fr). Zum Anwesen gehört das Restaurant „La Table du Meunier".

Schloss Le Plessis-Bourré [WP 195 / N47° 36' 7.5" W0° 32' 39.4] (geöffnet Apr., Mai, Juni + Sept. Mi - So 10 - 18 Uhr; Juli - Aug. tgl. 10 - 16 Uhr; Feb, März, Okt Di - So 14 - 18 Uhr; Nov. Sa + So 14 - 17 Uhr, letzter Einlass 45 Min. vor Schließung; Führungen; www.plessis-bourre.com). Le Plessis-Bourré ist ein wunderhübsches, aber recht abgeschieden gelegenes, ganz aus hellem Tuffstein errichtetes Wasserschloss. Eine Zugbrücke, letzte Reminiszenz an mittelalterliche Gepflogenheiten, verbindet noch heute die 44 m lange Bogenbrücke, über die man den Eingang erreicht, mit dem Schloss.

Jean Bourré, 1424 in Château-Gontier geboren, später reich an höchs-

Schloss Le Plessis-Bourré

ten Ämtern und Finanzsekretär und Vertrauter König Ludwigs XI., hatte sich das Schloss um 1468 errichten lassen. Die Bauarbeiten waren schon nach fünf Jahren beendet, für damalige Verhältnisse eine kurze Bauzeit. Und diesem Umstand ist es wohl zu verdanken, dass der Baustil sehr einheitlich ist und sich so dem Besucher ein recht harmonisches Gebäudeensemble darbietet. Interessant auch, dass deutlich die Übergangszeit von der ernsten, befestigten Burg, woran die runden Ecktürme erinnern, hin zum eleganten Schloss, wie am Hauptflügel zu sehen, zu erkennen ist. Und in den über 500 Jahren seines Bestehens, hat Le Plessis-Bourré keinerlei Veränderungen erfahren.

Zu Bourrés Zeiten gingen im Schloss gekrönte Häupter ein und aus. 1473 hielt sich Ludwig XI. zeitweilig hier auf und 1487 gab König Karl VIII. dem Anwesen von Jean Bourré die Ehre.

Sehenswert ist das Schlossinnere und seine Räumlichkeiten, deren Möblierung und Ausstattung auf das Repräsentationsbedürfnis des Adels im 15. und 16. Jh. hinweist. Beispielhaft dafür ist der herrliche **Saal der Wachen** (La Salle des Gardes) mit seiner bemalten Holzdecke. Sehenswert auch der **Große Salon** (Le Grand Salon), die Bibliothek und die Schlosskapelle.

Das Schloss und seine sehenswerten, kostbar möblierten Salons kann auf Führungen von einstündiger Dauer, die sehr anschaulich und unterhaltsam präsentiert werden, besichtigt werden.

Im südlichen Nachbarort **Soulaire-et-Bourg** findet man den einladenden Dorfgasthof **„Au Relais du Plessis Bourré".**

*ROUTE: Vom Schloss Le Plessis-Bourré zurück bis zur Straße D74. Ihr folgen wir ostwärts ins Tal der Sarthe und über **Cheffes**, **Tiercé** nach **Seiches-sur-le Loir**. Dort trifft man auf die Fernstraße D323, der wir in nordöstlicher Richtung bis **Durtal** folgen.*

Seiches-sur-le-Loir ist ein hübsches Städtchen am Ostufer des in vielen Windungen nach Südwesten strebenden Flusses Loir, der sich bei Briollay mit der Sarthe vereinigt.

Erwähnung verdienen die Kirche **Notre Dame de la Garde [N47° 34' 36.9" W0° 21' 47.1"]** mit einem Altaraufsatz aus dem 14. Jh., sowie weiter nördlich die erhöht gelegene **Kapelle von Matheflon [N47° 35' 17.3" W0° 21' 30.0"]**, von der aus ein schöner Blick ins Loir-Tal möglich ist.

Seiches-sur-le-Loir ist übrigens Ausgangs- bzw. Zielpunkt diverser **Wanderwege**, wie des Fernwanderweges **Grande Randonnée GR 35**, der von Verneuil-sur-Avre nach Seiches-sur-le-Loir führt.

Der Wanderführer „La Vallée du Loir à Pied" können Sie in den Buchhandlungen der größeren Orte am Loir oder beim Online-Portal www.decitre.fr/livres/la-vallee-du-loir-a-pied-9782751400865.html erwerben, in dem 42 Touren von 4 bis 23 km Länge in den Regionen Sarthe, Loir-et-Cher und Maine-et-Loire beschrieben werden. Auch die Touristenbüros halten gewöhnlich Faltblätter über Wandermöglichkeiten bereit.

Nur wenige Kilometer weiter südöstlich liegt der **Flughafen Angers-Marcé** (auch Angers Loire Aéroport). Dort ist das kleine, aber durchaus sehenswerte **Flugzeugmuseum Musée Régional de l'Air [Parkplatz, WP 196/ N47° 33' 47.35" W0° 18' 55.16"]** zu finden (*geöffnet 30. Apr. - 13. Okt. Di - Sa 14 - 18 Uhr, So 15 - 19 Uhr; Juli + Aug. tg. 10 - 12 + 14 - 18 Uhr; 16. Okt. - 29. Apr. Sa + So 14 - 18 Uhr, letzter Einlass 30 Min. vor Schließung; www.musee-aviation-angers.fr*). Ausgestellt sind einige Flugmaschinen und Oldtimer aus den Anfängen des Motorflugs, sowie Doppeldecker aus den Anfängen des 20. Jh. und andere Klein- und Leichtflugzeuge.

Durtal, an beiden Ufern des Flusses Loir gelegen, beeindruckt durch sein mächtiges **Stadtschloss Château Royal de Durtal [Parkplatz, WP 197 / N47° 40' 11.9" W0° 14' 39.2"]**, das

von mächtigen Rundtürmen und weithin sichtbaren Kegeldächern überragt wird (*geöffnet 1. Juni - 3. Wochenende im Sept. Mi - Mo Führungen um 10.30, 11.30, 14.30, 15.30, 16.30, 17.30; Ostern - Allerheiligen Sa + So Führungen wie oben; www.chateau-durtal.com/*). Das Schloss stammt aus dem 15. und 16. Jh. und ist die Sehenswürdigkeit der Stadt schlechthin. Hier wandelt man auf den Spuren von Heinrich II., Karl X., Katharina von Medici und Ludwig XIII., was zu der Vermutung berechtigt, dass im Schloss ein recht luxuriöser Lebensstil gepflegt worden sein dürfte. Das Schloss beherbergt heute soziale Einrichtungen.

Ein Spaziergang durch die Innenstadt von Durtal mit ihrer schön restaurierten **Kirche Notre Dame**, den hübschen Ufergestaden am Loir und dem bemerkenswerten Turm des Waschhauses lohnt.

Und wenn Sie Mitte September hier sind, sollten Sie sich einen Besuch des weit über die Stadt hinaus bekannten Trödelmarkts **Grande Brocante Internationale de Durtal** nicht entgehen lassen. Er fand zuletzt am 15. September von 6 und 20 Uhr statt.

Durtal ist die Hochburg des **„boule de fort",** einer durch die Gestaltung der eisenbeschlagenen, nicht vollkommen runden Holzkugel und der konkaven Ausformung der Bahn trickreich erschwerten Variante des im ganzen Land überaus beliebten Boule-Spiels. Und jeder Ort in der Region hat mindestens einen eigenen Boule de Fort Club, in dem die Herren der Schöpfung ihrem Lieblingssport frönen können, meist ungestört von den Blicken ihrer Frauen, denn für sie waren diese „Tempel des boule de fort" sowieso lange Zeit tabu.

Wie es heißt, soll „boule de fort" von Seeleuten erfunden worden sein, die sich im Kielraum mit den Kullerkugeln die Zeit vertrieben.

Nur wenige Kilometer südöstlich von Durtal liegt der Ort **Les Rairies**. Hier in der alten Ziegelei **Briqueterie du Croc [N47° 39' 14.3" W0° 12' 39.5"]** am westlichen Ortsrand werden seit Generationen Gegenstände aus Terrakotta, wie z. B. Fliesen oder emaillierte Keramiken, hergestellt. Die Tonerde dazu wird seit altersher vor Ort gewonnen. Einige Firmen verwenden noch alte Muster und Formen. Und es wird wohl nicht viele Schlösser und Herrensitze in der Region geben, deren Böden nicht Fliesen aus Les Rairies zieren.

Es gibt eine ganze Reihe von Ateliers und Werkstätten, wo Besucher den Kunsthandwerkern bei der Arbeit zu-

---

PRAKTISCHE HINWEISE – DURTAL (MAINE-ET-LOIRE)

 Office de Tourisme „Les Portes de l'Anjou" [N47° 40' 11.8" W0° 14' 38.3"], 41, rue du Maréchal Leclerc, 49430 Durtal, Tel. +33 (0)2 41 76 37 26; www.anjou-tourisme.com. *Geöffnet 15. Apr. - 30. Juni Mo - Sa 10 - 13 + 14 - 18 Uhr; Juli + Aug. tgl. 10 - 13 + 14 - 18 Uhr, So 10 - 14 Uhr; übrige Zeit Mo - Sa 10 - 13 + 14 - 18 Uhr.*
Parkplatz [WP 197 / N47° 40' 11.9" W0° 14' 39.2"] gegenüber vor dem Stadtschloss.

RESTAURANT

 Au Relais d'Anjou, 62, Av. d'Angers, Tel. +33 (0)2 41 76 03 24; www.aurerelaisdanjou.com; das kleine Restaurant bietet ein gutes Preis-Leistungsverhältnis mit einladender Menükarte.

CAMPING

Camping Les Portes de l'Anjou [WP 198 / N47° 40' 16.5" W0° 14' 6.6"], 9, rue du Camping, Tel. +33 (0)2 41 76 31 80; www.lesportes-delanjou.com; 1. Apr. – 4. Okt.; im östlichen Ortsbereich von Durtal beschilderter Abzweig von der Straße D323 Richtung la Flèche, langgestreckte, ebene Wiese mit Bäumen am Ufer des Flusses Loir; 3,5 ha – 100 Stpl.; Standard-Sanitärausstattung. Imbiss, Waschmaschine, Schwimmbad, WLAN. V & E für Wohnmobile.

Précigné
Camping Municipal des Lices [WP 199 / N47° 46' 6.2" W0° 19' 37.6"], rue de la Piscine, Tel. +33 (0)2 43 95 46 13; 1. Juni – 15. Sept.; nördlich des Ortes von der D24 Richtung Sablé-sur-Sarthe Abzweig zum neben dem Schwimmbad gelegenen Wiesenplatz; ca. 1 ha – 50 Stpl.; einfache Standard-Sanitärausstattung.

Sable-sur-Sarthe
Camping Municipal de l'Hippodrome [WP 200 / N47° 49' 53.02" W0° 19' 54.86"], Allee du Québec, Tel. +33 (0)43 95 42 61; https://camping.sablesursarthe.fr/en/; 15. Apr. - 8. Okt.; am südlichen Orts-rand neben der Rennbahn Hipppodrome; hügeliges Gelände duch Büsche und Bäume aufgeteilt, an der Sarthe gelegen; 3 ha – 68 Stpl.; Standard-Sanitärausstattung; Schwimmbad. V & E für Wohnmobile.

WOHNMOBIL-STELLPLÄTZE

 Durtal
Wohnmobil-Stellplatz Aire Camping-cars Municipal de Durtal [WP 201 / N47° 40' 18.07" W0° 14' 27.65"], Place Georges Clémenceau.

Zufahrt/Lage: In Durtal von der D323 (Lézigné – Bazouges-sur-le-Loir) in die rue de Camping (auch Zufahrt zum Camping Les Portes de l'Anjou) zum Platz. **Ausstattung:** Parkplatz mit 5 Wohnmobilplätzen. V&E-Säule für Frischwasser und Chemikaltoilettenentsorgung, befahrbarer Ausguss für Grauwasser. **Geöffnet:** Jederzeit zugänglich. **Gebühr:** Für V&E-Säule (mit Münzen).

Sable-sur-Sarthe
Wohnmobil-Stellplatz Aire Municipal de Camping-car Sable-sur-Sarthe [WP 202 / N47° 50' 34.89" W0° 19' 41.69"], rue Michel Vielle. **Zufahrt/Lage:** Von Ortszentrum nordostwärts zur D22 knapp 1 km Richtung Juigne-sur-Sarthe entlang der Sarthe. Parkplatz neben Espace Henri Royer. **Ausstattung:** Ebener Parkplatz mit 15 Wohnmobilstellplätzen an der Sarthe. Keinerlei Einrichtungen. **Geöffnet:** Ganzjährig. **Gebühr:** Kostenlos.

sehen und deren Produkte erwerben können.

ROUTE: Bei knappem Zeitplan fährt man von Durtal direkt über La Flèche nach Le Lude.

Abwechslungsreicher ist ein kleiner Umweg nordwärts ins Tal der Sarthe bei Solesmes. Dazu verlässt man Durtal auf der D59 in nördlicher Richtung und setzt nach rund 6 km die Reise auf der D24 über Précigné bis Sablè-sur-Sarthe fort, das nach rund 23 km erreicht wird.

Drei Kilometer östlich von **Sablé-sur-Sarthe**, einem hübschen Städtchen mit dem Schloss des Marquis de Sablé an einem Flussknie der Sarthe, liegt der Ort **Solesmes**. Das kleine Landstädtchen wartet mit einem bemerkenswerten Benediktinerkloster auf, das vor der Französischen Revolution großen Einfluss auf die Kirchenwelt des Anjou ausübte.

PRAKTISCHE HINWEISE – MALICORNE-SUR-SARTHE (SARTHE)

Office de Tourisme [N47° 48' 48.63" W0° 4' 59.51"), rue Victor Hugo, Musée de la Faience et de la Céramique, 72270 Malicorne-sur-Sarthe, Tel. +33 (0)2 43 95 00 60; www.sarthetourisme.com/organismes/office-de-tourisme-de-lavallee-de-la-sarthe-malicorne-sur-sarthe. *Geöffnet Juli + Aug. Mo - Sa 10 - 13 + 14 - 18 Uhr, So 10 - 13 Uhr; Sept. Mo - Sa 10 - 13.30 + 14 - 18 Uhr; Mai + Juni Mo - Sa 10 - 13 + 14 - 18 Uhr; Apr. + Okt. -März Di - Sa 10 - 12.30 + 14 - 17 Uhr.*

RESTAURANT

La Petite Auberge, 5, Place Duguesclin, Tel. +33 (0)2 43 94 80 52; www.petite-auberge-malicorne.fr; Restaurant mit einladender Terrasse an der Sarthe. Montags und Dienstagabends geschlossen.

CAMPING

Camping Municipal Port Sainte Marie [WP 203 / N47° 49' 2.3" W0° 5' 16.4"], route de Noyen Le Port Sainte Marie, Tel. +33 (0)2 43 94 80 14; 1. Apr. – 30. Sept.; Zufahrt am westlichen Ortsrand von der D41 Richtung Noyen-s-Sarthe; Wiesen zwischen Stadion und Fluss Sarthe; 1 ha – 57 Stpl.; Standard-Sanitärausstattung, Schwimmbad, Tennis. V & E für Wohnmobile. Mietbungalows.

CAMPING – LA FLÈCHE

Camping Municipal de la Route d'Or [WP 204 / N47° 41′ 42.6″ W0° 4′ 45.9″], allée du Camping; Tel. +33 (0)2 43 94 55 90; www.camping-laroutedor.com; 15. März – 4. Nov.; am Südwestrand des Ortes, Wiesengelände mit Laubbaumbestand an einem Flussknie des Loir, durch Hecken parzelliert; ca. 3 ha – 190 Stpl.; Standard-Sanitärausstattung; Waschmaschine, Trockner, Schwimmbad, Internetecke. V & E für Wohnmobile.

Besichtigen kann man in Solesmes die **Abteikirche St-Pierre [N47° 51′ 6.8″ W0° 18′ 10.8″]**, die sehr sehenswert ist, vor allem der wunderbaren Figurengruppe „Die Heiligen von Solesmes" im Querschiff wegen. Außerdem sieht man die „Grablegung Christi" und die „Beweinung Christi". Die Skulpturen stammen aus der Zeit des 15. Jh.

7 km weiter nordöstlich liegt der Ort **Asnières-sur-Vègre**, der von manchen Reisenden für seine Lage am Flüsschen Vègre gelobt wird, tatsächlich aber trotz seiner hübschen kleinen Steinbrücke kaum über den bescheidenen Charme eines bäuerlichen Dörfchens hinauskommt. Besichtigen kann man die **Dorfkirche Saint-Hilaire [N47° 53′ 21.6″ W0° 14′ 6.7″]** mit Fragmenten alter Fresken (geöffnet tgl. 8 - 18 Uhr).

ROUTE: *Von Solesmes reisen wir über* **Avoise** *am Ostufer der Sarthe entlang bis* **Parcé-sur-Sarthe.** *Dort über die D8 südostwärts nach* **Malicorne-sur-Sarthe**, *das 16 km nach Parcé erreicht wird*.

Das hübsche Städtchen **Malicorne-sur-Sarthe** wartet mit einer sehenswerten **Kirche** aus dem 11. Jh. und einem von einem weiten Park umgebenen **Schloss [Parkplatz, WP 205 / N47° 48′ 49.3″ W0° 5′ 27.8″]** auf. Besichtigen kann man außerdem **Fayence- und Keramikmanufakturen** wie **Malicorne Espace Faïence [N47° 48′ 48.5″ W0° 4′ 59.3″]** in der Rue Victor Hugo (geöffnet Apr. - Sept. tgl. 10 - 12 + 14 - 18 Uhr; Juni- Aug. 10 - 12.30 +14 - 19 Uhr; Okt. - Dez.So 10 - 12.30-14 - 18 Uhr; www.espacefaience.fr).

Freskoreste in der Dorfkirche von Asnières-sur-Vègre

ROUTE: *Weiterreise auf der D8 und auf der D12 südwärts nach* **La Fléche**, *16 km*.

La Flèche am Loir wird von mehreren Kanälen und Armen des Flusses durchzogen. Spätestens seit der Mitte des 17. Jh. ist La Flèche bekannt für seine Militärakademie **Prytanée National Militaire**.

Die Ursprünge der Akademie gehen zurück auf Heinrich IV., der in La Flèche Jahre seiner Jungend verbrachte und später zu Beginn des 17. Jh. eine Lehranstalt gründete, die er in die Hände des Jesuitenordens übergab. Bald danach wurde daraus eine Ausbildungsstätte führender Militärränge. Napoleon machte sie zur kaiserlichen Akademie. Hier studierten Descartes, Gallieni, Jean Claude Brialy. Und noch heute ist die staatliche Lehranstalt eine der Eliteschmieden in Frankreich.

In den Innenhof der Akademie führt ein imposantes Barockportal.

Besonders sehenswert ist an der Rue du Collège am Südrand des Akademie-Areals die **Chapelle Saint-Louis [N47° 42' 0.9" W0° 4' 35.3"]** mit ihrer eindrucksvollen Orgel. Sie stammt aus dem frühen 17. Jh. und ist im Barockstil errichtet. In einer Nische im Seitenschiff sind die Urnen von Heinrich IV. und Maria von Medici beigesetzt. Für Besucher ist die Kirche nur im Sommer während der Ferienzeit zugänglich.

Im Zentrum von La Flèche liegt am Nordufer des Loir das ehemalige **Château des Carmes [N47° 41' 46.7" W0° 4' 28.4"]**. Das Karmeliterpalais aus dem 17. Jh. beherbergt heute das Rathaus.

La Flèche hat einen berühmten **Zoologischen Garten [N47° 40' 36.6" W0° 2' 45.3"]**. Er liegt etwa 6 km südöstlich der Stadt und beherbergt eine überaus große Vielfalt an Tieren *(geöffnet 6. Apr. - 12. Mai Mo - Fr 9.30 - 19 Uhr, Sa + So 9.30 - 19 Uhr; 13. Mai - 15. Juli Mo - Fr 9.30 - 19.30 , Sa + So 9.30 - 19 Uhr; 6. Juli - 1. Sept. tgl. 9.30 - 19.30 Uhr; 2. Sept. - 30. Sept. tgl. 9.30 - 18 Uhr; 5. Nov. - 5. Apr. tgl. 10 - 17.30 Uhr; www.zoo-la-fleche.com).*

Angeschlossen ist ein nicht minder interessantes **Naturgeschichtliches Museum.**

Schloss Bazouges-sur-le-Loir

Ein Abstecher zum **Château de Bazouges-sur-le-Loir [N47° 41' 15.6" 0° 10' 0.9]** (geöffnet Ostern - Allerheiligen Di - So 15 - 18 Uhr, Führungen obligatorisch; https://bazougessurleloir.com/en-pratique/decouvrir-patrimoine-bati/), 7 km westlich von La Flèche (D323) gelegen, lohnt bei ausreichend zur Verfügung stehender Zeit schon alleine wegen der geradezu romantischen Lage des Schlosses in einem Waldpark am Flussufer des Loir.

Der Eingang zu dem schon im Mittelalter angelegten befestigten Feudalsitz wird von zwei mächtigen **Rundtürmen** mit typischen Kegeldächern flankiert. Auf den obligatorischen Führungen von 45-minütiger Dauer sieht man u. a. **Salons** im Stil des 18. Jh., Wachstuben und die **Schlosskapelle** mit bemerkenswertem Gewölbe im Anjoustil.

ROUTE: 20 km südöstlich von La Flèche liegt Le Lude, das auf der D306 rasch erreicht wird.

Das **Schloss von Le Lude [N47° 38' 50.3" E0° 9' 28.5"]** (geöffnet Park: 1. Mai, Juni, Sept. tgl. 10 - 12.30 + 14 - 18 Uhr; Juli + Aug. tgl. 10 - 18 Uhr; 1. - 18. Okt. Sa + So 14 - 18 Uhr; Schloss: Mai tgl. 10 - 12.30 + 14 - 18 Uhr; Juni - Sept. tgl. 11 - 12.30 + 14.30 - 18 Uhr; 1. - 18 Okt. Sa + So 14.30 - 18 Uhr; www.lelude.com) ist eine wirkliche Sehenswürdigkeit, nicht nur seiner Parkanlagen, sondern vor allem auch seiner prächtig eingerichteten Salons wegen.

Alleine schon die gewaltigen Ecktürme sorgen bei den Besuchern für Bewunderung. Das seit mehr als zweihundert Jahren von derselben Familie bewohnte Schloss ist ein sehr schönes Beispiel der französischen Frührenaissance.

Die Anfänge von Le Lude reichen zurück bis ins 13. Jh. Damals stand an der Stelle des heutigen Renaissanceschlosses eine wehrhafte Burg, die den Übergang über den Loir am Schnittpunkt der Maine und des Anjou bewachte. Später im 15. Jh. begannen die Grafen von Daillon den Nordflügel des heuti-

Schloss Le Lude

CAMPING – LE LUDE

Camping Municipal au Bord du Loir [WP 206 / N47° 39' 3.5" E0° 9' 45.1"], route du Mans, Tel. +33 (0)2 43 94 67 70; www.camping-lelude.com; 1. Apr. – 29. Sept.; am nordöstl. Ortsrand Zufahrt von der D307 (Le Lude – Le Mans); gepflegtes, ebenes Rasengelände von hohen Papeln umgeben, ein Platzteil schattiger durch dichteren Laubbaumbestand, durch gekieste Platzstraßen in große Stellfelder mit nummerierten Stellplätzen aufgeteilt, teils durch Hohe Hecken parzelliert, bis an den Fluss Loir reichend; auf den Stellplätzen nahe am Flussufer Lärmbelästigung durch gegenüberliegenden Gewerbebetrieb möglich; ca.

4 ha – 100 Stpl. + Dau.; Standard-Sanitärausstattung. Waschmaschine, Trockner, Schwimmbad, Tennis. V & E für Wohnmobile. In Gehnähe zum Schloss.

WOHNMOBIL-STELLPLATZ – LE LUDE

Wohnmobil-Stellplatz Aire Camping-car Park du Lude [WP 207 / N47° 39' 3.66" E0° 9' 46.00"], Route du Mans. **Zufahrt/Lage:** Zufahrt wie zu Camping Municipal au Bord du Loir am östlichen Ortsrand am Ufer des Loir und neben Campingplatz. **Ausstattung:** Asphaltierter, neuer Platz für 20 Wohnmobile. Befahrbarer Ausguss für Grauwasser neben der V&E-Säule mit Frischwasser und Chemikaltoilettenentsorgung. **Geöffnet:** Ganzjährig. **Gebühr:** Gebührenpflichtig. Etwas komplizierte Zugangsprozedur mit Automat. Notwendig: Pass'Etape, Mobiltelefonnummer und Kreditkarte. Infos auch auf Deutsch. Zum Schloss ca. 800 m Fußweg.

gen Schlosses zu errichten. Sieben Generationen lang blieb das Anwesen bis 1685 in den Händen der Daillons. Alle Generationen nahmen Veränderungen oder Erweiterungen des Schlosses vor. Vor allem unter Jacques de Daillon entstanden im 16. Jh. wesentliche Umbauten wie die Südfassade und die Fassade des Innenhofs oder Ehrenhofs, die aus Le Lude ein ansehnliches Renaissanceschloss machen sollten. Eine Besonderheit sind die Medaillons, welche die Mauern schmücken und die Gurtgesimse, die die Stockwerke optisch trennen.

Nach dem Tode des letzten de Daillon kam das Anwesen durch Erbschaft an den Herzog von Rohan, der es an seinen ältesten Sohn weiterreichte. Dieser verkaufte es schließlich 1751 an einen im Fernosthandel zu Reichtum gelang-

ten Holländer. Er und vor allem seine Nichte, die Marquise de Vieuville, restaurierten das Schloss aufwendig und fügten im 18. Jh. die Louis XVI. Fassade des Ostflügels an.

Sehenswert im Inneren sind die kostbar mit Mobiliar, Holztäfelungen und Wandteppichen ausgestatteten Räume wie der Speisesaal, die Bibliothek aus dem 19. Jh. im sog. Louis-XII-Flügel, sowie der Blaue Salon und der Große Salon. Nicht nur Blumen- und Naturliebhaber werden ihre Freude an einem Spaziergang durch den Park und die Gärten des Schlosses haben.

Abstecher nach Le Mans

ROUTE: Ab Le Lude über die D307 nordwärts nach **Le Mans**.

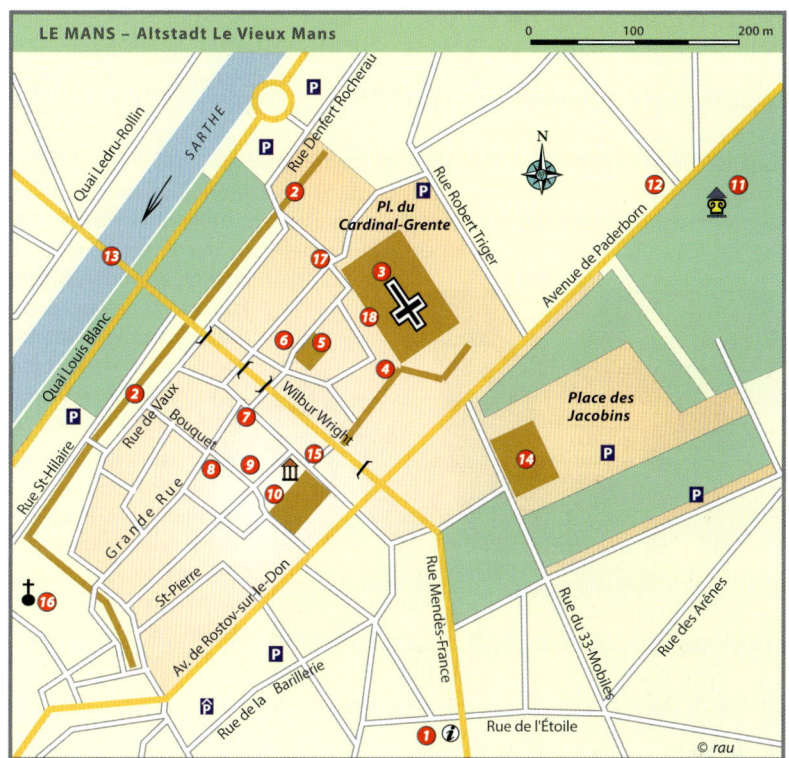

LE MANS – **1** Touristeninformation – **2** Stadtmauer – **3** Kath. St-Julien – **4** Maison de Scarron – **5** Haus u. Museum Reine Bérengère – **6** Maison des Deux-Amis – **7** Maison du Pilier Rouge – **8** Maison d'Adam et Ève – **9** Hôtel des Vignolles – **10** Pl. St-Pierre, Rathaus, Kolleg St-Pierre-la-Cour – **11** Museum Tessé **12** Schwimmbad – **13** Pont Yssoir – **14** Theater – **15** Pl. du Hallai – **16** St-Benoit – **17** Palais de la Tourelle – **18** Pl. St-Michel

Le Mans liegt rund 45 km nördlich von Le Lude und ist nicht nur für Motorrennsportenthusiasten eine Reise wert.

Zwischen der Umgehungsstraße Quai Louis Blanc (La Sarthe Flussufer) und Rue Denfert Rocherau am Nordwestrand der Altstadt außerhalb der Stadtmauer findet man mehrere **Parkplätze [WP 208 / N48° 0' 41.0" E0° 11' 53.2"]** auch größeren Ausmaßes.

Le Mans, am Zusammenfluss von Sarthe und Huisne gelegen, ist eine alte, historische Stadt mit einem sehr sehenswerten **Altstadtkern, Le Vieux Mans**, der zu großen Teilen noch von einer überaus imposanten **gallo-romanischen Stadtmauer (2)** umgeben ist.

Schon im 4. Jh. war der Ort als *Vindinium* bekannt. Seinen Aufstieg zur Stadt erlebte Le Mans aber erst seit der Mitte des 12. Jh., als sich Geoffroy Plantagenêt, Graf von Anjou, regelmäßig hier aufhielt. Sein Sohn, der spätere König Heinrich II. von England und Vater von Richard Löwenherz, wurde in Le Mans geboren.

Etwa ab der Mitte des 14. Jh. war Le Mans fast hundert Jahre lang im Besitz der englischen Könige.

Im 19. Jh. dann wurde Le Mans zu einem wichtigen Zentrum der aufblühenden Automobilindustrie in Frankreich. Einer ihrer Pioniere war Amédée Bollée, dem viele Neuerungen im Automobilbau zu verdanken sind. Die etwas erhöht gelegene **Altstadt Le Vieux Mans** wird überragt von der riesigen **Kathedrale St-Julien (3) [N48° 0' 35.2" E0° 11' 53.3"]**, einer herrlichen, feierlichen Kirche. Eine der kunsthistorischen Kostbarkeiten in der Kathedrale stellt – neben dem eindrucksvollen Westportal aus dem 12. Jh. – eine Plastik der or-

Maison du Pilier Rouge, eines der ältesten Fachwerkhäuser in Le Mans

gelspielenden Hl. Cecilie rechts vom Eingang dar. Besonders hervorgehoben werden muss auch das **Chorhaupt**, ein mächtiges, wunderschönes Beispiel der gotischen Baukunst. Von außen hat man von dem an der Ostseite der Kathedrale gelegenen Place des Jacobines einen guten Blick auf das Bauwerk mit seinen filigranen Strebepfeilern.

Innen im Chorraum sieht man eine Reihe kostbarer Wandteppiche aus dem 16. Jh. Unter den Kapellen, die den Chor umgeben, weist vor allem die **Chapelle du Chevet**, eine Marienkapelle am Scheitelpunkt des Chors, besonders schöne Glasfenster aus dem 13. Jh. auf.

In der **Chapelle des Fonts**, der Taufkapelle an der linken Chorseite zum Querschiff hin, sind kunstvoll gearbeitete Renaissancegrabmäler von Karl IV. von Anjou (links) und von Guillaume du Bellay (rechts) zu sehen.

Außerhalb der Kathedrale liegt am Place St-Michel gegenüber der Südostseite des Chors das **Maison de Scarron (4) [N48° 0' 31.7" E0° 11' 53.8"]**. Paul Scarron lebte in der ersten Hälfte des 17. Jh. und war ein mehr als sinnenfroher Laienabt des Domkapitels von Le Mans. Scarron bekleidete dieses Amt aber mehr der Form halber, um aus den damit verbundenen Vorteilen seinen finanzielle Nutzen zu ziehen.

Ein frommer Kirchenmann kann er wohl kaum gewesen sein. Wie sonst sind die frivolen Geschichten aus dem Leben des Laienabts zu verstehen, der sich zeitweise mit nicht weniger als drei Mätressen – von Rang wohlgemerkt – umgab. Bekannt wurde Scarrons Roman „Le Roman Comique", der das Leben in Le Mans im 17. Jh. aus der Sicht lebenslustiger Gaukler und Musikanten beschrieb.

Vom kleinen Place St-Michel, der sich vor dem Westportal der Kathedrale erstreckt, gehen wir durch die Rue de la

Reine-Bérengère nach Westen stadteinwärts. Schon nach wenigen Metern passiert man auf der linken Straßenseite das sog. **Haus der Königin Bérengère (5)**, Haus Nr. 9. Es beherbergt das **Musée de la Reine Bérengère [N48° 0' 32.4" E0° 11' 52.1"]**, ein Regional-, Heimat- und Volkskundemuseum *(Mai - Sept. Di - Fr 10 - 12.30 + 14 - 18 Uhr, Sa + So 10 - 12.30 + 14 - 18 Uhr; Okt. - Apr. Di - Fr 14 - 18 Uhr, Sa + So 10 - 12.30 + 14 - 18 Uhr; www.).*

Königin Bérengère von Navarra, lebte in der ersten Hälfte des 13. Jh. Sie war die Gemahlin von Richard Löwenherz, dem Sohn König Heinrichs II. von England. Da das Haus mit ihrem Namen aber erst gut 200 Jahre später gebaut wurde, hat es keine direkte Beziehung zu seiner Namenspatronin.

Haus Nr. 20, schräg gegenüber, ist als **Maison des Deux-Amis (6)** bekannt, nach den beiden Gestalten, die ein Schild halten.

Wir gehen die relativ schmale Altstadtgasse weiter, überqueren das Tunnel der tiefer liegenden Durchgangsstraße Rue Wilbur Wright und kommen in die Grande Rue.

Wilbur Wright, der legendäre amerikanische Flugpionier, der zusammen mit seinem Bruder Orville 1903 den ersten Motorflug (wenn auch nur von etwa 50 m Weite) vollbrachte, hielt sich tatsächlich einmal in Le Mans auf. Und zwar weilte er auf Einladung des Autokonstrukteurs Amédée Bollée und aus Anlass eines Testfluges mit einem von Bollée gebauten Aeroplan in der Stadt.

Entlang der Grande Rue sind noch eine Reihe bemerkenswerter **Fachwerkhäuser** zu sehen.

Bemerkenswert ist das Eckhaus links, am Anfang der Grande Rue. Es ist dies das **Maison du Pilier Rouge (7) [N48° 0' 30.2" E0° 11' 48.9"]**. Dieses alte, in Fachwerkbauweise aufgeführte Stadthaus „Zum Roten Pfeiler" stammt aus dem 16. Jh. und weist einen sehr kunstvoll gearbeiteten Eckpfeiler auf.

Das Haus schräg gegenüber wird **Maison du Pilier Vert** genannt.

Ein kurzes Stück weiter zweigt links die Rue de l'Écrevisse ab. Danach sieht man auf der linken Straßenseite der Grande Rue das sog. **Maison d'Adam et Ève (8) [N48° 0' 28.3" E0° 11' 46.7"]**, ein weiteres bemerkenswertes Stadthaus aus dem 16. Jh. Folgt man der Rue de l'Écrevisse nach Süden, kommt man am linkerhand gelegenen **Hôtel de Vignolles (9)** vorbei und steht kurz darauf auf dem **Place St-Pierre (10) [N48° 0' 27.1" E0° 11' 48.9"]** mit dem Rathaus links und dem historischen Kolleg St-Pierre-la-Cour.

Wir gehen aber die Grande Rue noch ein kurzes Stück weiter hinab bis zur Rue St-Honoré, die links abzweigt. Interessant unter den Hausfassaden ist das Eckhaus mit einer steinernen Ecksäule, die mit kleinen Schlüsseln verziert ist, ein kaum zu missdeutender Hinweis darauf, dass sich ein Schlossermeister einst das Haus hatte errichten lassen.

Nun gehen wir zurück bis zum Adam-und-Eva-Haus und biegen links in die Rue Bouquet, die direkt auf die Rue de Vaux stößt. Das Haus Nr. 12 dort links ist das Hôtel de Vaux [N48° 0' 29.78" E0° 11' 43.20"], das wie die meisten der alten Stadthäuser von Le Mans aus dem 16. Jh. stammt.

Durch die Rue de Vaux gehen wir zurück Richtung Kathedrale. Am Ende der Straße liegt linkerhand und gegenüber der Kathedrale das **Palais de la Tourelle (17) [N48° 0' 34.9" E0° 11' 52.2"]**, das seinen Namen von einem Erkertürmchen ableitet.

Im Park Jardin de Tessé nordöstlich der Kathedrale findet man das sehenswerte **Museum Tessé (11) [N48° 0' 37.2" E0° 12' 12.2"]**, 2 ave. de Paderborn *(geöffnet Di - Fr 9 - 12 + 14 - 18 Uhr, Sa + So 10 - 12 + 14 - 18 Uhr; www. lemans-tourisme.com/musees/musee-de-tesse.html).* Das Museum zeigt Kunstgegenstände und Gemälde, darunter eine bemerkenswerte Sammlung flämi-

Die Siegerwagen der 24-Stunden-Rennen von 1980 bis 1990 im Automobilmuseum in Le Mans. Foto: Automobilmuseum Le Mans, mit frdl. Genehmigung.

scher, holländischer und französischer Meister. Seit einigen Jahren ist im Untergeschoss eine sehr schöne Ausstellung über ägyptische Kunst wie z.B. ist das Grab der Königin Nofretari, Gemahling Ramses II. untergebracht.

Ein gutes Stück südlich der Stadt liegt die weltbekannte **24-Stunden-Rennstrecke von Le Mans, „Le Circuit des 24 Heurs"**. Mitten in dem 13,6 km langen Straßenring der Rennstrecke befindet sich eine Pferderennbahn. Sie war zu Beginn des 20. Jh. Schauplatz des weiter oben erwähnten Testflugs von Wilbur Wright.

Das erste 24-Stunden-Rennen von Le Mans richtete 1923 der Automobile Club de l'Ouest, der Automobilclub von Westfrankreich, aus. Damals wurden Durchschnittsgeschwindigkeiten von kaum mehr als 92 km/h und Höchstgeschwindigkeiten von knapp 110 km erreicht. Der Erfolg des Rennens war aber so immens, dass es jährlich wiederholt und bald zu einem festen Bestandteil im internationalen Rennzirkus wurde. Heute schießen die Boliden auf den Geraden mit mehr als 350 km/h über die Piste.

Der Autorennstrecke angeschlossen ist das **Musée des 24 Heures du Mans [WP 209 / N47° 57' 22.3" E0°**

12' 28.0"], 9 Place Luigi-Chinetti, ein sehr sehenswertes Automuseum *(geöffnet 1. Mai - 30. Sept. tgl. 10 - 19 Uhr; 1. Okt. - 30. Apr. tgl. 10 - 18 Uhr; letzter Einlass 60 Min. vor Schließung; https:// lemans-musee24h.com).*

In drei großen Abteilungen, die voller Kostbarkeiten aus der Automobil- und Rennsportgeschichte sind, sieht man erste Autos aus der Zeit um 1860, verschiedene frühe Serienautos und Unikate (mit einer eigenen Abteilung von Fahrzeugen des aus Le Mans stammenden Konstrukteurs Amédée Bollée) und natürlich eine herrliche Sammlung von Rennautos, die in den „24 Stunden von Le Mans" Furore machten. Insgesamt sind 120 Fahrzeuge, darunter 23 Motorräder und 25 historische Rennwagen, ausgestellt.

Hier in diesem Museum entdeckte der Autor dieser Zeilen aber auch ein Auto, dessen Geschichte bei ihm vor vielen, vielen Jahren einen großen Eindruck hinterließ und viel zu seiner Leidenschaft fürs Reisen mit beigetragen hat. Die Rede ist nicht von einem PS starken Boliden, sondern von einer bescheidenen „Ente", einem Citroën 2-CV mit gerade mal 425 ccm Hubraum und ganzen 12,5 PS, die in der Menge der strahlenden Karossen im Museum fast zu übersehen ist. Mit diesem Auto umrundeten in den Jahren 1958 und 1959 die beiden Franzosen Jean-Claude Baudot und Jacques Séguéla in einer abenteuerlichen Reise unseren Erdball. Ihre Reiseerinnerungen hielten die beiden in dem Buch „Rund um die Welt im 2-CV" fest. Der Originaltitel lautet: „La Terre en rond" und erschien Anfang der 60er im Verlag Flammarion Editeur, Paris.

PRAKTISCHE HINWEISE – LE MANS (SARTHE)

Office de Tourisme [N48° 0' 19.9" E0° 11' 59.5"], 16 rue de l'Étoile, 72000 Le Mans, Tel. +33 (0)2 43 28 17 22; www.lemans-tourisme.com/en; www.lemans-tourisme.com/fr/pratique/infos-pratiques.html. *Geöffnet 1. Mai - 30. Okt. Mo - Sa 9 - 18 Uhr, So 14.30 - 18 Uhr; 1. Nov. - 30. Apr. Mo - Sa 10 - 18 Uhr im Maison du Pilier Rouge.*

RESTAURANT

La Ciboulette, 14 rue de la Vieille Porte, Tel. +33 (0)2 43 24 65 67; www. https://laciboulettelemans.com; das beliebte Lokal bietet neben einer ausgewählten Speisekarte auch einen gut sortierten Weinkeller.

CAMPING

Sillé-le-Philippe bei Le Mans
Camping Château de Chanteloup [WP 210 / N48° 6' 22.6" E0° 20' 26.2"], Chemin de la Pecquenardière, Tel. +33 (0)2 43 27 51 07; www. chateau-de-chanteloup.com/; 1. Juni – 31. Aug.; 17 km nordöstlich von Le Mans über die D301 zu erreichen, beim Schloss de Chanteloup, weitläufiges Wiesengelände, teils im Wald gelegen; ca. 22 ha – 90 Stpl.; gute Standard-Sanitärausstattung. Waschmaschine, Trockner, Restaurant und Imbiss in Saison, Schwimmbad, Laden, WLAN. Mietbungalows.

WOHNMOBIL-STELLPLATZ – LA MANS

Wohnmobil-Stellplatz Aire de Camping-car du Mans - Port du Mans [WP 211 / N48° 0' 7.5" E0° 11' 21.0"], Quai Amiral Lalande. **Zufahrt/Lage:** Vom Stadtzentrum La Mans südwestwärts Richtung le Port du Mans. **Ausstattung:** Parkplatz an der Capitainerie du Mans mit 7 für Wohnmobile reservierten Plätzen an der Sarthe. Euro-Relais-Säule mit Frischwasser und Abwasser- und Chemikaltoilettenentsorgung. Picknicktische. **Gebühr:** Gebührefrei. **Geöffnet:** Ganzjährig.

Saint-Saturnin bei Le Mans
Wohnmobil-Stellplatz Aire Camping-car Municipal de Saint-Saturnin [WP 212/ N48° 3' 42.24" E0° 9' 18.66"], rue de l'Église. **Zufahrt/Lage:** Von Le Mans auf der D338 nordwärts zum Ort Saint-Santurnin, ca. 8 km entfernt. **Ausstattung:** Ebener Parkplatz mit 16 Wohnmobilplätzen. Strom, Frischwasser, Grauwasser- und Chemikaltoilettenausguss, WLAN. **Gebühr:** Für Sellplatz und V & E. **Geöffnet:** Ganzjährig.

TOUR 15: LE LUDE (Sarthe) – CHÂTEAUDUN (Eure-et-Loir) – ORLÉANS (Loiret)

Länge der Tour:	Rund 75 km.
Die Route:	Über die D305 bis **Château-du-Loir** – D61/D64 bis **La Chartre-sur-le-Loir** – D10 bis **Montoire-sur-le-Loir** – D917 bis **Vendôme** – N10 bis **Châteaudun** – D955 bis **Orléans**.
Reisedauer:	Mindestens ein Tag.
Höhepunkte:	Ronsards Geburtshaus **La Possonnière** – ein Spaziergang durch **Vendôme** und die **Abteikirche** ** dort – das **Schloss in Châteaudun** *.

ROUTE: *Ab Le Lude über die D305 ostwärts und über Vaas und Château-du-Loir, bis La Chartre-sur-le-Loir, 37 km. Macht man ab Vaas einen kleinen südlichen Umweg, passiert man auf der D11 La Bruère-sur-Loir.*

Etwa 7 km östlich von Le Lude und ca. 8 km westlich des Ortes Vaas weist ein Schild an der D305 auf die **„Site archéologique de Cherré"** bei Aubigné-Racan **[N47° 39' 45.9" E0° 14' 07.6"]** hin. Die archäologische Stätte liegt unweit nördlich der Straße D305 und besteht aus einer Reihe von nicht sonderlich spektakulär wirkenden Fundamentsfragmenten einer römischen Siedlung aus der Zeit des 1. und 2. nach-

christlichen Jahrhunderts. Die Mauerreste lassen die Ausmaße der einstigen Thermen, Tempel und des Theaters erahnen.

Wenn Sie sehen wollen, wie in einer Mühle nach alter Manier gearbeitet wurde, müssen Sie in **Vaas** der historischen Getreidemühle **Moulin de Rotrou [N47° 39' 52.2" E0° 18' 53.0"]** einen Besuch abstatten. Angeschlossen ist ein kleines Museum zum Thema „Vom Weizen zum Brot" *(geöffnet Juli + Aug. tgl. 14.30 - 17.30 Uhr; Apr. - Juni + Sept. So 14.30 - 17.30 Uhr. Obligatorische Führungen um 15 und um 16.30 Uhr; www.lemoulinde-rotrou.com).*

Entschließt man sich auf der Weiterfahrt nach Château-du-Loir ab Vaas zu einem kleinen südlichen Umweg, passiert man nach knapp 5 km an der D11 das Städtchen **La Bruère-sur-Loir.** Zu den Sehenswürdigkeit zählt hier die **Gemeindekirche Saint-Martin de Tours [Parkplatz, WP 213 / N47° 39' 3.2" E0° 20' 54.9"]** mit sehenswertem **Chor** und schönen **Glasfenstern** aus der Zeit der Renaissance.

In **Château-du-Loir [Parkplatz Place de l'Hôtel de Ville, WP 214 / N47° 41' 43.2" E0° 25' 4.0"]** muss man etwas suchen, um auf den Namensgeber der Stadt – das Schloss – zu stoßen. Erst im Stadtpark Henri Goude wird man fündig. Der Turm im Stadtpark ist der letzte Rest, der vom Stadtschloss geblieben ist.

Das Touristenbüro [N47° 41' 40.8" E0° 25' 1.2"], liegt in der Avenue Jean Jaurès 2.

Bemerkenswerte Bauwerke in Château-du-Loir sind die hübsche **Markthalle** und das **Logis Graslin** aus dem 17. Jh. Erwähnung verdient die Kirche **Saint Guingalois [N47° 41' 38.4" E0° 25' 6.3"]** mit ihrer uralten Krypta aus dem 11. Jh., der Skulptur „Beweinung Christi" im Chor und den Gemälden im Querschiff. Die Orgel der Kirche stammt aus dem 18. Jh.

Umweg über Le Grand-Lucé

Bei ausreichend zur Verfügung stehender Zeit lohnt ein Umweg nordwärts über die Straßen D338 und D13 nach Le Grand-Lucé.

Auf dem Wege dahin passiert man die Wälder des **Forêt de Bercé**, der zu Wanderungen und Radtouren einlädt (markierte Wege). Eines der Ziele könnte z. B. die romantische **Fontaine de la Coudre [N47° 47' 38.03" E0° 22' 15.34"]** mitten im Wald sein (Abzweig nordwärts von der D13), die lauschige Quelle des Flüsschens Dinan, das weiter südlich schon bald in den Loir mündet.

Immer noch der schönste Teil des Waldes, dessen herrlicher, teils uralter Baum- und Eichenbestand durch Stürme Mitte der 60er Jahre leider arg zerzaust wurde, ist das Gebiet **Futaie des Clos** am Ostende des ausgedehnten Waldgebietes. Einige der Eichen hier sind fast 400 Jahre alt!

Hauptort des Waldgebietes ist der Ort **Jupilles**.

Beeindruckend in **Le Grand-Lucé** ist nicht nur das prächtige **Schloss [N47° 51' 53.4" E0° 28' 11.2"]** aus dem 18. Jh. (Privatbesitz), sondern es sind vor allem die herrlichen, weitläufigen und überaus gepflegten **Parkanlagen** des Anwesens *(geöffnet von Juni bis Ende Sept. So 14 - 18 Uhr).* Dort findet man exotische Gärten ebenso wie Küchen- und Kräutergärten, Ziergärten oder Wassergärten.

Eindrucksvoll dominiert wird der Park von der **Schlossresidenz** (heute Hotel, nicht zu besichtigen), deren Salons meist im Stil Louis' XV. eingerichtet sind und teils kostbare Stücke chinesischen Porzellans aufweisen.

*ROUTE: Ab Le Grand-Lucé nimmt man am einfachsten die D304 südwärts und trifft in **La Chartre-sur-le-Loir** wieder auf unsere Hauptroute.*

WOHNMOBIL-STELLPLATZ – PRUILLÉ-L'ÉGUILLÉ / FORÊT DE BERCÉ
Wohnmobil-Stellplatz Aire naturelle de Bercé [WP 215 / N47° 49' 30.1" E0° 25' 34.6"]. Zufahrt/Lage: Ca. 2 km südlich von Pruillé-l'Éguillé an der D13 (Jupilles – Le Grand-Lucé) bei KM 43 gelegen. **Ausstattung:** Wiese von Wald umgeben, Picknicktische, Strom möglich, Frischwasser, Grauwasser- und Chemikaltoilettenausguss. Etwas beengte Einfahrt. **Geöffnet:** Ganzjährig zugänglich. **Gebühr:** Gebührenpflichtig.

Der Landsitz La Possonnière, Ronsards ehemalige Residenz

HAUPTROUTE

ROUTE: *Der weitere Verlauf unserer Reise führt südöstlich von* **Château-du-Loir** *auf der D305 nach* **La Chartre-sur-le-Loir** *und ostwärts weiter durch das Tal des Loir. Man passiert* **Poncé-sur-le-Loir** *und zweigt knapp 2 km später südwärts über den Loir ab nach* **Couture-sur-Loir.** *Unweit südlich des Ortes liegt* **La Possonnière.**

In **Poncé-sur-le-Loir** bietet sich ein Abstecher zum dortigen **Château de Poncé [N47° 45' 44.2" E0° 39' 33.6"]** an *(geöffnet 27. Apr. - 7. Juli + 7. Sept. - 22. Sept. Sa + So 10.30 - 12.30 + 14.30 - 18.30; 11. Juli - 25. Aug. Do - So 10.30 - 12.30 + 14.30 - 18.30 Uhr; www.chateaudeponce.com/).* Zu den besonderen Sehenswürdigkeiten zählen die **Prunktreppe** im Renaissancestil, die wunderschönen **Schlossgärten**, das **Taubenhaus** und die im Schloss untergebrachte **Kunstausstellung**.

Das **Manoir de la Possonnière [WP 216 / N47° 44' 49.5" E0° 41' 30.8]** *(geöffnet 28. März - 14. Juni + 19. Sept. - 3. Nov. Do - So 14 - 18 Uhr; 8. Apr. - 5. Mai Mi 14 - 18 Uhr; 15. Juni - 15. Sept. tgl. 10 - 18 Uhr; Führungen um 14.30 und 16 Uhr; www.lesrendez-vousdelapossonniere.fr)* ist ein hübsches Landschlösschen, in dem der Dichter Pierre de Ronsard das Licht der Welt erblickte.

Der Vater des Dichters, Loys de Ronsard, ließ nach seiner Rückkehr aus der Kampagne, einem der Schauplätze, an denen Frankreich und Italien damals Krieg führten, um 1515 dieses hübsche Landschlösschen errichten.

Bemerkenswert ist der skulptierte Wandschmuck mit teils christlichen, teils heidnischen Motiven und Ornamenten. Er gilt als eines der allerersten Zeichen dafür, dass Stilelemente der Renaissance in Frankreich Anwendung fanden.

Loys' Sohn Pierre wurde hier am 10. September 1524 geboren. Pierre de Ronsard, der die ersten zwölf Lebensjahre auf Possonnière verbrachte, kam in jungen Jahren an den Hof König Franz I. und strebte eine Karriere im Staatsdienst an. Eine Krankheit verhinderte allerdings den Aufstieg in die höheren Militärkreise, eine damals sichere Pfründe. Ronsard widmete sich daraufhin der Literatur und der Dichtung und

Fresko in der Chorapsis der Kirche Saint-Jacques-des-Guérets bei Troo

wurde in Frankreich bald als „Prince des Poètes", also Prinz der Dichter, bekannt. Pierre de Ronsard starb 1585 auf seinem Gut St-Cosme-les-Tours.

ROUTE: *Weiterreise von Couture-sur Loir auf der D10 über* **Artins** *ostwärts. Nach knapp 8 km Abzweig nordwärts nach* **Troo** *am Loir, 3 km.*

Wer sich für alte Kunst in Kirchen interessiert, dem sei empfohlen, in **Troo** Halt zu machen. Ein Spaziergang durch die Gassen und Wege des Dorfes, das sich an einem Talhang am Loire hinaufzieht, lohnt allemal. Das mittelalterliche Städtchen weist eine ganze Reihe von „Höhlenwohnungen" auf, sog. **Habitation troglodytique**. Einige dieser in den weichen Tuffstein gehauenen, recht gemütlichen Wohnungen können besichtigt werden.

Einen Besuch lohnen z. B. die **Caves aux yuccas** oder die **Cave exposition** mit kleinem Heimatmuseum. Die Ausstellungen des Heimatmuseums geben einen guten Einblick in das Leben in diesen Tuffsteinbehausungen.

Über einen Treppenweg im Ort kann man hinaufsteigen zur **Kirche St Mar-tin-Butte [Parkmöglichkeit, WP 217 / N47° 46' 38.2" E0° 47' 33.9"]** und zur Anhöhe **„La Butte"** (129 m), von der aus sich ein weiter Blick ins Tal des Loir bietet. Von der Kirche können Sie noch ein kurzes Stück auf der Hauptstraße weitergehen und kommen dann zu einem Abzweig, der links zum **Puits qui parle**, zu einem hübschen alten Brunnen aus dem 12. Jh., der von einer Schindeldachhaube überdeckt wird. „Sprechenden Brunnen" nennen die Einheimischen den fast 50 m tiefen Brunnenschacht seines erstaunlichen Echos wegen.

In unmittelbarer Nachbarschaft zum Ort liegt am südlichen Ufer des Loir die wegen ihrer uralten Wandmalereien bekannte **Église Saint-Jacques-des-Guérets [N47° 46' 27.6" E0° 47' 42.8"]** *(geöffnet tgl. 9 - 18.30 Uhr)*, ein bescheidenes Kirchlein zwar, das aber mit Fresken aus dem 12. Jh. aufwarten kann. Zu den bedeutendsten Motiven in der Chorapsis zählt die dominierende **Christusgestalt als Weltenherrscher** mit den Attributen der vier Evangelisten (der Adler des hl. Johannes, der Löwe des hl. Markus, der Stier des hl. Lukas und der geflügelte Mann des hl.

Wie ein Fresko entsteht

Als Fresko-Technik bezeichnet man Malereien, die auf den frisch aufgetragenen (a fresco), noch feuchten Kalkputz an Wänden und Decken aufgebracht werden, was eine sichere Hand und eine zügige Arbeitsweise des Malers voraussetzt.

Die Wand wird zunächst mit einer ersten Putzschicht versehen, die sich vornehmlich aus einem Gemisch aus Sand und Kalk zusammensetzt. Darauf kommt eine dünnere Schicht, die fast nur noch aus Kalk besteht. Und auf diese noch feuchte Schicht wird noch am gleichen Tag gemalt.

Als Farben werden gewöhnlich auf Wasser und besonderer Erde oder fein gemahlenen Mineralien basierende Naturfarben verwendet. Eine chemische Reaktion zwischen dem feuchten Kalk und den Naturfarben bewirkt, dass sich die Farbpigmente innig mit dem Untergrund verbinden und so dem Fresko eine hohe Dauerhaftigkeit und den Farben eine lange Beständigkeit sichert.

Manche Künstler bereiteten den Wanduntergrund auch wie beschrieben vor, malten dann aber auf den bereits getrockneten Kalk (a secco). Zwar wurden auch bei dieser Methode Naturfarben verwendet, die aber mit organischen Stoffen wie Käsestoff (Casein) oder Knochenleim vermischt wurden. Allerdings haftet letzterer Methode der Mangel an, dass die Farbpigmente lange nicht so beständig mit dem Untergrund verbunden bleiben und im Laufe der Jahrhunderte verblassen und verschwinden, was ein Erkennen der Motive heute oder eine Rekonstruktion des Bildes oft recht schwierig macht.

Etwa mit Beginn des 17. Jh. wurden Fresken vielerorts als „altmodisch" angesehen. In manchen Kirchen wurden sie einfach abgetragen oder schlicht überkalkt, was für nachfolgende Generationen ein Glücksfall sein konnte, wenn die Fresken bei späteren Umbau- oder Renovierungsarbeiten wieder entdeckt und freigelegt werden konnten.

Matthäus), darunter sieht man „Das letzte Abendmahl", und links davon, oben, eine Kreuzigungsszene mit Maria und Johannes neben dem Kreuz, darunter die „Auferstehung der Toten". Beeindruckend an der rechten Chorseite ist u. a. eine Bildszene, die das Martyrium des hl. Jakobus darstellt, der auf Befehl von König Herodes (rechts sitzend) mit dem Schwert geköpft wird.

Wie schon erwähnt, stammen die Wandmalereien in der Kirche aus dem 12. und dem 13. Jh. Sie wurden später übertüncht, erst 1890 wieder entdeckt und bestachen lange durch die Kraft ihrer Farben.

Das Kirchengebäude von St-Jacques-des-Guérets entstand im 12. Jh. und gehörte zur Abtei Saint-Georges-des-Bois, die ein gutes Stück südöstlich von Troos beim Ort St-Martin-des-Bois (D116) lag.

Im Sommer verkehrt ab St-Quentin-lès-Troo, einem Nachbarort unweit südöstlich von Troo, der **Train Touristique de la Vallee du Loir**, ein Schienenbus aus den 50er Jahren, mit dem Ausflüge durch das Tal des Loir möglich sind. Die Bahn verkehrt vom 18. Mai bis 29. September jeden Samstag und Sonntag auf der Strecke von St-Quentin-lès-Troo und Thoré-la-Rochette, Abfahrt Thoré 14.25 und zurück ab 17.15 Uhr. Von 7. Juli bis 25. Aug. zusätzliche Abfahrt um 9.30 und zurück um 12.15 Uhr; www.ttvl.fr.

In und um Troo findet man eine ganze Reihe von **Restaurants, Hotel-Restaurants**, wie die Auberge Ste-Chatherine (Tel. 02 54 72 96 06), oder Le Cheval Blanc (Tel. 02 54 72 58 22) und **Chambres d'Hôtes** (Fremdenzimmer) wie z. B. Le Château de la Voute (Tel. 02 54 72 52 52).

Informationen über Troo und Umgebung erhält man im Syndicat d'Initiative du Troo, 39, rue Auguste Arnault, das Di 9.30 - 12.30 + 14 - 16.30 Uhr sowie Mi - So 10 - 12+ 14 - 18.30 Uhr geöffnet ist.

Am westlichen Ortsrand von Troo an der Straße D917 Richtung La Chartre-s-le-Loir befindet sich eine bislang gebührenfreie **V & E-Säule [N47° 46' 32.0" E0° 47' 09.2"]**.

Die Ursprünge des Städtchens **Montoire-sur-le-Loir [Parkplatz Place Clemenceau an der Kirche, WP 218 / N47° 45' 10.1" E0° 51' 40.9"]** gehen auf eine Abtei zurück, die hier schon im 7. Jh. gegründet worden war. Später ließ Karl der Kahle eine Burg und ein Hospiz errichten. Man wollte damit den Pilgern, die auf dem Weg zum Jakobsgrab in Santiago de Compostela im spanischen Galizien waren, eine sichere Herberge und Station bieten. Von der **Burg**, die besichtigt werden kann, sind heute nur noch Mauerfragmente und ein Wehrturm erhalten.

Im Oktober 1940 war der **Bahnhof Gare Historique Musée des Recontres**

Office de Tourisme [Parkplatz, WP 218 / N47° 45' 9.25" E0° 51' 43.54"], 16, Place Clémenceau, neben dem Rathaus, 41800 Montoire-sur-le-Loir, Tel. +33 (0)2 54 85 23 30; www.val-de-loir-41.com/fiches/bureau-dinformation-touristique-a-montoire-sur-le-loir/. *Geöffnet 2. Mai - 30. Juni tgl. 10 - 12.30 + 14.30 - 18 Uhr; Juli - Aug. Di - Sa 10 - 12.30 + 14 - 18 Uhr; Mitte Juli - Mitte Aug. auch So 10 - 12 Uhr; übrige Zeit Di - Sa 9.30 - 12 + 14.30 - 17.30 Uhr.*

Feste, Folklore: „**Festival du Montoire**", ein Festival internationaler Folklore, jedes Jahr 6 Tage in der zweiten Woche im August; www.festival-montoire.com.

RESTAURANT

Hotel Restaurant Le Cassini, 1, place Foch, Tel. +33 (0)2 54 85 07 05; www.lecassini.com. Lokal mit traditioneller Küche in einer ehemaligen Poststation, 10 Gästezimmer. Montags, sonntags, freitags - und samstagabends geschlossen.

CAMPING

Camping Municipal les Reclusages [WP 219 / N47° 44' 50.5" E0° 51' 48.5"], 13, rue des Reclusages, Tel. +33 (0)2 54 85 02 53; 1. Apr. – 30. Sept.; an der Straße Richtung Lavardin südlich des Ortes gelegen; ebene Wiesen mit Schatten spendenden Bäumen entlang des Loir, neben dem Freibad; 2 ha – 110 Stpl.; Standard-Sanitärausstattung. Waschmaschine, Trockner, Mietbungalows.

WOHNMOBIL-STELLPLATZ

Wohnmobil-Stellplatz Aire de Camping-car Montoire-sur-le-Loir [WP 220 / N47° 45' 27.0" E0° 52' 11.2"]; Ave. de la Republique. **Ausstattung:** Wenig einladender, asphaltierter Parkplatz für ca. 6 Wohnmobile, direkt neben dem historischen Bahnhof, beengte Platzverhältnisse, V+E Säule. **Geöffnet:** Jederzeit zugänglich. **Gebühr:** Kostenlos.

Der historische Bahnhof von Montoire-sur-le-Loir

[Parkplatz, WP 221 / N47° 45' 27.8" E0° 52' 9.9"] von Montoire-sur-le-Loir Schauplatz eines historischen Treffens zwischen dem französischen Staatsrat Pierre Laval und Marschall Philippe Pétain einerseits und Adolf Hitler andererseits. Hitler wollte Laval dazu bewegen, ihn im Krieg mit England zu unterstützen. In diesbezüglichen Unterredungen mit Pétain, der seit Juli 1940 Staatschef der französischen Regierung in Vichy war, soll auch über Möglichkeiten einer Zusammenarbeit gesprochen worden sein, was Pétain bei seinen eigenen Leuten in den Ruch eines „collaborateurs", eines Mitarbeiters mit dem Feind, setzte. Pètain wurde im August 1945 vom französischen Obergerichtshof wegen des Vorwurfs der Collaboration zum Tode verurteilt, dann aber zu lebenslanger Haft begnadigt. Pétain starb 1951. Im Bahnhof ist eine **Ausstellung** mit Dokumenten, Fotos und Präsentationen über das Treffen von 1940 eingerichtet *(geöffnet Apr. - Juni + Sept. Mi - Sa 10 - 12.30 + 14 - 18 Uhr; Juli + Aug. Mi - So 10 - 12.30 + 14 - 19 Uhr).*

Eine Sehenswürdigkeit von Bedeutung stellt in Montoire die romanische **Chapelle St-Gilles [N47° 45' 5.5" E0° 51' 29.6"]** mit ihren wunderbaren **Wandmalereien** dar, von denen die ältesten aus dem 12. Jh. stammen. St-Gilles gehörte einstmals zu einem Priorat des Benediktinerordens, dem Ronsard, der Dichter, vorstand.

Nicht minder besuchenswert ist in Montoire-sur-le-Loir das Museum für Musikinstrumente **Musikenfête [Parkplatz, WP 222 / N47° 45' 6.4" E0° 51' 41.3"]**, Espace de l'Europe *(geöffnet 1. März - 30. Sept. Di - So 10 - 12 + 14 - 18 Uhr; 1. Okt. - 30. Dez. Di - So 14 - 18 Uhr; www.musikenfete. fr).* Über 500 Musikinstrumente aus allen fünf Kontinenten sind zu sehen. Außerdem erhält man Einblick in die neuesten Sound- und Lichttechniken. Jeden ersten Sonntag im Monat finden im Museum um 16 Uhr Musikdarbietung mit speziellen Themen statt.

ROUTE: Der weitere Verlauf unseres Reiseweges führt ab Montoire-sur-le-Loir zunächst südostwärts auf der D108 über Lavardin bis Sasnières. Dort nordwärts auf der D67 bis Houssay und schließlich auf der D917 bis Vendôme.

Lavardin, mitten in der Landschaft Vendomois gelegen, zählt sich selbst zu einem der „schönsten Dörfer Frankreichs". Tatsächlich ist die Lage des Ortes an einer Flussschleife des Loir recht ansprechend und das Stadtbild wird darüber hinaus von einer romantischen Burgruine überragt und gekrönt. Schön ist auch der Blick von der mittelalterlichen Bogenbrücke zurück auf den Ort.

An der Brücke liegt das hübsche Restaurant „Le Relais d'Autan".

Spätestens seit der Mitte des 12. Jh. war die **Festung von Lavardin [N47° 44' 25.7" E0° 53' 3.3"]** *(geöffnet Mai Sa + So 11 - 12 + 14 - 18 Uhr; Juni - Sept. Fr - Mi 11 - 12 + 14 - 18 Uhr; www.lavardin. net/vivre-a-lavardin/chateau/100-visit-du-chateau-saison-2019.html)* an der La Grand' Rue, eine der stärksten Festungen im ganzen Tal des Loir, im Besitz der

Herzöge von Vendôme. Selbst den Heeren von Richard Löwenherz oder dem englischen Heinrich II. gelang es nicht, Lavardin einzunehmen. Später, im Sommer 1447, hielten sich König Karl VIII. und Agnès Sorel hier auf, und feierten rauschende Feste, so die Überlieferung.

Erst König Heinrich IV. gelang es nach langer Belagerung in den Jahren 1589 und 1590 den Ort samt Festung einzunehmen. Und bald darauf wurde die Burg geschleift. Aber was übrig blieb, ist noch heute imposant.

Die Anlage der mittelalterlichen Burg, 45 m über dem Loir gelegen, stuft sich in drei Ebenen und formt ein schmales Dreieck zwischen einem Wall im Süden und dem Flusstal im Norden. Die erste Ebene bilden vornehmlich Befestigungsmauern, die den inneren Schlosshof umgeben, den man durch ein mächtiges Torhaus betritt.

Auf der nächsten Ebene, die man durch eine tunnelähnliche, gedeckte Passage erreicht, finden sich Reste einer Kapelle, der Turm des Burghauptmanns, das Haus der Wachen und die eindrucksvolle Haupttreppe. Die oberste Ebene schließlich wird vom großen, weithin sichtbaren Wohnturm, dem Donjon, eingenommen.

Sehenswert ist auch die mächtige, romanische **Kirche St. Genest [N47° 44' 28.9" E0° 53' 8.6"]** unten im Ort, die ehemals zur großen und einflussreichen Abtei St. Georges-du-Bois gehörte. Von besonderer kunsthistorischer Bedeutung sind die **Fresken** in der Kirche. Die meisten der Wandmalereien, wie die im Chor, stammen aus dem 12. bis 14. Jh. Eindrucksvoll sind u. a. die Motive „Christus der Weltenherrscher", die „Taufe Jesu" oder der „Baum Jesse".

Vendôme [Parkplatz, nicht für große Wohnmobile! http://de.vendome-tourisme.fr/praktische-infos/parkmoeglichkeiten; Parkscheibe notwendig! WP 223 / N47° 47' 37.0" E1° 03' 54.8"], eine sehr hübsche Kleinstadt mit annähernd 17.000 Einwohnern, liegt einladend in einer Schleife des malerischen Loir-Flüsschens, das sich hier verzweigt und in der Stadt Inseln bildet. Auf einer dieser Inseln liegt die **historische Innenstadt**. Sie wird überragt von der alten **Abteikirche (2)**, der großen Sehenswürdigkeit von Vendôme.

Lange Tradition in Vendôme hat übrigens die Handschuhfabrikation.

Lavardin am Fluss Loir

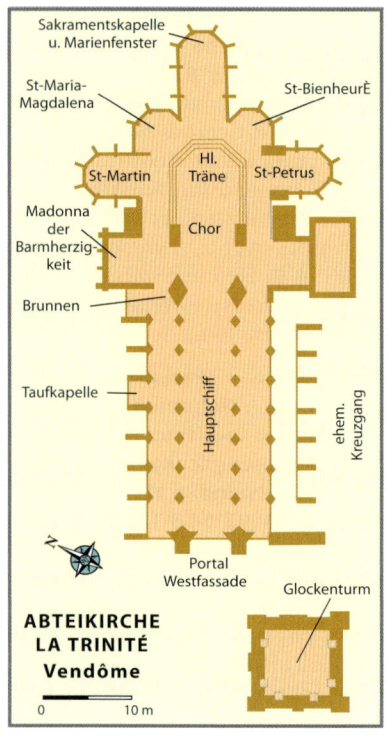

Sakramentskapelle u. Marienfenster

St-Maria-Magdalena

St-Bienheurè

St-Martin

Hl. Träne

St-Petrus

Madonna der Barmherzigkeit

Chor

Brunnen

Taufkapelle

Hauptschiff

ehem. Kreuzgang

Portal Westfassade

Glockenturm

ABTEIKIRCHE LA TRINITÉ Vendôme

0   10 m

Schon zu Zeiten der Gallier und Römer war der Ort besiedelt und damals als *Vindocinum*, der „weiße Berg", bekannt. Ein richtiggehende Entwicklung hin zu einem Ort mit geschichtlicher Bedeutung begann aber erst ab dem 11. Jh. mit der Gründung des Dreifaltigkeitsklosters.

Nach der Heirat von Jean de Bourbon mit Catherine de Vendôme wurden die Bourbonen Herren über Vendôme, das 1515 von König Franz I. zum Herzogtum erhoben wurde.

Die alte **Benediktinerabtei „La Trinité" (2) [N47° 47' 28.7" E1° 4' 6.1"]**, die Dreifaltigkeitsabtei, geht auf eine Stiftung des Grafen Geoffroy Martel im Jahre 1033 zurück *(geöffnet tgl. 9.30 - 19 Uhr)*.

Eine Legende berichtet, wie es angeblich zur Gründung der Abtei gekommen sein soll. Während der Fastenzeit im Jahre 1034 hielt sich Geoffroy Martel, Sohn des berüchtigten Foulco Nerra und Graf von Vendôme, mit seiner Frau Agnes hier auf, als beide vom Fenster des Schlosses aus drei Sternschnuppen in einen Brunnen falle sahen. Man berichtete dem Bischof von Chartres davon. Der wiederum interpretierte das Ereignis standesgemäß dahingehend, dass Martel bei dem Brunnen eine Kirche bauen solle, die der heiligen Dreifaltigkeit zu weihen sei. Schon sechs Jahre später konnte das erste Gotteshaus eingeweiht werden, zu dem sich rasch ein ausgedehntes Kloster gesellte.

Mit dem Bau der 72 m langen Abteikirche, so wie wir sie heute sehen, wurde ab dem Ende des 13. Jh. begonnen. Teile der ursprünglich von Martel gegründeten Kirche sind im Querschiff und in der Vierung noch erhalten. Dort findet man auch den besagten Brunnen.

Die lange Bauzeit, die sich über fast fünf Jahrhunderte hinzog, lässt am Bauwerk die Entwicklung des

Die Westfassade der Abteikirche „La Trinité" in Vendôme

Die „Heilige Träne" ist verschwunden

Innerhalb des Chorraums der Abteikirche „La Trinité" von Vendôme erkennt man den Hochaltar. Dort wurde einstmals die von der katholischen Glaubensgemeinschaft Frankreichs angebetete **„Heilige Träne"** aufbewahrt.

Die überaus kostbare Reliquie erfuhr etwa vom 11. Jh. bis zur Französischen Revolution höchste Verehrung bei den Gläubigen des Landes. Und der Benediktinerorden, der das Kloster zur Heiligen Dreifaltigkeit hier leitete, sorgte für groß angelegte Wallfahrten, an denen über Generationen jedes Jahr Tausende von Pilgern teilnahmen. Vor allem für die Heilung von Augenkrankheiten stand die „Heilige Träne" in hohem Ansehen.

Wie kam die Reliquie nun ausgerechnet nach Vendôme? Der Überlieferung nach war Geoffroy Martel, der Klostergründer, in Italien unterwegs, wo er sich mit den ungläubigen Sarazenen herumschlug und aus den Kämpfen schließlich siegreich hervorging. Zum Dank dafür schenkte ihm der Kaiser von Konstantinopel die Reliquie der Heiligen Träne, die aus einem in einem Kristall eingeschlossenen Tropfen Flüssigkeit bestand. Sie wurde als eine Träne Christi, die er am Grabe seines Freundes Lazarus vergoss, angesehen.

Aber wie es bei Reliquien manchmal so ist, nichts Genaues weiß man nicht. Und da es spätestens seit dem hl. Thomas immer auch Zweifler gibt, wurden irgendwann auch ungläubige Stimmen über die Echtheit der Heiligen Träne von Vendôme laut. Die Wellen schlugen immer höher bis sich das Domkapitel im 19. Jh. schließlich dazu entschloss, die Reliquie zur Prüfung nach Rom zu senden. Von dort kam sie aber nie mehr zurück. Und bis heute weiß niemand, wo die Heilige Träne geblieben ist.

gotischen Baustil gut nachvollziehen. Eines der Glanzstücke der Kirche ist die prächtige **Westfassade** aus dem Jahre 1506 mit herrlichem **Portal** und Dekor im spätgotischen Flamboyant-Stil. Kunsthistoriker gehen davon aus, dass die Westfassade, dieses Glanzstück spätgotischer Architektur, eine Arbeit von Jean de Beauce ist.

Vor dem Kirchenportal erhebt sich rechts der freistehende, gut 80 m hohe **Glockenturm**. Mit seinem Bau war schon im 12. Jh. begonnen worden. Der Baustil ist romanisch.

Im dreischiffigen, nach gotischer Manier hoch aufstrebenden, fast 33 m hohen **Kircheninneren** sieht man eine schön geschnitzte **Kanzel** mit Doppeltreppe und ein wunderbar gearbeitetes **Chorgestühl**, das aus dem 15. Jh. stammt.

Der Chorraum ist umgeben von diversen **Kapellen**. In der langgezogenen **Sakramentskapelle** am Scheitelpunkt des Chorumgangs sieht man das sog. **Fenster „Majestät Notre-Dame".** Das Glasfenster stammt aus dem Jahre 1140 und stellt die Jungfrau Maria mit Kind dar. Die Mariengestalt ist in einer sog. Mandorla, einer mandelförmigen Glorie, mit vergoldetem und perlenbesetzten Faltengewand dargestellt.

Außerhalb der Kirche gelangt man, vorbei am mächtigen, separat stehenden romanischen Glockenturm, in einen weiten Innenhof, der früher einmal vom **Kreuzgang** des Klosters eingenommen wurde. Dort findet man in einem der Gebäudeflügel das sehenswerte **Kirchenmuseum (3)** mit einer schönen Sammlung sakraler Kunst der Region.

Während der stürmischen Zeit des Hundertjährigen Krieges lag Vendôme im Grenzbereich des französischen und des von den Engländern kontrollierten

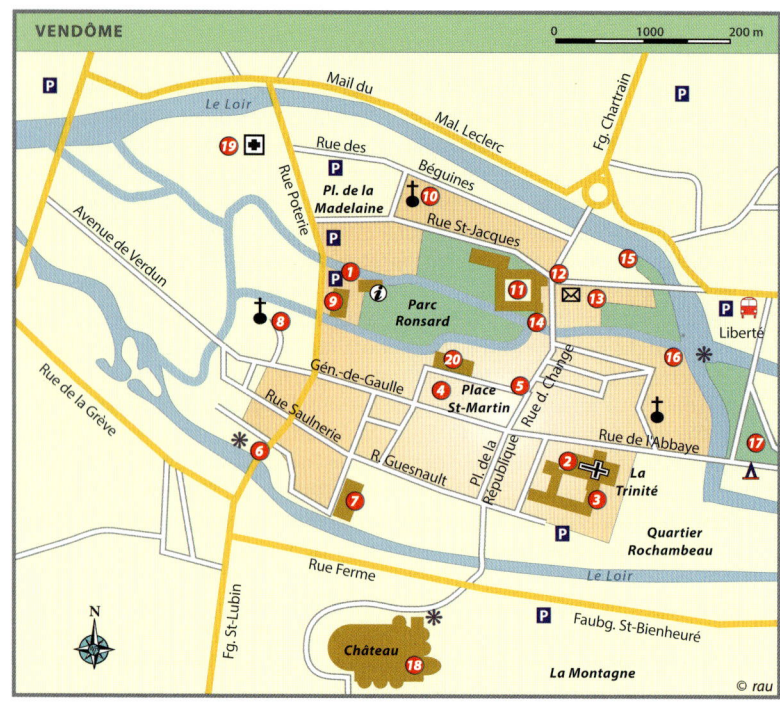

VENDÔME – **1** Touristeninformation – **2** Abteikirche La Trinité – **3** Kirchenmuseum – **4** Platz und Turm St-Martin – **5** Maison de Grand St-Martin – **6** Porte St-Georges – **7** Markthalle – **8** Kapelle St-Pierre-la-Motte – **9** Stadtbibliothek – **10** La Madeleine – **11** Rathaus – **12** St-Jacques – **13** Postamt – **14** altes Waschhaus – **15** Islette Wehrturm – **16** Flussbefestigung Porte d'Eau – **17** Jardin public – **18** Schloss, Aussicht – **19** Krankenhaus – **20** Präfektur

Territoriums. Die Stadt war folglich stark umkämpft und wurde schließlich bei der Eroberung durch Heinrich VI. 1589 fast vollständig zerstört. Von der ehemals mächtigen und sehr einflussreichen Benediktinerabtei „La Trinité", deren Äbte den Kardinalstitel trugen, blieb nur die sehr sehenswerte Abteikirche erhalten.

Ein **Spaziergang** durch die hübschen und geschäftigen Straßen von Vendôme, immer wieder unterbrochen von Brücken und Wasserläufen, lohnt.

Am einfachsten geht man von der Abteikirche nach Westen. Schon kurz darauf kommt man auf den zentralen **Place St-Martin**. Auf dem Platz erhebt sich unübersehbar der **Turm Saint-Martin (4)** [N47° 47′ 30.1″ E1° 4′ 0.6″], letzter Rest

der gleichnamigen Kirche, die ehemals auf dem Platz stand. Das berühmte Glockenspiel im Turm lässt jeweils zur vollen Stunde eine alte Melodie aus der Zeit des Hundertjährigen Krieges erklingen: „Orléans, Beaugency, Notre Dame de Cléry, Vendôme, Vendôme ...".

Ins Auge fällt auch die Fachwerkfassade des alten **„Maison de Grand St-Martin" (5).** Das Haus stammt aus dem 15 Jh. Auf den gemeißelten Säulen, die das Haus stützen, sind der heilige Ludwig, Johannes der Täufer mit einem Lamm im Arm, der heilige Jakobus mit Pilgerstab und Muschel und der hl. Martin dargestellt.

Die gestiefelte, mit festem Blick in die Ferne weisende Bronzestatue vor dem Haus erinnert an einen berühm-

Vendôme, Blick über den Loir, im Hintergrund die Abteikirche La Trinité

ten Sohn der Stadt, an General Rochambeau (1725 – 1807), letzter französischer Marschall des Ancien Régime und Held des amerikanischen Unabhängigkeitskrieges.

Rochambeau befehligte das Expeditionskorps, das Ludwig XVI. den amerikanischen Aufständischen zu Hilfe schickte. Er errang zusammen mit General Lafayette und den Truppen George Washingtons bei Yorktown (US Bundesstaat Virginia) im September 1781 einen bedeutenden Sieg über die Briten unter General Lord Cornwallis. Dieser Sieg verhalf den Unabhängigkeitsbestrebungen der Gründerstaaten der USA zum Durchbruch.

Rochambeau ist auf dem Friedhof von Thoré-la-Rochette (liegt etwa auf halbem Wege zwischen Vendôme und Montoire-sur-le-Loir) unweit seines Schlosses beigesetzt.

An der Nordwestseite des Platzes liegt das Präfekturgebäude (20). Dahinter dehnt sich der Parc Ronsard aus, den wir später passieren.

An der Westseite des Place St-Martin gehen wir durch die schmale Rue du Général de Gaulle weiter bis zur Hauptstraße Rue Poterie.

Geht man nach links, kommt man zum Stadttor **Porte Saint-Georges (6) [N47° 47' 27.4" E1° 3' 50.4"]** an einer der Brücken über den Loir. Das stattliche Torhaus, das aus der Mitte des 15. Jh. stammt und noch heute als Tagungsstätte der Stadtversammlung dient, ist eines der vier großen, befestigten Stadttore, die einstmals den Zugang zur Stadt überwachten.

Wir gehen die Rue Poterie nordwärts, also rechts hinauf, überqueren vor der **Stadtbibliothek (9)** einen der Wasserläufe, die Vendôme durchziehen, und gelangen zum **Touristeninformationsbüro (1) [kleiner Parkplatz, WP 224 / N47° 47' 34.9" E1° 3' 55.6"]**, das rechts an einem Wasserlauf und am Rande des Parc Ronsard liegt.

Das Office de Tourisme ist im ehemaligen Hôtel du Bellay „Le Saillant", einem stattlichen Gebäude aus dem 15 Jh., untergebracht. Wie es heißt, soll im Turm des Hauses einstmals der Karzer des benachbarten Oratorianer-Gymnasiums eingerichtet gewesen sein. Häufiger „Gast" sei ein Student namens Honoré de Balzac (1799 – 1850) gewesen. Und wie man liest habe sich Balzac gerne und oft einsperren lassen. Dann hatte er vor seinen Klassenkameraden Ruhe und konnte ungestört lesen, was er offenbar mit Leidenschaft tat.

An der Nordostseite des Parc Ronsard liegt das **Rathaus (11) [N47° 47' 36.0" E1° 3' 59.7"]** der Stadt. Die vier zwei- und dreigeschossigen Gebäudeflügel mit Arkadengang stammen aus der Zeit des 17. und 18. Jh. und umschließen einen rechteckigen Innenhof. Seit den Anfängen des 18. Jh. war hier das oben schon erwähnte Oratorianer-Gymnasium untergebracht. Danach beherbergte es eine der sieben königlichen Militärschulen und diente schließlich bis 1974 als Lycée-Ronsard, bevor es dann Rathaus wurde.

Von 1807 bis 1813 war Honoré de Balzac Schüler im Oratorianer-Gymnasium. Wie man liest, soll sich der später berühmte Schriftsteller hauptsächlich durch Nachlässigkeit und mangelnde Disziplin ausgezeichnet haben. Über seine Jahre in Vendôme berichtet Balzac vor allem in seinem Roman „Louis Lambert".

Wir gehen durch den Parc Ronsard, um das Rathaus herum und ostwärts bis zur Rue du Change. An der Ecke liegt, gegenüber vom **Postamt (13)**, die **St. Jakobskapelle (12) [N47° 47' 36.7" E1° 4' 3.6"]**. Sie war einstmals eine wichtige Station und Herberge für Pilger auf dem Weg zum Jakobsgrab im spanischen Santiago de Compostela. Heute wird das Gebäude als Ausstellungs- und Veranstaltungssaal genutzt.

Ein Stück weiter südlich liegt recht romantisch an einem Wasserarm ein altes **Waschhaus (14)** aus dem 16. Jh.

Von der St. Jakobskapelle weiter nach Osten. Bald darauf überquert man den Loir-Fluss und kommt zum großen **Parkplatz am Place de la Liberté [N47° 47' 36.9" E1° 4' 12.0"]**. Dort gehen wir am schön begrünten und gärtnerisch hübsch gestalteten Ufer flussaufwärts, haben kurz darauf einen sehr schönen Blick auf den Fluss, das Wassertor **Porte d'Eau (16)** und auf die Stadt und gehen durch den **Jardin public (17)** zurück zur Abteikirche „La Trinité".

Bei ausreichend zur Verfügung stehender Zeit bietet es sich an, von der Abteikirche aus einen Spaziergang hinauf zu den Ruinenfragmenten des sog. **Chateau (18) [N47° 47' 22.3" E1° 4' 1.2"]** an den bewaldeten Hänge La Montagne südlich des Loirarms und der Straße D917 zu unternehmen. Die Schlossruine lässt nur noch vage den einstigen Glanz des Stammsitzes des Hauses Bourbon-Vendôme erahnen.

Im Mittelalter wurde die Burg durch Wallanlagen befestigt. Später dann, im 17. Jh., erfuhr das Schloss durch Herzog César de Vendôme, einem außerehelichen Sohn von Heinrich IV. und Gabrielle d'Estrées, im Stil der damaligen Zeit bauliche Veränderungen.

In den Wirren der Französischen Revolution wurde das Schloss von Vendôme vor allem im Jahre 1789 so ausgeplündert, dass es dem Verfall preisgegeben werden musste. Auf den Mauern gibt es eine Orientierungstafel. Von dort hat man einen schönen Blick auf die Stadt.

PRAKTISCHE HINWEISE – VENDÔME (LOIRE-ET-CHER)

 Office de Tourisme [kleiner Parkplatz, WP 224 / N47° 47' 34.9" E1° 3' 55.6"], Hôtel du Saillant, 47-49, rue Poterie, 41100 Vendôme, Tel. +33 (0)2 54 77 05 07; www.vendome-tourisme.fr. *Geöffnet 2. Mai - 30. Juni + 1.-15. Sept. Mo -Sa 9.30 - 12.30 + 14 - 18 Uhr; Juli + Aug. Mo - Sa 9.30 - 12.30 + 14 - 18 Uhr, So 10.30 - 13 + 14.30 - 18 Uhr; 16. Sept. - 31. Okt. Mo - Sa 9.30 - 12.30 + 14 - 18 Uhr; Nov. - Feb. Mo - Sa 10 - 12.30 + 14 - 17 Uhr; März - Apr. Mo - Sa 9.30 - 12.30 + 14 - 18 Uhr.*

RESTAURANT

Le Moulin du Moir, 21-23, rue du Change, Tel. +33 (0)2 54 67 13 51; www.le-moulin-du-loir.com; man pflegt die traditonelle Küche der Region, angenehmes Ambiente. Das Restaurant bietet preisgünstige Tagesmenüs an.

CAMPING

Camping Au Coeur de Vendôme [WP 225 / N47° 47' 28.74" E1° 4' 34.49"], rue Geoffroy Martel, Tel. +33 (0)2 54 77 00 27; www.aucoeurdevendome.com; 14. Apr. – 31. Okt.; zwischen östl. Stadtrand und der N10 gelegen, östl. vom Schwimmbad Piscine des Grand Prés; so gut wie ebene Wiesen mit Baumbestand am Flüsschen Loir, laut durch nahe N10; ca. 2,5 ha – 140 Stpl.; Standard-Sanitärausstattung; Kiosk, Waschmaschine, Trockner, Fahrradverleih, WLAN. Mietbungalows. V & E für Wohnmobile. Ins Stadtzentrum ca. 700 m.

ROUTE: *Der letzte Abschnitt dieser Etappe führt von Vendôme auf der N10 nordostwärts, vorbei an* **Cloyes-sur-le-Loir** *(Camping siehe bei Châteaudun), ins rund 40 km entfernte* **Châteaudun** *am Oberlauf des Loir.*

Nur 2 km nördlich von Cloyes-sur-le-Loir liegt in **Montigny-le-Gannelon** ein weiteres Schloss, das allerdings nur, ebenso wie der Schlosspark, nur nach Voranmeldung besichtigt werden kann. Änderung möglich!

Das **Château de Montigny-le-Gannelon [N48° 0' 49.9" E1° 13' 56.0"]** *(geöffnet Di - So Führungen um 10, 11.30, 14, 15.30, 17 Uhr, Park 10 - 17.30 Uhr tgl Sa + So 10 - 12 + 14 - 18 Uhr; letzter Einlass 30 Min. vor Schließung; www.domaine-demontigny.com)* liegt weithin sichtbar auf einer Anhöhe über dem Fluss Loir und schaut mit seiner imposanten Fassade mit zahlreichen Türmchen, Erkern und Galerien recht hoheitsvoll auf den Betrachter herab. Das Schloss, das Château du Prince-Duc de Montmorency-Laval, ist in Privatbesitz und bewohnt.

Die Westfassade der um 1495 von Jacques de Renty in Auftrag gegebenen Schlossanlage ist im Renaissance-stil ausgeführt. Die Ostfassade stammt aus dem frühen 19. Jh.. Sie ist ein Meisterstück des Baumeisters Clément Parent, einem Schüler von Violet-le-Duc.

1834 ließ der Herzog von Montmorency-Laval, französischer Botschafter mehrerer Könige und Regierungen, einen Pavillon an der Nordseite des Schlosses anfügen, den er mit den Porträts der Könige ausstatten ließ, unter denen er als Gesandter tätig und bei denen er akkreditiert war. Ein Gang durch das Schloss mit seinen opulent ausgestatteten und kostbar möblierten Salons ist ein Gang durch die lange, ereignisreiche Geschichte der Herzöge von Montmorency-Laval.

Châteaudun [zentraler Parkplatz Place du 18 Octobre, WP 226 / N48° 04' 14.1" E1° 19' 44.6"], eine historische Stadt im Département Eure-et-Loir, liegt oberhalb des Flüsschens Loir.

Weitere **Parkplätze [N48° 4' 16.3" E1° 19' 36.9"]** findet man z. B. unweit nördlich des Place du 18 Octobre an der Promenade du Mail.

Die Stadt mit etwa 16.000 Einwohnern und einstmals wichtiger Marktort, hat ein kleines, hübsches „Quartier ancienne", ein Altstadtviertel, mit vielen

243

alten Fachwerkhäusern. Einige der historischen Gebäude liegen in der Nachbarschaft des Schlosses.

Einen schönen Blick ins Tal des Loir hat man von der kleinen Parkanlage **Promenade du Mail [N48° 4' 17.7" E1° 19' 41.7"]** unweit nördlich des zentralen **Place du 18-Octobre**. Mitten auf dem großen, rechteckigen und von Bäumen bestandenen Platz steht ein stattliches **Brunnendenkmal**, das 1860 errichtet wurde und an die erstmalige Ankunft von Trinkwasser aus dem Fluss Loir in der Stadt erinnert.

Eine gute Parkplatzalternative stellt der **Parkplatz [N48° 4' 17.1" E1° 19' 27.4"]** an der Rue des Fouleries, D31, am nördlichen Stadtrand unterhalb des Schlosses ganz in der Nähe der Loir-Brücke dar. Von dort führt der etwas steile, aber recht romantische **Treppenweg Escalier Saint-Pierre (5)** hinauf in die Stadt. Oben ist es dann nur noch ein kurzer Weg bis zum Schloss.

Nicht weit vom Parkplatz entfernt liegt rechts der Rue des Fouleries die Tuffsteinhöhle **Grottes du Foulon (3) [N48° 4' 20.7" E1° 19' 47.5"]** *(geöffnet 1. Apr. - 30. Juni Do - Mo Führungen um 14, 15, 16 Uhr; Juli - Aug. Di - So und Montagvormittags Führungen um 10, 11, 14, 15, 16, 17 Uhr; Sept. - 8. Dez. Do - Mo Führungen um 14, 15,16 Uhr; Mitte Jan. - März Do - Mo Führungen um 14,15, 16 Uhr; Dauer 1 Std.; www.grottesdufoulon. com)*. Die Höhle, die besichtigt werden kann, wurde einstmals von Stoffwalkern (fouleurs) als Werkstatt gut 800 m tief in den Kalkstein unter der Stadt gegraben. In den Höhlen ist es den ganze Jahr über nie wärmer als 12°.

Die große Sehenswürdigkeit des Städtchens ist das auf einem Felsvorsprung fast 40 m hoch über dem Loirtal gelegene **Schloss von Châteaudun (2) [N48° 4' 15.2" E1° 19' 27.3"]** mit seinem mächtigen **Donjon** *(geöffnet 2. Mai - 30. Juni tgl. 10 - 13 + 14 - 18 Uhr; 1. Juli -*

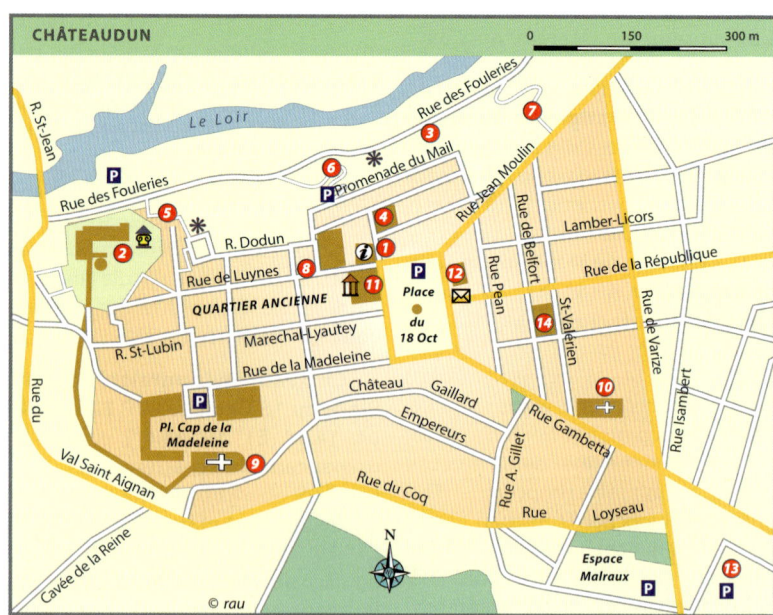

*CHÂTEAUDUN – **1** Touristeninformation – **2** das Schloss – **3** Grottes du Foulon – **4** Museum – **5** Treppenweg Escalier Saint-Pierre – **6** Descente du Mail – **7** Descente de la Levrette – **8** Place St-André – **9** La Madeleine – **10** St-Valérien – **11** Rathaus – **12** Postamt – **13** Schwimmbad – **14** Stadtbibliothek*

4. Sept. tgl. 10 - 13 + 14 - 18.15 Uhr; 5. Sept. - 30. apr. tgl. 10 - 12.30 + 14 - 17.30 Uhr; letzter Einlass 60 Min. vor Schließung; www.chateau-chateaudun.fr/).

Die Schlossräume sind nur noch wenig möbliert. Man sieht einige kostbare Truhen.

Besondere Erwähnung aber verdienen die wunderschönen **Gobelins** in der oberen Halle des Longueville-Flügels. Die Wandbehänge aus der Zeit des 16. und 17. Jh. stammen aus Werkstätten in Brüssel, Amiens, Paris und Aubusson. Die Bildmotive stellen Szenen aus dem klassischen Altertum (z. B. Kleopatra, Neptun und Ceres u. a.) und aus dem Alten Testament dar (z. B. Tanz um das Goldene Kalb, das Opfer Abrahams u. a.).

Beeindruckend sind die beiden schönen **Loggientreppenhäuser** im Renaissancestil und die **Schlosskapelle** mit herrlichen Plastiken.

Der Gebäudetrakt rechts der Schlosskapelle wird auch Dunois-Flügel genannt. **Dunois** (1402 – 1468), der sog. „Bastard von Orléans", unehelicher Sohn des Herzogs von Orléans und Wegbegleiter der Jeanne d'Arc, zog sich am Ende seiner Militärkarriere hierher nach Châteaudun zurück. Er stiftete die Schlosskapelle. Dunois ist in der Basilika von Cléry-St-André beigesetzt.

Eine interessante Ausstellung, „Die Küche, Lebensart im Mittelalter", wird im Schloss von Châteaudun im Dunois-Flügel gezeigt.

Zu den durch historische Bilder, Schautafeln und andere Exponate anschaulich gemachten Themen zählen z. B. „Das mittelalterliche Bankett", „Die Fürstliche Tafel", an denen nicht selten sieben Gänge mit je neun Gerichten aufgetragen wurden. Die langen Tafeln standen auf dem mit duftenden Blumen bestreuten Boden und waren makellos gedeckt.

Schließlich lohnt ein Besuch im **Musée des Beaux-Arts et d'Histoire naturelle (4) [N48° 4' 14.8" E1° 19' 41.0"]**, *(geöffnet 2. Jan. - 30. Juni + 1. Sept. - 31. Dez.Mo, Mi, Do, Fr 9 - 12 + 13.30 - 17 Uhr; Sa + So 14 - 17 Uhr; Juli + Aug. tgl. 9.30 - 12 + 13 - 18 Uhr; www.ville-chateaudun. fr/Culture/Le-musee-municipal)*. Das Museum liegt schräg gegenüber vom Büro

Das Loggientreppenhaus am Schloss von Châteaudun

der Touristeninformation (1) in der Rue Toufaire 3, unweit nördlich des Place du 18 Octobre. Neben einer ägyptischen Abteilung, Fundstücken aus der Römerzeit, einer Sammlung historischer Waffen und einer Ausstellung über die Ostindische Kompanie ist das Museum vor allem wegen seiner wunderschönen und sehr umfangreichen **ornithologischen Sammlung** exotischer Vögel von Interesse.

ROUTE: **Orléans** *liegt knapp 60 km südöstlich von Châteaudun und ist über die D955 rasch zu erreichen.* *Die Fahrt durch topfebenes, ziemlich eintöniges Agrarland, bietet allerdings keine Höhepunkte.*

PRAKTISCHE HINWEISE – CHÂTEAUDUN (EURE-ET-LOIR)

Office de Tourisme [N48° 4' 14.53" E1° 19' 40.62"], 1, rue de Luynes, 28200 Châteaudun, Tel. +33 (0)2 37 45 22 46; www.chateaudun-tourisme.fr. *Geöffnet Apr. - Okt. + Nov. - März Mo - Sa 9 - 12.30 + 14 - 18 Uhr; Juli + Aug. Mo - Sa 9 - 12.30 + 14 - 18 Uhr, So 9.30 - 12.30 Uhr.*

RESTAURANT

Le Jardin du Verre, 6, Place du 18 Octobre, Tel. +33 (0)2 37 96 10 97; www.jardinduverre.com. Zentral am Hauptplatz der Stadt, neben dem Rathaus. Mittlere Preislage. Mittwochs und dienstag- und mittwochsabends und sonntagabends geschlossen.

CAMPING

Camping Municipal du Moulin à Tan [WP 227 / N48° 4' 48.4" E1° 19' 55.0"], 80, rue de Chollet, Tel. +33 (0)2 37 45 05 34; www.tourisme-chateaudun.fr/camping-p26.html; 1. Apr. – 3. Nov.; Zufahrt nordöstlich der Stadt von der D955; einfacher Übernachtungsplatz, Wiesengelände am Flüsschen Loir, ca. 2,5 ha – 100 Stpl.; einfache Standard-Sanitärausstattung.

Cloyes-sur-le-Loir
Camping Parc de Loisirs Le Val Fleuri [WP 228 / N48° 0' 8.3" E1° 13' 59.5"], rte de Montigny, Tel. +33 (0)2 37 98 50 53; 15. März – 15. Nov.; ca. 12 km südwestlich von Châteaudun, über N10 und D23. Schöne Anlage am Flüsschen Loir, ebene Wiesen durch Büsche und Bäume in Stellflächen aufgeteilt; 5 ha – 100 Stpl.; gute Sanitärausstattung. Laden, Restaurant, , Waschmaschine, Trockner, Schwimmbad. Fahrradverleih. Bademöglichkeit. Bei einem Mobilhomepark. V & E für Wohnmobile.

WOHNMOBIL-STELLPLATZ

Wohnmobil-Stellplatz Aire Municipal de Camping-car de Châteaudun [WP 229 / N48° 4' 16.98" E1° 19' 27.40"], 2 rue des Fouleries. **Zufahrt/Lage:** Im nördlichen Ortsteil unterhalb des Schlosses am Südufer des Le Loir gelegen. **Ausstattung:** Asphaltierter Parkplatz für ca. 7 Wohnmobile, falls nicht von Pkw belegt. Ausguss für Grauwasser- und Chemikaltoiletten. Frischwasser, beleuchtet. **Geöffnet:** Ganzjährig. **Gebühr:** Für Strom.

Maboué bei Châteaudun
Wohnmobil-Stellplatz Aire de Camping-car Marboué [WP 230 / N48° 6' 44.11" E1° 19' 42.30"], rue du Croc Marbot. **Zufahrt/Lage:** Von der N10 (Chartes – Châteaudun) am südlichen Ortsrand von Marboué westwärts zum Platz abzweigen, noch 200 m. **Ausstattung:** Geschotterter Parkplatz für 10 Wohnmobile. V & E-Säule mit Frischwasser und Chemikaltoilettenausguss, befahrbare Grauwasserausguss, Strom, WC. **Geöffnet:** Ganzjährig. **Gebühr:** für V & E-Säulennutzung.

PRAKTISCHE UND NÜTZLICHE INFORMATIONEN VON A BIS Z

ANSCHRIFTEN

Atout France - Französische Zentrale für Tourismus, Postfach 100128, 60001 Frankfurt/M.; https://de.france.fr/de. Kein Publikumsverkehr in allen Atout-France-Büros.

Schweiz: Atout France - Französische Zentrale für Tourismus, Rennweg 42, CH-8001 Zürich, Tel. +41 (0)4 42 17 46 00. https://ch.france.fr/de.

Österreich: Atout France - Französisches Zentrale für Tourismus,Prinz-Eugen-Str. 72/2.3, A-1040 Wien, Tel. +43 (0)1 503 28 92 Mo - Fr 9 - 16 Uhr; https://at.france.fr/de.

Comité Régional du Tourisme Centre-Val de Loire, 37 ave. de Paris, F–45000 Orléans, Tel. +33 (0)2 38 79 95 00; https://www.valdeloire-france.com. Zuständig für die Regionen Cher, Eure-et-Loir, Indre, In-dre-et-Loire, Loir-et-Cher, Loiret.

Comité Régional du Tourisme Pays de la Loire, Hôtel de la région, 1, rue de la Loire, F–44966 Nantes cedex 9, Tel. +33 (0)2 40 48 24 20; www.enpaysdelaloire.com. Zuständig für die Regionen Loire-Atlantique, Maine-et-Loire, Mayenne, Sarthe, Vendée.

Örtliche Informationsbüros sind in diesem Reiseführer bei den jeweiligen Städten angegeben.

In nahezu jedem größeren Ort findet sich entweder ein **„Office de Tourisme"**, ein staatliches Touristen-Informationsbüro, oder ein **„Syndicat d'Initiative"**, ein Büro des regionalen oder städtischen Verkehrsvereins.

In diesen Büros gibt es in aller Regel gute, informative Broschüren über Sehenswertes, regionale Besonderheiten, über Hotels, Pensionen, Restaurants und Campingplätze. Hotelzimmerreservierung, Buchung von Ausflügen, Stadtrundfahrten u. ä. sind meist möglich.

Allerdings wird man ohne Französischkenntnisse in vielen Fällen seine liebe Mühe haben, etwas zu erfahren. Vor allem abseits der eingefahrenen Touristenpfade darf man nicht immer auf Fremdsprachenkenntnisse in den Büros hoffen.

Geöffnet sind Touristenbüros gewöhnlich von 9 – 12 und 14 – 18 Uhr. In der Ferienzeit öffnet man gewöhnlich etwas länger und schließt auch nicht während der Mittagszeit. Aber: Erfahrungsgemäß kann außerhalb von Urlaubshochburgen und größeren Städten, auf dem „flachen Lande" also, nur von Ende Juni/Anfang Juli bis Ende August tatsächlich mit geöffneten Touristenbüros gerechnet werden!

Internet
http://de.france.fr/de – Die offizielle Webseite des Fremdenverkehrsamts Frankreich. Vielfältige Infos aus erster Hand von Business Travel über Lebensart und Weine, Veranstaltungen, Sehenswürdigkeiten, Städtereisen bis praktische Infos, Urlaubstipps u. v. m.

www.frankreich-info.de – Zu nahezu allen Themen, die Frankreich, seine Regionen und Städte betreffen, finden Sie hier eine umfangreiche Sammlung an Links.

www.loiretal-frankreich.de– Ausführliche Infos über Schlösser und Land und Leute im Loiretal (Centre-Val de Loire, Touraine und Pays de la Loire).

www.coeur-val-de-loire.com – Infos in französischer Sprache über die Region Loir-et-Cher, das Schloss Chambord, Blois und Umgebung und über die Landschaftsregion der Sologne.

www.touraineloirevalley.de/ – Infos über Tours und das Loiretal.

www.anjou-loire-valley.co.uk – Infos über die Landschaftsregion Maine-et-Loire, des Anjou und über Angers.

Weitere Internetadressen bei den einzelnen Sehenswürdigkeiten oder Einrichtungen.

Konsularische Vertretungen

Französische Botschaft, Pariser Platz 5 – 7, 10117 Berlin, Tel. +49 (0)30-59 00 39 000; https://www.de.ambafrance.org/.

Botschaft der BR Deutschland, 24 rue Marbeau, F-75116 Paris, Tel. +33 (0)1 53 83 45 00; https://allemagneenfrance.diplo.de.

Österreichische Botschaft, 6 rue Fabert, F-75007 Paris, Tel. +33 (0)1 40 63 30 90; www.bmeia.gv.at.

Ambassade de Suisse/Botschaft der Schweiz, 142, rue de Grenelle, F-75007 Paris, Tel. +33 (0)1 49 55 67 00; www.eda.admin.ch.

ARZT UND GESUNDHEIT

Eine gute ärztliche, zahnärztliche und pharmazeutische Versorgung ist in ganz Frankreich gewährleistet. Nur, müssen Sie den Dienst eines Arztes in Anspruch nehmen, müssen Sie die – auch in Frankreich nicht unerheblichen – Behandlungs- und ggf. Krankenhauskosten zunächst einmal selbst begleichen.

Wir haben aber auch die Erfahrung gemacht, dass nach einer Untersuchung in einem Krankenhaus vor Ort nichts bezahlt werden musste. Es wurden nur die Personalien festgehalten und einigen Wochen später kam die Rechnung vom französischen Krankenhausarzt.

Gut beraten ist man, sich vor der Reise mit einer Auslandskranken- bzw. Unfallversicherung zu versorgen. Diese übernimmt in der Regel die Behandlungskosten im Ausland, allerdings nur gegen Belege.

CAMPING

Nimmt man die Zahl der Campinganlagen als Kriterium – derzeit gibt es fast 10.000 Campingplätze im Lande –, hält Frankreich nach wie vor seine Spitzenposition als Campingland in Europa.

Dazu kommen annähernd 10.000 Wohnmobil-Stellplätze (inkl. aller V& E Stationen, Campings auf dem Bauernhof und France Passion, also Stellplätze beim Weinbauern).

Neben privat geführten Campingplätzen gibt es in vielen Städten und Dörfern einen „Camping Municipal", also einen von der Gemeinde betriebenen und verwalteten Campingplatz. Diese Gemeindeplätze weisen einen recht unterschiedlichen Standard auf, sind aber in aller Regel ordentlich geführt.

Auf den Campings Municipal werden gewöhnlich moderate Preise verlangt und mitunter bieten sie den Vorteil, dass sie in Gehnähe zum Ort oder zur Stadt liegen.

Auf unserer letzten Reise konnten wir feststellen, dass viele Gemeinden investiert und ihre Campingplätze, und hier vor allem die Sanitäranlagen, modernisiert haben!

Camping, in zunehmendem Maße auch „Dauercamping", ist in Frankreich sehr beliebt. In der Regel wird im August, dem Ferienmonat der Franzosen, ein Unterkommen auf Plätzen in Feriengebieten für einen durchreisenden Touristen nur schwer möglich sein. Mein Tipp kann nur lauten, vermeiden Sie, wenn immer möglich, zumindest die ersten beiden Augustwochen als Reisezeit durch Frankreich (ausgenommen Paris, dort ist es dann oft recht „leer").

Alle Campinganlagen sind von Seiten der Departementverwaltungen nach einheitlich gültigen Kriterien (Nouvelle Norm, NN) klassifiziert. Die einfachsten Anlagen werden mit einem Stern, die besten mit vier Sternen versehen.

Öffnungszeiten: Campingplätze im Loire-Tal sind im allgemeinen von Anfang April bis Ende September geöffnet.

Auf vielen ländlichen Campingplätzen – gewöhnlich handelt es sich dabei um von den Gemeinden betriebenen „Camping Municipal" – ist das Büro (Reception) außerhalb der Hochsaison (Juli, August) oft nur stundenweise vormittags und spät nachmittags geöffnet. Trifft man abends nach den Öffnungsstunden ein, ist der Zugang des Platzes für Neuankömmlinge gewöhnlich nicht mehr möglich!

Vor allem in den Sommermonaten bietet „**Camping à la ferme**", Camping auf dem Bauernhof, eine gute, wenn auch meist einfachere, Alternative zu den „normalen" Campingplätzen. Bislang haben rund 2.300 Bauernhöfe Campingmöglichkeiten gemeldet.

Der **offizielle Campingverband** Frankreichs ist die „Fédération Française de Camping et de Caravaning", 78, rue de Rivoli, 75004 Paris, Tel. +33 (0)89 02 14 300; www.ffcc.fr; www.campingfrance.com/de/.

Wildes Campen an Stränden, an Straßenrändern oder in geschützten Landschaftsgebieten ist offiziell nicht erlaubt.

Auf jedem anderen Terrain außerhalb von offiziellen Campingplätzen oder ausgewiesenen Stellplätzen für Wohnmobile ist Campen grundsätzlich nur mit vorheriger Genehmigung des Grundstückseigentümers erlaubt. Um Ärger zu vermeiden, sollten Sie beim Thema Campen außerhalb von Campingplätzen oder Wohnmobil-Stellplätzen im Zweifelsfall immer zuerst auf der Gendarmerie nachfragen!

Hinweise über Angaben zu Campingplätzen

Auf Frankreichs Campingplätzen ist ein Trend festzustellen, der zum Nachteil des durchreisenden Campers gereicht. Immer mehr Campingplätze, vor allem Freizeitzentren ähnliche Anlagen in sehr beliebten Ferienregionen, gehen dazu über, ihren Platz ganz oder zum großen Teil mit Mobilehomes oder Bungalows zu belegen. Dies führt dazu, dass diese Campinganlagen keine oder nur noch geringe Kapazitäten für Touristen anbieten. Auf die Erwähnung von Campingplätzen, die zu stark mit Dauercampern und/oder Mobilehomes oder Bungalows belegt sind, haben wir in diesem Reiseführer verzichtet.

Fast jeder Campingplatz verfügt (meist gegen Gebühr) über **Internetzugang** (WLAN/WiFi Point). Falls Sie in unseren Campingplatzbeschreibungen den Hinweis „WLAN" nicht finden, bedeutet das nicht notwendigerweise, dass kein WLAN verfügbar ist! Fragen Sie auf jeden Fall vor Ort nach.

Bei den in diesem Reiseführer aufgelisteten Campingplätzen folgen dem **Platznamen** die **GPS-Koordinaten** im Grad-Minuten-Sekunden-Format in eckigen Klammern, dann **Anschrift, Telefonnummer, Webadresse, Öffnungszeit** und **Lage** und/oder **Zufahrt**.

Bei der **Beschaffenheit des Geländes** wird die Form angegeben, die überwiegt, z. B. ebenes Gelände, terrassiert etc.

Die **Größe des Platzgeländes** wird in Hektar (ha), die Aufnahmekapazität in Stellplätzen (Stpl.) angegeben. Die Angabe **Miethütten** deutet auf das Vorhandensein (ggf. mit Anzahl) von mietbaren Campinghütten, Bungalows oder Mobilehomes hin.

Es wird versucht, die **Platzeinrichtungen**, so wie sie beim Besuch vorgefunden wurden in etwa zu charakterisieren, wobei der Zustand und die Pflege der Gebäude und Installationen auch von Bedeutung waren.

Die Übergänge zwischen den von uns als grobe Anhaltspunkte bei der Einstufung der Plätze geschaffenen Kategorien **Mindestausstattung, Standardausstattung** und **Komfortausstattung** sind fließend.

Zu beachten ist, dass vor allem Einkaufsmöglichkeiten und Restaurants außerhalb der Hauptsaison oft nicht oder nur eingeschränkt betrieben werden.

Mindestausstattung: Einfacher Platz mit bescheidenen, veralteten oder vernachlässigten Einrichtungen, die außer WC's, Kaltwasserwaschbecken und evtl. einige Kaltduschen keine oder völlig unzureichende Einrichtungen für Hygiene und Körperpflege aufweisen.

Standard-Sanitärausstattung: Der Durchschnittscampingplatz mit WC's, Kalt- und Warmwasserwaschbecken und Duschkabinen, überwiegend mit Warmwasser ausgestattet. Ordentlicher Gesamteindruck. Einige Stromanschlüsse für Caravans, möglichst auch ein V & E-Station (Ver- und Entsorgungsstation für Wohnmobile zum Aufnehmen von Frischwasser, bzw. Entsorgen von Grauwasser) oder zumindest ein Ausguss für Chemikaltoiletten sollten vorhanden sein.

Komfortausstattung: Außer ausreichend WC's, Waschbecken mit Warmwasser und Warmduschen in zeitgemäßen, gepflegten Sanitäranlagen werden auch Geschirr- und/oder Wäschewaschbecken mit Warmwasser, oder Waschmaschine/Trockner erwartet, ebenso Stromanschlüsse für Caravans in ausreichender Zahl, Wasserentnahmestellen auf dem Gelände, Ausguss für Chemikaltoiletten und V & E-Station für Wohnmobile. Das Terrain soll gut erschlossen und ansprechend gestaltet sein. Restaurant und Einkaufsmöglichkeit, Freizeiteinrichtungen und Unterhaltungsmöglichkeiten sollten vorhanden sein.

Wohnmobil-Stellplätze

Frankreich ist auf dem besten Wege, in Sachen Wohnmobilstellplätze einen der vorderen Ränge in Westeuropa einzunehmen. Vor allem in den vom Tourismus stark frequentierten Regionen des Landes, wie dem Loiretal, finden sich zahlreiche Stellplätze.

Die Areale werden fast immer von den Gemeinden ausgewiesen und eingerichtet. Das ist umso erstaunlicher, da viele Gemeinden bereits einen gemeindeeigenen Camping Municipal unterhalten.

Mitunter ist es wohl aber auch so, dass Parkplätze in der Nähe von Stränden oder in bekannten Touristenorten, die von Wohnmobilfahrern immer wieder einfach als Übernachtungsstellplätze in Beschlag genommen werden, nachträglich „legalisiert" und als Wohnmobil- Stellplätze ausgewiesen wurden.

Erscheinungsbild, Anlage, Ausstattung und die Lage von Wohnmobil-Stellplätze, sowie die Beschaffenheit des Geländes u. ä. ist sehr, sehr unterschiedlich. Das Spektrum reicht vom einfachen, staubigen, schattenlosen Parkplatz ohne jede Einrichtung (meist in der Nähe von Stränden) bis hin zum ansprechend gestalteten Stellplatz mit geteerten Wegen, schön angelegten und begrünten Parkbuchten, mit Picknicktischen, Toiletten und Ver- und Entsorgungseinrichtungen. Einfachere Stellplätze sind gelegentlich kostenlos.

Erwähnt werden muss aber auch, dass Wohnmobil-Stellplätze in oder in der Nähe von touristischen Hochburgen oder an beliebten Stränden oft eine beengende Belegungsdichte aufweisen können.

Lediglich die Beschilderung lässt in manchen Orten noch zu wünschen übrig. An Ort und Stelle weist dann meist nur ein Schild mit dem Wohnmobilsymbol auf die Ent- und Versorgungseinrichtung hin. Mehr nicht. Selten gibt es eine weitere, eindeutige Beschilderung, die ausdrücklich auch das Übernachten erlaubt.

In unseren Stellplatzbeschreibungen werden Sie ab und zu den Satz lesen: „Jederzeit und für jedermann uneingeschränkt zugänglich". Damit soll ausgedrückt werden, dass der Platz weder eingezäunt, die Zufahrt mit einer Schranke versehen oder gar beaufsichtigt ist, aber eben auch Tag und Nacht kostenlos zugänglich ist und zwar für jedermann, also auch für Pkw-Fahrer, die bei Parkplatzengpässen natürlich auch auf den WoMo-Stellplätzen parken.

Dies ist z. B. einer der Gründe, warum über Anzahl der möglichen Stellplätze pro Areal nur Circa-Angaben gemacht werden. Auch die Größe der einzelnen Fahrzeuge und die Art und Weise, wie auf den Geländen geparkt wird, beeinflusst natürlich die Aufnahmekapazität der meisten Stellplatzareale.

Die Servicesäulen für Wohnmobile auf Stellplätzen in Frankreich sind oft Modelle vom Typ „Euro Relais Junior". Ausgestattet sind sie mit einem Münzeinwurf, mit 2 Wasserhähnen, 2 Steckdosen und einem Ausguss für Abwässer. Die Servicesäulen sind in aller Regel durch den Einwurf einer 2-Euro-Münze zu aktivieren. Neuere Säulen können oft nur durch Einschieben einer Kreditkarte betrieben werden. Lediglich der Ausguss für Abwässer und Chemikaltoiletten in Form eines durch eine Klappe abgedeckten Schachts an der

Säulenbasis lässt sich fast immer unentgeltlich nutzen und die Spülung dort funktioniert auch ohne Geldeinwurf.

Zwischenzeitlich haben auch einige der großen Supermarktketten wie InterMarché oder Leclerc an ihren Einkaufszentren spezielle Parkplätze für Wohnmobile geschaffen, sog. **Trailer's Parks**, die besonders von einheimischen Wohnmobilisten sehr gerne als Übernachtungsplätze angesteuert werden. Besonders gut ausgestattete Supermarktstellplätze bieten außer Müllcontainern auch Ver- und Entsorgungssäulen.

In jüngster Zeit findet man gelegentlich auch Wohnmobil-Stellplätze(z. B. in Veretz oder in Montrichard), die einstmals als Campingplätze dienten und nun ausschließlich als Stellplätze für Wohnmobil genutzt werden können.

Immer mehr Gemeinden (z. B. Azayle-Rideau, Pornic, Montrichard u. a.) und Platzbetreiber gehen dazu über, ihre Plätze dem Betreiber-System **„Camping-Car Park"** (www.campingcarpark.com; Info-Tel. +33 (0)1 83 64 69

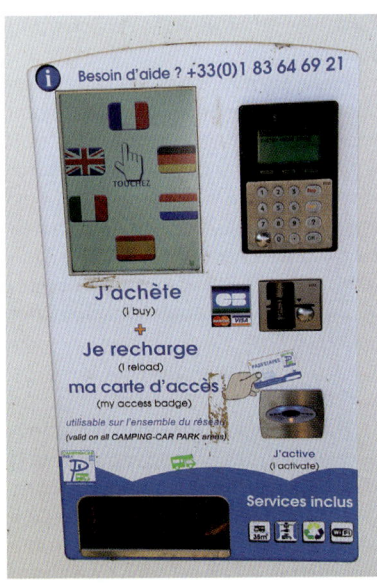

Mehrsprachiger Bezahlautomat an „Camping-Car-Park" Stellplätzen

Ver- & Entsorgungssäule für Wohnmobile

21) anzuschließen, was sich für den Benutzer in erster Linie in der (auf den ersten Blick etwas verwirrenden) Zugangsprozedur über ein automatisiertes Beschrankungssystem zeigt.

Dreh- und Angelpunkt des Systems ist der persönliche und wiederaufladbare „Pass'Etapes", den Sie am Automat für zuletzt 4 Euro (plus Platzgebühr) erwerben müssen. Am Automaten können Sie die Ansage auch in deutscher Sprache wählen!

Man kann wählen, ob man erstmals einen neuen „Pass'Etapes" erwerben will, oder einen bereits vorhandenen „Pass'Etapes" für den angesteuerten Platz gegen Gebühr aktivieren will. Notwendig ist, dass Sie eine Handy-Telefonnummer angeben können und über eine Kreditkarte verfügen, deren Nummer Sie ebenfalls eingeben müssen.

Ausgegeben wird vom Automaten ein „Pass'Etapes" der unbegrenzt gültig ist, und beim Zugang zu anderen Camping-Car-Park-Stellplätzen gegen Gebühr nur noch reaktiviert werden muss.

Anders als bei Campingplätzen, seien sie privat oder kommunal geführt, ist die Existenz von Wohnmobilstellplätzen oft von kurzfristigen Entscheidungen der Gemeinden oder Ordnungsbehörden abhängig. Es kann also keinerlei Garantie dafür übernommen werden, dass alle in diesem Reiseführer beschriebenen Stellplätze, die wir allesamt angefahren haben, auch dann noch existieren, wenn Sie auf Tour gehen. Andererseits können natürlich auch neue Stellplätze hinzugekommen sein. Wir bitten da sehr um Ihr Verständnis, falls zwischenzeitlich Änderungen eingetreten sein sollten.

ELEKTRIZITÄT

Die Stromspannung beträgt in Frankreich wie bei uns 220 V Wechselstrom. Viel wurde schon zu einem vereinigten Europa getan. Zu einer einheitlichen Steckernorm hat man sich allerdings noch nicht durchgerungen. Kurz, unsere Schutzkontaktstecker passen nicht in die in Frankreich üblichen Steckdosen mit mittlerem, runden Schutzkontakt. Nur Geräte mit flachen bzw. angepassten Eurosteckern können daran betrieben werden. Ansonsten ist ein Adapter notwendig.

Stromanschlüsse für Caravans auf Campingplätzen sind meist mit den weitverbreiteten ECC-Kontakten ausgestattet. Ggf. Adapterkabel nicht vergessen!

EINREISEBESTIMMUNGEN

Seit Inkrafttreten des Schengener Abkommens gehören Kontrollen an den Grenzen der EU-Mitgliedstaaten der Vergangenheit an. Dennoch müssen natürlich gültige Ausweispapiere, Führerschein und Autozulassung (Kfz-Schein bzw. Zulassungsbescheinigung Teil 1) mitgeführt werden.

Und auf das D-Schild am Auto und am Caravan dürfen Sie auch nicht verzichten.

Nicht zwingend vorgeschrieben, aber empfehlenswert ist das Mitführen der sog. „Grünen Versicherungskarte", die Ihnen Ihre Kfz-Versicherung ausstellt.

Wenn Sie mit einem ausgeliehenen oder gemieteten Pkw oder Wohnmobil nach Frankreich reisen, lassen Sie sich vom Eigentümer oder vom Vermieter eine schriftliche Vollmacht oder Mietvertrag mitgeben. Erkundigen Sie sich am besten rechtzeitig vor Abreise nach dem neuesten Stand in dieser Angelegenheit bei Ihrem Automobilclub oder bei Atout France.

Haustiere

Hunde und Katzen müssen durch Tätowierung oder Mikrochip eindeutig identifiziert werden können. Für Tiere, die älter als 3 Monate sind, ist eine gültige Tollwutimpfung vorgeschrieben, die von einem Tierarzt in einen Internationalen Impfpass bzw. im Europäischen Heimtierausweis eingetragen ist. Die

Impfung muss mindestens 1 Monat und darf höchstens 1 Jahr alt sein.

Für Hunde, die unter die Kategorie „Kampfhunde" fallen, gelten zusätzliche Bestimmungen. Informieren Sie sich nach den aktuellen Bestimmungen unter https://www.ambafrance-de.org/Haustiere-Einreisebestimmungen.

Da vor allem Hunde bei Franzosen überaus beliebte Haustiere sind, haben sich viele Hotels und Campingplätze dem Wunsch dieser großen Gästegruppe gebeugt und tolerieren das Mitbringen von Haustieren. Allerdings wird dann mitunter eine Gebühr für die Vierbeiner verlangt. Haustiere sind in den allermeisten Schlössern bei Besichtigungen allerdings nicht erlaubt.

ESSEN UND TRINKEN

Nicht nur „leben wie Gott in Frankreich", sondern auch „essen und trinken wie Gott in Frankreich" ist ein geflügeltes Wort. Und zweifellos ist das Erleben und Erkunden der mannigfachen französischen Köstlichkeiten aus Küche und Keller mit einer der schönsten Anlässe, sich für eine Urlaubsreise nach Frankreich zu entschließen.

Natürlich ist es ein herrliches Erlebnis, vielleicht sogar der Höhepunkt Ihrer Frankreichreise, sich einmal in einem Dreisterne-Restaurant (Michelin-Sterne sind hier gemeint) mit Köstlichkeiten, von einem renommierten Küchenchef kreiert, verwöhnen zu lassen.

Und doch sollte man lieber die traditionellen Dinge im Lande probieren, als sich der oft recht gekünstelt anmutenden Nouvelle cuisine anzuvertrauen.

In La France profonde, dem alltäglichen Frankreich, ist die regional unterschiedliche, bodenständige Küche glücklicherweise noch lange nicht ausgestorben und immer wieder ein neues Urlaubserlebnis.

Zunächst sollte eine kleine Begriffserklärung helfen herauszufinden, wer wann, was serviert. Denn oft kann nach der Bezeichnung der jeweiligen Lokalität schon eingeschätzt werden, welche Art von Essen und Trinken man dort serviert.

Wenn im Übernachtungspreis im Hotel kein Frühstück inbegriffen ist, was die Regel ist, gehen Sie einfach ins **Bistro**, ins **Café** oder in die **Bar** um die Ecke und bestellen Sie dort Ihren Kaffee, vielleicht einen Café au lait und Ihr Croissant. Das Frühstück (petit déjeuner) ist ein bisschen ein Stiefkind in der Speisenfolge des französischen Alltags.

Und zu vergleichen sind die Begriffe Café und Bar mit unseren so bezeichneten Einrichtungen auch nicht. In Frankreich wird damit die gängige Gaststätte, die Kneipe bezeichnet, in der man sich auch mal zu einem Glas Bier oder Glas Wein an der Theke oder an einem Tischchen auf dem Trottoir niederlässt, oder mittags einen Imbiss, etwa ein Sandwich au jambon, zu sich nimmt.

Wenn Sie nachmittags nach einem Stadtbummel Appetit auf Kaffee und Kuchen bekommen, sollten Sie nach einem **Salon de thé** Ausschau halten. Dort bekommen Sie am ehesten feine Pâtisserien zu Kaffee, Tee oder Schokolade.

Die Preise in den Bars und Cafés sind sehr unterschiedlich und hängen stark von der Lage des Lokals ab. Fast immer sind die Preise am billigsten, wenn Sie am Tresen (comtoir) Platz nehmen. An den Tischen auf dem Trottoire oder auf der Terrasse werden in Lokalen an touristischen Brennpunkten nicht selten höhere Preise verlangt.

Und dann gibt es da noch die **Brasserie**, die Gaststätte, in der man bis abends warme Gerichte serviert.

Bistros und Bars schließen abends in aller Regel ihre Pforten. Dann gehen in den vielen **Restaurants** die Lichter an. Gewöhnlich wird dort ab halb acht, acht bis zehn Uhr abends serviert.

Übrigens, mittags und abends bieten manche Restaurants fertig zusammengestellte Menüs an, mit Vorspeise, Hauptgang und Dessert, oft mit einem

Glas Hauswein. Mit diesen Menüs ist man selten schlecht bedient und sie sind preislich oft günstiger, als wenn man à la carte wählt.

Rechnen Sie für ein Menü à la carte in einem Restaurant der mittleren Preislage mit rund EUR 50,-. In einem Nobelrestaurant werden Sie mit kaum weniger als EUR 150,- für ein Menü auskommen. Getränke sind dabei nicht berücksichtigt.

Wenn Sie in den Touristenhochburgen nicht gerade im Restaurant genau gegenüber der Hauptsehenswürdigkeiten einkehren, vor der die Besucherbusse in langen Reihen stehen, werden Sie mit ein wenig Fingerspitzengefühl für allzu Aufdringliches fast immer ein Restaurant finden, in dem Sie ordentlich verköstigt werden. Einen wirklich groben Reinfall werden Sie in Frankreich selten erleben.

Seien Sie ruhig ein bisschen mutig und machen Sie die abendliche Restaurantwahl zu einem Teil des Urlaubsspaßes. Und um die Situation schon etwas vorzusondieren, wird man Ihnen im Hotel oder an der Campingrezeption sicher den einen oder anderen Hinweis geben können.

Unterwegs werden Sie in der Mittagszeit sicher ab und zu an Restaurants an der Straße vorbeikommen, vor denen sich die Lkws nur so drängeln. Fernfahrer kennen ihre Pappenheimer und wissen sehr wohl, wo man gut und preiswert isst.

Und was gibt es befriedigenderes als ein wohl kombiniertes Menü mit einem feinen Käse abzurunden. Über **400 Käsesorten** kennt man in Frankreich. Und jedes einigermaßen gut geführte Restaurant kann mit einer reich sortierten Käseauswahl von irritierender Vielfalt aufwarten. Sie können wählen zwischen Hartkäse und Weichkäse, Frischkäse und Edelschimmelkäse, Ziegenkäse, Kuhmilchkäse und Schafskäse.

Jede Region hat ihre Käsespezialitäten. Neben dem Weichkäse *Camem-bert*, der aus der Normandie stammt und dem *Roquefort*, dem berühmten Blauschimmelkäse aus Schafsmilch mit einem Schuss Kuhmilch aus dem Aveyron um Rodez im Süden Frankreichs – beide Käsesorten sind weit über die Grenzen Frankreichs hinaus berühmt – ist die Familie der würzigen *Brie-Käse* überaus beliebt.

Aus der Loiregegend kommen u. a. feine, würzige Ziegenkäse wie der *Crottin de Chavignol*, eine feine Spezialität, der *Le-Selles-sur-Cher*, der *Valençay*, der *Sainte-Moure-de-Touraine* oder der *Pauligny-Notre-Dame*.

Anfangs ist man bei der Käseauswahl oft fast etwas überfordert. Seien Sie dann mutig und lassen Sie den Käsegenuss zum kulinarischen Abenteuer werden. In den seltensten Fällen werden Sie eine herbe Enttäuschung erleben. Und sicher wird Ihnen der garçon gerne einen Tipp zur Käseauswahl geben.

So richtig entfalten wird sich das kulinarische Geheimnis des Käses aber erst, wenn Sie dazu einen passenden Wein trinken. Und nun wird die ganze Angelegenheit fast schon zu einer kleinen Wissenschaft für sich, aber zu einer überaus angenehmen.

Und da sich über Geschmack nun mal trefflich streiten lässt, gibt es keine ehernen Grundsätze, welchen Wein man zu welchem Käse trinkt. Gewöhnlich wird man zu einem würzigen, deftigen Käse wie dem Roquefort wohl einen kräftigen Rotwein wählen und zu einem feinen Weichkäse vielleicht lieber ein Glas Weißwein nehmen. Eine gute Idee, mit der Sie kaum etwas falsch machen können, ist es, wenn Sie Käse und Wein aus ein und derselben Region wählen können.

Übrigens: Ruhetag ist bei vielen Restaurants der Montag. Auch Sonntag abends bleiben viele Restaurants geschlossen. Für Samstag abends empfiehlt sich für die meisten Restaurants eine Tischreservierung.

Sehr beliebt ist der vornehmlich aus der Bretagne und der Normandie stammende **Cidre**, ein Apfelwein aus vergorenem Apfelsaft, der fast so etwas wie das Nationalgetränk ist.

Man kennt süßen Apfelwein, den Cidre doux, der wunderbar zu süßen Crêpes mit Puderzucker (Crêpes au sucre) oder mit feiner Konfitüre gefüllten Crêpes passt.

Der kräftigere, trockene Cidre brut oder sec dagegen geht hervorragend zu herzhaft mit Schinken oder Käse gefüllten Crêpes. Und – Cidre trinkt man nicht aus Gläsern, sondern aus Tassen.

Aber Cidre ist nicht gleich Cidre. Neben dem traditionellen Bauern-Cidre wird auch industriell gemachter Cidre angeboten, der mit dem Original nur noch den Namen gemein hat. Echter, guter Cidre ist in Fässern gereift und perlt durch Hefebestandteile, die sich in der Apfelschale befinden.

Industriell gemachter Cidre dagegen wird mit Kohlensäure versetzt. Sie sollten beim Kauf also darauf achten, dass auf den Flaschenetiketten der Vermerk „pur jus" zu finden ist.

Gute Qualität garantiert auch die Bezeichnung A.O.C. (Appellation d'Origine contrôlée), die die auf dem Etikett angegebene Herkunft garantiert. Ein neues Gütesiegel können Cidres aus der Cornouaille erwerben. Geprüfte Qualitäten tragen dann den Vermerk **„Appellation Cornouaille Contrôlée"**. Am besten ist es aber nach wie vor, seinen Cidre direkt beim Obstbauern zu kaufen. Viele von ihnen haben eigene Probierstuben.

MENÜPILOT

A

agneau – Lamm
aiglefin – Schellfisch
ail – Knoblauch
amandes – Mandeln
andouille – geräucherte Würste aus Kutteln und Innereien
anguille – Aal
alouettes – Rindsroulade
araignée – Seespinne
armagnac – wird ähnlich wie der Cognac aus Wein gebrannt, kommt aus dem Vorland der Pyrenäen.
artichaut – Artischocke
asperge – Spargel
assiette anglaise – Aufschnitt-Teller

B

baguette – das lange, französische Weißbrot
bargue – Meerbutt
béchamel – weiße Sauce
beignet – ein in Fett gebackenes, krapfenähnliches Gebäck
Bénédictine – Kräuterlikör
betterave rouge – rote Bete
beurre d'ail – Knoblauchbutter
bien cuit – gut durchgebraten (sollte ein gutes Steak aber nie sein), auch „well done"
bien fait – für Käse, der seinen höchsten Reifegrad erreicht hat
bifteck à la tartare – Hacksteak
biscotte – Röstbrotschnitte
bleu – blau, in der Gastronomie für nur ganz kurz angebratenes, keinesfalls durchgebratenes Fleisch, das dann innen noch kalt und rosa sein muss. Bei uns auch „englisch" oder „rare".
boeuf – Rind- oder Ochsenfleisch
boeuf bourguignon – Rinderschmortopf, Fleisch mit Gemüse in rotem Burgunder geschmort
boissons – Getränke
boudins noir – Blutwürste
boudins blanc – Leberwürste
bouillabaisse – eine Fischsuppe, die ursprünglich aus Marseilles stammt, ihre bretonische Variante ist die cotriade bretonne.
bouilli – gekocht
bouillon – klare Rinderbrühe
boulettes de viande – Fleischbällchen
bouteille – Flasche
braisé – geschmort
brioche – Gebäck aus Hefeteig
broche, brochette– Spieß zum braten, kleiner Spieß mit Gebratenem.
brochet – Hecht

brut – trocken, bei Cidre oder Schaumwein

C

cacahouètes – Erdnüsse

caille – Wachtel

calvados – aus Apfelwein gebrannter Schnaps, kommt traditionell aus der Normandie.

canard – Ente

cerf– Hirsch

cerises – Kirschen

chateaubrind – Rinderfilet

chevreuil – Reh

chou (rouge) – Kohl, Rot-

choucroute – Sauerkraut

choucroute garnie – Schlachtplatte, Sauerkraut mit Schweinebauchspeck, Schweinswürsten, Blut- und Leberwürsten u.ä.

chou-fleur – Blumenkohl

choux de Bruxelles – Rosenkohl

Cidre – Apfelwein, wird traditionell aus Keramiktassen getrunken.

cochon – Schwein

cochon de lait – Spanferkel

coquile Saint-Jacques– Jakobsmuscheln mit einer Sauce, in der Muschelschale im Ofen gratiniert.

coq au vin – Hähnchen in Wein gegart

côte – Rippe

cotriade bretonne – eine kräftige Fischsuppe

courgette – Zucchini

crème chantilly – Schlagsahne

crêpes – hauchdünne Pfannkuchen, werden heute aus Weizenmehl, traditionell aber aus Buchweizen und auf dem Stein im Backofen oder im offenen Kamin gemacht. Oft gefüllt mit Konfitüre oder Honig, oder nur mit Puderzucker bestreut. Man trinkt dazu einen Cidre brut oder Cidre doux aus Keramiktassen.

cresson – Wasserkresse

crevettes – Krabben

cuisses de grenouilles – Froschschenkel

D

le dessert – Nachspeise

dinde/dindonneau – Truthahn, junger Truthahn

E

écrevisses – Krebse

entrecôte – Mittelrippenstück

epinards – Spinat

escalope – Schnitzel

escalope de veau – Kalbschnitzel

escargots – Schnecken

F

faisan – Fasan

figues – Feigen

foie – Leber

four – Backofen

au four – gebacken

fraises – Erdbeeren

framboises – Himbeeren

fumé – geräuchert

G

galette – die herzhafte und dickere Variante der Crêpes, belegt oder gefüllt mit Schinken, Käse, Eiern, Pilzen oder Champignons u.ä.

gâteau – Kuchen

gigot – Keule, Hammelkeule, Lamm-, Reh-,

glaces – Speiseeis

H

haricots verts/blancs – grüne Bohnen (Brechbohnen)/ weiße -

herbes, fines herbes – Kräuter, feingewiegte Kräuter

l'hors-d'oeuvre – Vorspeise

homard – Hummer

huîtres – Austern

J

julienne – fein geschnittene Gemüsestreifen

jus de fruits – Fruchtsaft

K

kouign-aman – ein gehaltvoller bretonischer Kuchen.

L

laitue – Blattsalat, Kopfsalat

langue – Zunge

lapin – Kaninchen

lièvre – Hase

M

maquereau – Makrele

médaillons – Filetspitzen

Moules farcis – überbackene Muscheln, an der Küste
moutarde – Senf
Myrtiles – Blau-, Heidelbeeren

N
noix – Walnüsse
nouilles – Nudeln

O
oie – Gans
oignons – Zwiebeln

P
pain – Brot
pastèque – Wassermelone
pâtés – Pasteten
pêche – Pfirsich
perche – Barsch
perdrix/perdreau – Rebhuhn/junges Rebhuhn
petits pois – grüne Erbsen
pieds de cochon – Schweinsfüße
plat du jour – Tagesgericht
a point – medium, beim Filetsteak z. B., nicht ganz durchgebraten, innen noch ganz leicht rosa.
poire – Birne
poireaux – Lauch, Porree
poisson – Fisch
poivre – Pfeffer
pommes – Apfel
pommes (de terre) – Kartoffeln
– allumettes – Streichholz-Kartoffeln
– dauphine – püriert und frittiert (Croquetten)
– mousseline – Kartoffelpüree (-brei)
– nature – gekochte Kartoffeln
– vapeur – Dampfkartoffeln
porc – Schweinefleisch
côte de porc – Schweinerippchen
potage – eine leichte Suppe
pot-au-feu – Eintopf mit Fleisch und Gemüse
poulet – Hühnchen
poulpe – Tintenfisch
prunes – Pflaumen

R
ragoût – kleine Fleischstücken in würziger Sauce zubereitet
raisin blanc/noir – Weintrauben weiß/blau

rillettes – Püree aus Schweinefleisch und Schmalz, wird kalt serviert
rillons – Schweinebrust in Fett gebraten, wird kalt serviert
rognons – Nieren
rôti – gebraten, geröstet

S
saignant – ähnlich wie „bleu" (siehe oben), nur ein klein wenig mehr angebratenes Fleisch (Filet), aber innen noch schön rosa
salade d'endives – Endiviensalat
salade verte – grüner Salat
salde panachée – gemischter Salat
sandre – Zander
sanglier – Wildschwein
saumon – Lachs
sausisson – Wurst
sauté – in Butter geschwitzt, geschmort
sol – Seezunge
sorbet – Wassereis
soupe – herzhafte Suppe
soupe de jour – Suppe des Tages
soupe à l'oignon – Zwiebelsuppe

T
tarte aux pommes – Apfeltorte
thon – Thunfisch
truite – Forelle

V
veau – Kalbfleisch
la viande – Fleisch
volaille – Geflügel

Zubereitungsarten und Saucen

Béchamel – weiße Sauce
Bérnaise – fein aufgeschlagene Sauce aus Essig, Eigelb, Weißwein, Schalotten und Estragon
Bordelaise – Sauce aus Pilzen, Rotwein, Schalotten, Rindermark
Bourguignon – Sauce mit Rotwein und feinen Kräutern
Hollandaise – fein aufgeschlagene Sauce aus Eigelb, Butter und Essig
Madère – Sauce mit Madeirawein
Marinière – zubereitet mit Weißwein, Muschelsud und Eigelb
Meunière – zubereitet mit zerlassener, brauner Butter, Petersilie, Zitronensaft

Périgueux – zubereitet mit pürierter Gänse- oder Entenleber und mit Trüffeln
Provençale – zubereitet mit Tomaten, Zwiebeln, Knoblauch
Tartare – Sauce mit Mayonnaise, gewürzt mit Senf und Kräutern
Vinaigrette – Sauce aus Essig, etwas Öl, evtl. feingewiegte Kräuter

Käse
Fein, mild: Beaufort
Beaumont
Belle étoile
Boursin
Brie
Cantal
Reblochon
St-Palin
Kräftig, würzig: Bresse bleu
Camembert
Munster
Pont-l'Èvôque
Roquefort
Ziegenkäse: St-Marcellin
Crottin de Chavignol Valençay

Und viele, viele andere Käsesorten.

FERNSEHEN

Falls Sie auch im Urlaub auf „Tatort" oder „Sportschau" nicht verzichten können, werden Sie mit ihrem normalen Fernseher im Wohnmobil oder im Caravan eine herbe Enttäuschung erleben. In Frankreich gibt's eine andere Fernsehnorm, nicht PAL wie bei uns, sondern Secam. Sie müssen also einen Umformer mitnehmen oder einen sog. Multinormfernseher haben, der sich auf Secam-West justieren lässt, um in den Genuss von Fernsehbildern zu kommen.

FESTE UND MÄRKTE
Veranstaltungen

Blois – „Les Montgolfiades de Blois", großes Treffen der Heißluftballonfahrer, um den **14. Juli.**

Châteauneuf-sur-Loir – Rhododendronfest am **Pfingstwochenende-**

Chaumont-sur-Loire – Internationale Gartenschau, die sich jedes Jahr ein anderes gartenbautechnisches oder botanisches Thema zum Anlass nimmt, von **Ende April** bis **Anfang November.**

Doué-la-Fontaine – Rosenfestival im Amphitheater Arènes, immer Mitte **Juli.**

Le Lion-d'Angers – Am vorletzten Wochenende von Freitag bis Sonntag im **Oktober** findet das **Internationale Reit- und Dressurturnier** statt. Gewöhnlich nehmen daran Reiter aus 20 Nationen teil, die sich in den Disziplinen Springen, Dressur und Geländeritt messen.

Loches – Überregionales **Festival des Musiktheaters**, am letzten Wochenende am Freitag und Samstag im **Juli.**

Le Mans – 24-Stunden-Motorradrennen, am dritten Wochenende im **April.**

Musikfestival Ende Mai, in der Abtei L'Epau bei Le Mans.

Schon fast legendär, das **24-Stunden-Rennen von Le Mans** auf dem „Circuit des 24-heures" am **dritten Wochenende im Juni.**

Sehenswert ist in der Altstadt von Le Mans das Straßentheater **„Les Scénomanies",** das jedes Jahr am ersten Wochenende im **Juli** stattfindet.

Orléans – Jeanne d'Arc-Fest, jedes Jahr in der ersten Woche im **Mai.**

Jazz-Festival, meist **Mitte Juni.**

Sablé-sur-Sarthe – Barockmusik-Festival, meist am letzten Wochenende im **August**.

Saumur – Eine glanzvolle Pferdeschau sind die Reit- und Dressurvorführungen des **Cadre Noir** in der **École National de l'Équation,** die jedes Jahr an Wochenenden **Mitte Mai, Mitte Juni, Ende Septemer und Ende Oktober** in Saumur gezeigt wird**.**

Internationales Reit- und Springturnier, Anfang **Mai.**

Die Militärparade **„Carrousel militaire"** mit Vorführungen zu Pferde, mit

Panzern, Motorrädern und anderen Militärfahrzeugen zieht jedes Jahr am vorletzten Wochenende im **Juli** Zuschauer aus ganz Frankreich nach Saumur.

Sully-sur-Loire – Festival Klassischer Musik mit internationaler Besetzung, im **Juni.**

Tours – Jedes Jahr im **Juni** ist die Stadt und ihre Umgebung Schauplatz diverser Festivals, wie dem **Le Chorégraphique** mit zeitgenössischem Ballett oder dem Festival für Chorgesang „**Florilège Vocal de Tours**". Breiten Raum nimmt dabei das **Musikfestival der Touraine** Anfang **Juni** ein, an dem internationale Künstler teilnehmen.

Märkte

Märkte sind ausgezeichnete Gelegenheiten nicht nur Land und Leute, sondern auch die Produkte, die die jeweilige Region hervorbringt, kennen zu lernen. Frischer können Sie Obst, Gemüse, Fisch, Meerestiere, Geflügel, Wurst und Pasteten direkt vom Erzeuger kaum irgendwo sonst bekommen. Und wenn Sie nichts kaufen wollen, ist auch nur ein Bummel über den Markt mit seinen Gerüchen und Farben und den interessanten Leuten immer ein Erlebnis. Und wenn Sie in der glücklichen Lage sind, mit einem Wohnmobil oder Caravan unterwegs zu sein und sich ab und zu selbst verköstigen, ist ein Markt immer eine wahre Fundgrube für jeden Speisezettel.

FREIZEITAKTIVITÄTEN

Hausboote

Geruhsam durch lauschige, grüne Landschaften gleiten. Auf von langen Baumreihen, durch die das Sonnenlicht bricht, gesäumten Kanälen dahinschippern. In kleinen Städten anlegen und Proviant bunkern oder beim Landgang die Sehenswürdigkeiten erkunden und regionale Spezialitäten aus Küche und Keller probieren. Morgens in aller Ruhe ein Frühstück auf dem Kahn in Gesellschaft von Reihern, Enten und Morgendunst genießen. Wenn Sie sich vorstellen können, dass das auch einmal Ihre Urlaubsideale sein könnten und wenn Sie bereit sind, Ihr Urlaubsziel einmal aus einer ganz anderen Perspektive zu erleben, dann sind Sie auf einer Hausboottour auf Frankreichs Binnenkanälen goldrichtig.

Freizeitkapitänen auf Zeit stehen in Frankreich sage und schreibe 8.500 km an Kanälen und Wasserstraßen zu Verfügung, die von der Berufsschifffahrt so gut wie nicht mehr genutzt werden.

Die zu mietenden Hausboote, in Frankreich nennt man sie „Pénichette", was soviel wie Lastkähnchen heißt, können in Frankreich ohne nautische Vorkenntnisse und ohne Führerschein gefahren werden. Bevor Sie auf „große Fahrt" gehen, werden Sie vom Vermieter in alle „Geheimnisse" der Binnenschifffahrt eingewiesen, erfahren wie man an- und ablegt, wie man schleust und all so was.

Schnell sind die Boote zum Glück auch nicht, beschauliche 8 bis 12 km/h, mehr geht nicht. Aber das langt ja auch.

Was Sie allerdings mitbringen sollten, sind Französischkenntnisse, je umfangreicher, desto besser. Man muss sich schon mal mit einem Schleusenwärter verständigen, sich vielleicht nach einem Anlegeplatz erkundigen und man will sich ja einfach auch mit den Leuten unterhalten. Und ähnlich wie bei uns, wird man auf dem flachen Lande, durch das die Kanäle und Wasserstraßen nun mal führen, nicht mit großen Fremdsprachenkenntnissen rechnen dürfen.

Pénichettes gibt's für zwei bis zwölf Personen, Platz genug, um mit der ganzen Familie und mit guten Freunden auf große Fahrt zu gehen. Selbst Menschen mit zwei linken Händen können diese leicht zu navigierenden Hausboote schon nach kurzer Einweisung steuern, keine verwirrenden Armaturen und Hebel, keine Knotenkunde, kein meteorologischer Lehrgang, keine unverständlichen Kommandos. Fahrhebel nach vorwärts und los geht's.

Die Boote sind mit allem ausgestattet, was man zum Leben und Reisen auf dem Wasser braucht, Küche mit Gasherd und Kühlschrank, Schlafkabinen, Dusche, WC, je nach Größe des Schiffes Platz zum Sonnen auf Deck oder auf den Aufbauten, und auch noch Platz für Fahrräder, die viele der Unternehmen vermieten. Fahrräder erweitern den Aktionsradius etwas, lassen kleine Ausflüge zu und erleichtern z. B. das morgendliche Brötchen- bzw. Baguetteholen; www.leboat.de; www.hausboot-nicols.de; www.france-passion-plaisance.fr.

Kanufahren

Auf den Flüssen Indre, Cher, Eure, Creuse, auf der fast ungezähmten Loire und auf den Kanälen in der Bretagne finden Wassersportfreunde viele Möglichkeiten zu ausgedehnten Touren mit Kanu oder Kajak. Es werden ausgearbeitete, von ortskundigen Kanuten begleitete Touren mit vorausgebuchten Übernachtungen angeboten. Beim Maison de France können Sie die Broschüre „Randonnées en Canoe-Kayak" bestellen, das eine ganze Reihe von Kanutouren beschreibt.

Radeln

Im Loiretal, einer einladenden Hochburg für Fahrradtouren, gibt es viele Möglichkeiten zum Radeln. Im örtlichen Buchhandel oder bei den Touristeninformationen in größeren Städten sind Karten mit markierten Rundstrecken (z. B. über das Fahrradnetzwerk „Radfahren im Land der Schlösser") zu bekommen.

Das Internetportal www.loire-radweg.org gibt Informationen über einen 650 km langen **Radweg entlang des Loiretals** „La Loire a velo". Unter www.chateauxavelo.com gibt es Informationen zu **„Les Châteaux à vélo"** mit vorgefertigten Radtouren rund um die Schlösser von Blois, Chambord, Cheverny, Chaummont u. a.

Einige Veranstalter bieten Tourenprogramme mit Hotelreservierungen und Gepäcktransport an. Und wenn Sie Ihr eigenes Fahrrad nicht mitnehmen wollen, können Sie in vielen Orten Fahrräder mieten.

Darüber hinaus bieten auch Hotels und Campingplätze den Service des Fahrradverleihs an.

Wandern

Wandern in Frankreich bietet reizvolle Urlaubserlebnisse. Im ganzen Lande gibt es ein gut markiertes Netz von Wanderwegen.

Wer Herausforderungen sucht, kann sich an den Fernwanderwegen, den in mehrere Tagesetappen eingeteilten, rot-weiß markierten **Grandes Randonnées (GR),** messen.

Kleinere Wanderstrecken sind als **Petites Randonnées (PR)** bezeichnet und ausgeschildert. Wege der Petites Randonnées sind mit unterschiedlichen Farben gekennzeichnet, Blau signalisiert eine Wegstrecke von etwa zwei Stunden Dauer, Gelb weist auf Wege mit einer Gehzeit über zwei bis etwa 4 Stunden und Grün schließlich markiert Wege, für die man vier bis sechs Stunden Gehzeit einplanen sollte.

Einer der schönsten Fernwanderwege, der fast 600 km lange **Sentier de la Loire** (GR 3), führt von Orléans am großen Strom Frankreichs entlang bis in die Sumpf- und Seenlandschaft der Brière nördlich der Loiremündung.

Ein anderer Weg (GR 46) führt teilweise durch das Indretal.

Gutes **Wanderkartenmaterial** gibt es in den Buchhandlungen oder bei den örtlichen Touristenämtern.

Als beste Tourenkarten für Wanderungen gelten in Frankreich die Karten des *Institut National de l'Information Géographique et Forestière, 73, Ave. de Paris, 94165 Saint-Mandé, Tel. +33 (0)1 43 98*

80 00; *www.ign.fr* und von der *Féderation Française de la Randonnée, 64, rue du Dessous des Berges, F-75013 Paris, Tel. +33 (0)1 44 89 93 90; www.ffrandonnee. fr/ (nur in Französisch).*

Eine gute Quelle für aktuelle Wanderkarten und Führer sind immer auch die Buchhandlungen und Touristeninformationen vor Ort.

GESETZLICHE FEIERTAGE

1. Januar – Neujahr (Jour de l'An)
Ostersonntag und Ostermontag (Pâques)
1. Mai – Tag der Arbeit (Fête du travail)
8. Mai – Tag des Waffenstillstandes 1945 (Fête de la Victoire)
Christi Himmelfahrt (Ascension)
Pfingstsonntag und Pfingstmontag (Pentecôte)
14. Juli – französischer Nationalfeiertag (Tag des Sturms auf die Bastille von 1789; Fête Nationale de la France)
15. August – Mariä Himmelfahrt (Assomption)
1. November – Allerheiligen (Toussaint)
11. November – Gedenktag zum Waffenstillstand von 1918 (Armistice 1918)
25. Dez. – Weihnachtsfeiertag (Noël).

KLIMA, KLEIDUNG, REISEZEIT

Frankreich weist ein gemäßigtes Klima auf, das maßgeblich vom Atlantik beeinflusst wird. Mildere Temperaturdurchschnittswerte als bei uns werden im Lande auch durch die etwas südlichere Lage Frankreichs erreicht. Extreme Hitze- oder Kälteperioden sind im Gegensatz zum vom Kontinentalklima geprägten Mitteleuropa so gut wie unbekannt. Die ergiebigsten Niederschläge sind vor allem in den nordwestlichen Landesteilen im Spätherbst zu erwarten.

Der nordwestliche Teil Frankreichs, weist sog. **ozeanisches Klima** auf, das sich – unterstützt von den Auswirkungen des Golfstromes – durch milde, aber feuchte Wetterlagen auszeichnet.

Kühle Sommer und milde Winter sind in der Region die Regel.

Auch im Sommer ist mit Niederschlägen zu rechnen, die gewöhnlich als zeitlich begrenzte Schauer oder leichte Nieselregen niedergehen.

Die durchschnittlichen Niederschlagsmengen liegen im Nordwesten Frankreichs bei annähernd 1.100 mm. Zum Vergleich: In Südfrankreich beträgt die jährliche Niederschlagsmenge im Durchschnitt kaum 600 mm.

An der Atlantikküste gibt es keine gravierenden Temperaturunterschiede zwischen Sommer und Winter. Dort beträgt die durchschnittliche Sommertemperatur im August 16 Grad, im Januar aber auch nur 6 Grad.

Die beste Reisezeit sind gewöhnlich die Monate Mai und Juni, und dann wieder der Frühherbst, wobei auch vor allem der September seine schöne Reiseseiten hat.

Die erste Augusthälfte ist die Spitzenzeit der französischen Urlaubssaison. Und viele der Urlaubsregionen samt ihrer touristischen Einrichtungen (Hotels, Restaurants und Campingplätze) sind dem Urlauberansturm dann kaum noch gewachsen.

Je weiter Sie Richtung Küste fahren, desto öfter müssen Sie mit einem Regenschauer rechnen. Das Wetter ist in Küstengebieten ausgesprochen wechselhaft. Empfehlenswert ist also, wenn Sie bei der Zusammenstellung Ihrer **Urlaubskleidung** neben dem Badeanzug auch einen warmen Pullover und eine regenfeste und winddichte Jacke einpacken. Frische Brisen und Böen, die die Regenschauer begleiten können, degradieren einen Schirm zum unbrauchbaren Regenschutz.

Ruhig vergessen können Sie dagegen Ihr feines Tuch, sprich Ihren Abendanzug und Ihr „kleines Schwarzes", es sei denn, Sie haben vor, Ihre Urlaubsabende im Theater, im Spielkasino oder in feinen Nobelrestaurants zu verbringen.

MINIWORTSCHATZ – KLEIN, ABER NÜTZLICH

Siehe auch unter „Essen und Trinken – Menüpilot".

Allgemeines

Guten Morgen, Guten Tag – bonjour
Guten Abend – bonsoir
Bis bald – à bientôt
Bis gleich – à toute à l'heure
Auf Wiedersehen – au revoir
ja, nein – oui, non
bitte – s'il vous plaît (svp)
bitte (Erwiderung auf „danke") – de rien
danke (sehr) – merci (beaucoup)
Entschuldigung – pardon
groß – grand / grande
klein – petit /petite
alles – tout
viel – baucoup
wenig – peu
wieviel – combien
wann – quand
wo – où

Konversation

Sprechen Sie Deutsch? – Parlez-vous allemand?
Ich verstehe nicht. – Je ne comprends pas.
Wie heißt das auf Französisch? – Comment cela se dit en français?
Ich weiß nicht. – Je ne sais pas.
Ich heiße ... – Je m'appelle ...
Erfreut, Sie kennen zu lernen. – enchanté(e)
Wie geht es Ihnen? – comment alles-vous?
Ich bin krank. – je suis malade.
Rufen Sie einen Arzt bitte. – appelez un docteur svp.
Wie bitte? – comment?
Was – quoi?
Was ist das? – Qu'est-ce que c'est?
Warum – pourquoi?
Wer – qui?
Wo ist ... – qù est ...

Auto, Verkehr, unterwegs auf Reisen

Abflug, Abfahrt, Abreise – le départ
Abtei – abbaye
Altaraufsatz – retable
Ankunft – l'arrivée
Aussichtspunkt – point de vue, belvédère
Bahnhof – la gare
Bauernhof – ferme
Berg – mont
Berghang, Anhöhe – côte
Bergfried, Wohnturm – donjon
Brücke – pont
Brunnen, Quelle – fontaine
Busbahnhof – la gare routière
Bushaltestelle – l'arrêt de bus
Dorf – village
Felsen – rocher, roc
Fluss – rivière
Führer (Reise-, Fremden-) – guide
Garten (botanischer -, zoologischer -) – jardin (botanique, zoologique)
Gebirge – montagne
Gipfel – sommet
Hafen – le port
Hilfe! – Au secours!
Kirche – église
Kloster – monastère, couvent
Kreuzgang – cloître
links – à gauche
Markt – marché
Museum – musée
Norden – nord
Osten – est
Platz – place
Quelle – source
rechts – à droite
Richtung – direction
Route, Wegstrecke – route
Rundfahrt – tour
Schloss, Burg – château
Schlucht – gorge
Schutzhütte – refuge
See, Teich – lac, etang
Stadt – ville
Stadtmauer – rempart
Stadtviertel – quartier
Staudamm – barrage
Stop!, Halt! – Arrêtez!

Strand – plage
Straße – rue
Süden – sud
Tal – val, vallée
Tor, Portal – porte
Turm – tour
Treppe – escalier
Wald – forêt, bois
Wasserfall – cascade
warten – attendre
Weg – sentier
Westen – ouest

Beschilderungen und Aufschriften

accident – Unfall
aéroport – Flughafen
attention – Achtung
auberge de jeunesse – Jugendherberge
belvédère – Aussichtspunkt
bouchon – Verkehrstau
carrefour – Straßenkreuzung
centre ville – Stadtmitte, Zentrum
chantier – Baustelle
danger (de mort) – Gefahr (Lebens-)
déviation – Umleitung
entrée (interdite)– Eingang (verboten)
gravillons – Rollsplitt
hôpital – Krankenhaus
hôtel de ville – Rathaus
horodateur – Parkscheinautomat
impasse – Sackgasse
limitation de vitesse – Geschwindigkeitsbeschränkung
mairie – Bürgermeisteramt (Rathaus)
passage interdit – Durchfahrt verboten
passage protégé – Vorfahrtstraße
poids lourd – Schwerverkehr, Lkw
priorité (à droite) – Vorfahrt beachten (von rechts)
ralentir – langsam fahren
ralentisseurs – Straßenschikanen, um Autofahrer zum Langsamfahren zu zwingen
rappel – erinnern, mahnen, steht unter Verkehrsschildern, Geschwindigkeitsbeschränkungen
rond-point – Kreisverkehr
route barrée – Straße gesperrt
(rue) sens unique – Einbahnstraße
serrez à droite – rechts fahren
son et lumiére – abendliche Ton- und Lichtschau bei Schlössern, Burgen, oft mit Darstellern in aufwendigen historischen Kostümen
sortie – Ausgang, Ausfahrt
tourner à droite / gauche – rechts /links abbiegen
toutes directions – alle Richtungen
traveaux – Bauarbeiten
trésor – Kirchenschatz
virage – Kurve
voie unique – einspurig
Vous n'avez pas la priorité – Sie haben keine Vorfahrt

Einkaufen, Post

Ansichtskarte – carte postal
Antiquitäten – antiquités
Brief – lettre
Briefmarke – timbre-poste
Briefkasten – boîte aux lettres
das ist alles – c'est tout
Bäckerei – boulangerie
ein wenig – un peu
Fleischerei – boucherie
geöffnet – ouvert
geschlossen – fermé
Lebensmittelladen – épicerie
mehr – plus
Postamt – la poste (P.T.T.)
Preis – prix
Schweinefleisch-, Wurst-Metzgerei – charcuterie
teuer, zu teuer – cher, trop cher
Trödel, Flohmarkt – brocante, foire à la -
viel – beaucoup
weniger – moins
Wieviel kostet ...? – Quel es le prix de ...?

Auf dem Campingplatz

Campingplatz – le terrain de camping
bewacht – gardé
Abwasserausguss – evacuation
Aufenthaltsraum – salle de séjour
Fahrradverleih – location de vélos
Hallenbad – piscine couverte
Hundeverbot – accés interdit aux chiens
Kinderspielplatz – jeux pur enfants
Lebensmittelladen – magasin

d'alimentation
Mietcaravans – location de caravans
Steckdosen – branchements
Stellplatz – l'emplacement
Schatten – ombrage
Schwimmbad im Freien – piscine de plein air
Warmwasser – eau chaude
Waschbecken – lavabos
Wäschewaschbecken – laverie
Wohnmobil – camping-car
Zelt – tent

Hotel

Haben Sie ...? – Est-ce que vous avez ...?
ein Zimmer mit Dusche/Bad – une chambre avec douche/salle de bain
eine Nacht – une nuit
alle Zimmer belegt – complet
das Zimmer – la chambre
Was kostet das? – C'est combien?
Das ist zu teuer. – C'est trop cher.
Halbpension – demi-pension
Vollpension – pension complète
Aufzug – l'ascenseur
Seife – le savon
Zimmerschlüssel – la clé

Restaurant

Je voudrais commander – Ich möchte gerne bestellen
Je voudrais ... – Ich hätte gerne ...
l'addition – die Rechnung
Est-ce qu le service est compris? – Ist das Bedienungsgeld inbegriffen?
c'est bon – das ist gut
c'est mauvais – das ist schlecht
c'est chaud – das ist heiß
c'est froid – das ist kalt
donnez-moi svp ... – geben Sie mir bitte ...
une assiette – Teller
assiette anglaise – Wurstaufschnitt
boisson comprise – Getränk inklusive
une bouteille de ... – eine Flasche ...
la carte – Speisekarte
la carte des vins – Weinkarte
un cendrier – Aschenbecher
le couteau – Messer
la cuillère – Löffel
le déjeuner – Mittagessen
dîner – Abendessen

la fourchette – Gabel
garçon – Ober
garniture au choix – Gemüsebeilagen nach Wahl
le menu – Menu zu festem Preis
miel – Honig
oeuf à la coque – gekochtes Ei
oeufs au jambon – Schinken mit Ei
oeufs broullés – Rührei
oeufs sur le plat – Spiegelei
du pain – Brot
le petit déjeuner – Frühstück
petits pain – Brötchen
du poivre – Pfeffer
pourboire, service – Trinkgeld
du sel – Salz
selon arrivage – wenn verfügbar
service compris – Bedienungsgeld inbegriffen
souper – spätes (festliches) Abendessen
supplément (en sus) – zusätzlich (Preis)
un verre de ... – ein Glas ....

Zahlen

eins – un, une
zwei – deux
drei – trois
vier – quatre
fünf – cinq
sechs – six
sieben – sept
acht – ouit
neun –neuf
zehn – dix
elf – once
zwölf – douce
dreizehn – treize
vierzehn – quatorze
fünfzehn – quinze
sechzehn – seize
siebzehn – dix sept
achtzehn – dix ouit
neunzehn – dix neuf
zwanzig – vingt
einundzwanzig – vingt et un
dreißig – trente
vierzig – quarante
fünfzig – cinquante
sechzig – soixante
siebzig – soixante dix
achtzig – quatre vingt

neunzig – quatre vingt dix
hundert – cent
zweihundert – deux cent
tausend – mille

Zeit

gestern – hier
heute – aujourd'hui
morgen – demain
morgens – le matin
mittags – à midi
nachmittags – l'après midi
abends – le soir
heute morgen – ce matin
Um wieviel Uhr? – A quelle heure?

Monate

Januar – janvier
Februar – février
März – mars
April – avril
Mai – mai
Juni – juin
Juli – juillet
August – août
September – septembre
Oktober – octobre
November – novembre
Dezember – décembre

Wochentage

Montag – lundi
Dienstag – mardi
Mittwoch – mercredi
Donnerstag – jeudi
Freitag – vendredi
Samstag – samedi
Sonntag – dimanche

MIT DEM AUTO DURCH FRANKREICH

Straßennetz – Frankreich kann sich zu gute halten, eines der besten Straßennetze in Europa zu besitzen. Nicht weniger als 805.000 km gepflegter Straßen und rund 7.000 km in aller Regel gebührenpflichtiger (péage) **Autobahnen** (autoroute) durchziehen das Land.

Will man sich die nicht unerheblichen Mautgebühren ersparen, kann man sich der mitunter drei- oder vierspurig ausgebauten Fernstraßen **route nationale** (Straßennummern beginnen mit einem N und stehen weiß auf rotem Grund) bedienen. Gewöhnliche Landstraßen (route départementals) sind mit einem „D" vor der Straßennummer (schwarz auf gelbem Grund) gekennzeichnet.

Im Bereich Loiretal, Cher- und Indre-Tal sind viele Nebenstraßen, auch Durchfahrten durch meist kleinere Ortschaften, nur für **Fahrzeuge bis max. 3,5 t Gesamtgewicht** erlaubt (beschildert). Größere Fahrzeuge müssen dann der Lkw-Beschilderung (blaues Schild mit Lkw) folgen bzw. Umwege in Kauf nehmen!

Verkehr

Höchstgeschwindigkeiten – Für Fahrzeuge bis 3,5 t zul. Gesamtgewicht gelten folgende Höchstgeschwindigkeiten: Innerorts 50 km/h, außerorts Landstraßen ohne Mitteltrennung der Fahrbahn 80 km/h, außerorts auf Landstraßen mit Mitteltrennung auf der Fahrbahn 90 km/h, auf vierspurigen Schnellstraßen 110 km/h, auf Autobahnen 130 km/h.

Für **Wohnmobile** bis 3,5 t gelten folgende Tempolimits: Innerorts 50 km/h, außerorts 80 km/h, auf Schnellstraßen gilt 110 km/h und auf Autobahnen 130 km/h.

Für Wohnmobile über 3,5 t gilt innerorts 50 km/h, außerorts 80 km/h, auf Schnellstraße 100 km/h und auf Autobahnen 110 km/h.

Für **Caravan-Gespanne** gelten folgende Tempolimits: Innerorts 50 km/h, außerorts 80 km/h. Auf Schnellstraßen gilt 110 km, auf Autobahnen gilt 130.

Bei Nässe bzw. Regen gelten niedrigere Höchstgeschwindigkeiten – außerorts nur 80 km/h und auf Autobahnen nur 110 km/h.

Führerscheinneulinge dürfen in Frankreich die ersten zwei Jahre innerorts nur 50 km/h, außerorts nicht schneller als 80 km/h und auf Autobahnen max. 110 km/h fahren.

Französische Führerscheinneulinge müssen ihr Fahrzeug ein Jahr lang mit einem „A" auf der Fahrzeugrückseite kenntlich machen.

Kfz (auch Gespanne) über 3,5 t Gesamtgewicht dürfen auf Straßen mit drei oder mehr Spuren nicht auf der äußeren linken Spur überholen.

Parken unter Brücken ist verboten.

Bevorrechtigte Straßen verlieren als Ortsdurchfahrten ihr Vorfahrtsrecht am Ortsschild!

Innerhalb von Ortschaften gilt – falls nicht anders beschildert – rechts vor links!

Abblendlicht ist bei Schnee- oder Regenfällen vorgeschrieben.

Straßenbahnen haben immer Vorfahrt.

Warnwestenpflicht. Bei einem Unfall oder einer Panne müssen Sie bereits beim Verlassen Ihres Fahrzeugs eine Warnweste tragen.

Radfahrer müssen bei Fahrten nachts oder bei schlechter Sicht eine Warnweste tragen.

Es gilt **Anschnallpflicht**.

An **Fahrbahnrändern mit gelber Markierung** gilt Parkverbot.

Die **Promillegrenze** ist bei 0,5 festgesetzt. Alkoholdelikte werden streng geahndet. Die Geldbußen, wenn's denn dabei bleibt, sind happig. Überhaupt bittet die Polizei ertappte Verkehrssünder ganz schön zur Kasse.

Das **Telefonieren mit Handy am Steuer** ohne Freisprecheinrichtung ist verboten.

Seit 1. Juli 2012 besteht ein Gesetz, das die Mitführung von zwei „**Alkoholtesters**" vorschreibt. Dies wird allerdings nur sporadisch kontrolliert, aber nicht geahndet. Angeblich soll das Gesetz überarbeitet und bald gänzlich außer Kraft gesetzt werden.

Für **Motorradfahrer** und Beifahrer, die auf Maschinen ab 125 Kubikzentimeter Hubraum unterwegs sind, ist **reflektierende Kleidung** vorgeschrieben.

Auffallend sind die zahlreichen **Kreisverkehre**, die ampelgeregelte Kreuzungen ersetzen und sehr dazu beitragen, den Verkehrsstrom am Fließen zu halten. Falls nicht anders beschildert hat der Verkehr im Kreis Vorfahrt – abweichend von der Grundregel „Rechts vor Links". Das Schild „Vous n'avez pas la priorité" setzt hier „Rechts vor Links" außer Kraft.

Parkplätze in den Städten sind fast immer gebührenpflichtig. Wenn es sich im gebührenpflichtige Straßenparkplätze handelt ist das gewöhnlich nicht zu übersehen. Am Straßenrand ist dann groß das Wort PAYANT aufgemalt.

Man zieht einen Parkschein für die gewünschte Parkdauer an einem Automaten (horodateur) und deponiert ihn gut sichtbar hinter der Windschutzscheibe im Auto. Sie sollten sich tunlichst an diese Spielregel halten. Auch ausländische Fahrzeuge werden ggf. mit Strafmandaten beglückt, die dann auch tatsächlich eingefordert werden, wenn Sie „vergessen" haben zu bezahlen und schon lange wieder zu Hause sind.

Wenn Sie an einem blauen Parkplatzschild die Aufschrift „disques de stationement" oder eine **blaue Linie** am Gehsteig-/Fahrbahnrand sehen, bedeutet das, dass Sie in dieser **„Zone bleu"** nur mit **Parkscheibe** und max. 90 Minuten lang (in der Mittagszeit eine Stunde länger) parken dürfen.

An **Fahrbahnrändern mit gelber Markierung** gilt Parkverbot.

Mein Tipp! In der unantastbaren Mittagspausenzeit zwischen 12 Uhr und 14 Uhr, in der sich die Innenstädte und die Parkplätze dort erfreulich leeren, haben Sie gute Chancen, einen günstig gelegenen Parkplatz zu finden. In der Mittagszeit sind Parkplätze oft gebührenfrei zu nutzen. Ob das so ist, steht an den Parkscheinautomaten! Wenn Sie glauben, mit den zwei Stunden zwischen 12 Uhr und 14 Uhr nicht auszukommen, bezahlen Sie Parkgebühren für eine oder zwei Stunden und erhalten dann einen Parkschein, der das Parken z. B. von 12 Uhr bis 15 oder 16 Uhr gestattet.

Umweltzonenplaketten in Frankreich – Seit April 2017 gilt in vielen französischen Städten Vignettenpflicht in den Umweltzonen „Zone Circulation Restreinte" auch für nicht in Frankreich zugelassene Kraftfahrzeuge. Eine Umweltplakette „Crit'Air-Vignette" ist dann an der Windschutzscheibe anzubringen. Es gibt sechs Kategorien (sechs verschiedene Farben), in die Fahrzeuge entsprechend ihren Abgaswerten und dem Jahr ihrer Erstzulassung eingeteilt werden. Neben Paris, die Region Ile de France, Lille, Lyon, Straßburg, Grenoble, Toulouse, Chambéry, Annecy und Rennes werden künftig auch in einigen anderen Städten Umweltzonen eingeführt werden. Umweltzonen umfassen hauptsächlich Städte bzw. Ballungsgebiete mit erhöhten Feinstaubwerten.

Informationen unter https://de.france.fr/de/info/umweltzonen-frankreich.

Unter www.certificat-air.gouv.fr des französischen Umweltministerium kann eine „Crit'Air", eine Umweltplakette, gegen Gebühr (ca. 5,- Euro) und Einreichung einer Kopie der Fahrzeugpapiere bestellt werden. Bei anderen Anbietern fallen meistens viel höhere Kosten an. Reisemobile bis 3,5 Tonnen zulässigem Gesamtgewicht werden wie Pkw, schwerere Reisemobile wie Busse behandelt. Da bis Drucklegung dieses Reiseführers die präzisen Bestellmodalitäten noch nicht eindeutig feststanden, können durchaus Änderungen eintreten!

Bei Verstoß gegen diese Umweltplaketten-Regel können Straßen bis zu € 375,- verhängt werden.

Kraftstoffpreise
Superbenzin ca. EUR 1,46
SuperPlus ca. EUR 1,57
Diesel (gazole) ca. EUR 1,38.

Viele Tankstellen sind sonntags geschlossen, bzw. nicht mit Personal besetzt! Dafür sind viele Tankstellen mit Zapfsäulen ausgestattet, an denen man rund um die Uhr mit Kreditkarten tanken kann (Kreditkarte am Automat der Zapfsäule einschieben, Kraftstoffart auf dem Nummerntastenfeld wählen, gazole/Diesel ist gewöhnlich die Nummer 1, mit „V" rechts unten bestätigen, wählen ob man ein Quittung möchte, bestätigen, Karte entnehmen, tanken. Einige automatische Tanksäulen schalten spätesten bei einem Betrag von 69,- Euro ab). Gekennzeichnet sind die Tankbuchten solcher Automaten-Zapfsäulen gewöhnlich mit **„24/24"**!

Wenn der automatische Tankvorgang nicht funktioniert, dann kann es daran liegen, dass ausgerechnet diese Tankstelle nur Karten akzeptiert, die von der entsprechenden Mineralölfirma ausgegeben wurden. Daher immer auch einen Blick auf die Aufkleber werfen, welche die Kartenakzeptanz anzeigen.

Wer die Reifen seines Fahrzeugs auf den richtigen Luftdruck überprüfen möchte, der sollte dies damit verbinden, den Tank zu füllen. Luft an der Tankstelle gibt es in Frankreich nämlich sonst nicht umsonst, sondern nur gegen eine Gebühr von ca. € 1,-. Nur wer tankt, darf auch seine Reifen mit Luft befüllen.

Mein Tipp! Benzin und Diesel sind an den Zapfsäulen der großen Supermarktketten (Super U, Intermarché, Auchan, Champion, Leclerc u. a.) in aller Regel wesentlich billiger! Nicht selten beträgt die Differenz zu Kraftstoffpreisen an „normalen" Tankstellen 10 bis 15 Euro-Cent je Liter. Allerdings sind die kurzen Fahrwege von den Zapfsäulen zur Kasse für lange, breite Fahrzeuge oft schikanös eng und nur sehr umständlich zu meistern!

ÖFFNUNGSZEITEN
Banken
Mo – Fr 9 – 13 Uhr, 14 – 17 Uhr.
Einige wenige Banken haben auch

samstags geöffnet. Diese Banken sind dann aber montags geschlossen. Achtung! An Tagen vor Feiertagen schließen Banken oft früher.

Geschäfte, Supermärkte

Mo – Sa 9 – 19 Uhr. In kleineren Orten Mittagspause von 13 bis 14 Uhr.

Bäckereien und Lebensmittelgeschäfte öffnen meist bereits um 7 Uhr. Viele Bäckereien sind auch Sonntag vormittags geöffnet. In den Zentren der Städte können kleinere Geschäfte bis Mitternacht geöffnet sein.

Bäckereien sind auch sonntags geöffnet.

Supermärkte, große Geschäfte und Warenhäuser 9 – 22 Uhr. In kleineren Orten Mittagspause 13 - 14 Uhr.

Postämter (PTT)

Mo – Fr 8 – 20 Uhr, Sa 8 – 12 Uhr.

Auf dem Lande und in Kleinstädten können Postämter während der Mittagszeit zwischen 12 und 14 Uhr geschlossen sein und sie können bereits um 16 Uhr schließen!

Touristeninformationen

Mo – Sa 9 – 12, 14 – 18 Uhr.

Im Sommer und in Großstädten mitunter länger und auch über die Mittagszeit geöffnet. Auf dem „flachen Lande" sind Touristenbüros gewöhnlich nur in der Hauptsaison im Juli und August geöffnet.

POST UND TELEFON

Auf **Postämtern (PTT)** können alle üblichen Postdienste abgewickelt werden wie bei uns auch, Brief- und Paketversand, Postwertzeichen, Einschreiben, postlagernde Sendungen etc. An vielen Postämtern findet man auch einen Geldautomaten.

Briefmarken kann man aber auch an Kiosken und Tabakläden, den Bureau de Tabac, kaufen.

Telefonieren

Alle Rufnummern sind 10-stellig! Es gibt keine separate Ortsvorwahl!

Frankreich ist in fünf **Vorwahlzonen** eingeteilt. Die zweistelligen Vorwahlen 01 bis 05 sind bereits in die Telefonnummer integriert und immer mitzuwählen! Für Paris und Île de France z. B. steht die 01, für Nordwest-Frankreich inkl. Bretagne und Teile der Region Centre-Val de la Loire die 02, für Nordost-Frankreich die 03, für Südost-Frankreich und Korsika die 04 und für Südwest-Frankreich die 05.

Ausnahme: Bei Gesprächen **vom Ausland nach Frankreich** wird nach der Landeskennzahl +33 (00 33) die **erste Null** der Teilnehmernummer **weggelassen.**

In Frankreich sind noch Telefonzellen, deren Apparate nur mit **Telefonkarten (télécarte)** betrieben werden können, anzutreffen. Münzfernsprecher gibt es so gut wie nicht mehr.

Für Ihr Handy erwerben Sie am besten eine Prepaid-SIM-Karte eines örtlichen Telefonanbieters!

Auslands-Vorwahlen:

Frankreich – +33 (00 33).
Deutschland – +49 (00 49
Österreich – +43 (00 43
Schweiz – +41 (00 41

WÄHRUNG UND DEVISEN

Seit dem 1. Januar 2002 ist auch in Frankreich der **EURO (€)** das offizielle Zahlungsmittel. Der altehrwürdige Französische Franc hat ausgedient und im Februar 2002 seine Gültigkeit als offizielle Zahlungsmittel verloren.

Geldautomaten (distributeur de billet) sind sehr verbreitet. Mit Maestro-Karte oder Kreditkarte samt persönlicher Geheimnummer macht es im Lande keine Schwierigkeit, rund um die Uhr an Bares zu kommen.

Reiseschecks werden von vielen Banken gegen Gebühr akzeptiert und von vielen größeren Geschäften, Hotels und Restaurants als Zahlungsmittel angenommen.

Sehr verbreitet ist die Akzeptanz von **Kreditkarten** aller großen Unternehmen, vor allem von Mastercard und Visa, die das Reiseleben erheblich vereinfachen, sei es an der Kasse der Tankstelle, im Supermarché, im Restaurant, im Hotel oder an der Mautkasse an Autobahnen.

Falls Ihnen Ihre Kreditkarte abhanden kommt, sollten Sie den Verlust umgehend dem jeweiligen Kreditkarteninstitut melden.

Zentraler Sperr-Notruf – (+49) 116 116

WICHTIGE RUFNUMMERN

Allgemeiner Notruf – 112. Vom Handy mit deutscher SIM-Karte die Vorwahl 0033 nicht vergessen und dann die Notrufnummer.

Notarzt – **15** oder 112, gilt in ganz Frankreich.

Rettungsdienst – **15** oder 112, gilt in ganz Frankreich.

Feuerwehr (Pompiers) – **18** oder 112, gilt in ganz Frankreich.

ADAC-Pannenhilfe Festnetz – **+49 89 2 22 22 22**, ganzjährig rund um die Uhr.

ADAC-Erkrankung, Verletzung & Transportfragen – **+49 89 76 76 76**.

ZOLL

Bei Reisen von und nach EU-Ländern, also auch von und nach Frankreich, dürfen Sie Waren in (fast) unbegrenzter Menge mitführen, solange diese zu Ihrem persönlichen Gebrauch bestimmt sind.

Nicht mehr unter den Begriff „persönlicher Bedarf" fallen z. B. mehr als 800 Zigaretten pro Person, mehr als 10 Liter Spirituosen, mehr als 90 Liter Wein, mehr als 110 Liter Bier, Sherry, Portwein mehr als 20 Liter, Alkopops mehr als 10 Liter. Alkohol und Tabak sind nur für Personen über 17 Jahre zollfrei.

Ganz anders sieht es aus, wenn Sie aus Nicht-EU-Staaten einreisen oder in einem Duty Free Shop, z. B. auf dem Flughafen, einkaufen. Dann darf der Wert der gekauften Waren EUR 85,- nicht überschreiten.

Auch Reisende aus Nicht-EU-Ländern unterliegen geringeren Freimengen (200 Zigaretten, 50 Zigarren, 1 l Spirituosen, 4 Liter Wein, 16 Liter Bier, 500 g Kaffee, 50 g Parfüm, 10 l Reservekraftstoff, u. ä.). Erkundigen Sie sich lieber vor Abreise nach dem neuesten Stand der Freimengen, wenn Sie vorhaben, etwas in ungewöhnlich großen Mengen mitzunehmen.

Sollten Sie aus gesundheitlichen Gründen ständig auf Medikamente angewiesen sein, diese Medikamente aber Stoffe enthalten, die unter das Betäubungsmittelgesetz fallen und Sie diese Medikamente in einem größeren Quantum mit sich führen werden, weil Sie darauf während Ihrer Reise nicht verzichten können, sollten Sie sich rechtzeitig bei Ihrem Arzt oder bei der französischen Botschaft in Berlin erkundigen, ob Sie hier eine besondere Bescheinigung mitführen müssen.

Erkundigen Sie sich bitte vor Abreise nach dem neuesten Stand der Zollbestimmungen z. B. unter
https://www.zoll.de/DE/Privatpersonen/Reisen/Reisen-innerhalb-der-EU/reisen-innerhalb-der-eu_node.html oder unter
https://g08.defrankreich/.

Haftungsausschluss

Alle in diesem Reiseführer gemachten Angaben, sowie Reise- und Sicherheitshinweise sind nach den aktuell erreichbaren und dem Verlag zugänglichen Informationen mit Sorgfalt und nach bestem Wissen zusammengestellt. Eine Gewähr für die Richtigkeit und die Vollständigkeit der Angaben sowie eine Haftung für eventuell eintretende oder daraus entstehende Schäden kann nicht übernommen werden. Gesetze und Vorschriften können sich jederzeit ändern, ohne dass der Verlag davon erfährt.

ZEICHENERKLÄRUNG

Die Entscheidung über die Durchführung einer Reise liegt in der Verantwortlichkeit des Lesers.

Verlag und Autor empfehlen, sich rechtzeitig vor Antritt der Reise nach den neuesten reiserelevanten Vorschriften zu erkundigen.

ZEICHENERKLÄRUNG

✪	Hauptstadt	⋀	Campingplatz
◉	Etappen-Start-/Endpunkt	🚐	Womo-Stellplatz
◉	Orte		V & E Station
✳	Sehenswürdigkeit	♱✝	Kirche, Kathedrale
ⓘ	Touristeninformation	♜♖	Burg, Kastell
🏛	Museum, Schloss	🚶🚶	Wandermöglichkeit
🏛	Rathaus, öffentl. Gebäude	⌘	archäol. Stätte
🚍	Busbahnhof, Bahnhof	▲	Berg, Gipfel
P	Parkplatz	⛩	Rast-, Picknickplatz
🅿	Tiefgarage	✄	Grenzübergang
✈ ✈	Flughafen	) (	Pass
✉	Postamt	🏖	Strand, Badeküste
✕	Restaurant	∩	Höhle
🏨	Hotel		
▬▬▬▬▬	Reiseweg, Route		

V & E für Wohnmobile – Einrichtungen für Versorgung mit Trinkwasser sowie Entsorgung für Wohnmobilabwässer sind auf dem Platz vorhanden.

Wichtige, am Anfang zu jeder Tour vermerkte Sehenswürdigkeiten sind ihrer Bedeutung entsprechend mit einem, zwei oder drei Sternchen versehen.

* = sehenswert
** = sehr sehenswert
*** = ein „Muss" auf der Reise

INFORMATIONEN ZU GPS-NAVIGATIONSKOORDINATEN

Ein Wort zu den GPS-Daten
Alle unsere GPS-Koordinaten sind im System WGS 84 („World Geodetic System 1984"), einer der beiden internationalen Standards für Koordinatensysteme (neben UTM), erfasst.

Bitte beachten Sie: Die Genauigkeit der Routenführung durch das Navigationssystem hängt auch von der Genauigkeit und Aktualität des in Ihrem Navigationsgerät vorhandenen Kartenmaterials ab.

Minuten/Sekunden ändern in Dezimalkoordinaten
Alle Navigationsdaten in diesem Buch sind im Format Grad/Minuten/Sekunden angegeben. Falls Sie Navigationskoordinaten in Ihr Navigationsgerät evtl. nur als Dezimalkoordinaten eingeben können, ist das kein größeres Problem.

Koordinaten lassen sich von Grad/Minuten/Sekunden – so wie bei uns dargestellt – relativ einfach „per Hand" in Dezimalkoordinaten umrechnen und müssen dann gewöhnlich auch von Hand in das Navigationsgerät eingegeben werden.

– Da das Minuten/Sekunden-System in 60er Schritten geht, darf man die Minuten- und Sekunden-Markierungen nicht einfach ignorieren und daraus Dezimalkoordinaten machen, sondern man muss die Daten durch 60 teilen. Umgekehrt ist das auch von Dezimalwerten in Minuten/Sekunden möglich (multiplizieren).

Beispiel: Grad/Minuten/Sekunden-Format: z. B. N39° 29′ 12.6″ wird so zum Dezimalformat: 29 : 60 = 0,48, 12.6 : 60 = 0,21. Das wieder zusammengesetzte Format zeigt nun die Dezimalkoordinate: N 39,4821°.

Oder: E 20° 15′ 34.2″ – entspricht dann E 20,2557° (alle Angaben ohne Gewähr).

Sollten Sie Koordinatenformate konvertieren wollen, können Sie sich eines der **Konvertierungsprogramme** bedienen, die Sie kostenlos aus dem Internet herunterladen können, wie z. B.

GPS Babel http://www.gpsbabel.org (Englisch)

Routeconverter http://www.routeconverter.de (Deutsch)

Garmin POI-Loader http://www.garmin.com/products/poiloader (Englisch)

Im Reiseführer sind die Koordinaten wie folgt dargestellt:

Beispiel: [N68° 23′ 23.7″ E14° 25′ 20.4″] oder [WP 123 / N70° 10′ 40.0″ E25° 17′ 49.0″]. WP XXX ist die fortlaufende Nummerierung wichtiger Wegpunkte (oder Points of Interest – POI), so wie sie auf der Roadbook-CD abgelegt sind. Für die Verwendung bzw. Übertragung der Koordinaten aus dem Reiseführer durch Eintippen in Ihr Navigationsgerät ist diese Nummerierung ohne Bedeutung!

Koordinaten in diesem Reiseführer, die in Orten/Städten angegeben sind, und nicht mit dem Zusatz [WP XXX / …] versehen sind, sind als Anhaltspunkte zur Orientierung mit Handnavigationsgeräten bei Stadtrundgängen gedacht. Sie bedeuten NICHT, dass diese Ziele (Wegpunkte) auch immer (Ausnahme Campings oder Wohnmobil-Stellplätze) mit dem Auto zu erreichen sind! Manche Ortskerne alter Städtchen warten mit engen Straßen auf, die für den allgemeinen Autoverkehr wenig geeignet und oft auch gesperrt sind. Mitunter sind die Einfahrten in historische Innenstädte nur für den Anliegerverkehr erlaubt. Sehenswürdigkeiten, Museen, Kirchen etc. sind dort nur zu Fuß zu erreichen!

Gelegentlich steht vor der Wegpunktnummer das Wort „Parkplatz", **z. B. [Parkplatz, WP XXX / N70° 10′ 40.0″ E25° 17′ 49.0″]**. Damit wird darauf hingewiesen, dass sich bei oder ganz in der Nähe des Punktes ein Parkplatz befindet. Die Koordinate bezieht sich dann auf den Parkplatz. Vom Parkplatz können es noch ein paar Meter Fußweg bis zum eigentlichen Ziel sein.

Obwohl wir bei der Erfassung von GPS-Koordinaten größte Sorgfalt walten lassen, können wir für die Richtigkeit der in unseren Reiseführern und auf unseren Roadbook-CDs angegebenen GPS-Koordinaten und Wegpunkte sowie für evtl. daraus resultierende Ereignisse durch Missweisungen keine Haftung übernehmen.

GPS-ROADBOOK-CD

Alle mit WP gekennzeichneten Navigationskoordinaten, die in den Touren dieses Reiseführers aufgeführt sind, können Sie als Roadbook-CD beim Verlag erwerben.

Die Navigations-Koordinaten sind im System WGS 84 („World Geodetic System 1984") entsprechend dem Verlauf der in diesem Reiseführer beschriebenen Routen und Touren angelegt. Sie berücksichtigen wichtige Orte, Sehenswürdigkeiten, Campings und andere Points of Interest (POI's).

Übertragen Sie die Koordinaten von der CD mittels PC oder Notebook und entsprechender Software (z. B. MapSource® oder BaseCamp® für Garmingeräte) auf Ihr Navigationsgerät.

Unsere „Roadbook-CD" stellt Ihnen vor Ort erfasste Original-Navigationsdaten im **Garmin-Format *.gdb** (garmin database) zur Verfügung.

Darüber hinaus finden Sie auf der „Roadbook-CD" alternative Dateiformate wie **GPX** (global positioning exchange), **KML 2.2** (Google Earth [Keyhole Markup Language] – *.kml), **TomTom *.ov2 poi files** (Wegpunkte) und **TomTom *.itn files** (Routen).

Sehr hilfreich kann für Sie auch die ebenfalls auf der CD abgelegte MS-Word-Datei **Info-Doc** sein. Dort wird Schritt für Schritt erklärt, wie GPS-Koordinaten von der CD auf ein Garmin-Nüvi gebracht werden können. Es werden Weblinks zu Koordinaten-Konvertierungsprogrammen angegeben und Sie können erfahren, wie Sie Routen vorab in Google Earth™ ansehen können u. v. m.

Die tatsächliche Lage der Wegpunkte (Ziele/Zwischenziele) kann von den angegebenen Koordinaten ggf. bis zu ca. 300 m abweichen!

Mit entsprechender Software „MapSource®, City Select Europe"® oder „BaseCamp"® des Anbieters Garmin® können die Daten im Garmin-Format oder im GPX-Format über einen PC oder über ein Notebook direkt in viele Garmingeräte eingelesen werden.

NEU! Wissen wo's lang geht! Mit den auf der Roadbook-CD abgelegten Dateien im GPX-Format können Sie in Verbindung mit Google Earth® (kostenloser Download) die Reiseroute, sowie alle als Wegpunkt markierten Stationen der Reise schon vorab aus der Vogelperspektive auf Ihrem PC ansehen, oder sich einzelne Abschnitte der Route im Google Earth Routenplaner berechnen lassen. Wie's geht und vieles mehr steht auf der CD.

Für die Richtigkeit der Koordinaten und deren Transformierung in andere Dateiformate kann keine Gewähr übernommen werden!

Unsere Roadbook-CD's können Sie gegen eine Schutzgebühr von EUR 9,90 nur direkt über den Verlag beziehen!

Bestellungen bitte über unseren Webshop:
www.rau-verlag.de/shop.

Oder per Post an: Werner Rau Verlag, Feldbergstr. 54, D-70569 Stuttgart, Tel. +49-(0)711-687 21 43, Fax +49-(0)711-68 22 47, E-Mail: info@rau-verlag.de.

Mobil Reisen - Wohnmobilführer und Tourenbücher

Warum Reiseführer aus dem Werner Rau Verlag?

Ein großes, nahezu unübersehbares Reiseführer-Angebot erwartet Sie inzwischen im Handel. Warum sollten also gerade Reiseführer aus dem Werner Rau Verlag die richtige Entscheidung für Sie sein? Eine gute Frage… Gerne gebe ich Ihnen darauf eine Antwort:

Schon seit den 70er-Jahren begeistere ich mich fürs Wohnmobil-Touring und verfasse seit Beginn der 80er-Jahre Reiseführer für alle, die Land und Leute gerne auf eigene Faust entdecken wollen. Jahrzehnte lange Reiseerfahrungen in fast allen europäischen und zahlreichen außereuropäischen Ländern, die auf den vielen Reisen gesammelt wurden, ist Ergebnis im Konzept meiner Reiseführer.

Einfach einsteigen, losfahren und entspannt die Tour genießen! Das wäre doch ideal, war mein Gedanke. Und genau das möchte ich mit meinen „MOBIL REISEN"-Tourenbüchern Ihnen zur Verfügung stellen. Mein Ziel ist es, kompetente und in allen Bereichen aktuell informative Reiseführer anzubieten.

Zusammen mit bewährten Tourenvorschlägen und Reisetipps bieten meine Reiseführer nicht nur umfangreiche Infos zu den schönsten Reiserouten mit GPS-Koordinaten, sondern zudem eine gelungene Mischung aus zeitgemäßer Information, Kultur und aktuellen Tipps für täglich neue Reiseerlebnisse mit umfangreichen Hinweisen zu Campings und Wohnmobil-Stellplätzen auf zeitgemäß aktualisiertem Stand.

Einer der vielen Vorteile unserer Reiseführer-Reihe ist, dass Sie durch in den Büchern vorgeschlagenen Routen sich Ihre eigene, ganz individuelle Reise-Tour zusammenstellen können.

Fast alle Tourenvorschläge, jeder mit einer eigenen Übersichtskarte versehen, sind so gewählt, dass sie an einem Tag erlebt werden können. Und alle beschriebenen Touren sind Vorschläge, an die Sie sich aber nicht nach Vorgabe halten müssen. Sie haben jederzeit die Freiheit, die Touren ganz nach Ihrer Wahl zu gestalten. Dabei sind die entsprechenden Info-Tabellen zu den jeweiligen Touren eine große Hilfe. Vor Ihrer geplanten Tour haben Sie darin übersichtliche Informationen, welche die Reisehöhepunkte hervorheben, Länge der Tour nennen und auch die eventuelle Reisedauer beschreiben. Und wenn Sie diese Info-Tabelle überschauen, wissen Sie schon, ohne viel hin- und her- zu blättern, was Sie auf der ausgewählten Tour an Reisehöhepunkten, Zeitaufwand und Entfernungen erwartet. Damit können Sie unsere Tourenvorschläge ganz problemlos nach Ihren eigenen Vorstellungen zu einer persönlich individuellen Reise zusammenstellen.

Rau's Reise- und Tourenbücher mit dem erfolgreichen Konzept ‚Mobile Touring Highlights' sind handliche, praktische Reiseführer, optimal geeignet für individuelles Wohnmobil-, Auto-, Caravan- und VanCamper-Touring - mit Kompetenz aus erster Hand. Einfach einsteigen, losfahren und genießen!

Zu fast allen meinen Wohnmobilführern können Sie beim Verlag ein GPS-Roadbook auf CD bestellen, mit GPS Koordinaten zu wichtigen Wegpunkten und zu fast allen im Reiseführer erwähnten Camping- und Wohnmobil-Stellplätzen.

Vergnügten Reisegenuss wünscht Ihnen

Ihr Werner Rau

Hier geht's direkt zu meiner Webseite www.rau-verlag.de.

MOBIL REISEN

NIX WIE RAUS!

Raus Reiseführer – die gelungene Mischung aus kompetentem Reiseführer, Tourenbuch, Camping- und Stellplatzführer.

Erlebnisreiche Reisen mit Wohnmobil, Caravan oder Van-Camper.

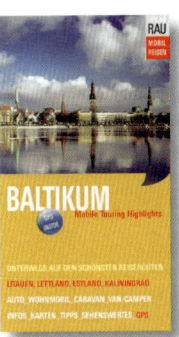

Mobil Reisen: BALTIKUM

Die schönsten Reiserouten, kombiniert zu einer erlebnisreichen Tour durch alle drei baltischen Länder - Litauen, Lettland und Estland. Mit einem Abstecher nach Kaliningrad. Reisetipps in Fülle. Plus Vorschläge zu sechs Radtouren.
Mit Wohnmobil-Stellplätzen u. Campingplätzen.
Von Michael Moll, 288 S., zahlr. Farbfotos, Karten und Stadtpläne.
ISBN 978-3-926145-72-7. € 19,90.
GPS-Roadbook-CD mit Navigationskoordinaten verfügbar!

Mobil Reisen: BRETAGNE

Ein individueller Reiseführer mit Routenvorschlägen, ausgesuchten Touren für eine Reise von Nantes bis ans „Ende der Welt", der Finistère, an der bretonischen Atlantikküste. Historisches, Amüsantes, Kulinarisches und natürlich viele praktische Reisetipps. Jetzt mit noch mehr Wohnmobil-Stellplätzen.
Mit vor Ort erfassten GPS-Koordinaten.
336 S., zahlr. Farbfotos, Karten, Stadtpläne, Hotels, Campingplätze sowie viele Infos und Reisetipps.
ISBN 978-3-926145-78-9. € 19,90.
GPS-Roadbook-CD mit Navigationskoordinaten verfügbar!

Mobil Reisen: DÄNEMARK – Mit Insel Bornholm

Handlich und praktisch für erlebnisreiches Van-Camper-, Caravan- oder Wohnmobil-Touring. Auf den 15 attraktivsten Urlaubsrouten zu den schönsten Städten und Küsten in Jütland, Fünen, Seeland und Bornholm. Ausführlicher Teil über "wonderful, wonderful Copenhagen".
Mit vor Ort erfassten GPS-Koordinaten.
312 S., zahlr. Farbfotos, Karten, Stadtpläne, sowie viele Infos, die schönsten Camping- u. Stellplätze.
ISBN 978-3-926145-87-1. € 19,90.
GPS-Roadbook-CD mit Navigationskoordinaten verfügbar!

Mobil Reisen: ENGLAND SÜD

Von den weißen Felsen von Dover über lebhafte Seebäder bis hinaus an die abgeschiedene, wilde Küste von Cornwall. Wandern auf den herrlichen Küstenwegen und Klippenpfaden, den Schauplätzen aus Pilcher-Filmen nachspüren, in prächtigen Gärten schwelgen oder lieber gemütlich in einem uralten Pub verweilen, in dem sich schon die Schmuggler früherer Tage die Klinke in die Hand gaben? Dieser Reiseführer sagt Ihnen, wo's lang geht. Mit vor Ort erfassten GPS-Koordinaten. 348 S., zahlr. Farb-Abb., Karten, Stadtpläne, Pubs, sowie viele Infos und die schönsten Campingplätze.
ISBN 978-3-926145-86-4. € 22,90.
GPS-Roadbook-CD mit Navigationskoordinaten verfügbar!

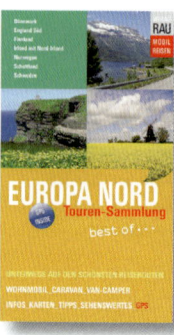

Mobil Reisen: EUROPA NORD

Wohin im nächsten Urlaub? Diese Sammlung der schönsten Wohnmobil-Touren durch Europas Norden gibt jede Menge Tipps. Erleben Sie auf den schönsten Reisewegen Touring Highlights in Dänemarks Jütland, in Englands Süden, in Finnland, in Irland und Nordirland, in Norwegens Fjordwelt und auf den Lofoten, in Schottland und in Südschweden.
Mit einladenden Camping- und Stellplätzen und mit vor Ort erfassten GPS-Koordinaten.
Ca. 288 Seiten, zahlr. Farbfotos, Karten, Stadtpläne.
ISBN 978-3-926145-82-6. EUR 22,90.

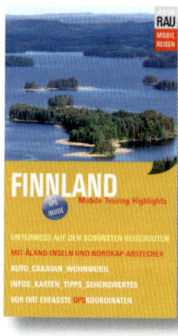

Mobil Reisen: FINNLAND – Mit Åland-Inseln

Das „Land der tausend Seen" von Helsinki über das Labyrinth des Saimaa-Seengebiets, weiter über Karelien, die einsamen Weiten Lapplands und zurück über den finnischen Schärengarten auf eigene Faust erleben. Anschließend ein Abstecher auf die Åland-Inseln.
Mit einem ausführlich geschilderten **Abstecher zum Nordkap.** Und das Ganze mit vor Ort erfassten GPS-Koordinaten.
264 S., zahlreiche Farbfotos, Karten, Stadtpläne, Hotels, Campingplätze sowie viele praktische Informationen über Land und Leute.
ISBN 978-3-926145-50-5. € 19,90.
GPS-Roadbook-CD mit Navigationskoordinaten verfügbar!

Mobil Reisen: GRIECHENLAND

Aus der Reisepraxis für die Reisepraxis geschrieben. Ein Reisehandbuch mit Routen, Touren und Reisetipps fürs Reisemobil-Touring.
Eine Fülle von Routenvorschlägen führt Sie durch alle Regionen Festlandgriechenlands, von den Badestränden der Chalkidiki-Halbinsel bis in den Süden der Peloponnes-Halbinsel und natürlich zu allen archäologischen Stätten.
Mit vor Ort erfassten GPS-Navigationskoordinaten!
312 S., zahlr. Farbfotos; Karten, Stadt- u. Lagepläne, Stadtspaziergänge, Hotels und die schönsten Campingplätze.
ISBN 978-3-926145-80-2. € 19,90.
GPS-Roadbook-CD mit Navigationskoordinaten verfügbar!

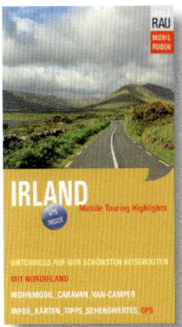

Mobil Reisen: IRLAND – Mit Nordirland

Der ideale Urlaubsführer für alle, die den Charme der "Grünen Insel" auf eigene Faust entdecken wollen. Ausgesuchte Routenvorschläge fürs Wohnmobil-Touring von den südlichen Counties über die imposante Westküste bis hinauf ins abgeschiedene Donegal und durch Nordirland. Ausführlicher Dublin- und Belfast-Teil mit detaillierten Rundgängen. Kultur, Folklore, Tipps zu Pubs, Wandermöglichkeiten.
Mit vor Ort erfassten GPS-Navigationskoordinaten!
408 S., zahlr. Farbfotos, Karten, Stadtpläne, Hotels, viele Infos und die schönsten Campingplätze.
ISBN 978-3-926145-84-0. € 22,90.
GPS-Roadbook-CD mit Navigationskoordinaten verfügbar!

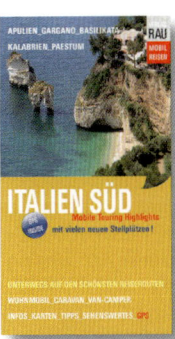

Mobil Reisen: ITALIEN SÜD

Italiens Süden hat viel mehr zu bieten als Sonne, Strand und Meer. Erleben Sie auf den schönsten Reisewegen die süditalienische Region Apulien mit dem hübschen Zentrum der Trullibehausungen und dem imposanten Stauferschloss Castel del Monte, die prächtige Küste der Halbinsel Gargano, sowie die einladendsten Plätze in Kalabrien. Und lernen Sie die Touring Highlights der Basilikata kennen. Natürlich fehlt auch ein Abstecher nach Paestum nicht. Neben jeder Menge an Reisetipps und Sehenswürdigkeiten finden Sie in diesem Tourenbuch eine Vielzahl von Camping- und Wohnmobilstellplätzen sowie vor Ort erfasste GPS-Koordinaten.
Ca. 320 Seiten. Zahlr. Farbotos, Karten u. Pläne sowie eine Fülle an Tipps.
ISBN 978-3-926145-83-3. € 22,90.
GPS-Roadbook-CD mit Navigationskoordinaten verfügbar!

Mobil Reisen: KORSIKA

Korsika, „Ile de Beauté", die „Insel der Schönheit" besticht durch ihre wunderbare Berglandschaft und ihre herrliche, oft atemberaubende Küstenszenerie. Eine Herausforderung für alle unternehmungslustigen Wohnmobilisten und Caravaner und ein Eldorado für anspruchsvolle Wandertouren.
Hotels, Restaurants, Campingplätze und jede Menge Tipps und Infos. Mit vor Ort erfassten GPS-Koordinaten.
228 S., zahlreiche Farbfotos., Karten, Stadtpläne.
ISBN 978-3-926145-41-3. € 18,90.
GPS-Roadbook-CD mit Navigationskoordinaten verfügbar!

Mobil Reisen: KROATIEN

Istrien, die Dalmatinische Küste und Kroatiens herrliche Adriainseln auf den schönsten Reisewegen erleben. Dieses praktische Reisehandbuch sagt Ihnen, wo's lang geht. U. a. mit Inseln Cres, Lošinj, Krk, Rab, Pag, Hvar, Korčula u. a., Makarska Riviera, Krka-Wasserfälle, Dubrovnik, Plitvicer Seen, Zagreb, sowie mit einer Fülle an Reisetipps, Infos zu Hotels und jede Menge Campingplätze.
Mit vor Ort erfassten GPS-Koordinaten.
264 S., zahlreiche Farbfotos, Karten, Stadtpläne, Stadtspaziergänge.
ISBN 978-3-926145-81-9. € 18,90.
GPS-Roadbook-CD mit Navigationskoordinaten verfügbar!

Mobil Reisen: LOIRETAL

Komplett überarbeitet, aktualisiert! Noch mehr Womo-Stellplätze! Die schönsten Reisewege durch das Herz Frankreichs, der Landschaft, in der es sich leben lässt „wie Gott in Frankreich". Nicht umsonst entstanden hier die prächtigsten Schlösser Frankreichs. Aber auch wer weniger das Historische als viel mehr kulinarische Erlebnisse sucht, wird in der Gegend um das Loiretal auf seine Kosten kommen. Und dieser Reiseführer sagt Ihnen wo's lang geht. Mit vielen Wohnmobil-Stellplätzen und mit vor Ort erfassten GPS-Navigationskoordinaten! 288 S., zahlr. Farbfotos, Karten, Stadtpläne, sowie viele Infos und die schönsten Camping- und Wohnmobilsstellplätze. ISBN 978-3-926145-85-7. € 19,90. GPS-Roadbook-CD mit Navigationskoordinaten verfügbar!

Mobil Reisen: NORWEGEN – Reisewege zum Nordkap

Komplett überarbeitet! Aktualisiert! Noch mehr Womo-Stellplätze! Neue Touren und zusätzliche Routen! Noch übersichtlicher! Jetzt mit praktischen „Tourenpaketen" zum Kombinieren, wie z. B. „Südnorwegen", „Gletscher, Fjells und Fjorde" oder „Finnmark und Nordkap". Durchgehend farbig und noch mehr Fotos und Karten! Verlässliche Kompetenz aus langjähriger Reiseerfahrung. Mit vor Ort erfassten GPS-Koordinaten. 408 S., Stadtrundgänge, Wandervorschläge, viele Farbfotos, Karten, Stadtpläne, Hotels, sowie Reise-Infos in Fülle, dazu über 200 Campingplätze und zahlr. Stellplätze. ISBN 978-3-926145-77-2. € 22,90. GPS-Roadbook-CD mit Navigationskoordinaten verfügbar!

Mobil Reisen: OSTSEE-RUNDE

Auf überlegt ausgesuchten Routen und Touren die schönsten Gegenden Pommerns und Masurens, wunderschöne baltische Städte wie Vilnius, Riga und Tallinn, sowie die russische Perle Sankt Petersburg erleben. Reisen Sie über Finnland, Schweden und die dänische Insel Seeland zurück. Dieser Reiseführer hilft – ob Wohnmobil-Tourer, Caravaner, Autourlauber oder Motorbiker – sowohl bei der Vorbereitung als auch auf der Reise unterwegs. Ein unvergessliches Reiseerlebnis! 396 S., Stadtrundgänge, zahlr. Farbfotos, Karten, Stadtpläne, Hotels, sowie viele Infos und die schönsten Camping- und Wohnmobil-Stellplätze. ISBN 978-3-926145-75-8. € 22,90. GPS-Roadbook-CD mit Navigationskoordinaten verfügbar!

Mobil Reisen: POLEN

Polen bequem auf eigene Faust kennen lernen. Über die Sudeten und über Schlesien, weiter durch die Karpaten, Zentral- und Ostpolen mit einem ausführlichen Teil über die Hauptstadt Warschau, durch Ermland, die Masurische Seenplatte, durchs Lebuser Land und über Pommern schließlich bis zur Ostseeküste. Alles in bequem nachvollziehbaren Reiserouten beschrieben. Von Michael Moll, 240 S., viele Farbfotos; Karten, Stadt- u. Lagepläne, Stadtspaziergänge, Hotels und die schönsten Campingplätze. ISBN 978-3-926145-73-4. € 19,90.

Mobil Reisen: PORTUGAL

Gesamt Portugal, vom grünen Norden bis zur sonnigen Algarveküste, vom kargen, ursprünglichen Alto Alentejo bis zu den Seebädern am Atlantik beschreibt dieser Band auf leicht nachvollziehbaren Touren, die einen kompletten Eindruck von diesem überaus interessanten Reiseland vermitteln. Besonders ausführlich die Weinstadt Porto und natürlich Lissabon, eine der schönsten Hauptstädte Europas.
Mit vor Ort erfassten GPS-Koordinaten.
300 S., zahlr. Farbfotos, Karten, Stadtpläne, Hotels, sowie viele Infos und die schönsten Campingplätze.
ISBN 978-3-926145-64-2. € 19,90.
GPS-Roadbook-CD mit Navigationskoordinaten verfügbar!

Mobil Reisen: SARDINIEN

Ein Reiseziel mit ganz unerwarteten Attraktionen – zauberhafte Küstenszenerien, das größte Dünengebiet ganz Italiens, wunderschöne Seegrotten, mystische Nuraghen, geisterhafte alte Minenstädte und einer der spektakulärsten Canyons in Europa.
Dieses Tourenbuch, gespickt mit jeder Menge Reisetipps, führt auf den schönsten Routen und Wohnmobil-Touren durch Sardinien. Mit Wohnmobil-Stellplätzen, Tipps zu Hotels und Restaurants, Campingplätzen. Mit vor Ort erfassten GPS-Navigationskoordinaten!
252 S., zahlr. Farbfotos, Karten, Stadtpläne.
ISBN 978-3-926145-62-8. € 18,90.
GPS-Roadbook-CD mit Navigationskoordinaten verfügbar!

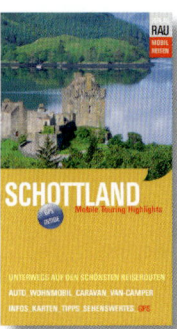

Mobil Reisen: SCHOTTLAND

Schottland auf neuen Wegen erleben. Eine variantenreiche Rundreise – von den Borders bis zu den Highlands, von den Western Isles bis zu den Orkneys. Detaillierte Beschreibung von Edinburgh, Glasgow, allen wichtigen Städten, Schlössern und Landschaften.
Außerdem Essen und Trinken, Whisky, Clans, Tartans und Dudelsäcke, Wandern u.v.m.
336 S., zahlr. Farbfotos., Karten, Stadtpläne, Hotels, sowie viele Infos und die schönsten Campingplätze mit GPS-Koordinaten.
ISBN 978-3-926145-79-6. € 19,90.
GPS-Roadbook-CD mit Navigationskoordinaten verfügbar!

Mobil Reisen: SCHWEDEN - Mit Inseln Öland und Gotland

Komplett überarbeitet, aktualisiert! Noch mehr Wohnmobil-Stellplätze! 22 sorgfältig ausgewählte, vor Ort getestete Reise(mobil)routen und Autotouren durch die schönsten Landschaften, Städte und Regionen. Mit vielen Reisetipps und Informationen über Sehenswertes vom südlichen Schonen bis Lappland. Mit ausführlichem Stockholm-Teil, Stadtrundgänge u. a. durch Helsingborg, Göteborg, Uppsala, Kalmar, sowie die Inseln Öland und Gotland. Mit vor Ort erfassten GPS-Koordinaten.
336 S., zahlr. Farbfotos, Karten, Stadtpläne, Hotels, sowie viele Infos und die schönsten Campingplätze. Mit Wohnmobil-Stellplätzen.
ISBN 978-3-926145-74-1. € 22,90.
GPS-Roadbook-CD mit Navigationskoordinaten verfügbar!

Mobil Reisen: SIZILIEN

Auch ein klassisches Reiseziel lässt sich immer wieder neu entdecken. Dieses neue Tourenbuch schildert kompetent und ausführlich die schönsten Reisewege durch Sizilien.

Mit Wohnmobil-Stellplätzen und mit vor Ort erfassten GPS-Koordinaten. 252 S., zahlr. s/w.- u. Farb-Abb., Karten, Stadtpläne, Hotels, sowie viele Infos und die schönsten Campingplätze.

ISBN 978-3-926145-55-0. € 18,90.

GPS-Roadbook-CD mit Navigationskoordinaten verfügbar!

Mobil Reisen: SKANDINAVIEN

Reiseziel Nordkap

Die große Tour zum Nordkap in bequem zu kombinierenden Reiserouten. Mit neuen Touren und vielen Streckenvarianten durch alle vier nordischen Länder – Dänemark, Norwegen, Schweden und Finnland. Ausführliche Beschreibung der Hauptstädte. Übersichtlich, informativ, kompetent. Mit vor Ort erfassten GPS-Koordinaten.

408 S., zahlr. Farbfotos, Karten, Stadtpläne, Hotels, sowie viele Infos und die schönsten Campingplätze und viele Wohnmobil-Stellplätze. ISBN 978-3-926145-71-0. € 22,90.

GPS-Roadbook-CD mit Navigationskoordinaten verfügbar!

Mobil Reisen: SPANIEN NORD

Spaniens Norden von den Stränden der Costa Brava über die Pyrenäen, durch das grüne Galicien mit dem Pilgerziel Santiago de Compostela bis ins Herz Kastiliens mit den Hochburgen von Kunst, Kultur und Geschichte wie Salamanca oder Segovia.

Ausführlich: **Der Jakobsweg**. Hotels, Restaurants und die schönsten Campingplätze. Mit vor Ort erfassten GPS-Koordinaten.

283 S., zahlr. Farbfotos; Karten und Stadtpläne.

ISBN 978-3-926145-63-5. € 19,90.

GPS-Roadbook-CD mit Navigationskoordinaten verfügbar!

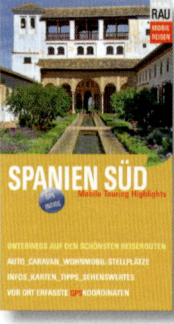

Mobil Reisen: SPANIEN SÜD

Eine gelungene Mischung aus Kunst, Kultur, Information und Reisetipps. Ein kompletter Reiseführer, der mehr als nur Routen und Touren bietet. Vom Mittelmeer ins Herz Kastiliens, auf den Spuren der Conquistadores, weiße Dörfer, maurische Paläste und der sonnige Süden Andalusiens. PLUS: Madrid City Guide.

Mit vor Ort erfassten GPS-Koordinaten.

312 S., zahlreiche Farbfotos, Karten und Stadtpläne. Stadtspaziergänge, Hotels, Paradores, Campings, Wohnmobil-Stellplätze u. v. m. ISBN 978-3-926145-69-7. € 22,90.

GPS-Roadbook-CD mit Navigationskoordinaten verfügbar.

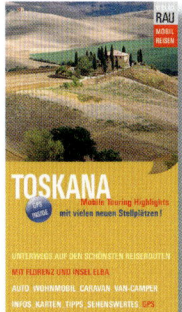

Mobil Reisen: TOSKANA - Mit Florenz und Insel Elba
Wiege der Renaissance, altes Zentrum von Kunst, Kultur und Wissenschaft und natürlich Eldorado für Weinliebhaber und ein wahres Paradies für kulinarische Entdecker. Ein Autoführer mit bequem zu kombinierenden Reiserouten durch die gesamte Toskana, mit Elba.
Großer Florenz-Teil sowie alle wichtigen Städte, Landschaften und Sehenswürdigkeiten. Mit vor Ort erfassten GPS-Koordinaten.
300 S., zahlr. Farbfotos, Hotels, Restaurants, Camping- u. Reisemobil-Stellplätze, Kartenskizzen, Stadtpläne und viele Infos.
ISBN 978-3-926145-70-3. € 19,90.
GPS-Roadbook-CD mit Navigationskoordinaten verfügbar.

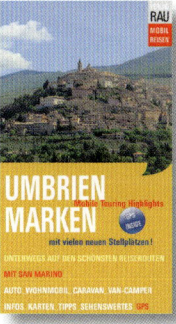

Mobil Reisen: UMBRIEN, MARKEN
Mit San Marino
Auf den schönsten Reiserouten durch die mittelitalienischen Regionen Umbrien und Marken. Reisen Sie von der sehenswerten Hauptstadt Umbriens Perugia über das prächtig gelegene Orvieto bis an die Ufer des Lago di Bolsena, weiter über die einladenden Höhen der Sibellinischen Berge an die adriatische Küste und in die älteste Republik Europas, San Marino. Mit vor Ort erfassten GPS-Koordinaten.
240 S., zahlr. Farbfotos, Hotels, Restaurants, Camping- u. Reisemobil-Stellplätze, Kartenskizzen, Stadtpläne und viele Infos.
ISBN 978-3-926145-76-5. € 19,90.
GPS-Roadbook-CD mit Navigationskoordinaten verfügbar.

Weitere Titel sind in Vorbereitung!

Fragen Sie im Buchhandel nach unseren aktuellen Neuerscheinungen.

Oder besuchen Sie uns im Internet:

https://www.rau-verlag.de
http://www.mobil-reisen.eu

WERNER RAU VERLAG, Feldbergstraße 54, D - 70569 Stuttgart

www.rau-verlag.de – e-mail: info@rau-verlag.de